A John Baldwin,
en hommage respectueux

Dominique Barthélemy

LA MUTATION DE L'AN MIL A-T-ELLE EU LIEU ? le 9/12/97

Du même auteur

Les deux âges de la seigneurie banale, Coucy (XIe-XIIIe siècle), Paris, Publications de la Sorbonne, 1984.

En collaboration : *Histoire de la vie privée,* dir. G. Duby, tome II, Paris, Le Seuil, 1985.

L'ordre seigneurial, X^e-XIIe siècle, Paris, Le Seuil, «Points-Histoire», 1990.

La société dans le comté de Vendôme, de l'an mil au XIVe siècle, Paris, Fayard, 1993.

Dominique Barthélemy

LA MUTATION
DE L'AN MIL
A-T-ELLE EU LIEU?

SERVAGE ET CHEVALERIE

DANS LA FRANCE DES Xe ET XIe SIÈCLES

Fayard

Avant-propos

La «société féodale» est une caricature. C'est un schéma construit par le XIXᵉ siècle pour appréhender rétrospectivement une période de l'histoire de France – celle de l'éclipse des rois (donc de l'Etat) et de la souveraineté tyrannique des fiefs. Il a eu son utilité, servant notamment à approcher une société passée dans son altérité, dans sa consistance propre. Il n'est pas plus faux que les autres caricatures, mais plutôt réducteur et déséquilibré. On se limite à charger quelques traits: les liens de dépendance ritualisés et (croit-on) personnalisés, la guerre perpétuelle entre chevaliers, de château à château. On n'aperçoit pas assez les autres liens et réseaux, et on n'envisage ni que la guerre vicinale était intermittente et limitée ni qu'il y avait, par elle et à côté d'elle, tout un travail social.

Comme tout idéaltype, tels le capitalisme ou la cité antique, la «société féodale» devient quelque chose de très spécifique, qu'on est tenté de placer très à part du reste de l'histoire; cela passe pour un système en rupture avec d'autres, dont la mise en place ne peut être que le produit d'une crise, d'une révolution destructrice de toute étaticité. Jadis, on la voyait s'établir dans un moment de changement politique: la «révolution féodale» de 877, sur fond d'invasions normandes. Plus récemment, on a décalé d'un siècle et demi une «mutation» qui prend des allures de crise institutionnelle et sociale majeure: c'est la révolution de l'an mil. Une vraie pensée par classes et sous-classes sociales a enrichi les problématiques.

Mais, en même temps, l'histoire sociale charrie toujours de vieux mythes et quelques imprudences de méthode, et elle fait sa jonction avec cet «an mil» des terreurs et de la paix de Dieu, sur lequel les imaginations s'excitent beaucoup trop.

C'est Henri Marrou, dans un chapitre de son très beau traité *De la connaissance historique*, qui fournissait dès 1954 le bon diagnostic : les historiens ont trop souvent pris leurs idéaltypes pour des réalités vraies [1], ils ont cru qu'une société féodale avait existé avec naissance, croissance et déclin, comme une dynastie ou une institution et, de ce fait, il leur arrive d'en relater la genèse dans les chapitres d'«une histoire véritablement imaginaire». C'est probablement le cas ici. Les sources du XIe siècle fournissent de meilleurs matériaux que celles du Xe siècle pour un tableau « féodal» ou «seigneurial», avec absence d'Etat, liens d'homme à homme, terrorisme des cavaliers; du coup, on croit que ce siècle a vraiment été le premier de la «féodalité », comme si elle était une réalité substantielle, un système effectif, et non pas un produit de notre esprit, une interprétation partielle de réalités complexes. En ce sens, la «mutation de l'an mil», donnée dans les manuels comme créatrice de la société féodale, est en fait un produit de celle-ci, c'est-à-dire de la manière schématique dont elle a été pensée.

Les dossiers de l'an mil, des Xe et XIe siècles français, ont pu faire bon accueil à la révolution féodale! Ils sont assez riches pour qu'on tire des choses substantielles de leur lecture et de leur interprétation; mais ils n'ont pas une densité suffisante pour mettre toujours en échec la tendance à projeter sur eux des théories préfabriquées... Théories dont, au reste, il faut reconnaître que, par moments, elles guident l'attention vers des choses intéressantes.

La connaissance historique ne progresse pas d'une manière irrésistible. Le souci de scientificité raide, mais aussi l'empirisme naïf la précipitent dans des ornières dont nous devons essayer de la tirer. Notre tâche est de démystifier, s'il se peut, à la fois le passé lui-même (l'exploit du chevalier, la capitulation du serf) et la manière dont les écoles historiques, anciennes et nouvelles, en

---

1. H. I. Marrou, *De la connaissance historique*, rééd. Paris, 1975, p. 157-159.

donnent une vision faussée (l'ascension des soudards, la mutation de l'an mil). Dans les circonstances actuelles, au terme de plusieurs décennies d'imprudences, une réflexion critique me semble inévitable, pour relancer l'histoire de la France postcarolingienne. Je participe à un mouvement, dont Antoine Prost exprime parfaitement le souci en écrivant, par exemple, que «l'intérêt de nos questionnements, la nouveauté de nos problématiques ne nous exonèrent pas de fonder nos discours par une argumentation rigoureuse[2]».

Au rebours, le souci de rigueur, la passion de la vérité ne nous dispensent pas d'avancer dans cette *découverte de la complexité* à laquelle l'histoire a vocation, comme le notait encore Marrou. Or si la «société féodale», depuis un siècle et demi, a soutenu trop de dialectiques faciles et de modèles réducteurs, elle a aussi été prise comme repère initial par des historiens qui ont su, en même temps, mettre en valeur de nouvelles dimensions, d'autres aspects des choses.

On a, par exemple, toujours perçu qu'il existait, en dépit de la «révolution» de 877 ou de 980-1030, certaines continuités entre l'avant et l'après. La vieille école évoquait volontiers celle de la seigneurie rurale et du servage, au soubassement du système proprement féodal et chevaleresque; aujourd'hui, c'est la pérennité de la haute noblesse que tout le monde reconnaît, en s'obligeant à introduire la chevalerie sous forme de sous-classe dotée soudain de consistance et de force ascensionnelle. Autre enrichissement: depuis Jacques Flach, on a souvent insisté sur les liens de parenté, de convivialité, englobant et dépassant les simples «liens d'homme à homme».

En notre siècle, le XXᵉ, c'est surtout Marc Bloch et Georges Duby qui ont découvert de la complexité, en débordant le vieux schéma. J'admire la force des suggestions de Bloch sur le servage, de Duby sur la chevalerie. Mon dessein est de poursuivre leur effort. Mais on ne poursuit pas sans rectifier un peu la trajectoire, et sans être amené à apercevoir certains blocages, donc à les dépasser.

Avec le recul du temps – c'est facile! – il semble bien que Marc Bloch demeurait gêné par ce vieux modèle de «société féodale». Il

2. A. Prost, dans *Le Débat*, 92, nov.-déc. 1996, p. 140. Voir aussi *Douze Leçons sur l'histoire*, Paris, 1996.

n'a pas résisté à ce beau titre en 1939 ; en dépit d'une introduction qui le relativise (« une étiquette… dont le contenu reste à préciser »), il s'y laisse prendre encore à mainte reprise. L'idée d'une tonalité personnelle dans les rapports de sujétion, par exemple, l'empêche de retrouver toutes les fonctions de l'idée médiévale de dépendance de corps : contrôler des familles effectives que l'esclavagisme, lui, ne voulait même pas admettre, instrumentaliser la servitude et ses rites.

Georges Duby, dans sa thèse pionnière de 1953, a au contraire laissé un peu sur la touche la « société féodale » et avec elle, rien moins que la violence perpétuelle, l'ascension des soldats de fortune ; la vassalité perdait même le rôle central qu'elle avait eu pour la vieille école. Mais la porte ainsi ouverte à de très beaux développements a été à demi refermée par la théorie de la mutation de l'an mil – qui reconduit l'opposition contestable entre l'Etat et la féodalité. Là comme ailleurs, Georges Duby n'a pas assez clairement tranché, entre des contraires. La chevalerie fut-elle une éthique d'abord royale, progressivement répandue, ou commença-t-elle par des mœurs de soudards, bientôt policées et adoptées par les nobles ? Les dossiers de l'an mil documentent-ils des nouveautés radicales ou attestent-ils d'une prise de conscience de faits socio-institutionnels parfois anciens ? La société féodale est-elle une réalité ou un idéaltype ?

Il m'en coûte de faire peser sur ses textes et sur ceux de collègues que j'estime une critique parfois très vive – du moins par rapport aux habitudes actuelles, car, il y a cent ans, on prenait moins de ménagements. Cette critique met au jour des problèmes de méthode : une fétichisation des mots, la considération mal fondée des cartulaires monastiques comme reflets directs et idéologiquement neutres de « terrains », enfin la rémanence de mythes sociaux et historiographiques.

Mais le livre que ces articles ont fini par former, au prix de remaniements substantiels, n'est pas essentiellement une critique historiographique. Il développe les thèmes de l'instrumentalité du servage et du symbolisme des armes ; il embrasse une certaine complexité en essayant de ne pas être compliqué. Il prépare un livre prochain, et il voudrait surtout donner à d'autres le désir de chercher aussi, en leur évitant quelques pièges. Car l'intérêt de l'histoire du haut Moyen Age et de l'an mil n'est pas seulement dans ses objets, mais dans la difficulté même de sa démarche. Elle nous oblige à passer sans cesse de la sévérité critique à la hardiesse d'imagination.

J'ai beaucoup de personnes à remercier. Les revues savantes ont accepté mes textes, toujours présentés avec l'aide de Nicole Grégoire. Bien des historiens m'ont aidé en discutant avec moi de ma démarche, tels Claudie Amado, Mathieu Arnoux, Jean-Louis Biget, Monique Bourin, Olivier Bruand, Philippe Buc, Jacques Chiffoleau, Philippe Contamine, Benoît Cursente, André Debord, Carlos Estepa, Laurent Feller, Patrick Gautier Dalché, Sylvain Gouguenheim, Olivier Guyotjeannin, John Hudson, Dominique Iogna-Prat, Régine Le Jan, Jean-Marie Moeglin, Laurent Morelle, Janet Nelson, Alain Provost, François Touati, André Vauchez, Stephen White – et qu'on me pardonne mes oublis. Je mesure combien Georges Duby et Pierre Bonnassie, si souvent mis en cause, ont fait preuve de force et de largeur d'esprit en ne me retirant ni leur amitié ni le profit d'entretiens avec eux. Mais c'est à Pierre Toubert que je dois le plus; j'ai entendu notamment ses injonctions à définir des positions sans ambages, et à faire l'historiographie d'une question d'histoire pour en désacraliser «l'état actuel»!

Paris, le 2 septembre 1997

CHAPITRE PREMIER

Une note critique[*]

La «mutation de l'an mil» mérite d'être soigneusement discutée. La réédition du livre de Jean-Pierre Poly et Eric Bournazel, paru pour la première fois en 1980, est une bonne occasion de dire pourquoi le *paradigme dominant* qu'est devenue la «mutation féodale» doit être remis en cause[1].

Je le ferai avec d'autant moins d'arrogance que j'ai été moi-même largement sous son emprise jusqu'en 1988[2], et que des maîtres envers lesquels ma dette est immense y demeurent attachés. Néanmoins, il n'y a pas de science si les théories, les paradigmes sont «infalsifiables». Seuls les faits demeurent, ce que ladite «mutation» n'est pas : elle ne représente qu'un système d'interprétation. La question est donc de savoir s'il n'est pas temps d'en changer, de lui en préférer un autre.

---

* A propos de l'ouvrage de J.-P. Poly et E. Bournazel, *La mutation féodale, X*ᵉ*-XII*ᵉ *siècle*, 2ᵉ édition mise à jour, Paris, PUF, «Nouvelle Clio. L'histoire et ses problèmes», 1991, 535 p.

1. Cf. aussi, G. Bois, *La mutation de l'an mil. Lournand, village mâconnais de l'Antiquité au féodalisme*, Paris, Fayard, 1989, 284 p.; il ne convient pas de se référer à cet ouvrage sans avoir pris connaissance de la critique saine et pénétrante d'A. Guerreau, «Lournand au Xᵉ siècle : histoire et fiction», dans *Le Moyen Age*, 96, 1990, p. 519-537 (où se trouve, p. 536, une mise en garde contre le mythe de la «tempête sociale» autour de l'an mil).

2. D. Barthélemy, *L'ordre seigneurial, XI*ᵉ*-XII*ᵉ *siècle*, Paris, Le Seuil, «Point-Histoire», 1990 (*Nouvelle histoire de la France médiévale*, III, rédigé en 1987-1988, encore très proche du mutationnisme ambiant; point de vue très remanié dans ma thèse de doctorat d'Etat, *La société dans le comté de Vendôme, de l'an mil au XIV*ᵉ *siècle*, Paris, Fayard, 1993.

Or les auteurs reconduisent un modèle qui, en 1980, stimulait la recherche mais qui, aujourd'hui, la bloque. La seconde édition de *La mutation féodale* n'a rien changé à l'architecture d'ensemble ou de détail. Elle s'enrichit seulement de quelques paragraphes nouveaux en petits caractères, enchâssés dans les développements. Jean-Pierre Poly et Eric Bournazel discutent les thèses d'Alessandro Barbero sur la chevalerie et la noblesse et d'Elisabeth Magnou-Nortier sur la servitude; ils adoptent le modèle de Pierre Bonnassie sur les deux servitudes; ils intègrent les apports de Dominique Iogna-Prat sur les sources auxerroises du schéma trifonctionnel d'Adalbéron de Laon et de Gérard de Cambrai, et ceux d'Olivier Guyotjeannin sur la chancellerie capétienne du XIᵉ siècle.

On n'a pas à s'ériger ici en critique, à distribuer aux deux coauteurs les bons et les mauvais points. Je rappellerai seulement ce qu'on leur doit de fort et d'assuré, sans doute définitivement. Ils nous ont fait voir, mieux que personne, que la «fidélité des sires», assez lâche, ne donne pas une bonne image de tout le système féodal, que le fief est un cadeau-qui-oblige et donc qui attache le vassal au seigneur beaucoup plus que ne le croyait François Louis Ganshof, ou encore que les généalogies des chefs nobles sont toujours manipulées. Ils ont parfaitement entendu les leçons de Georges Duby sur le rôle de l'imaginaire, sur les modèles de «convivialité» domestique, sur les difficultés et les richesses du latin des chartes et des chroniques. Ils ont formulé un diagnostic très remarquable sur la continuité entre l'institution féodale du XIIᵉ siècle, qui ne fut rien moins que «dégénérée», et «l'Etat moderne». En d'autres termes, la première édition de ce livre est un jalon fondamental dans l'effort accompli pour penser plus positivement la «féodalité», effort poursuivi depuis lors par la *Legal Anthropology* américaine[3] et dont l'origine se trouve déjà chez Marc Bloch et Georges Duby. En revanche, aucune des autres lignes de force du modèle reconduit en 1991 ne

---

3. A peu près seules en France, les *Annales* ont ouvert leurs colonnes à un premier bilan de cette école : P. Geary, «Vivre en conflit dans une France sans État : typologie des mécanismes de règlement des conflits (1050-1200)» dans *Annales ESC*, 1986, n° 6, p. 1107-1133. Cf. aussi *infra*, notes 13, 15 à 18.

paraît indiscutable. Rappelons en quoi il consiste, avant d'aligner les questions et les perplexités.

La théorie mutationniste

Au XIXᵉ siècle, on appelait «féodale» une période homogène, celle-là même dont traitent Jean-Pierre Poly et Eric Bournazel : caractérisée par la faiblesse de la monarchie et par la prédominance des forces locales réputées anarchiques, elle allait à peu près, en effet, de l'assemblée de Quierzy (877) à la bataille de Bouvines (1214). Marc Bloch ne la remit pas en cause : son génie fut plutôt d'en donner une interprétation beaucoup plus sociologique que celle de ses prédécesseurs; même l'inflexion qu'il discerna vers 1050 ne ressemblait en rien à une cassure. Les mutationnistes actuels ont plus de raison à se réclamer de Georges Duby, dont la thèse (1953) évoque une véritable rupture dans les années qui entourent l'an mil. Toutefois, l'enseignement de ce maître a été suffisamment nuancé sur ce point pour qu'on puisse aussi se réclamer de lui en plaidant, non la «mutation» au sens révolutionnaire, mais l'«ajustement[4]» – ce qui est très différent. L'expression la plus achevée du mutationnisme est la thèse de Pierre Bonnassie (1975), ou celle de Jean-Pierre Poly lui-même (1976); consacrées à la Catalogne et à la Provence, elles font des rives de la Méditerranée une référence privilégiée de l'histoire féodale. Qui l'eût cru, au siècle dernier?

De toute manière, l'unité de la «période» chère à la génération de Marc Bloch est brisée. Suivons de près la formulation de nos deux coauteurs : pour eux, la mutation féodale résulte d'une crise fondamentale, survenue pendant les décennies qui encadrent l'an mil. Les rapports vassaliques et seigneuriaux existaient bien auparavant, mais les voilà devenus plus systématiques et surtout «dominants».

---

4. L'expression est due à C. Duhamel-Amado, «Les pouvoirs et les parents autour de Béziers (980-1100)», dans *Cadres de vie et société dans le Midi médiéval. Hommage à Charles Higounet, Annales du Midi*, 102, 1990, p. 309-317.

Les modalités régionales de cette transformation peuvent différer un peu, le mouvement est partout le même. Jean-Pierre Poly et Eric Bournazel l'observent (deuxième partie de leur livre) en quatre chapitres parallèles. Le premier, «De la paix publique au système castral», fournit les repères nécessaires aux trois suivants, consacrés respectivement aux institutions féodales proprement dites, à l'aristocratie et à la dépendance.

Vers le milieu du Xe siècle, les auteurs situent, après Jean-François Lemarignier et Georges Duby, une dégradation décisive des institutions publiques. Les grands (dont on a pourtant démontré qu'ils descendent des titulaires d'*honores* carolingiens) confisquent la justice et les châteaux. Ils créent une nouvelle forme de pouvoir, privé et patrimonial, la seigneurie banale. Ils se trouvent ainsi à même de frapper à mort toute la sociabilité rurale traditionnelle et disloquent la paysannerie libre et alleutière qui, depuis des siècles, résistait à leurs coups de boutoir; dans sa strate supérieure, ils recrutent leurs hommes de main. Ces cavaliers, *milites*, valets du terrorisme seigneurial, sont appelés à se muer progressivement en une chevalerie: au cours du XIIe siècle, ils se construisent une idéologie et se rapprochent de la noblesse. Mais dès le XIe siècle, ils se déploient en bon ordre féodal, moyennant quoi le fief devient quelque chose de plus spécifique que jadis, et d'héréditaire. D'un autre côté, les paysans non libres, dont Jean-Pierre Poly et Eric Bournazel, tout comme Pierre Bonnassie, pensent qu'ils n'étaient plus qu'une poignée mais qu'ils subissaient encore un authentique esclavage, se trouvent affranchis de cette condition dès lors qu'ils se rapprochent des alleutiers en déroute. Très vite cependant, après un bref hiatus chronologique, tous les non-cavaliers se retrouvent pris dans les liens d'une dépendance un peu floue, mais sévère et durable, vouée en outre à se dégrader, en certaines régions et à l'aube du XIIIe siècle, en un «nouveau servage».

Après ces quatre chapitres, la deuxième partie se termine par deux chapitres consacrés davantage à l'«imaginaire», ou plutôt à l'idéologie. Le thème intéresse beaucoup les auteurs: ils le reprennent plus largement dans la troisième partie. Le peu que l'on sait des hérésies du début du XIe siècle, ils le considèrent comme l'indice d'un mouvement religieux de fond, en réaction à la «crise féodale» (p. 251)[5]. Survient ensuite, après 1070, une poussée érémitique accompagnée de discussions sur la pauvreté; pour Jean-Pierre Poly et Eric Bournazel, aucun doute : «Au cœur du débat se trouvent l'établissement de la seigneurie banale et la dislocation des communautés alleutières» (p. 269). Autre phénomène culturel de première importance, les élaborations épiques et courtoises du XIIIᵉ siècle, en littérature, seraient à la fois l'expression historique de la montée des chevaliers et un effort pour «expliquer ou exorciser les bouleversements qui se sont opérés autour de l'an mil» (p. 504).

Encore faudrait-il que le lien entre la «mutation de l'an mil» et l'hérésie, ou entre elle et la courtoisie, soit clair et démontrable et surtout qu'elle ait eu lieu! Or, répétons-le, elle n'est qu'un système d'interprétation de faits très épars.

Avant d'affronter directement ce système, on observera que les apports des auteurs eux-mêmes ne vont pas tous dans le sens de la brusque «mutation» autour de l'an mil; ils donnent aussi des matériaux aux tenants de l'«ajustement» (d'un ajustement parmi d'autres, parmi tous ceux dont l'histoire est faite, en sa richesse). Ainsi montrent-ils très bien le simple transfert du système militaire carolingien, déployé autour des grandes églises, en direction des châteaux (milieu du Xᵉ siècle). Au chapitre sur la vassalité et le fief, le mutationnisme est bien tempéré; en matière féodale, «paradoxe de l'Histoire, le programme carolingien paraît enfin réalisé» (p. 152, s'agissant du XIᵉ siècle). Plus loin, Jean-Pierre Poly et Eric Bournazel ne peuvent nier ni la continuité de cette noblesse qui surplombe les paysans mais aussi, selon eux, les simples chevaliers, ni la permanence d'un discours chrétien sur la soumission à l'ordre établi. Par conséquent, et comme il arrive dans la plupart des livres, les conclusions d'ensemble sont beaucoup moins nuancées que les développements particuliers. Ces derniers sont-ils pourtant tous

---

5. Le lecteur connaît le plan type des volumes de la «Nouvelle Clio». La première partie est bibliographique (et il y manque tout de même beaucoup de travaux anglo-saxons stimulants). La deuxième est un état des connaissances, la troisième un examen des directions «actuelles» de la recherche.

acceptables? Je ne le pense pas, et vais commencer par des observations sur les sources. Elles constituent une objection importante à bien d'autres travaux historiques consacrés, au demeurant, à cette période.

Le problème des sources

A leur propos, deux observations capitales.

1) Bien entendu, leurs lacunes sont signalées dès la page 12, mais les auteurs n'y reviennent plus ensuite; comme dans la plupart des monographies, les conséquences de cet aveu liminaire ne sont pas tirées. Il y manque même une notion importante : celle du hasard, des aléas qui ont présidé à la conservation des documents. Pourtant, d'un bout à l'autre de *La mutation féodale*, Jean-Pierre Poly et Eric Bournazel proposent des schémas évolutionnistes et diffusionnistes (sur le fief, la chevalerie, etc.) ou des nuances régionales. Tiennent-ils assez compte de la différence d'information? Une documentation de hasard est érigée trop vite, peut-être, en ensemble significatif. A tout le moins ne disent-ils pas assez que le retentissement «populaire» de l'hérésie, de l'évangélisme et du mouvement de la paix de Dieu est impossible à mesurer, ni combien de jalons leur manquent lorsqu'ils suivent à la piste les divers «mots clefs» de la période.

2) D'autre part, l'avènement de ce paradigme dominant qu'est devenue la «mutation» ou même la «révolution féodale» tient à ce que Georges Duby a observé, en 1953, une disparité frappante entre le style «officiel» du Xᵉ siècle et ses quelques prolongements dans le XIᵉ siècle d'une part, le style plus libre et plus narratif des notices du XIᵉ siècle d'autre part[6]. Il y voyait alors l'indice d'une crise des institutions publiques. Depuis lors, ce raisonnement a été transposé ailleurs en France, partout où le nouveau style s'affirme entre 1000 et 1060 et où se révèlent ainsi les «mauvaises coutumes», les

---

6. G. Duby, *La société aux XIᵉ et XIIᵉ siècles dans la région mâconnaise*, 2ᵉ édition, Paris, 1971, p. 9.

rapports féodaux dans toute leur ampleur, les compromis parajudiciaires et tout ce que nos esprits modernes conçoivent comme
«privé» et «patrimonial», enfin cette violence sociale dont Pierre
Bonnassie exagère sans doute l'intensité. En même temps, percent
des mots de la langue vulgaire, hâtivement latinisés. De tout cela,
Jean-Pierre Poly et Eric Bournazel ont une lecture réaliste, à l'instar
du Duby de 1953. Voyez par exemple la page 96, à propos de *consuetudo* : «Cette irruption d'un terme vulgaire […] date de façon irré-
futable un phénomène capital», qui serait la hausse brutale du
prélèvement seigneurial, un des grands thèmes «mutationnistes».

Mais le lien entre les changements documentaires et les changements réels est-il si assuré? Que la substitution de *feodum* à *beneficium* marque une étape décisive dans le développement du droit
féodal, qu'est-ce qui le prouve vraiment? Attention aux tautologies,
aux argumentations circulaires. L'argument de 1953, par exemple,
est réversible : et si la «crise des institutions publiques» n'était
qu'une illusion née des changements documentaires? Ces derniers
n'ont peut-être rien de catastrophique; ce n'est pas un naufrage de
l'écrit et de l'esprit juridique qui se produit, par exemple, en pays
de Loire; c'est une efflorescence, une diversification, un *développement documentaire*. Les anciens types d'actes ne disparaissent pas au
XIe siècle, ils voisinent avec d'autres, qui sont plus riches d'informations concrètes. Il s'agit, par exemple, de témoignages mis par écrit,
qui nous donnent des angles de vue singuliers sur les donations qui
paraissaient s'être déroulées dans le calme (voyez le chapitre II) et
qui, en même temps, attestent par leur présence même qu'on
espère quelque chose de la justice d'après l'an mil ou 1060…

Quant aux mots nouveaux, dans tous les types d'actes, attention.
Ce qui nous permet de décrire une société médiévale, ce n'est pas
une série de termes isolés, mais diverses oppositions correspondant
à de réelles tensions, à des distinctions désirées : ainsi celle entre les
nobles et les serfs. Si des mots nouveaux s'intègrent dans des schémas traditionnels, voire légèrement remaniés, cela n'indique pas un
changement social majeur. Or, à mon sens, il ne s'est rien passé de
plus en France, entre 980 et 1060, avec *miles* relayant *vassus*, ou
homo proprius redoublant *servus*.

Le problème du changement social

L'histoire des classes sociales et des statuts est assez délicate à faire. Mais la théorie de la mutation de l'an mil repose sur des observations et des raisonnements en partie justes, en partie contestables. Et en trouvant plus de continuité entre le Xᵉ et le XIᵉ siècle, on évitera certaines complications pour mieux voir quelques complexités.

L'identification des alleutiers paysans est sujette à caution. Au Biterrois, Claudie Duhamel-Amado s'est avisée que la plupart des alleutiers donateurs de terres, dont les mutationnistes auraient été tentés de faire des paysans à la dérive, sont en fait des nobles en pleine possession de leurs moyens[7]. Au Vendômois, bien des alleux sont des tenures, c'est-à-dire que l'opposition entre ces deux notions n'est pas pertinente à tout coup [8].

«Noblesse» et «chevalerie» font l'objet, depuis des années, de «querelles byzantines» qui font ricaner les spécialistes de périodes ultérieures. Il faut, une bonne fois, trancher le nœud gordien : les hommes les plus nobles n'ont-ils pas toujours été, en même temps, des parangons de chevalerie, les phénix de la *militia*? Jean Flori, dont nos auteurs demeurent assez proches, me semble avoir doublement tort d'envisager une différence de nature entre la «remise d'armes» au jeune noble carolingien ou au sire du XIᵉ siècle et l'adoubement «classique», et de tabler sur une «ascension des *milites*[9]». Cette ascension est un mythe historiographique, assez solidaire ici de celui de la paysannerie libre du haut Moyen Age.

7. C. Duhamel-Amado, «L'alleu paysan a-t-il existé en France méridionale autour de l'an mil?», dans R. Delort (sous la direction de), *La France de l'an mil*, Paris, Le Seuil, «Points-Histoire», 1990, p. 142-161.

8. *La société...*, cité *supra*, note 2, p. 352.

9. Citons par exemple, de J. Flori, *L'essor de la chevalerie, XIᵉ-XIIᵉ siècle*, Genève, Droz, «Travaux d'histoire éthico-politique, XLVI», 1986, 403 p. Mise en cause : D. Barthélemy, «Noblesse, chevalerie et lignage dans le Vendômois et les régions voisines aux XIᵉ et XIIᵉ siècles», dans C. Duhamel-Amado et G. Lobrichon éd., *Georges Duby. L'écriture de l'histoire*, Bruxelles, De Boeck (Bibliothèque du Moyen Age 6), p. 121-139.

Reste la question de l'esclavage ou du servage. Ici, les *a priori* des historiens l'ont presque toujours emporté sur l'observation des faits et des traces documentaires. Soit, par exemple, l'avant-dernier paradigme, élaboré sur la base de l'histoire politique (877-1214) ; Marc Bloch, qui lui demeure fidèle, cherche l'élaboration d'un servage « classique » dans la période « féodale » considérée comme un tout. Vient ensuite le paradigme mutationniste ; du coup, la problématique de 1848 – qui est restée celle de trop de marxistes – sur la disparition de l'esclavage et le passage à une sorte de mieux se transporte en l'an mil. Le point de vue traditionnel liait cette question à la fin de l'ordre romain impérial. Pierre Bonnassie lui oppose une extinction beaucoup plus tardive[10], coïncidant avec la « mutation » ou « révolution féodale ». Jean-Pierre Poly et Eric Bournazel s'alignent sur lui. Si on peut les créditer d'une belle page (p. 196) sur l'esclavage comme fiction juridique, ne confondent-ils pas parfois, comme trop d'historiens marxistes ou non, le concept juridique avec le rapport de production ? Ici se présentent des objections.

Une chose est l'« expérience juridique[11] » de l'esclavage : elle se poursuit, de l'Antiquité au XIIIe siècle, sans réelle solution de continuité, mais non sans une série de bricolages et d'adaptations. Une autre chose est l'utilisation du statut servile par certains maîtres : dans des contextes très variés, ils viennent puiser dans le savoir juridique des éléments qui s'y trouvent, pour ainsi dire, en réserve de l'ordre seigneurial et qui leur permettent d'imposer une redéfinition du statut servile. Une autre chose serait la vie en servitude : il y a bien une différence entre l'esclavage de traite et l'esclavage rural de *servi* que, dès l'Antiquité peut-être, l'historien peut choisir d'appeler serfs ; même, il existe, en un sens, autant de servages que d'usages spécifiques de l'argument servile. Ce dernier sert tantôt à imposer des corvées à certains groupes paysans (*Francia* carolingienne, Angleterre d'Henri Plantagenêt), tantôt à interdire aux

---

10. P. Bonnassie, « Survie et extinction du régime esclavagiste dans l'Occident du haut Moyen Age (IVe-XIe siècle) », dans *Cahiers de civilisation médiévale*, 28, 1985, p. 307-343.

11. Ce concept est dû à P. Grossi et utilisé par P. Toubert, *Les structures du Latium médiéval*, t. I, Rome, 1973, p. 518.

tenanciers de quitter leur terre pour chercher un meilleur établissement, tantôt enfin à s'assurer une certaine prise sur les ministériaux (pays de Loire au XIe siècle, et sans doute toute la France).

Mais, que l'on envisage une rupture fondamentale ou des «glissements progressifs», la question du passage global de l'esclavage au servage ou à la dépendance a-t-elle un sens? Plusieurs formes de servitude peuvent coexister en un même terrain, à la même époque. Le nouveau statut servile n'est pas toujours préférable à l'ancien. En d'autres termes, il n'y a pas de raison de présupposer une évolution globale, linéaire et purement progressiste. Surtout, il me semble que ces trois termes ne qualifient au fond que trois aspects de la même réalité : l'esclavage est une fiction de référence, le servage, un statut juridique, et la dépendance, un fait social. En usant de ce dernier terme, Georges Duby a affiné notre perception du XIe siècle, mais il semble s'être fait une idée fausse des serfs de l'époque antérieure. Leur exclusion était théorique, statutaire, mais non sociologique. Les «hommes propres» et «hommes coutumiers» sont-ils si différents d'eux? L'essentiel n'est-il pas, avant comme après l'an mil, la distinction entre une dépendance honorable et une qui ne l'est pas[12]?

Avec cela, il est peu probable que la société française ait été bouleversée à l'aube du IIe millénaire. La théorie mutationniste est en défaut sur ces trois points : la crise des alleutiers libres et la montée des chevaliers sont mal étayées, enfin, avec la dépendance déshonorante (et littéralement, ignoble), une révélation des sources est prise pour une révolution dans les faits. Si cette théorie a aidé à penser le XIe siècle, dont la description mâconnaise par Georges Duby demeure admirable, ce fut en libérant la plume de cet historien du poids d'un paradigme antérieur trop juridiste, et arbitraire, lui aussi, dans sa chronologie; mais curieusement, ce juridisme a été refoulé dans le Xe siècle au lieu d'être envoyé carrément au rayon des obstacles épistémologiques. L'avènement d'une sociologie rétrospective du Moyen Âge central, en 1953, s'est fait au prix d'un brouillage de la compréhension du Xe siècle.

12. Sur cette question, *infra*, chapitre IV.

C'est sur ce point qu'il faut cesser les raffinements routiniers et sans risques sur le paradigme dominant, et en mettre les faiblesses en évidence. Celles-ci sont déjà apparues plus haut, avec le problème des sources; elles éclatent davantage encore si l'on prend en compte les apports récents de l'anthropologie juridique.

Le problème de l'«ordre public» antérieur à l'an mil

Cet ordre est la pierre angulaire du mutationnisme. Selon cette théorie, en effet, il a été suffisamment fort pour préserver la liberté de beaucoup de paysans alleutiers, hors des liens de dépendance, et pour définir le servage par exclusion[13]. D'autre part, les plaids comtaux ou vicomtaux, partout en France, maintenaient à peu près la paix, par des jugements dont on a parfois conservé la notice (à défaut de preuve de leur exécution) : après l'an mil il ne reste que des «conventions», féodales ou paraféodales, mais toujours de caractère «privé». La crise des institutions publiques doit s'être traduite par une «dégradation» des principes mêmes du droit : un recul de la preuve écrite (Mâconnais de Georges Duby), un essor de l'ordalie (Provence de Jean-Pierre Poly), de manière générale la fin d'un «droit romain même vulgaire» qui imprégnait les formulaires francs, et le début de «l'élaboration du droit coutumier» (Jean-Pierre Poly et Eric Bournazel, p. 198).

Il faut pourtant s'affranchir un peu des jugements de valeur traditionnels («dégradation», public/privé) – et j'aurais pu, moi-même, faire mieux dès 1988. Car l'anthropologie juridique n'est pas inconnue en France : à l'aide de travaux essentiellement africanistes, Norbert Rouland a pu la mettre en manuel[14], justement en 1988. Mais elle a été peu reçue par les médiévistes; parmi nous, l'anthropologie historique sert davantage à définir de «nouveaux objets» ou à explorer le champ religieux (Jacques Le Goff, Jean-Claude Schmitt)

13. Ceci n'apparaît pas clairement dans les sources mâconnaises du Xe siècle : voir *infra*, p. 104-105.
14. N. Rouland, *Anthropologie juridique*, Paris, 1988.

qu'à élaborer de «nouvelles approches» des problèmes sociaux centraux. C'est donc d'Amérique et d'Angleterre que nous viennent de belles études sur le règlement des conflits et sur le don aux monastères. Leur but n'est pas spécialement de «falsifier» la théorie mutationniste mais, si l'on y prend garde, c'est bien à cela qu'elles conduisent inéluctablement.

C'est du XIe siècle qu'il faut repartir; il est décidément beaucoup mieux éclairé, quoique ponctuellement (environnement de grandes abbayes du Centre et du Midi). Stephen White a pu, dès 1978[15], restituer à la justice de ce temps sa véritable valeur, sa rationalité. Sa finalité n'est pas de trancher par des sentences décisives, mais de rétablir la paix par des compromis : la convention «privée» est le complément du jugement «public», non son démenti absolu. A mon sens, l'efficacité du jugement n'est ni nulle (il sert de référence) ni pleine et entière au sens moderne. Au rebours, ce n'est pas le règne de la «voie de fait» : la violence même n'est pas vraiment déchaînée, mais plutôt intermittente, endémique certes, mais auto-limitée. Dans les «sociétés traditionnelles», de fait, il est rare qu'elle déchire le tissu social. Il y a quelque chose de «colonial» dans la notion d'anarchie féodale.

Mais si la guerre ou la convention dites «privées» ont une valeur positive plus nette que le XIXe siècle ne l'a cru, alors la notion d'une crise sociale génératrice de la «société féodale» doit disparaître.

Que la violence des nobles et de leurs agents soit dénoncée avec une vigueur inédite, à partir de la fin du Xe siècle, par les moines réformateurs est une chose; qu'elle produise en fait, par rapport aux pratiques antérieures, un effet de rupture en est une autre. Mais trop de livres reconduisent encore l'opposition faite au XIXe siècle entre le «droit» et la «force», entre l'ordre public et les pouvoirs privés. Chez eux, la violence est fonctionnalisée; elle devient un terro-

---

15. S. White, «*Pactum legem vincit et amor judicium.* The Settlement of Disputes by Compromise in 11th Century France», dans *The American Journal of Legal History,* 22, 1978, p. 281-308. Voir aussi P. Geary, «Moral obligations and Peer Pressure. Conflict Resolution in the medieval Aristocracy», dans C. Duhamel-Amado et G. Lobrichon éd., *Georges Duby...,* p. 217-222.

risme de classe, le fer de lance de la mutation sociale. En fait, elle pourrait être dédramatisée – non pas quant à ses conséquences sur les individus, mais quant à son effet sur la société. Si l'on me suit sur ce point, on ne voit plus quelle force a produit le «grand chambardement».

Que la convention «privée», en rupture apparente avec la loi, fleurisse au XIe siècle, c'est à mon sens un fait purement documentaire. Cela témoigne peut-être d'une extension de l'usage de l'écrit, plus sûrement d'une meilleure archivation, à peine d'une évolution sociale ou institutionnelle lente. Il n'est donc pas interdit de penser que le Xe siècle connaissait aussi les conventions para- ou extra-judiciaires. Ses institutions étaient socio-publiques, publico-féodales; on y essayait d'avoir prise sur le vassal par l'intermédiaire du seigneur (Touraine, 890), et les nobles y paraissaient entourés de leurs fidèles. Les *nobiles ac legales viri* constituaient le plaid comtal; il n'était qu'une institution de la chevalerie noble.

A coup sûr, le XIe siècle montre *a posteriori* que l'acte écrit n'est jamais qu'un épisode particulier dans l'histoire d'un conflit, d'une relation, et qu'il est aussi conçu comme une stylisation de ceux-ci. Les notices de jugements, les chartes de vente ou d'affranchissement, les donations surtout abondent au Xe siècle; riches en repères publics, elles ont fait croire à un certain ordre, mais une critique conséquente oblige à dire que leur contexte authentique a des chances d'avoir été proche de ce qui apparaît au XIe siècle. Je pense à cette «justice traditionnelle» que connaît bien l'anthropologie et dont l'équipe de Werdy Davies et Paul Fouracre[16] a repéré la présence pendant tout le haut Moyen Age, là où se sont trouvées des informations suffisantes.

En d'autres termes, il faut renoncer à la fois à l'idée d'un point de rupture dans l'histoire de la justice, vers l'an mil, et à celle d'institutions publiques antérieures assez fortes, assez autonomes surtout, pour soutenir un édifice social radicalement différent de l'ordre seigneurial du XIe siècle.

16. W. Davies et P. Fouracre eds, *The Settlement of Dispute in Early Medieval Europe*, Cambridge, Cambridge University Press, 1986.

Bien entendu, il y a toujours eu une certaine originalité du droit de l'Eglise, et l'on ne doit pas sous-estimer les efforts carolingiens pour contrecarrer les menées des «puissants», par capitulaires et par *missi*. Autant de situations d'acculturation juridique, mais dans lesquelles la pression sur la «justice traditionnelle» n'est que faible ou épisodique. Rien à voir avec ce qui se passe à partir du XIIe siècle, lorsque se développe – Frederic Cheyette l'a bien montré[17] – la distinction du public et du privé, et lorsque commence la «genèse de l'Etat moderne». De ce que l'on a dressé en forme solennelle quelques notices de plaids des IXe et Xe siècles, l'historien ne doit pas conclure que les menées des titulaires d'*honores* ne s'exerçaient pas, au cœur même de ces assemblées. Les capitulaires carolingiens, tout comme Hincmar de Reims dans ses écrits, dénoncent avec constance l'oppression des «pauvres» par les «puissants». Et pourtant, les institutions dites publiques l'ont-elles jamais empêchée? On se méprend sur leur place dans le «système» d'avant l'an mil. Ce qu'il faut penser, jusqu'à la naissance de l'Etat moderne, c'est la coexistence de quelques espaces de paix publique avec tout un faisceau de relations sociales qui nous semblent caractériser un «pouvoir privé». Bien entendu, la paix publique a ses hauts et ses bas : le règne de Charlemagne est plus brillant que celui d'Henri Ier, même si l'on tient compte du rôle des princes «territoriaux». Mais nul ne plaide pour une histoire immobile. Il y a donc place pour une série d'ajustements et de redéploiements des institutions judiciaires.

On l'a vu, les deux coauteurs de *La Mutation féodale* montrent bien qu'un tel ajustement a été fait en matière militaire au Xe siècle, les contingents des églises se déployant autour des châteaux. Pourquoi ne pas évoquer aussi un simple transfert, en matière judiciaire, des comtes et vicomtes vers les seigneurs châtelains? On se fait de l'Etat carolingien une représentation surpuissante et, du château «féodal», une image noire. Or ils ne méritent, respectivement, ni cet excès d'honneur ni cette indignité. Les forteresses du

---

17. F. Cheyette, «The Invention of the State», dans B. K. Lackner et K. R. Philip eds, *Essays on Medieval Civilisation* (*The Walter Prescolt Webb Memorial Lectures*, XII), Austin-Londres, 1978, p. 143-178.

XIᵉ siècle, en réalité, sont des lieux de paix, le siège d'une justice dont l'anthropologie[18] nous apprend à saisir la rationalité (et les limites, comme de toute justice), et qui n'a probablement rien de très différent de la justice «normale» des temps carolingiens (ni plus ni moins d'ordalies ou de preuves écrites, me semble-t-il).

Que faut-il préférer au mutationnisme?

Avant de conclure cette «note critique» qui tourne à la présentation d'un contre-modèle, un mot sur le renfort que l'archéologie prétend parfois apporter au mutationnisme, même si Jean-Pierre Poly et Eric Bournazel ne s'appuient pas sur elle.

Les progrès de cette discipline ont été fulgurants depuis trois décennies, et elle est merveilleuse, irremplaçable pour nous faire voir les traces matérielles de la vie, les habitats, les défenses et même l'organisation des terroirs. Mais ces traces ne sont-elles pas aussi lacunaires et aussi aléatoires que la documentation écrite? Quand même elles le seraient moins, la chronologie en est-elle sûre, le lien avec les textes, indiscutable? Surtout, une mutation du paysage, de l'habitat ou des techniques de combat conduit-elle toujours au changement social? Il me semble, au contraire, qu'il existe dans toute société, et surtout dans celle-là, une grande force d'inertie; tout un «imaginaire du féodalisme» (ces fameuses distinctions évoquées plus haut) permet la reproduction des structures sociales en dépit des changements matériels. L'apport actuel de l'archéologie appelle donc au moins les deux remarques suivantes : il ne peut sauver la théorie mutationniste globalement, parce qu'il suffit qu'elle soit tombée une fois (sur le servage, par exemple) pour se trouver falsifiée; il peut parfaitement s'intégrer dans un autre récit, concurrent et préférable : celui, par exemple, d'un simple «ajustement de l'an mil». Les fortifications de

---

18. Particulièrement S. White, *supra*, note 15. Du même historien, il faut connaître aussi *Custom, Kinship and Gifts to Saints. The «Laudatio Parentum» in Western France, 1050-1250*, Chapel Hill-Londres, The University of North Carolina Press, «Studies in Legal History», 1988.

terre, en effet, peuvent tout autant avoir maintenu un système social (perpétuant la fameuse «oppression des puissants») que l'avoir transformé (aggravant cette oppression).

Donc l'archéologie a de quoi impressionner, mais elle ne peut en aucun cas nous dispenser de la critique nécessaire à l'égard du paradigme dominant. L'important est de dire, pour conclure, ce qu'on peut lui préférer.

Pour cela, précisons à nouveau l'intrigue. Ce qu'il s'agit de raconter, pour Jean-Pierre Poly et Eric Bournazel, c'est la manière dont l'«institution féodale» est devenue le «rapport social dominant» – ce que, disent-ils, elle n'était pas avant l'an mil. La formulation est scolastique, mais le problème est réel, et le marxisme aide effectivement à le poser : il est celui, au sein d'une société donnée, des rapports de domination. Ont-ils été en France, entre 980 et 1060, radicalement transformés?

A mon avis, la réponse est non. On l'a vu : la mutation documentaire doit être mieux décrite et relativisée, le grand clivage entre une noblesse chevaleresque et une paysannerie dépendante se repère de part et d'autre de la «ligne d'ombre», enfin l'anthropologie juridique et le bon sens nous apprennent que la «privatisation» des pouvoirs est un mauvais concept. Les grandes structures institutionnelles (judiciaires et militaires) et sociales (formes de dépendance) ont été, entre 980 et 1060, non pas bouleversées, mais simplement remaniées – dans une mesure qu'il importera de discuter. Mais d'ores et déjà, le récit-modèle des «ajustements successifs» me paraît plus juste que celui de la «mutation brutale», qui a le tort de reconduire trop de notions paradigmatiques de la vieille école – tout en malmenant davantage les sources!

CHAPITRE II

«De la charte à la notice»,
à Saint-Aubin d'Angers

Une évolution assez nette s'est produite, entre 1040 et 1060, dans les chartes angevines : passage des souscriptions aux témoignages [1], développement des morceaux narratifs dans les notices, avec pour corollaires la multiplication d'épisodes inédits, notamment conflictuels, et l'émergence de mots nouveaux. Tous ces traits, du moins, caractérisent bien les nouvelles séries d'actes conservés, à partir du milieu du XIᵉ siècle [2]. Pourquoi cette évolution? Olivier Guillot émet quelques réserves [3] sur le diagnostic pessimiste d'Alain de Boüard (notices informes, naufrage des rapports de droit et de la culture écrite [4]), mais il demeure comme lui [5] pénétré de l'idée d'une crise «indéniable», juridique et diplomatique. Et il n'hésite pas à acclimater en Anjou la mutation

1. Commenté par Olivier Guillot, *Le comte d'Anjou et son entourage au XIᵉ siècle*, 2 vol., Paris, 1972, II, p. 5-20, en s'en tenant aux actes où le comte intervient «juridiquement d'une manière ou d'une autre».
2. Dominique Barthélemy, *La société dans le comté de Vendôme, de l'an mil au XIVᵉ siècle*, op. cit., p. 95-101 et 109-115.
3. Olivier Guillot, *Le comte d'Anjou...*, vol. II, p. 7, note 8 («en se référant trop étroitement à des canons diplomatiques»).
4. Alain de Boüard, *Manuel de diplomatique française et pontificale*; tome II, *L'acte privé*, Paris, 1948, p. 100-148.
5. A ceci près que, pour Alain de Boüard, la situation de la mi-XIᵉ siècle procède d'une longue dégradation, tandis que, pour Olivier Guillot, la cassure semble plus brusque. Chacun a ici le paradigme de sa génération.

socio-institutionnelle «de l'an mil» à la mâconnaise; elle est toute-fois décalée ici vers 1060 [6], et vient approfondir une coupure chro-nologique déjà envisagée par Louis Halphen [7]. Les crises se relient alors les unes aux autres par une argumentation circulaire [8].

Il y a cependant un certain paradoxe à prendre pour signe de crise une efflorescence remarquable de toutes sortes de «notices». Les diplomatistes négligent un peu, parce qu'il ne s'agit générale-ment pas d'originaux. Mais le cartulaire de Saint-Aubin d'Angers [9] fait bonne impression : il est constamment attentif, par exemple, à ces croix autographes que Michel Parisse vient d'étu-dier pour la France de l'Ouest [10]. De ne pouvoir palper les vraies pièces, on se console par l'intérêt des notations sur la valeur et l'usage de l'écrit. Quant à la crise, je ne peux en discuter sans une critique historiographique, attachée notamment aux inconvé-nients d'un usage trop large ou ambigu du mot de «notice». Je reprendrai ensuite la question de la valeur juridique des actes. Et comment des textes aussi précis, aussi soigneusement composés, ont-ils pu mériter le nom infamant de «notices dégénérées»?

I. – HISTORIOGRAPHIE DU «TRIOMPHE DE LA NOTICE»

De Rome au XIe siècle, la civilisation déclinait, selon les vues de la vieille école. Dès lors, l'histoire de l'«acte privé» pouvait être lue

---

6. Olivier Guillot, *Le comte d'Anjou...*, I, p. 433.

7. Louis Halphen, *Le comté d'Anjou au XIe siècle*, Paris, 1906, p. 152 et *passim*.

8. Cf. ma critique de cette argumentation circulaire dans *La société dans le comté de Vendôme*, p. 61-64. On pourrait ajouter que «mutation documentaire» est un concept assez imprécis : est-ce la fonction des écrits, la gamme de leurs genres, ou seulement quelques aspects de leur style qui changent? J'aurais peut-être mieux fait de renoncer à ce concept.

9. Arthur Bertrand de Broussillon éd., *Cartulaire de l'abbaye de Saint-Aubin d'Angers*, 2 vol., Angers, 1903 (abrégé ci-après : *Saint-Aubin*); voir sur ce cartulaire : Olivier Guillot, *Le comte d'Anjou...*, I, p. 434-459.

10. Michel Parisse, «Croix autographes de souscription dans l'ouest de la France au XIe siècle», dans Peter Rück éd., *Graphische Symbole im mittelalterlichen Urkunden*, Sigmaringen, 1996 (Historische Hilfswissenschaften, 3), p. 143-155.

comme celle d'une progression de la «notice» aux dépens de la «charte» et d'un brouillage de ces catégories. Mais est-ce qu'en 1060 on ne comprenait plus rien? Ou sont-ce les historiens modernes qui n'aperçoivent pas les catégories d'alors, persuadés qu'ils sont d'avoir affaire à des rustres?

L'ambiguïté d'un terme

La diplomatique de l'«acte privé» oppose trop systématiquement, depuis Heinrich Brunner, la notice à la charte, par des critères de style et de valeur : notice de style «objectif» et de valeur «probatoire», charte «subjective» et de valeur «dispositive». Telle serait la distinction fondamentale, oubliée ou brouillée par les scribes du XIe siècle (ils écrivent indifféremment *notitia* ou *carta*[11]). Finalement, quand la preuve écrite perd toute valeur, la notice dégénère en «simple mémorandum[12]», à l'usage des moines, peut-être de la commémoration des laïcs amis[13]; elle entraîne avec elle la charte dans l'informalité et l'hybridation. La fin des souscriptions, le recul des formules, en pays de Loire entre 1040 et 1060, seraient les signes de la crise finale de l'écrit et de la justice.

La «notice» des historiens est donc à la fois une catégorie diplomatique ancienne, formant binôme avec la charte – quoique, peut-être, moindre en dignité[14] –, et le nom dont on affuble les écrits les moins formalisés, les plus libres en apparence et, à des yeux inattentifs, les plus rustiques. Olivier Guillot dans son catalogue s'en

---

11. Par exemple, *Saint-Aubin*, n° 677 : annonce des souscripteurs conventionnels à *huic noticie*, puis de la manière dont Geoffroi Martel corrobore, par la croix, *cartam istam*. Le n° 68 est une charte, selon les canons classiques, mais se dit *notitia*.

12. Alain de Boüard, *Manuel...*, p. 148 et 121.

13. Ceci est bien attesté par *Saint-Aubin*, n° 182 (1087) : *et illi qui elemosinas fecerunt, etiam post mortem quodam modo vivere videntur, dum recitatione litterarum bonum quod fecerunt non tacetur et a bonis et religiosis viris, pro peccatis eorum quos sibi bona fecisse legunt, cotidianis orationibus et aliis bonis operibus Deo fideliter supplicatur.*

14. C'est la charte, non la notice, qui se développe en précepte solennel.

tient à la qualification comme «charte» de tout acte ou de toute partie d'acte à la première personne (style subjectif) et, comme «notice», de ce qui est à la troisième. Or l'opposition de ces «styles» n'importe sans doute pas tant que cela; ils se combinent souvent, par des jeux habiles des rédacteurs.

Georges Duby, dans sa thèse, évoquait au contraire un passage «de la charte à la notice[15]», en entendant par «charte» tout écrit conforme à de vieilles formules, et par «notice» toute rédaction plus libre. Cette vue a le mérite de souligner une orientation nouvelle et générale des écrits, mais elle pousse à penser fallacieusement en termes de naufrage et de substitution d'un type à un autre : ainsi décrite, la mutation documentaire devient le calque et le reflet de la transition critique d'une société antiquisante à une «société féodale». Or le changement des sources ne ressemble pas du tout à cela, quand on le regarde attentivement.

Tout de même, l'ambiguïté du mot de «notice» n'est pas sans cause. C'est, en effet, plutôt par la «notice» que le scandale de la nouveauté est arrivé! Elle avait davantage vocation que la «charte» à couvrir de son nom tout le rebut de la diplomatique... L'ambiguïté est gênante, évidemment, et il faut en être averti. Mais comment renoncer à tout ce qui fait sens, dans les propos de nos devanciers? Le «dispositif» et le «probatoire» ont beau être des catégories empruntées à la maison de commerce du XIXᵉ siècle, elles évoquent tant bien que mal une bipolarité effective des écrits du XIᵉ siècle. Certains, en effet, prétendent accomplir par eux-mêmes des actes, tels des affranchissements et des donations, et doivent le faire conformément à des modèles plus ou moins conventionnels; leurs préambules disent la légitimité d'un acte juridique, l'utilité d'un acte pieux. D'autres insistent sur la conservation d'un souvenir et s'efforcent d'insérer des informations; ils s'ouvrent souvent par un bref rappel de l'utilité d'écrire les choses, par peur de l'oubli et de la fraude. Entre ces *écrits d'accomplissement* et ces *écrits mémoriaux*, une

---

15. Georges Duby, *La société aux XIᵉ et XIIᵉ siècles dans la région mâconnaise* (1953), 2ᵉ éd., Paris, 1971, p. 9.

certaine hybridation est possible; leurs principes peuvent se compléter. Mais il s'agit bien d'une double polarité, qui inspire les rédacteurs. Et il faut bien marquer, au cours du XIe siècle ligérien, l'essor de grands écrits mémoriaux. Autant de belles narrations, en lesquelles Pierre Gasnault voit, comme Georges Duby au Mâconnais, de « véritables pages de chroniques [16] ». Il a dû falloir un bon niveau de latin, et beaucoup d'art, pour les rédiger.

Les faux-semblants d'une évolution

Pour le très haut Moyen Age, Georges Despy oppose une typologie en trois éléments à la vieille dichotomie entre la « charte » et la « notice » : il distingue entre la *carta* subjective, la *carta* objective et la *notitia*. Mais au milieu du VIIIe siècle, ces catégories se brouillent. Le règne de Charlemagne, c'est « l'horreur » diplomatique [17]! Surgissent toutes sortes d'écrits informes, de *notitiae*… Et Georges Despy y voit la marque, au nord des Alpes, d'une régression de l'écrit juridique [18]. L'Italie et la Gothie échapperaient seules à cela; certes la référence aux codes et aux règles écrites s'y pratique, durablement, un peu plus qu'ailleurs [19]; mais la justice elle-même y est-elle gouvernée par des principes si différents [20]? Le problème, c'est que la description, faite par Georges Despy, des années 750-800 ressemble trait pour trait à celle d'Alain de Boüard pour le naufrage en Loire du XIe siècle.

16. Pierre Gasnault, « Les actes privés de l'abbaye de Saint-Martin de Tours du VIIIe au XIIe siècle », dans *BEC,* 112, 1954, p. 24-66 (p. 40). Même expression dans Georges Duby, *La Société…*, p. 9.

17. Georges Despy, « Les chartes privées comme sources de l'histoire rurale pendant les temps mérovingiens et carolingiens », dans Hartmut Atsma éd., *La Neustrie. Les pays au nord de la Loire de 650 à 850*, tome I, Sigmaringen, 1989 (*Beihefte der Francia, 16/1*), p. 583-593 (p. 589-590).

18. *Ibid.*, p. 590.

19. Cf. François Bougard, *La justice dans le royaume d'Italie, de la fin du VIIIe siècle au début du XIe siècle*, Rome, 1995 (BEFAR, 291), p. 119-139, 223-227, 319-329.

20. Janet Nelson, « Dispute Settlement in Carolingian West Francia », dans Wendy Davies et Paul Fouracre éd., *The Settlement of Disputes in Early Medieval Europe*, Cambridge, 1986, p. 45-64 (p. 46).

Comment le même navire de la diplomatique a-t-il pu sombrer deux fois? C'est qu'il s'agit de faux naufrages. Aux deux moments évoqués, le signe que constitue une «dégradation formelle» est pour le moins ambigu.

1) Nous sommes mis, à l'improviste, en présence d'écrits utilisés dans des «petits mondes», celui du *pagus* évoqué déjà par quelques formulaires des VIIe et VIIIe siècles. L'implantation d'une abbaye (à Redon en 832, à Vendôme en 1040) ou la croissance de ses affaires et de ses archives (comme celles de Saint-Aubin d'Angers et d'autres monastères ligériens, au milieu du XIe siècle) livrent tout à coup une série d'écrits communs : «notices» de ventes locales et de quelques conflits[21], «notices» de divers pactes, d'autodéditions de serfs, etc. Autant de *cartule* fonctionnelles, peu apprêtées, dont nous devons soupçonner, à l'encontre des vieux mythes barbare et féodal, qu'on n'a jamais cessé d'en écrire et d'en utiliser au plan local, même hors de toute présence monastique (donc à terme, sans aucune chance de passage à l'histoire).

2) À côté de cela, les deux moments sont aussi marqués par une vitalité nouvelle des études latines, dans les grands monastères. D'où des narrations fort élaborées : celles de plaids du IXe siècle, dans le dossier du temporel des *écoles* de Saint-Martin de Tours[22]; celle d'un don fait en 956 à Saint-Benoît-sur-Loire, où fleurit l'historiographie[23]; enfin toutes les narrations de la seconde moitié du XIe siècle,

---

21. Cf. Wendy Davies, «People and places on dispute in ninth-century Brittany», dans Wendy Davies et Paul Fouracre éd., *The Settlement...*, p. 65-84. Elle évoque p. 70 les formules de vente, et note que les récits de conflits ont naturellement moins besoin de forme régulière. Cette historienne oppose assez vivement l'univers judiciaire des *small worlds* à celui de la haute société, à l'échelle régionale ou à celle de l'empire.

22. Par exemple, celle de 857 éditée par Marcel Thévenin, *Textes relatifs aux institutions privées et publiques aux époques mérovingienne et carolingienne*, Paris, 1887, n° 89 (p. 122), et celle de 892, éditée en latin par Jean Dufour, *Recueil des actes de Robert Ier et de Raoul, rois de France*, Paris, 1978, n° 37. Cette dernière montre l'ordre public du Xe siècle sous un angle très féodal!

23. Maurice Prou et Alexandre Vidier éd., *Recueil des chartes de l'abbaye de Saint-Benoît-sur-Loire*, tome I, Paris, 1907, n° 51. Dès l'époque d'Adrevald (IXe siècle), il y a un art qu'on pourrait appeler de la «notice de miracle», qui me semble gouverné par des principes assez proches de ceux des narrations de conflits et de transactions : ne s'agit-il pas souvent de démontrer et de justifier l'intervention de saint Benoît dans des situations conflictuelles?

à Vendôme, à Angers, en un temps de renaissance des lettres latines. La création de formes nouvelles, l'art du récit ne témoignent pas d'un effondrement culturel.

Enfin, qu'il s'agisse des écrits communs ou des narrations, on ne peut dire que ces formes, soudain révélées ou enfin élaborées, viennent *remplacer* quelque chose. Car les modèles traditionnels ne se perdent pas : l'affranchissement, la donation, le douaire, l'emphytéose ont traversé le haut Moyen Age en évoluant assez peu. Mais, pour nous informer sur d'autres pactes communément passés ou sur les détails des plaids ou d'une vie sociale «en conflit», il y a soudain, vers 800 et surtout vers 1040, quelque chose à la place de rien! Ce sont là des diversifications documentaires, et non de simples et catastrophiques «mutations» substituant une forme à une autre[24].

Dans les deux cas, sous Charlemagne comme au XIe siècle, une série de choses se révèlent. Mais il n'y a sans doute pas plus de «dégradation» des rapports de droit que de la culture diplomatique. Cette mise au point convaincra plus aisément à propos de l'époque de Charlemagne que lorsqu'il s'agit des Xe et XIe siècles où l'on attend de la violence et de la confusion. Et pourtant, à lire sans préjugé les «notices» ligériennes, nous y trouvons avec Louis Halphen de quoi nuancer la très mauvaise réputation de la justice d'alors[25] et, avec Stephen White, de quoi ramener la «violence» du temps à ses vrais objectifs et à ses justes proportions[26].

Non qu'on doive prendre le XIe siècle pour un âge d'or, ou pour un simple prolongement de l'ordre carolingien! Comparées à

---

24. Si l'on s'en tient à «mutation», on tombe dans un piège, en liant cette substitution à celle d'une société («féodale») à une autre («carolingienne»). Où se trouvent idéal-typisés, *tout à la fois* des corpus documentaires et des systèmes sociaux. La pensée est alors enfermée à double tour, faute d'en avoir conscience.

25. Louis Halphen, «La justice en France au XIe siècle. Région angevine» (1901), repris dans *A travers l'histoire du Moyen Age*, Paris, 1950, p. 175-202. L'auteur évite la dramatisation excessive, mais sans pour autant identifier et critiquer en tant que tel le mythe féodal. Il décrit des «institutions encore mal fixées» (p. 202), quoique susceptibles de servir de base à des élaborations futures.

26. Stephen White, «Debate : The Feudal Revolution. II», dans *Past and Present,* 152, août 1996, p. 205-223.

celles de Saint-Martin de Tours, d'entre 857 et 892, les belles «notices» de Saint-Aubin d'Angers, deux siècles plus tard, relatant des plaids moins formalisés. Elles sont d'autant plus «dégagées[27]» de l'institution judiciaire que celle-ci n'existe pas alors dans un champ autonome. Les Carolingiens avaient peut-être prétendu affranchir les plaids de la pression sociale locale; ils ont échoué[28], et les plaids relatés ou évoqués dans la seconde moitié du XIe siècle ne sont que des moments, parmi d'autres, d'une vie sociale faite de tensions et de résolutions alternées. Mais ces plaids restent tout de même quelque chose de spécifique, des lieux de débats et de négociations réglés par des normes traditionnelles. Les nouvelles pièces d'archives ne nous révèlent-elles pas les à-côtés de la justice, plutôt que sa crise? Et sont-elles sans valeur?

II. – LA VALEUR JURIDIQUE DES ÉCRITS

Une fois nuancée l'opposition entre la «charte» et la «notice», comment aborder les corpus ligériens du XIe siècle? On peut, tout d'abord, opposer à la masse quelques «préceptes» solennels, annoncés en tant que tels par les rubriques de cartulaires. Elles nous signalent aussi, au passage, quelques chirographes[29] : autre catégorie à part, si l'on veut. Dans tous les cas, il y a quelque lien entre les formes d'actes et leur valeur socio-juridique. Mais le critère discriminant qui se révèle ici le plus intéressant est la présence, ou non, d'une croix autographe sacralisatrice, si caractéristique des *scriptoria*

---

27. Pierre Gasnault, «Les actes privés...», p. 39 (dégagement observable dès le Xe siècle).

28. Janet Nelson, «Dispute Settlement...», note que le succès de cette tentative carolingienne n'a jamais été que très relatif : la pression locale a toujours été sensible, jusque dans la notice de Saint-Epain (857) où le prêtre intimide d'éventuels soutiens de la partie adverse. Il y aurait aussi à rapprocher, peut-être, les *munera* dont Adrevald de Fleury dévoile l'usage normal (au détour des *Miracula sancti Benedicti*, éd. Eugène de Certain, tome I, Paris, 1858, p. 55-57) des dons *pro caritate* bien attestés aux XIe et XIIe siècles.

29. Par exemple : *Saint-Aubin*, n°s 19, 41, 237. Cf. l'épisode relaté dans Paul Marchegay et Amédée Salmon éd., *Chroniques des comtes d'Anjou*, Paris, 1856 (Société de l'histoire de France), p. 288-292. Il vaut la peine de détruire un chirographe; c'est bien la preuve de sa valeur juridique.

monastiques normands et ligériens. Etudions-le tout d'abord, et cherchons ensuite ce que valent les écrits (de tous types) dans les plaids tels qu'on nous les raconte, avec quelques détails, après 1060.

Avec et sans la croix

Une ancienne manière de protocole annonçait des corroborations : «afin que cette charte soit trouvée plus valide et plus vraie, nous avons décidé de la corroborer de notre main propre, et de celle de nos frères» (*hanc autem cartam, ut firmior sit veriorque credatur, manu propria manibusque fratrum nostrorum roborari decrevimus*[30]). On passe vers 1060 à une nouvelle manière, qui mentionne des témoins du fait : «les témoins que voici ont entendu et vu» (*hoc audierunt et viderunt subinserti testes*[31]) ou seulement des participants à la réunion «furent présents à ce pacte» (*huic concordie affuerunt*). Dans le premier cas, seul, en fait, le souscripteur «de sa main propre» a tracé une croix autographe. Les autres ne sont que des hommes dont on a relevé les noms[32]; ils ont peut-être touché l'acte de la main, mais pas nécessairement[33]. Il y a donc quelque chose de virtuel, voire de fictif, dans les listes de «signataires» simples, sans mention de croix. On attend d'eux un témoignage éventuel, c'est-à-dire une défense de l'acte[34]. Et lorsque l'annonce de ces corroborations et la mention simple de *signa* (*S.*) cèdent largement la place, vers 1040, à des listes

30. *Saint-Aubin*, n° 232 (977-988, bail en *manufirma*). On s'en souvient dans les narrations : *ibid.*, n° 677.
31. *Ibid.*, n° 242 (1077).
32. Ce que signale clairement un acte de 1056 (*Saint-Aubin*, n° 29) : *presentibus istis quorum nomina hic pro astipulatione sunt subscripta.*
33. Olivier Guillot, *Le comte d'Anjou...*, II, p. 9 (rapprochant les deux gestes : tracer la croix et toucher de la main) et p. 16 (marquant au contraire que la corroboration peut n'être que virtuelle).
34. *Ibid.*, p. 13-15. Là, au contraire, Olivier Guillot oppose le «témoignage» à la «défense», de façon anachronique. Car témoigner, au XIe siècle, c'est toujours s'engager. Les rédacteurs d'actes notent ceux qui pourraient consentir à le faire. La fonction du témoignage n'est «floue» (p. 18) que par rapport aux catégories modernes.

de témoins, rangés par catégories statutaires (moines, clercs, laïcs, *famuli*), cela n'est qu'une nouvelle présentation de la même chose[35].

Cependant, dans cette nouvelle période, la croix autographe ne disparaît aucunement[36]. Elle demeure aussi souvent présente qu'avant 1040.

Il y a donc entre la croix et la «simple corroboration» une nette différence[37], qu'il faut analyser.

1) La croix est annoncée par des formules spécifiques, un peu développées, et notamment elle s'accompagne souvent d'une clause de malédiction[38]. Ne faut-il pas comprendre qu'elle a toujours ce pouvoir implicite? Elle n'est pas exactement comme un serment; mais la production d'un tel acte dans un plaid, muni de la croix, a quelque chose de solennel et de redoutable; mieux vaut éviter de l'infliger à la partie adverse[39], comme on éviterait un serment, en effet, ou une ordalie.

2) La croix semble indispensable à certains écrits, tels la concession en *manufirma*[40] et l'affranchissement. Dans ces deux cas, la remise de l'acte écrit accomplit seule l'acte juridique. Pour l'affranchissement, il faut même qu'une ou plusieurs personnes tracent la croix tandis que le parchemin est sur la tête du serf[41]. C'est ce qui

35. Olivier Guillot, *Le comte d'Anjou…*, p. 17 : on cesse d'«analyser» la participation du témoin comme une corroboration; il devient témoin du fait juridique, et non de l'acte écrit, selon Olivier Guillot – mais si c'était un écrit d'accomplissement (défini *infra*, p. 32), où se trouve la différence?

36. *Saint-Aubin*, n°s 6, 84, 112, 179, 221, 237, 269, 338, 355, 356, 374, 402 et *passim*. Le remplacement de la croix par le sceau concerne le XIIe siècle : cf. Michel Parisse, «Croix autographes…», p. 153-155.

37. Olivier Guillot la sous-estime (*Le comte d'Anjou…*, II, p. 10).

38. *Saint-Aubin*, n°s 3, 222, 224, 225, 241, 354, 372, 401. L'étude des malédictions monastiques a été renouvelée par Lester Little, *Benedictine Malediction. Liturgical Crusing in romanesque France*, Ithaca et Londres, 1993. Au n° 222, c'est un véritable ajout à une *carta*, portée d'Angers à Poitiers, qui comporte confirmation, malédiction et croix autographe de l'évêque Isembert : une excommunication vient de faire plier le laïc. Au n° 225, c'est la croix du *jussor* qui a fait écrire l'acte. Au n° 354, elle est au milieu d'un texte à rallonges. Au n° 372, il y a une malédiction, sans croix.

39. J'aurais pu interpréter dans ce sens le renoncement des moines de Marmoutier à produire, en 1065, contre Engebaud le Breton, la charte d'affranchissement de Randan de Vendôme : *La société…*, p. 668.

40. *Saint-Aubin*, n° 201.

41. Cf. l'acte de 1088, cité par Dominique Barthélemy, *La société…*, p. 42.

s'est manifestement passé avec le collibert Joscelin, en 1062, au cours des funérailles de son seigneur : il y a d'abord une liste de témoins, puis les croix autographes de tous les parents du mort, annoncés d'emblée comme auteurs de cette action pieuse[42].

3) Ces cas mis à part, presque tous les genres d'actes ont vocation à être un jour munis d'une croix autographe, donc rendus par elle plus valides et plus probants. Des narrations de plaids et de conflits peuvent l'être aussi bien que des donations. Mais tous ne vont pas jusqu'au bout de leur destinée. Ainsi avons-nous une belle narration de 1100, mise sous le nom de l'évêque d'Angers, donc à la première personne. Devant lui, le 24 mars, Robert Bureau revendique contre l'abbé de Saint-Aubin ; leurs déclarations s'opposent[43] avant que le laïc ne se soumette, remettant dans la main du moine un rameau de laurier, devant témoins. Le 25, il vient au chapitre et symbolise, par un bâton cette fois, la querelle à laquelle il renonce. Enfin, le 3 avril, deux moines de Saint-Aubin viennent au château de Montreveau. Robert, entouré des siens, leur fait « *recitari hanc chartam ex ordine* » (« lire la charte méthodiquement »), et tous y mettent leurs croix autographes, devant un troisième groupe de témoins[44]. Le laïc remplit ici son engagement du 24 mars, mais le parachèvement des écrits ne devait pas aller toujours aussi vite. Beaucoup étaient rédigés et corroborés par étapes.

4) Cet acte de 1100 évoque de manière caractéristique le pluralisme des rites de validation. En effet, ses deux premières parties décrivent des gestes dont, ailleurs, l'accomplissement nous est donné pour une validation de l'écrit. Et « pour que la notice de cette réparation soit plus valide, il a donné un saumon, que nous avons mangé au réfectoire » (*ut emendationis notitia firmior haberetur,*

---

42. *Saint-Aubin*, n° 401 (avec clause de malédiction) ; la traduction de cet acte n'est malheureusement pas très bonne.

43. *Ibid.*, n° 112 : le laïc traite les moines de *raptores*, renvoyant ainsi à un terme de la polémique monastique ordinaire !

44. *Ibid.* Stephen White y verrait aussi la définition circonstancielle du groupe de parenté associé aux bénéfices moraux ou autres de la paix : cf. *Custom, Kinship and Gifts to Saints. The « Laudatio Parentum » in Western France, 1050-1250, op. cit.*

salmonem dedit quem in refectorio comedimus, 1087)[45]. Une autre fois, la remise de «contre-dons» est amenée par «et pour que ceci soit plus valide...» (*et ut hoc firmum esset*)[46]. Sans compter qu'on écrit aussi sur des bâtons symboliques ressemblant à celui du 25 mars 1100[47]. Un même acte peut mentionner une donation par objet symbolique, avec les témoins, puis porter la croix autographe d'un comte, d'un évêque, d'un seigneur féodal[48]. Ils prennent les choses en main.

On use de cette croix autographe, qui veut donner plus de force aux écrits, selon quelques principes : elle est nécessaire aux affranchissements, mais impensable lors d'autodéditions en servage[49]; mais, sur d'autres types d'actes, elle est tracée irrégulièrement, et tantôt par un donateur, tantôt par un octroyeur de rang plus élevé.

Remarquons qu'elle ne se raréfie nullement, après 1040-1060. Cela plaide contre l'idée d'une perte de valeur des écrits. Et ce d'autant plus qu'elle renforce alors non seulement les écrits d'accomplissement qui disent réaliser par eux-mêmes des actes juridiques, mais même les écrits mémoriaux[50], qui désormais se multiplient et qui, dans le principe, ne prétendent pas à plus que d'en conserver le souvenir.

A l'épreuve des plaids

Mettre par écrit un pacte, un jugement ou le récit d'une affaire, avec ou sans croix, c'est lui donner de la force[51], car cela permet d'éviter l'oubli et la fraude. De brefs préambules se réclament de la

45. *Saint-Aubin*, n° 8.
46. *Ibid.*, n° 72 (entre 1060 et 1067).
47. Cf. une brève pièce du recueil du Ronceray (n° 91, vers 1115, Paul Marchegay éd., *Archives d'Anjou*, tome III, Angers, 1854).
48. *Saint-Aubin*, n° 376.
49. A l'inverse de l'autodédition en servitude qui, très logiquement, n'est *jamais* corroborée par croix de l'oblat, mais par ses gestes rituels – cf. Amédée Salmon éd., *Le livre des serfs de Marmoutier*, Tours, 1864 (Publications de la Société archéologique de Touraine, XVI). Les notices qui la rapportent sont cependant de véritables formulaires, qui ont peut-être *conformé* autant et plus que *relaté* les cérémonies.
50. *Saint-Aubin*, n° 376.
51. Beaucoup de préambules le disent; par exemple : *Saint-Aubin*, n° 86.

tradition; par exemple, l'idée que «l'autorité légitime a établi, d'ancienneté, qu'il fallait écrire sur des chartes tout ce qui doit être gardé en mémoire» (*legitima auctoritate constitutum est ab antiquis quoque reminiscenda scribere cartis*[52]) introduit entre 1060 et 1081 une sorte de pancarte, de la veine des «notices» (en style subjectif) les plus «informes»; dès 1047, on évoquait pour l'une d'elles la «coutume de l'Eglise catholique» : s'en remettre au témoignage de l'écrit[53]. Les moines rediraient-ils la force des écrits avec d'autant plus de véhémence qu'elle se perd? Tout de même, ils en composent, en complètent, en conservent beaucoup!

Dans des préambules des années 1080, les expressions tirées de la *Petite Apocalypse* (Matthieu, XXIV) font sentir aussi bien l'importance d'accomplir des actes pieux[54] que celle d'écrire[55] : «l'iniquité s'accroît de jour en jour, et nous avons voulu, de ce fait, mettre par écrit un plaid, afin que la postérité ne puisse être trompée à propos de choses qui nous sont utiles» (*propter abundantiam iniquitatis que magis ac magis cotidie crescit, placuit nobis quoddam placitum tradere litteris, ne filii nascituri rerum utilium notitia possint fraudari*[56]). Nous aurions tout de même tort de nous fonder sur ces quelques actes pour construire un réveil eschatologique au milieu d'un temps de crise, et juste avant la première croisade[57].

Quant à ce *placuit nobis*, «nous avons voulu», signifie-t-il que la notice de plaid est devenue un simple aide-mémoire, à l'usage du bénéficiaire du jugement? Il arrive toutefois qu'elle se réclame d'un ordre officiel. Ainsi en 1056, à la suite d'un plaid mémorable, le vicomte de Thouars, qui était partie en sa propre cour[58] et qui a cédé pieusement et sagement, «ordonna qu'on écrive

52. *Saint-Aubin*, n° 275.
53. *Ibid.*, p. 286.
54. *Ibid.*, n°ˢ 221 et 317.
55. *Ibid.*, n° 8.
56. *Ibid.*, n° 270.
57. Ces expressions apparaissent çà et là, dans les formulaires et les actes, depuis des siècles, et elles y ont une portée très générale, ne signalant ni date ni événement précis; dans le cas du n° 221, on conjoint tout de suite au thème eschatologique celui de la brièveté de la vie individuelle…
58. Évitons l'expression moderne de «juge et partie», qui fausserait un peu l'appréciation.

cela» (*notitiam huius rei scribi precepit*). L'acte, octroyé et sous-crit[59], veut donc servir de preuve à l'ancien adversaire, Saint-Aubin d'Angers. Gardons-nous d'opposer quelques «jugements» officiellement écrits du IXe siècle à ceux du XIe siècle, conservés seulement par des mémoires officieuses et partiales. Avons-nous des marques sûres du respect durable des premiers? Et l'ineffi-cience des seconds était-elle si totale? Vers 1090, une belle narra-tion de plaid tourne ainsi au dialogue : «pour que l'on comprenne mieux le jugement, il faut qu'on se souvienne des débats du plaid» (*et ut apertius judicamentum intelligatur, placiti verba reme-morentur*[60]); suivent plusieurs dizaines de lignes. Le compte rendu égale ou dépasse en détails les notices de Saint-Martin de Tours[61] (IXe siècle), dont on peut bien penser qu'elles aussi visaient déjà, en leur développement narratif, à susciter plus de mémoire et de compréhension.

A diverses reprises, le plaid est si bien raconté qu'on y discerne le rôle joué par un acte écrit. C'est le cas, notamment, lorsque deux monastères s'opposent entre eux et débattent devant des cours ecclésiastiques. Ainsi à Saumur en 1074, où les moines de Saint-Serge d'Angers apportent deux chartes, royale et épiscopale; les abbés les inspectent et les trouvent ambiguës, car il y a plu-sieurs Champigné, et inadéquates, car l'évêque ne pouvait donner ce qu'il n'avait pas[62]. Si ces pièces avaient été jugées valides, la réclamation des moines de Saint-Serge contre ceux de Saint-Aubin[63] aurait-elle abouti? On ne sait. De toute manière, le juge-ment en faveur des seconds est atténué peu après par une concorde amicale[64], une de ces transactions qui préservent les liens sociaux plutôt qu'elles ne prouvent la précarité de l'ordre et du droit.

59. *Saint-Aubin*, n° 29. Mais il n'y a pas de croix autographe.
60. *Ibid.*, n° 364 (annoncée en rubrique comme une *carta de placito*).
61. Cf. *supra*, note 22, p. 34.
62. *Saint-Aubin*, n° 106. On apprécie les questions par matière de faits. Cf. les commen-taires de Louis Halphen, «La justice en France…», *op. cit.,* p. 179 et 183.
63. Bien qu'on n'y fasse pas d'allusion explicite, la généalogie narrative du bien (n° 85) a dû être faite à cette occasion.
64. *Saint-Aubin*, n° 107.

« De la charte à la notice », à Saint-Aubin d'Angers

Le plaid de Saumur, en 1074, était un débat d'églises[65], donc de lettrés. Mais, même face aux revendications laïques, l'écrit vaut quelque chose. On avait rédigé avant 1055 un pacte laissant en viager à Augier, un mari survivant, les vignes cédées par sa femme; il n'avait d'autre validation que des noms de clercs et laïcs « qui virent et entendirent ». A la mort d'Augier (après 1067), sa fille et son gendre réclament; mais, à leur narration orale, « les moines opposèrent cette charte; on la lut et elle fut entendue, de sorte qu'elle-même, son mari Raoul et ceux qui les aidaient se dédirent de leur réclamation, cédant à la raison » (*hec cartula a monachis est opposita. Qua perlecta et audita, tam ea et suus maritus Radulfus jamdictus quam sui factores, a calumpnia, racione cogente, defecerant*[66]). On ne sait si les choses en restent vraiment là (le sait-on jamais?), mais l'épisode montre au moins un usage effectif et pragmatique de l'écrit commun. Il fait foi, hors de toute considération formelle, pourvu qu'il soit clair et établisse un fait (*rei veritatem*), et pourvu que les circonstances permettent au défendeur de s'en prévaloir.

L'écrit vaut au même titre qu'un témoin, et en relation d'appui mutuel avec lui, comme près de Redon au IXe siècle, dans le petit monde d'une *plebs*[67], comme à Vendôme au XIe siècle[68].

Voici une narration en deux épisodes; elle commence par l'histoire d'une vigne donnée et reprise en viager, entre 1056 et 1060, pour deux générations; à la troisième génération, naturellement, il y a conflit; de là, plaid tenu à Malicorne, et le moine Girard le Blanc « raconta toute l'affaire, telle qu'elle est écrite ici » (*omnem rem, sicut eam descripsimus [...] enarravit*), puis il témoigne que « du temps où il n'était pas encore moine, il avait vu et entendu ce don et ce pacte »

65. A signaler aussi tout le beau dossier des n°s 109, 110 et 889, où Saint-Nicolas et Saint-Aubin d'Angers luttent à coup d'actes carolingiens subreptices, et où l'on peut, par exemple, disqualifier parallèlement une « charte » à corroboration trop convaincante et un « jugé » trop proche de Saint-Aubin (n° 888).

66. *Saint-Aubin*, n° 70. Qui sont ces *factores*? La première fois (avant 1055), le comte et la comtesse avaient fait pression en faveur d'Augier.

67. C'est le titre de Wendy Davies, *Small Worlds. The Village Community in Early Medieval Brittany*, Londres, 1988; mais le « petit monde » est un idéaltype, à ne pas trop réifier.

68. Dominique Barthélemy, *La société...*, p. 668-669.

(*supradictum donum et pactum se vidisse et audisse antequam monachus fieret*). Mort du premier gendre, remariage de la fille, nouveau plaid, et Girard derechef vient narrer le «débat transcrit ci-dessus» (*rationem superius scriptam*), et témoigner[69]. On saisit ici la relation étroite qui existe entre toutes ces narrations brèves, jalonnées de repères temporels (*tempore Teoderici abbatis*, «au temps de l'abbé Thierry», ou *anno incarnationis dominice*, «l'an de l'Incarnation du Seigneur»…), souvent dépourvues d'appareil, et le débat des plaids : ce sont des comptes rendus de témoignage – ou peut-être (le texte est ambigu) des bases de témoignage. Elles semblent jouer tour à tour ces deux rôles, avant de dépasser cette fonction de «simples aide-mémoire», en devenant elles-mêmes des pièces à conviction, et corroborées…

Olivier Guillot est peut-être un peu pessimiste, en notant que les «innombrables témoins», relevés à partir de 1040 en Anjou et en Touraine, «n'exercent presque jamais leur fonction juridique selon la manière que l'on attendrait[70]». Il attendrait, dans les dossiers à plusieurs pièces, que des témoins de «l'acte d'acquisition originaire» le défendent face à une réclamation ultérieure. Et cela n'arrive, selon lui, qu'une seule fois, dans une belle «notice» de Marmoutier (entre 1074 et 1087)[71]. Mais les récits ne sont pas tous hyperdétaillés et, surtout, il me semble que seule une confrontation tournant au drame, c'est-à-dire au serment, et même à l'ordalie ou au duel à leur déroulement effectif, nous ferait voir ce qu'attend Olivier Guillot. Or les choses n'en viennent presque jamais à de telles extrémités. Les autres fois, on ne mentionne dans le récit que «des témoins», associés à la «charte» et qui pèsent, comme elle, sur les débats. N'ont-ils pas informé les moines, dissuadé leurs adversaires, transmis leur avouerie? Il n'est pas sûr que tant de listes de *testes* n'aient jamais servi!

Une narration, écrite vers 1060, met en parallèle les témoins présentement engagés et ceux notés pour l'avenir. Les moines de Saint-

---

69. *Saint-Aubin*, n° 329; ce texte, ayant décrit un plaid en tant que tel, met *judices, testes qui et judices* là où il y a d'habitude, et seulement, *testes*.
70. Olivier Guillot, *Le comte d'Anjou…*, II, p. 120.
71. Citée *ibid.*, note 61.

Aubin voulaient récupérer une dîme du Lion-d'Angers; la cour du seigneur féodal juge que «si les moines peuvent avoir de cela des preuves écrites ou des témoins loyaux» (*si monachi ex hoc scripta vel legales testes habere possent*[72]), et si le laïc en faute ne peut montrer là contre ni échange ni forfait, ils auront la dîme; ils produisent alors témoins «parlant comme un seul homme» (*quasi uno ore loquentes*) et à toute épreuve; à cette production, beaucoup de gens assistaient, mais il suffit de relever huit noms «pour confirmer fidèlement la chose à la postérité, si d'aventure il en était besoin» (*ad hujus rei fidem posteris confirmandam, si forte necesse fuerit*). Sont cités en tête le seigneur féodal, le détenteur de la dîme et son frère (soit «le juge» principal et «la partie adverse»).

Il n'est pas évident, en effet, que le passage des souscripteurs fictifs ou par toucher manuel (sans croix) aux «simples témoins» produise une irruption massive de «petites gens[73]». Il y a davantage de *famuli* des monastères qu'avant, mais descend-on plus bas que les gens aisés, notables, aux portes de la noblesse, dont eux-mêmes? C'est la notoriété, le poids social, des témoins cités, qui impressionnent[74]. Pour autant (ou de ce fait), il ne devait pas être facile aux moines de les mobiliser sans compensation…

Mais les actes écrits ne sont-ils pas attaqués par des manœuvres de revers, plutôt que de front? Il a dû y avoir une concession viagère, par écrit, par l'abbé Primaldus (1027-1036), d'une terre que réclament au bout de quelques années les fils d'un certain Sicher. Celui-ci vient à l'obédience de Saint-Rémy-la-Varenne, où le moine responsable lui apprend, par un bref dialogue, que Primaldus avait, en réalité, fait le don à contrecœur. Celui-ci n'est donc pas valide, sous-entend la notice dialoguée dans laquelle les paroles échangées prennent beaucoup de résonances : l'une d'elles est une brève narration; elle commence par *tempore Fulconis comitis* et pourrait fournir,

---

72. *Saint-Aubin*, n° 167. Parallèle courant, on l'a dit, entre les deux «modes de preuve». Cf. les expressions du type *sicut carta narrat…* (n° 106 et *passim*).

73. *Contra*, Olivier Guillot, *Le comte d'Anjou…*, II, p. 20.

74. Leur réunion doit être, par elle-même, l'une des circonstances mémorables, l'une des formalités nécessaires à la validité de tout pacte. Leur statut est à la fois celui de *testes* ou *judices, judicatores*, et l'on sait que les jugeurs sont responsables de leurs sentences.

au fond, en s'amplifiant, une notice narrative à elle seule[75]… Non loin de là, celle confectionnée sur la seigneurie de L'Ile-Bouchard par les moines de Marmoutier veut précisément invalider une petite charte de Geoffroi Fuel, qui a donné ce à quoi il avait peu de droit, et sous contrainte encore[76]! On entrevoit, ainsi, la raison de bien des narrations (captivantes pour nous) du devenir d'une seigneurie[77].

Dès 857 et non loin de l'Anjou, une notice de Redon relatait la « tyrannie » de Ratfred. En menaçant les moines de quelques voies de fait (incendie, razzia), il leur extorque la cession de parts de seigneuries rurales. Or ils en obtiennent l'annulation, en racontant tout cela au prince Salomon de Bretagne[78]. On se croirait déjà en l'an mil[79], avec cette tyrannie d'un voisin pas toujours ennemi, vivement dénoncée, mais non sans recourir à une justice… Wendy Davies n'évite d'ailleurs pas d'évoquer un prélude au changement social au XIe siècle[80] dans le moment où se pressent les actes de Redon (830-880). L'enchaînement est caractéristique : un monastère récemment fondé ou réformé se frotte à son environnement social ; d'où beaucoup de chartes et notices, des transferts de propriétés et parfois quelque échauffement ; d'où tentation pour l'historien de raconter et de modéliser, peu ou prou, une espèce de « mutation féodale ». Mais revenons aux choses sérieuses.

---

75. *Saint-Aubin*, n° 186. Le n° 88 répond, en revanche, à ce type d'argument. Cf. aussi le n° 167.

76. Cf. le dossier étudié dans Dominique Barthélemy, « Les comtes, les sires et les nobles de châteaux dans la Touraine du XIe siècle », dans *Campagnes médiévales : l'homme et son espace. Études offertes à Robert Fossier*, Paris, 1995, p. 439-455.

77. Par exemple *Saint-Aubin*, n° 85.

78. Aurélien de Courson éd., *Cartulaire de l'abbaye de Redon*, Paris, 1863, n° 105.

79. D'autant que beaucoup d'actes de Redon, se conformant à des modèles antérieurs, évoquent l'approche de la fin des temps. Gare à ce que pourraient faire de cela des historiens sans méthode!

80. Wendy Davies, *Small Worlds…*, p. 212-213.

L'avouerie angevine

Les débats judiciaires et parajudiciaires du XIe siècle se développaient en de multiples épisodes ; on prenait date, notamment, pour réunir des témoignages, puis les confirmer par preuves administrées (*leges*) – autant d'atermoiements, permettant diverses négociations. Les riches dossiers de Saint-Aubin et du Ronceray d'Angers nous découvrent l'usage de petits écrits qui les jalonnaient. Ainsi peut-on comprendre, ici même, ce qu'une *advocaria* ou *avoeria* signifie en Anjou.

Le témoignage d'Isembard de *Troata*, en plaid public, sur les limites de la paroisse de Durtal ne prouve pas que des témoins en bas de page défendaient les actes. Olivier Guillot pense que la notice originaire a été rédigée après coup, en le mettant en relief (*hoc judicium vidit et audivit Isembardus de Troata*, « Isembard de *Troata* a vu et entendu ce jugement »), au moment même où l'on avait besoin du témoignage[81]. Il a raison, mais la notice, en réalité, a pour objet le témoignage même d'Isembard, dont il y a comme témoins trois hommes, à leur tour[82]. Elle se conclut par l'indication suivante : « De cela, l'avouerie d'Isembard, telle que nous la conservons, constitue une sorte de témoin » (*Hujus rei quasi testis est etiam Isembardi advocaria quae apud nos servatur*[83]). Dans ce cas, le plaid semble s'être limité à la déposition d'Isembard, et l'avouerie est un gage qu'il en a lui-même remis.

Vers la même époque (entre 1060 et 1081, sous l'abbatiat d'Otbran), Evrard *monnarius*, des Ponts-de-Cé, « accablé de vieillesse » (*senectute jam pergravatus*), révèle une fraude à l'abbé, « et il en remet l'avouerie à son fils Jean, qui en dira la vérité s'il y a lieu après sa mort, et Lisoie et Richard ont entendu cela sans rien

---

81. *Saint-Aubin*, n° 306 (après 1060). Il s'agit d'une querelle avec Saint-Serge d'Angers.

82. *Ibid.* : *hujus Isembardi testimonii testes sunt…*

83. Cette *advocaria* est-elle l'écrit, ou un objet ? Si ce n'est pas cette notice-ci, ce pourrait être un écrit sur objet, comme l'est sur bois, vers 1115, une *avoeria* remise aux nonnes du Ronceray : éd. Paul Marchegay (cité *supra*, note 47), n° 91. Sur l'*avoeria*, cf. *ibid.*, n°s 95, 97, 98, 106, 341.

pouvoir y opposer de crédible» (*pro qua rededit ipse advocariam suam filio suo Johanni de affirmande veritate, si oporteret, post obitum suum, Lisoio et Richardo audientibus et nichil pro certo contradicere valentibus*[84]). Les moines font ici d'une pierre deux coups : d'une part, l'investiture du témoignage, faite à Jean par son vieux père, en assure la pérennité ; d'autre part, elle est faite en présence même des fraudeurs confondus, c'est-à-dire de Lisoie et de Richard. L'avouerie est la charge de faire une déposition narrative importante, soit qu'un homme la transmette à un autre, comme ici, soit qu'il s'engage à s'acquitter d'elle lui-même, derechef. Vers 1117, Hélinan fils Caradoc est ainsi contraint d'accepter un récit défavorable à sa réclamation : «Hélinan, fils de Caradoc, prouve et proclame que cela est vrai, et il en donne l'avouerie à ses héritiers pour toutes les cours valables» (*Haec probat et affirmat verum esse Helinannus, filius Caradoci, et de hac re dat advocariam suam heredibus suis in omnibus rectis curiis*[85]).

De tels textes répondent au dessein d'enregistrer plus précisément des récits utiles ; les affaires dont il s'agit opposent souvent des églises entre elles, et ne sont nullement dans un contexte de recul de la preuve écrite[86] ou des rapports de droit.

Toujours au temps de l'abbé Otbran, le legs à Saint-Aubin d'une censive dans le bourg de Saint-Serge suscite une réclamation de cette seconde abbaye. Nos moines hésitent, connaissant mal l'histoire de la terre, jusqu'au moment où un certain Gautier l'Enfant leur fait un récit tout à fait utile ; alors, «il a donné l'avouerie pour prouver et proclamer que cela est absolument vrai, par n'importe quelle épreuve légale, à un homme de Saint-Aubin, nommé Bernier» (*ad hec igitur probanda et affirmanda, lege qualibet, sine dubio esse verissima, dedit advocationem suam cuidam Sancti Albini viro nomine Bernerio*), et alors nos moines prennent date pour un plaid en cour épiscopale[87]. L'affaire traînera et se terminera par un

---

84. *Saint-Aubin*, n° 133.
85. *Ibid.*, n° 113.
86. Cf. le plaid de Saumur, en 1074, où l'on choisit de recourir à la *carta*, de préférence aux *testes* et à l'*investitura* ; *Saint-Aubin*, n° 106.
87. *Ibid.*, n° 57.

compromis[88], mais ici l'important est de nous faire apercevoir que, souvent, des témoins d'un fait (et sans doute aussi ceux dont les noms ont été relevés à la fin des actes) délèguent leur charge de témoignage à des *famuli* des monastères[89]. Eux seuls sont assez proches des églises, assez liés à elles d'intérêt, pour risquer l'administration d'une preuve *omni lege*, c'est-à-dire par serment, duel, ordalie. Voilà pourquoi on trouve si peu de témoins engagés après consignation de leur nom : c'est qu'il existe un procédé normal de transfert de leur charge. Cette procédure permet diverses tactiques[90] et peut donner lieu, surtout, à la rédaction du récit. Les notices peuvent être de véritables *thèmes* de serment, de duel ou d'ordalie[91]. Elles ont tout naturellement pour horizon la vérité et le fait.

La procédure d'«avouerie» angevine n'a peut-être pas été à la base de toutes les rédactions de «notices narratives», mais elle permet de saisir concrètement un fait essentiel : il y a des rédactions de notices *préliminaires* aux débats, plus ou moins formels. Telles sont les belles narrations ligériennes (ou poitevines, avec le *Conventum Hugonis*) : des textes préparés en vue des plaids, et parfois officialisés par eux. Dans ce type de scénario, on ne s'étonnera dès lors ni de trouver quelques croix autographes vraiment ajoutées ni qu'on en ait forgé pour la notice sur l'hommage de Bazouges (annexe de ce chapitre).

---

88. *Saint-Aubin,* n° 58.

89. C'est le cas dans les n°s 97, 106 et 341 du Ronceray (Paul Marchegay éd., cité *supra,* n. 47, p. 40).

90. Transmettre l'«avouerie» d'un témoignage défavorable aux deux fraudeurs des Ponts-de-Cé, en leur présence, est peut-être une sorte d'intimidation, moins coûteuse pour eux que l'échec dans un plaid plus formalisé.

91. A signaler la présence de l'engagement d'un certain Bérard à prouver *per legem apparentem,* donc duel ou ordalie, et par son champion, que le comte Foulques était bien en possession de coutumes qu'il a cédées aux moines et que ceux-ci les ont détenues durant plus d'un an et un jour : *Saint-Aubin,* n° 88. L'éditeur du cartulaire date cet acte de 987-1040 parce qu'il prend *Fulco comes,* qui a remis des coutumes, pour Foulques Nerra. Mais ne s'agit-il pas plutôt de Foulques le Réchin ? Les personnages (un Bérard, un Bernier, un Ivelin, un Ansaud et *Warinus de Frambrico*) sont mentionnés dans ce secteur vers la fin du XIᵉ siècle ; voir les n°s 90, 95, 101, 103.

Le contexte n'en est assurément pas une justice en crise, mais un usage croissant de l'écrit. Et celui-ci n'est pas informe; il subit au contraire les contraintes formelles liées à sa nature. Les «notices» développées ont une technique nouvelle. Quant aux écrits communs de toute sorte qui se multiplient dans les archives, à partir de 1040-1060, tels que jugements et pactes, déguerpissement et investitures, ventes, échanges et dons avec les concessions qui les diffèrent en partie, affranchissements et autodéditions[92], aucun ne semble inapproprié à sa fonction. Ils n'ont ni plus ni moins de valeur qu'au IXe siècle, vivant toujours une sorte de symbiose avec les témoins. Ils sont suspectés et relativisés comme il sied.

III. – REMARQUES CONCLUSIVES

Donc laissons là cette crise de l'écrit! Elle est bien difficile à plaider, devant la quantité des pièces qui se présentent tout à coup. Car il y a un raz de marée des années 1060 : il faut porter à leur crédit, outre les actes explicitement datés, à peu près tous les récits concernant le temps de Foulques Nerra que l'éditeur, Arthur Bertrand de Broussillon, annonce par les dates de 987-1040 (celles des faits, non des narrations).

Ce raz de marée semble dû, pour partie, à une meilleure conservation des écrits communs, qui circulaient sans doute depuis longtemps : il y a *révélation* de leur nombre[93]. Pour une autre partie, il tient à ce que les monastères ont développé de manière inédite de grandes notices, les unes (plaids dialogués) en renouant avec des traditions carolingiennes, les autres (récits de relations

---

92. Ces dernières, pas dans les actes conservés de Saint-Aubin d'Angers, cependant. Mais il y a une partition de colliberts (n° 229).

93. Un acte du Ronceray (éd. Paul Marchegay, cité *supra*, note 47) évoque vers 1120 la destruction d'une convention désuète; ce devait être fréquent. Observons, en revanche, que les quelques épaves des écrits du Xe siècle, en pays de Loire, sont surtout des affranchissements et des *manufirma* : ceux des écrits qui avaient été essentiels pour l'accomplissement même des actes juridiques.

sociales et généalogies, corrélatives, des biens) de manière plus originale.

Une crise de la diplomatique ?

Les canons de la diplomatique concernent des chartes solennelles ; ils ne se trouvent pas brusquement oubliés : ils survivent dans les grands préceptes, tout au long du XIᵉ siècle. Si on les voit moins souvent, c'est que lesdits préceptes se trouvent minoritaires, au milieu d'une documentation diversifiée. Dans les écrits communs, que révèle ou que multiplie la présence des moines, ils n'ont pas vraiment leur place. Ils ne l'ont jamais eue : dès le IXᵉ siècle, les écrits, remarquablement nombreux, qui circulaient dans les petits de *plebes* bretonnes, ne les respectaient pas tellement. Simplement, la notice de vente avait ses formalités, élémentaires, tandis que la notice de débats pouvait paraître plus informelle, parce qu'attachée à reprendre de petits faits par le menu[94]. Marquons les exigences qui pèsent, tout de même, sur toute « simple présentation » des faits.

La « notice » vilipendée par Alain de Boüard n'est pas informe, mais plutôt informative (à l'inverse des grands diplômes, dont l'idéal est une conformité). L'une des nôtres expose clairement les principales lois du genre que le rédacteur, toujours anonyme[95], se sait tenu de respecter : « nous écrivons de manière brève et claire, selon nos moyens, pour le seul usage de la postérité » (*scribemus ergo breviter et aperte, pro facultate nostra, ad successionis nostre profectum*[96]). Même développées, toutes ces narrations ligériennes ont d'évidentes qualités de concision et de clarté. Lues ou apprises, elles ont dû souvent éclairer le débat (dans le sens le plus utile aux moines), à l'inverse

---

94. Wendy Davies, « People and Places… », p. 68.
95. A l'inverse, le *scriptor* d'un acte d'accomplissement, à la manière traditionnelle, se signale parfois : le n° 282 est une *manufirma* écrite par le moine *Ungerius* (entre 977 et 988) ; le n° 401, un affranchissement relaté par un moine (1062).
96. *Saint-Aubin*, n° 111.

peut-être des narrations embrouillées de certains. Entre 1082 et 1101, à en croire un de nos textes, Rouaud de Luigné peine à s'expliquer : « Rouaud a dit tout ce qu'il voulait, il a fait un récit bien trop long, et pourtant il n'a pas répondu de façon suffisante ni appropriée à la réclamation de l'abbé » (*dixit Roaldus quicquid voluit et nimium longam narrationem fecit, non tamen ad clamorem abbatis sufficienter atque convenienter respondit*[97]) ; il perd sa cause, ce jour-là. Les qualités susdites sont certainement entretenues, chez les clercs, par le type d'examen attentif relaté en 1074, au plaid de Saumur[98]. Il faut qu'un homme comme l'archidiacre Marbode, plusieurs fois évoqué dans les années 1080, puisse traduire tout en lisant, « d'une voix claire et forte », *distincte et aperte*[99]. On comprend que ce type de narration utilise des mots vulgaires latinisés – c'est là qu'apparaissent *homagium*, l'hommage[100], *maritagium*, la dot[101], et les multiples mammelles en -*agium* de la France féodale – et des sobriquets en français. On ne va pourtant pas, en Anjou, jusqu'aux faiblesses syntaxiques et aux expressions toutes romanes du *Conventum* poitevin, qui est cependant une narration de même fonction[102]. Ici le récit latin est de bonne facture : preuve du niveau atteint par les écoles de la Loire. Mais attention. Dire que les rédacteurs se sentent libres et jouent à être des chroniqueurs, c'est oublier la difficulté de l'exercice. Joie de raconter, ou labeur pour convaincre? Nos narrateurs anonymes jouent serré. Ils fournissent aux témoins engagés et à leurs successeurs éventuels, qui soutiendront devant et après eux les intérêts de Saint-Aubin, un maximum d'informations en peu de mots. Ils prétendent à une « vérité des faits », à laquelle les oblige la capacité de contrôle de gens qui les connaissent aussi, en partie, et dont il s'agit de ranimer

---

97. *Saint-Aubin*, n° 203.

98. *Ibid.*, n° 106 (évoqué *supra*).

99. *Ibid.*, n° 122 (1087).

100. Acte traduit en annexe, p. 55-56.

101. Dominique Barthélemy, « Note sur le *maritagium* dans le grand Anjou des XIe et XIIe siècles », dans *Femmes. Mariages. Lignages. Mélanges offerts à Georges Duby*, Bruxelles, 1992 (« Bibliothèque du Moyen Age », 1), p. 9-24.

102. Dominique Barthélemy, « Du nouveau sur le *Conventum Hugonis*? », dans *Bibliothèque de l'École des chartes*, 153, 1995, p. 483-495 (notamment p. 489).

ou de corriger le souvenir; leurs contradicteurs, souvent clercs eux-mêmes, sauront trouver les points faibles de la narration. Il leur faut mettre en œuvre tout un art.

Nul récit, en effet, ne mime le réel. Il ne peut le couvrir tout entier; il sélectionne les faits et établit entre eux des enchaînements qui suggèrent la causalité; il les qualifie par des mots qui imposent le jugement de valeur. Tous ces traits se trouvent clairement dans les «belles narrations» ligériennes; pour peu qu'on les regarde avec attention, ce sont aussi des argumentations. Celles qui «recréent» des dialogues, selon un procédé qui correspond bien à l'importance de la parole, déclaration[103] autant et plus qu'altercation, en France du Nord-Ouest, ne sont pas moins concertées et, en un sens, manipulatrices. Le jeu n'est pourtant pas exclu, ni un peu de coquetterie, dans les mélanges, assez fréquents, des styles direct et indirect.

L'intérêt historique des nouvelles notices

Il y a sans doute, sur les documents du Mâconnais ou de la Catalogne (et même de l'Anjou), d'autres observations à faire pour rendre compte du développement documentaire de «l'an mil». Mais voilà du moins ce que signifient en Anjou les «véritables pages de chroniques». Attestent-elles de l'émancipation de la plume des scribes, parce que les institutions publiques ont craqué, ou de leur prise de conscience de ce que «le monde a changé» par la mutation de l'an mil (ici décalée vers 1060)? En réalité, ces notices ont un but fonctionnel très précis, très concret...

Et elles sont d'un immense intérêt historique, parce que soudain, elles documentent des aspects de la vie postcarolingienne, qui nous échappaient presque totalement. Il s'y trouve des récits d'ordalies, de serments et de duels, c'est-à-dire de ces épreuves impressionnantes, dont Stephen White sait donner d'admirables commen-

---

103. Le «droit coutumier» ligérien du XIIIe siècle accorde de l'importance à certaines déclarations à faire, devant un seigneur ou un partenaire (Paul Viollet éd., *Les établissements de Saint Louis*, 5 vol., Paris, 1881 à 1886).

taires[104]. Il s'y trouve des dots ou «dons de mariage», accompagnant des remises de fiefs, ou interférant avec elles. Il s'y trouve des brutalités réelles, quoique malgré tout pas une violence si déchaînée[105]. Et toutes sortes de pratiques féodales, d'autant plus nombreuses que l'on dispose de récits développés des affaires… C'est un coin du voile qui se lève, sur une «féodalité» qu'il ne s'agit pas de concevoir comme un système rigide, institué jadis ou naguère par un décret de Charles Martel ou de Foulques Nerra (comte d'Anjou entre 987 et 1040), ou établi dans l'urgence, face au chaos d'une révolution féodale (laquelle ici? celle de 877? de 970? de 1060?). Non, c'est plutôt une série d'usages en devenir, pas plus «germaniques» que proprement «romains» d'origine, que le travail social établit et infléchit de lui-même. Le lien entre un bienfait et une allégeance n'est-il pas très «naturel»? Le système plus rigide ne date, au plus tôt, que du XIIIe siècle.

J'ai parlé de «révélation féodale», par le passage «des chartes aux notices», dans le Vendômois. Il ne faut pas donner trop de poids à cette épithète; la formule voulait seulement retourner la «révolution féodale». Il s'agit surtout de traiter les dossiers de «l'an mil», c'est-à-dire en fait de tout le XIe siècle, de manière différente de ce que proposent Georges Duby et Pierre Bonnassie. Dans le développement documentaire de l'an mil, je ne cherche pas les jalons d'une transformation sociale, comme si nous avions affaire à un corpus également représentatif des réalités du Xe et du XIe siècle[106]; je crois plutôt qu'il faut utiliser ces indications éparses pour analyser un peu plus la complexité d'une société dont les classes et les valeurs ont dû être relativement stable ou évoluer lentement, graduellement.

104. Stephen White, «Proposing the Ordeal and Avoiding it. Strategy and Power in western France Litigation», dans Thomas N. Bisson éd., *Cultures of Power,* Philadelphia, 1995, p. 89-123.

105. Stephen White, «Debate. The Feudal Revolution», dans *Past and Present,* 152, août 1996, p. 205-223.

106. A noter que Pierre Bonnassie reconnaît lui-même que, dans la période 990-1040, la documentation soudain diversifiée «permet une approche beaucoup plus sûre de la société du XIe siècle que de celle qui l'avait précédée» (*La Catalogne du milieu du Xe à la fin du XIe siècle,* tome I, Toulouse, 1975, p. 9).

ANNEXE : LE PREMIER « HOMMAGE »

Cette belle notice ouvre le cartulaire de Saint-Aubin d'Angers (n° 1), où elle a été ajoutée. Le protocole final, de corroboration, est « trafiqué », mais le récit semble bien s'appuyer sur un témoignage et relever de l'analyse proposée ici sur l'avouerie[107].

On a voulu faire croire à l'officialisation réelle d'une notice qui avait été seulement préparée dans l'attente d'un plaid et qui, selon les lois du genre, s'attache à exposer « la vérité des faits » tout en les manipulant par sélection, imposition subreptice de jugements de valeur, suggestion de liens de cause à effets…

Charte du comte Foulques sur le château établi dans la court de Bazouges
C'est en l'an de l'Incarnation du Seigneur 1007, indiction 5, que naquit Geoffroi Martel et que son père Foulques, le très noble comte des Angevins, fils du très fort comte Geoffroi dit Grise Gonelle, établit un château sur la Mayenne, dans la court de Bazouges. Plusieurs années auparavant, il avait cédé cette court à l'abbé Renaud et aux moines de saint Aubin en échange d'une autre, Hondainville en Beauvaisis, et il la leur avait donc laissée en possession perpétuelle, avec ses dépendances.
Il établit donc ce château et le fortifia autant qu'il put, et il l'appela Château-Gontier, du nom d'un de ses agents (un villicus). Mais il vit bien que l'aumône, faite à saint Aubin pour son âme et pour celles de son père Geoffroi et de sa mère Adèle, en pâtissait beaucoup. Aussi prit-il le conseil de ses barons (proceres) et décida-t-il, puisque le château se trouvait dans la propriété de saint Aubin, que ses moines en auraient les cens et les ventes, sans contredit et sans empêchement, de tout temps.
Longtemps après, le comte entreprit d'édifier, à grands frais, une tour en ce château. Elle commençait de s'élever, lorsqu'il eut à soutenir des guerres. Il donna alors le château, par largesse princière, à un excellent

---

107. Discussion dans D. Barthélemy, « Une crise de l'écrit, observations sur des actes de Saint-Aubin d'Angers (XIᵉ siècle) », dans *Bibliothèque de l'École des chartes* 155, 1997, p. 95-118 (version longue de ce chapitre).

chevalier, Renaud fils d'Yves, qui poursuivit l'élévation de la tour et qui, sur ordre du comte, en versa le cens à saint Aubin, tant qu'il vécut. Toutefois le comte, en homme bien avisé, garda la tour en sa seigneurie propre.

Renaud fils d'Yves vit qu'il avait trop peu à l'intérieur du château et, au-dehors, presque rien. Aussi demanda-t-il à Gautier, alors abbé de saint Aubin, de lui donner une part de la court susdite, par miséricorde. Mais rien ne put fléchir l'abbé Gautier; il refusait son accord. Enfin il céda à la demande du comte et de son fils Geoffroi Martel, et avec le conseil de la communauté il lui donna le quart de la court de Bazouges, à condition que le seigneur de Château-Gontier la tienne de l'abbé et du chapitre de saint Aubin en fidélité et hommage, et qu'il préserve loyalement et défende pour cette église les trois autres quarts de la court, de tout son pouvoir, comme un homme fidèle et un ami. Et si, faute d'héritiers, Château-Gontier retourne dans la main du comte, ce quart de la court doit revenir au pouvoir et à la seigneurie de saint Aubin, intégralement et sans protestation de quiconque.

Fait à Angers, au monastère de saint Aubin, en présence de l'illustre comte et de son fils Geoffroi Martel, l'an du Seigneur 1037, indiction 5. Avec l'accord, en chapitre, des évêques Hubert d'Angers et Avesgaud du Mans, et de l'abbé Gautier avec ses moines, le prieur garnier, Sicbald, le chantre Jean, Haimeri de Sourches, Otbran, Pierre, Bernard et toute la communauté. Clercs : Renaud, Bernard, Joscelin, Marcoard, Roger, Lisoie, Herbert. Laïcs : Suhard de Craon, Thibaud de Blaison, Joscelin de Sainte-Maure, Joscelin de Rennes, Orri de Champtoceaux, le prévôt Audouin, Girard Chauvel, Haimeri le Riche. De la domesticité (familia) de Saint-Aubin : Giraud, Gautier, Fromond, Maurice, Geoffroi, Renaud et beaucoup d'autres.

Suivent deux croix :

Seign du comte Foulque. Seign de Geoffroi Martel son fils

CHAPITRE III

Enquête sur des asservis volontaires

Pour les Xe et XIe siècles, l'histoire de la servitude n'est pas documentée par de grands polyptyques comme sous les grands Carolingiens, ni par des coutumiers comme ceux du XIIIe siècle. Les dossiers les plus riches sont dès lors, peut-être, des séries d'autodéditions en servage à des églises : le cartulaire ou «livre» des serfs[1] de Marmoutier (Touraine) en retranscrit 65 au cours du XIe siècle; elles ne sont concurrencées en nombre que par la série de Saint-Pierre de Gand[2], qui commence un peu plus tôt (à la mi Xe siècle). Ces dossiers n'en posent pas moins de difficiles problèmes : la lecture même des textes, le décryptage de leurs formules ne vont pas de soi; nous ne les entreprenons qu'à l'aide de raisonnements et d'hypothèses modernes qui, assurément, provoquent et soutiennent la pensée, mais dont il faut savoir reconnaître la présence… et la relative fragilité! Marc Bloch lui-même est allé vite en besogne, en les citant à l'appui d'un gonflement des «rangs du servage» paysan au cours du «premier âge féodal» (vers 900- vers 1050)[3]; il se rendait pourtant bien compte

---

1. Ed. A. Salmon, *Le livre des serfs de Marmoutier,* Tours, 1864 *(Publications de la Société archéologique de Touraine. XVI)*, abrégé ici SM et, pour les actes publiés en appendice, SMA; l'édition est précédée de : C. de Grandmaison, «Essai sur le servage en Touraine d'après le *de servis* de Marmoutier et les pièces qui l'accompagnent», p. IX-XLIII.

2. Evoqué *infra,* chapitre IV, p. 166, note 263; c'est une réforme sous l'égide comtale qui, comme à Marmoutier, relance les affaires et les archives du monastère.

3. M. Bloch, *La société féodale* (1939-1940), 3e éd., Paris, 1968, p. 365.

que «même si nous étions mieux renseignés, dans le jeu des causes qui ici précipitèrent une famille dans la sujétion héréditaire, ailleurs la retinrent sur la pente, quelque chose assurément résisterait toujours à l'analyse. Les conflits de forces infiniment délicates à peser, parfois le pur hasard fixaient le dénouement, que souvent avaient précédé bien des oscillations[4]».

Voilà la phrase qu'il faut ici mettre en exergue. Les lectures par Marc Bloch d'actes de Marmoutier n'en ont pas épuisé la richesse. Nous pouvons soupçonner, et même découvrir à des indices sûrs, des aspects de l'autodédition qui lui ont échappé.

Cette phrase de Marc Bloch est aussi un peu un repoussoir. En ses termes mêmes, elle préjuge déjà : 1) que la servitude des oblats est héréditaire dans les faits autant que dans les principes, et 2) que leur oblation est une terrible chute, comme en un précipice. Or il y a peut-être quelques cas à dédramatiser. Mais nous saisissons bien ici ce qu'est un paradigme : non pas tant un modèle nouveau ou particulier qu'un ensemble de notions explicites ou sous-jacentes qui sont communes à beaucoup de modèles. En ce sens, les mots de Marc Bloch l'unissent à toute une tradition érudite et historienne. En 1864, Charles de Grandmaison préfaçait ainsi l'édition du livre des serfs : en ces «siècles de fer», le Xe et le XIe, c'est le règne de la force et de la violence, «partout les faibles sont la proie des puissants et la petite propriété libre disparaît presque entièrement du sol de notre France[5]». Sans que cela soit dit au préambule des «chartes serviles», on imagine donc un monde extérieur hostile, peu vivable, et de pauvres hommes, de pauvres femmes, qui se réfugient sous la crosse des abbés, à l'ombre de l'autel des saints, lesquels accroissent ainsi leur propre puissance. La théorie de la mutation de l'an mil ne fait aujourd'hui que reprendre exactement cet élément paradigmatique, à propos d'une situation de crise sociale limitée à la première moitié du XIe siècle (moment où commence notre cartulaire des serfs) ; c'est elle qui alimente une nouvelle forme de dépendance libre[6], que

---

4. Marc Bloch, *La société féodale...*, p. 370.
5. C. de Grandmaison, «Essai...» (cité *supra*, note 1), p. XII.
6. G. Bois, *La mutation de l'an mil*, Paris, 1989, p. 211 (à propos de Cluny).

Pierre Bonnassie identifierait plutôt (et, dans son optique, à plus juste titre) à sa nouvelle *servitude* [7].

Mais tous en restent ici à une impression de première vue ; *servitude* est un mot qui, en lui-même, les frappe trop. Il ne s'agit pas de nier les duretés de la vie paysanne, et l'oppression des nobles. Mais la servitude est-elle bien toujours l'axe central de cette oppression ? Et d'ailleurs, avons-nous affaire ici, vraiment, à des paysans ? L'intérêt du cartulaire de Marmoutier, c'est qu'il mène directement à ces questions. A la différence du dossier de Saint-Pierre de Gand, il ne laisse d'emblée aucun doute à l'historien sur le lien contracté par les oblats : c'est un servage. D'autre part, les tributaires de saint Pierre et surtout de sainte Amalberge à Gand sont en grande majorité des femmes en quête de maimbour ou d'avouerie, qui dirigent l'enquête dans des voies particulières. Ici il s'agit d'hommes ou de couples ; si c'était un séisme social qui les précipitait vers saint Martin, on voit qu'il ébranlerait la cellule de base du monde rural.

La double étude de la forme des chartes et de quelques profils complexes, de quelques affaires embrouillées, va cependant nous libérer de l'émotion qui poignait nos prédécesseurs. Elle préparera ainsi la réflexion du chapitre suivant.

I. – LES FORMULES ET LA RÉVÉLATION PROGRESSIVE DU CONTEXTE

Pierre Francastel a appelé Marmoutier, réformé en 982, «le Cluny de l'Ouest». L'appréciation est en partie justifiée par l'importance du patrimoine acquis au cours du XIe siècle, par la dimension interrégionale de cet établissement, enfin par le style de la vie monastique et des relations avec la société environnante, largement déterminé par la prise en charge des morts de la noblesse [8]. Consacrée le 10 mars 1096

---

7. Celle-là même dont le chapitre IV, *infra*, tente l'étude critique.
8. Sur Marmoutier et Saint-Martin de Tours, voir en dernier lieu S. Farmer, *Communities of saint Martin. Legend and Ritual in medieval Tours,* Cornell University Press, Ithaca et Londres, 1991.

par le pape Urbain II, la basilique de Marmoutier «jaillit d'un sol que fécondait une multitude de tombeaux», tout comme celle de Cluny[9]. Marquons seulement les limites de cette flatteuse comparaison : l'abbaye des portes de Tours ne peut pas prendre autant d'initiatives politiques que Cluny car, dans sa zone de développement, les comtes sont puissants et les rois assez proches ; elle ne fédère pas autour d'elle une véritable congrégation, et ses intérêts s'entrecroisent avec ceux de monastères concurrents (la Trinité de Vendôme, Saint-Florent de Saumur, Saint-Aubin d'Angers, par exemple) ; enfin, elle ne rayonne pas dans toute la chrétienté latine. Il n'y a qu'un seul Cluny, et il n'est pas dans l'Ouest! Les abbés Albert (entre 1032-1037 et 1064), Barthélemy (1064-1084) et Bernard (1084-1100) sont comme de grands barons du monachisme, mais non des rois comme Odilon et Hugues... Il n'est pas sûr pour autant que le fonds de Marmoutier renferme moins de richesse que celui de Cluny.

Le cartulaire appelé *Livre des serfs* se lie à cette expansion ; constitué peu avant 1070 (112 actes) et complété jusqu'en 1097 (15 actes), il est remarquable à deux titres au moins : par le fait même qu'on ait consacré aux serfs un cartulaire particulier[10], et par la proportion des actes d'autodédition ou de reconnaissance (*recognitio*) du servage. Il y en a 65 sur les 125 actes[11], soit plus de la moitié, beaucoup plus que d'affranchissements (12) et un peu plus que de transactions entre les moines et les maîtres laïcs (48). Il y a en outre quelques chartes demeurées, après 1064, en dehors de lui[12].

C'est par un geste qu'on se fait serf, mais l'acte écrit qui le relate n'est pas dépourvu d'autorité. Il peut et doit servir de preuve, si des

---

9. G. Duby, *Adolescence de la chrétienté occidentale (980-1040)*, Genève, 1967, p. 135.

10. Cf. D. Barthélemy, «Note sur les cartulaires de Marmoutier (Touraine) au XIe siècle», dans O. Guyotjeannin, L. Morelle et M. Parisse éd., *Les cartulaires*, Paris, 1993 (Mémoires et documents de l'École des chartes, 39), p. 247-259.

11. 65 actes sur l'autodédition ; et des allusions dans deux autres. Total de 125, car deux actes ont été transcrits deux fois (SM 10-SM 63 et SM 19-SM 79).

12. Et recueillies en appendice (SMA) ou conservées en original aux Archives départementales de l'Indre-et-Loire : H 201 n° 4 (Léger, vers 1100) et H 270 n° 14 (Gaucelme de Fontcher, entre 1084 et 1099).

témoins le soutiennent [13]. L'un des originaux conservés [14] se présente d'ailleurs comme un chirographe, un acte rédigé en deux exemplaires qu'on peut en cas de besoin confronter l'un à l'autre.

Pour cette analyse, j'ai affiné la chronologie des actes, en particulier grâce aux témoins. De quoi reconstituer une succession des séries, caractérisées par leur style, leurs formules; au fil du XIe siècle se manifeste un goût croissant des rédacteurs pour les récits et les informations concrètes. Ainsi ferons-nous surtout notre miel des autodéditions les plus récentes (seconde moitié du XIe siècle).

Où est la vérité sur Duran-Garin (1007-1010)?

Des neuf actes antérieurs à l'abbatiat d'Albert, datables d'entre 980 et 1032, un seul relate une autodédition [15], et il mérite un sort particulier. En voici une traduction :

Avis à tous les fidèles de la sainte Eglise de Dieu, présents et futurs; Duran-Garin et sa femme Letvise étaient assujettis (obnoxii) à des maîtres séculiers, à titre de colons ou de serfs. Ils se sont rachetés à leurs frais, ainsi que leur progéniture et soumis (mancipaverint) à saint Martin et aux moines de Marmoutier. Mais que nul des dirigeants ou des serviteurs de ce sanctuaire n'ose les soustraire à cette soumission envers saint Martin, eux ou leur progéniture, ni les placer dans la servitude d'une autre personne, séculière ou ecclésiastique, autre qu'eux-mêmes ou saint Martin, ni réclamer d'eux, en leur service, plus de servitude qu'il ne conviendrait — qu'on s'en tienne donc à l'équité. Si quelqu'un veut enfreindre ce dispositif et persiste dans son dessein, que cet écrit le confonde et le fasse rougir : l'opinion publique saura qu'il ment. Les mêmes clauses valent pour ses cousins Herbaud et Evrard, avec leur progéniture : de la part de saint Martin, nul ne peut les céder à quelqu'un d'autre. Seign de l'abbé Sicbard (… et de 38 moines).

13. Cf. ma critique des considérations d'antan sur la «notice informe» et le double naufrage de la culture et du droit : *supra*, chapitre II.
14. Archives départementales d'Indre-et-Loire, H 201 (original de SMA 40, affaire de Rahier le pêcheur, 1095).
15. SM 10.

Voilà des conditions assez proches – et un peu plus favorables – de celles faites jadis à l'assujetti volontaire, dans les formules de Marculf[16]. L'acte a pu être conservé des deux côtés, car il ne vise pas seulement à établir le servage de Duran-Garin[17], de sa femme et de ses deux cousins à l'égard de Marmoutier; il peut aussi témoigner des conditions auxquelles ils se sont asservis : les moines ne les céderont jamais à d'autres maîtres et ne les soumettront pas à trop de servitude[18].

Il est intéressant qu'avant de s'assujettir eux-mêmes à saint Martin, Duran-Garin et sa femme se soient rachetés à leurs frais à leurs maîtres laïcs. Voici d'ailleurs une autre charte[19], où Duran-Garin est simplement donné par ses seigneurs laïcs :

L'autorité ecclésiastique nous prescrit nettement, puisque nous attendons sous peu la fin des temps[20], que chacun dispose de sa domesticité (familia) et de son avoir en vue de mériter le pardon de ses péchés après sa mort. Donc moi, au nom de Dieu, Foulques ainsi que mes frères Geoffroi, Gandalbert et Richier, pour l'amour de Dieu, pour le rachat de nos âmes et de celles de nos parents, nous avons donné à saint Martin de Marmoutier et aux moines de son sanctuaire l'homme que voici, qui se nomme Duran ou Garin, avec sa progéniture. Dorénavant, il ne

---

16. Marculf, II. 28 (autour de 700) : la formule concerne celui qui «s'assujettit au service d'autrui»; s'adressant à son «seigneur propre», il affirme avoir été en péril de mort et racheté par ce maître pieux, auquel il ne peut rembourser sa dette autrement qu'en donnant son propre «statut de liberté»; il ne quittera pas ce service, obéira «comme les autres *servi*» et, en cas de désobéissance ou de tentative de fuite, il sera passible de la correction que le maître voudra, ou d'être vendu à un tiers.

17. Sur le double nom de Duran-Garin, cf. D. Barthélemy, «Une enquête à poursuivre : l'anthroponymie des *famuli* de monastères au XIᵉ siècle», dans M. Bourin et P. Chareille éd., *Genèse médiévale de l'anthroponymie moderne*, tome II.1, Publications de l'université de Tours, 1992, p. 49-53.

18. La limitation coutumière du droit du maître est considérée par beaucoup d'auteurs comme ce qui distingue précisément le «servage» de l'«esclavage» : cf. C. Verlinden, *L'esclavage dans l'Europe médiévale*, tome I : *Péninsule ibérique, France*, Bruges, 1955, p. 743, et R. Boutruche, *Seigneurie et féodalité*, tome I, Paris, 1968, p. 155.

19. SM 54, qui doit donc dater également de 1007-1010.

20. Sur ce genre de formules, et leur surinterprétation possible : cf. *infra*, chapitre VIII. Il s'agit bien ici de la «mort de soi», et d'un acte rédigé par les moines eux-mêmes (cf. note suivante).

*devra ni à nous ni à nos successeurs un service d'assujetti; c'est au sanc-
tuaire, dans les jours de sa vie, qu'il devra la subordination (obsequium), ainsi que sa progéniture. Cette donation est faite, je l'ai dit,
pour l'amour de Dieu, et aussi pour une part moyennant paiement; je
l'accomplis de ma propre main²¹. Pour qu'elle demeure en tout temps,
j'ai demandé à mes fidèles de la corroborer de leurs mains. Si quelqu'un
ose la contester ou l'enfreindre, qu'il encoure la colère de Dieu tout-puis-
sant et qu'il acquitte une compostion d'un montant de cent livres d'or.
Seign du vicomte Foulques, de Geoffroi, de Gandalbert, de Richier.
Rainard, Anselme, Jobert, Audri, Lisiard, Bérard, Geoffroi, Guinand.*

Une donation certes, mais à un certain «prix»! On avoue là le
caractère double de la transaction, mais sans dire qui paie… Il est
constant qu'au XIᵉ siècle, la même transaction peut se présenter de
deux manières différentes et, souvent, on choisit de privilégier l'aspect «donation» pour assurer aux laïcs des contre-dons spirituels[22].

D'autre part, la séquence menant à l'autodédition est la même
pour Pierre-Bonardin en 1061-1064[23] et pour Mainard le berger
en 1092[24]. L'ancien maître affranchit son serf ou collibert qui,
immédiatement, se donne lui-même à saint Martin, le tout étant
nettement à l'initiative du serf[25].

Deux contresens trop répandus au XIXᵉ siècle doivent donc être
évités :

1) On ne fait pas de «monstrueux[26]» trafic des hommes et des
femmes. La crudité de certaines formules juridiques est faite pour
l'efficacité des actes, elle ne décrit pas la réalité sociale.

---

21. Annonce d'une de ces croix autographes qui figurent au bas de certains actes en faveur
des moines des Xᵉ et XIᵉ siècles; au bas de la transcription, les copistes du cartulaire ont laissé ou
reproduit un blanc, avant le *S. Fulconis…* On peut se demander si la croix a été tracée effectivement; il semble plutôt que cet acte ait été préparé par les moines, en vue d'une corroboration qui ne s'est pas faite; cela arrivait souvent.

22. Dans ce sens, cf. la belle étude d'E. Tabuteau, *Transfers of Property in eleventh century
Norman Law,* Chapel Hill and London, 1988, p. 30.

23. SM 43.

24. SM 113.

25. Celle-ci apparaît bien aussi dans une affaire relatée en 1064-1067 (SM 97).

26. C. de Grandmaison, «Essai sur le servage en Touraine», *op. cit.,* p. XII.

2) L'affranchissement ne «mine[27]» pas le servage dans la société. Il a, dans le cartulaire des serfs, deux contextes possibles : il prélude ou à une autodédition ou, plus souvent, à une entrée dans les ordres, laquelle s'accompagne de la condition expresse de rester chaste et dans le service, faute de quoi c'est le retour au servage pour le «mauvais clerc» et pour sa descendance[28].

Enfin, pour la suite de notre enquête, nous voilà prévenus : toutes sortes de transactions peuvent être imaginées, ou plutôt décelées, en amont ou en aval des autodéditions sans aucun contexte qui marqueront les débuts de l'abbatiat d'Albert. Et 1007-1010 ressemble déjà à 1092!

Les chartes les plus conventionnelles

La série la plus ancienne[29] est dépourvue de contexte et semble antérieure à 1047 ou 1050 environ. La formule est aussi la plus stéréotypée. Nous avons affaire à un domestique (*famulus*) né de parents libres; «touché par l'amour de Dieu» («*amore divino compunctus*»), comme peuvent l'être les nobles donateurs d'alleux, il cherche à se ménager la bienveillance de Dieu, «qui ne fait aucune acception de personne» («*apud quem persone nullius acceptio*»); cela permet à un non-noble d'espérer, et de faire une aumône rédemptrice. Ici, il se donne lui-même «comme serf» ainsi que toute sa progéniture à venir; il servira Marmoutier à titre servile («*conditione servili*»). Mais pour finir, cette charte met en vedette l'accomplissement d'un rite : l'oblat se présente la corde au cou et dépose sur l'autel de saint Martin, «en signe de servitude, quatre deniers pour sa propre tête» («*pro recognitione servi IIIIor de capite proprio denarios*».) Suivent les noms des témoins.

Ce genre d'acte n'a pas de filiation directe avec le droit romain

27. *Ibid*, p. X.
28. Cf., par exemple, SM 49, au point que la rubrique en est «*de Radulfo libero servo effecto*»! Egalement SM 71, 112.
29. SM 2, 18, 19, 30, 32 à 38, 40 (à celui-ci manque la «corde au cou»), 80 à 87.

savant[30], qui n'admettait pas la vente de soi. Toutefois, la société romaine le pratiquait quasi subrepticement[31]. La forte idée de la servitude pour dette n'avait jamais perdu toute prégnance ; on la retrouve dès le haut Moyen Âge, avec les systèmes de composition tarifée, sous forme de dette pour un forfait, comme chez Marculf. Et c'est elle en somme qui revient ici, s'agissant du pécheur vis-à-vis de Dieu. D'où l'accomplissement d'un geste de reddition symbolique : la corde au cou.

Les mots et les rites du XIe siècle sont ceux de la servitude de l'autel, comme au IXe siècle. Rien ne permet d'opposer le *servus* à l'homme «de chef» ou *homo proprius* et, à travers eux, un post-esclavage à une «nouvelle servitude», la «dépendance». Contre Léo Verriest[32] et ceux qui se sont inspirés de lui[33], le *Livre des serfs* et l'ensemble des actes ligériens donnent raison à Marc Bloch[34] et, après lui, à Robert Boutruche[35] et André Chédeville[36]. Jusque dans un rouleau de 1113[37], *servus* et *homo* s'équivalent. L'homme «de chef» est celui qui a fait un «hommage servile», par la tête ; la raison d'être de ce terme est de le distinguer du *miles,* homme «de bouche et de mains», non du *servus.* De même, c'est à la «dépendance honorable» du chevalier que s'oppose celle de l'homme propre. Dès la première série de nos actes, l'équivalence est là, entre

30. L'affranchissement qui lui fait pièce, et forme système avec lui, n'est lui-même romain qu'en apparence : il y a eu dérive altimédiévale (D. Barthélemy, *La société dans le comté de Vendôme, de l'an mil au XIVe siècle, op. cit.*, p. 36-44), et finalement il est influencé par son compère, l'acte d'oblation ! Comme lui, il finit parfois par relater un rite de la tête : cf. SM 117, 1088, et *infra*, chapitre IV.

31. Comme l'ont noté J. Ramin et P. Veyne, «Droit romain et société : les hommes libres qui passent pour esclaves et l'esclavage volontaire», dans *Historia,* 30, 1981, p. 472-497.

32. Cet auteur, spécialiste des «sainteurs», ne cite jamais le *Liber de servis* de Marmoutier.

33. Particulièrement G. Duby, *La société aux XIe et XIIe siècles dans la région mâconnaise* (1953), 2e éd., Paris, 1971, p. 115 (note 33) et p. 210 (note 82). Après lui, P. Bonnassie, «D'une servitude à l'autre (Les paysans du royaume, 987-1031)», dans R. Delort dir., *La France de l'an mil,* Paris, 1990, p. 125-141.

34. Par exemple dans «Liberté et servitude personnelles au Moyen Âge, particulièrement en France : contribution à une étude des classes» (1933), repris dans *Mélanges historiques,* tome I, Paris, 1963, p. 286-355 (particulièrement p. 290-292).

35. *Seigneurie et féodalité*, Paris, 1970, tome II, p. 60.

36. *Chartres et ses campagnes (XIe-XIIIe siècle)*, Paris, 1973, p. 365.

37. SMA 50.

servus et «de propre chef» («*de capite proprio*»); elle n'est jamais mise en cause.

Où la convention s'effrite

Peut-être une deuxième série[38] de formules coexiste-t-elle avec la première. Elle en diffère peu : simplement, le *famulus* éprouve la crainte de Dieu («*timore Domini*»). Il s'agit toujours d'offrande propitiatoire de lui-même : «n'ayant rien qui ait plus de valeur que lui-même» («*cum nichil carius haberet...*»). L'idée gagne donc en netteté que, face à Dieu, il est comme un débiteur insolvable. Autre innovation secondaire : la présence de l'abbé Albert est soigneusement notée.

Ce modèle de formulaire survit au premier mais, dans les années 1050, une intéressante modification est apportée à la description du rite[39]. Au lieu d'apporter les quatre deniers lui-même sur l'autel, l'homme se contente de les placer sur sa tête, ce qui l'oblige sans doute à l'incliner et permet la disparition de la corde au cou, du collier de servitude (*collum servitutis*[40])... Le prieur Foucois-Foulques prend les deniers et ainsi «reçoit comme serf» («*recepit in servum*») l'autodonateur.

Mais dans toutes ces séries, les éléments de contexte sont très rares : on ne peut citer que trois mentions d'une donation de bien (*substantia*[41]) accompagnant l'autodédition et, à partir des années 1050 – en corrélation précise avec le placement des deniers «sur la tête» – la mention d'un surnom à côté du nom du serf. Révolution anthroponymique ou simple révélation du surnom traditionnel? On peut en discuter[42].

---

38. SM 24, 29, 41, 45, 46, 78, 92, 94.

39. SM 17, 25, 26, 39, 57, 90, 93, 99, 100, 107; formules simplifiées (sans «*cum nichil carius...*») : SM 27 et 64. A signaler aussi une allusion à l'autodédition, proche de ce moment, en SM 96.

40. Cette métaphore paraît encore, dans une *carta libertatis,* en 1091 : SM 114.

41. SM 40, 94 et 107.

42. Cf. *Genèse médiévale de l'anthroponymie moderne*, tome I, Tours, 1989 (Publications de l'université de Tours).

En 1060 commence, dans les fonds de Marmoutier, une remarquable série d'actes beaucoup plus narratifs et circonstanciés qu'avant; elle se reconnaît en particulier à une notification en *« nosse debebitis*[43]*… »*. Le contraste est cependant moins vif, dans la série des autodéditions que dans d'autres. Neuf d'entre elles[44], entre 1060 et la mort d'Albert (mai 1064), ont des traits communs. L'homme qui s'asservit n'est plus le *famulus* conventionnel[45]; il prend vie par des traits comme son lieu de résidence, son métier, un lien de parenté; on nous donne des pistes utiles pour l'enquête prosopographique. Le rite des quatre deniers posés sur la tête est déclaré coutumier (*«ex more»*) et l'une des notices parle de chevage, une autre de «servitude de chef (de la tête)[46]». Chaque fois, le rôle du grand prieur de Marmoutier, Foucois-Foulques, est mis en évidence : c'est lui «qui est allé prendre les deniers posés sur la tête» (*«qui denarios desuper caput ejus tulit»*).

Six de ces neuf chartes[47] donnent encore un motif religieux, conventionnel, alors qu'on n'en trouvera presque jamais, au-delà de 1064 – mais alors, ils seront plus vrais. Ce motif conventionnel est désormais : «afin que Dieu lui donne la liberté éternelle» (*«ut a Deo libertate donetur eterna»*), et se retrouve à la même époque dans quatre autodéditions à la Trinité de Vendôme[48]. Il semble avoir été emprunté à des actes… d'affranchissement! La liberté spirituelle y constitue parfois, en effet, la récompense du maître libérateur de

---

43. D. Barthélemy, *La société…* (cité *supra*, note 30), p. 96. La formule complète est *« nosse debebitis si qui eritis post nos Majoris hujus Monasterii habitatores… »* Aucune rédaction n'est antérieure à 1060; la série s'arrête en 1067, mais il y a ici et là des réemplois de cette formule, probablement reprise dans les cartulaires (ici SM 113, 1092 et SM 120 : légères variantes).

44. SM 20, 22, 42, 43, 67 à 69, 77, 105. La tournure *«ut traditio certior…»* disparaît, sauf en SM 43.

45. Un seul *«famulus»* : SM 68.

46. SM 20, 1061 : *capitalicum;* le même acte évoque, seul des neuf, ce que le serf laissera à sa mort : *«et moriens quicquid habuerit derelinquat»*. SMA 34 (1084-1100) *«sub capitali servitute»*.

47. SM 22, 42, 67, 69, 77, 105.

48. C. Métais, *Cartulaire de l'abbaye cardinale de la Trinité de Vendôme*, Paris, 1893, nᵒˢ 201, 202, 274 et 275.

son serf[49]. On aura deviné quelle dialectique des deux servitudes[50] est ainsi constituée, comparable à celle des deux chevaleries (*secularis militia* et *militia Christi*).

Et deux fois, dans cette série, l'instant rituel de l'autodédition commence à s'inscrire dans un récit; il n'en est plus qu'un des épisodes, sur lequel les autres, précédents ou suivants, jettent un éclairage singulier. Avant de s'offrir, entre 1061 et 1064, «en vue de la vraie liberté» et par l'hommage de chef (chevage), Pierre Bonardin fut un collibert vendu avec ses biens et sa famille, au prix de 45 sous[51]; c'est donc un changement de maître, comme pour Duran-Garin. Et si, en 1061 ou 1062, Geoffroi et Constantin ont dû s'offrir comme serfs, c'est que, gardiens indélicats de certains biens de Marmoutier, ils n'ont pas de quoi restituer le montant de ce qu'ils ont volé[52]. Voilà qui nous ouvre, rétrospectivement, de singulières perspectives sur la «piété» des serfs de l'autel dès avant 1060 et qui nous éloigne de la paysannerie pauvre opprimée par les nobles.

Tranches de vie après 1064

La mort d'Albert (mai 1064) ouvre la période où les actes révèlent le plus de contexte, quoique toujours – ne nous y trompons pas –

---

49. SM 13, 1007-1009.
50. Cf. *infra* chapitre IV, p. 144.
51. SM 43. Et ne nous épuisons pas en conjectures sur les colliberts et le culvertage. *Collibertus* est à *servus* ce que *feodum* est à *beneficium* : un équivalent en langage plus «vulgaire». En Anjou entre 1103 et 1110, nous voyons un homme nier d'abord son culvertage, puis le reconnaître par le rite même du servage : l'aveu et la remise des quatre deniers : C. Urseau, *Cartulaire noir de la cathédrale d'Angers*, Angers 1908 (*Documents historiques sur l'Anjou*, 5), n° 83; les quatre deniers sont remis « *in manu episcopi* », mais la comparaison avec une autre description du rite de servage (n° 236) suggère qu'ils ont bien été précédemment posés sur la tête; il y a hommage servile. Dès 1015-1023 (édité par J. Boussard, «Le droit de *vicaria* à la lumière de quelques documents angevins et tourangeaux», dans *Mélanges Edmond-René Labande*, Poitiers, 1974, p. 39-54 [P.J. n° 4, p. 51-52]) *collibertus* est seul opposé à *ingenuus*, tant chez les hommes de poesté que dans la *familia* : il faut le comprendre comme représentatif du servage en général. Le collibert qui, vendu par son maître, s'offre « *in servum* » à Marmoutier ne change pas de statut; la colliberte qui, vendue elle aussi, continue son service « *colibertorum lege* » auprès des moines (SM 23), n'est pas moins serve que lui.
52. SM 105 (ajout à la suite de l'asservissement de Raoul fils de Raoul).

de manière partielle et partiale. Désormais, et jusqu'à la transcription du dernier acte du *Livre des serfs,* en 1097[53], il y a à la fois une certaine diversité des formules et, toujours, quelque clause et quelque indication bonnes à prendre pour notre enquête.

Dès avant 1070, des tendances nouvelles apparaissent[54]. On ne se «donne» plus comme serf, on se «fait» serf : cette petite nuance permet sans doute de faire un parallèle entre l'hommage servile et l'hommage vassalique. Mais la nouveauté principale est peut-être la distinction entre le premier accomplissement du rite du servage par un homme[55] ou une femme[56], et la réitération[57]. Entrée en servage[58] d'un côté et, de l'autre, aveu du servage. Et voilà des serfs qui parlent : «il a reconnu être serf» (*«se servum esse confessus est*[59]*»*) et «il a bien dit qu'il le ferait chaque année de sa vie» (*«quotannis dum viveret facturum affirmavit*[60]*»*).

Passé 1080 enfin, une phrase est retranscrite.

Avis à la postérité. Un Breton, nommé Chrétien, est venu demeurer quelque temps à Marmoutier. Il a observé la vie religieuse des moines et le bon comportement de leur domesticité (familia), *et il a demandé spontanément, de sa propre volonté, à devenir l'un des domestiques* (unus de famulis eorum) ; *ce qui fut fait. Car il vint au chapitre des moines, il plaça quatre deniers sur sa tête et il déclara : «Par ces quatre deniers, je me mets au service de saint Martin et de ses moines.» Ce que virent et entendirent, et dont furent témoins : Sancelin le cellérier, fils*

---

53. SM 127. Mais, à partir de 1064, toutes les autodéditions ou reconnaissances du servage aujourd'hui connues ne proviennent pas du cartulaire : cf. SMA 6, 21, 34, 40 (et toutes celles d'après 1097).

54. Huit actes sont datables d'entre mai 1064 et 1070. Commençant par *«nosse debebitis...»* (1064-1067) : SM 97, 106, 111 et SMA 21 ; par une notification apparentée : SM 110 ; plus abruptement : SM 3, 108 et SMA 6.

55. *«Servum devenisse»,* SMA 21 ; cf. aussi : SM 3.

56. *«Effecta est ancilla»,* SM 108 : bien distingué de la *recognitio* du mari.

57. *«Pro innovatione et recognitione»,* SM 97.

58. De fait, cette conception inspire la rédaction des rubriques du cartulaire, dont le noyau date précisément de peu avant 1070 : *«de guillelmo servo effecto»,* etc.

59. SM 106.

60. SM 110. C'est la seule attestation ici d'un rite *annuel* du servage, mais telle est sûrement la norme de principe : cf. le précédent carolingien cité *infra,* chapitre IV, p. 167.

d'Otbert, Duran le cuisinier, Renaud Doard[61]*, Renaud fils de Landri, Engebaud du Pont* [62]*, Geoffroi Abjetatus, Mainard le saigneur. Un homme appelé Gaucher est devenu notre serf de la même manière, ce dont sont témoins : Landri le cuisinier, le maire Létard, Engeri, Sancelin le cellérier, Maurice* [63].

Cette affaire est l'une des treize[64] dont nous ayons la relation entre 1080 et 1100, toujours assez circonstanciée. On apprend encore, ailleurs, que l'homme s'agenouille [65], ou que les deniers recognitifs du servage sont laissés à tel témoin[66]. Sous l'abbatiat de Bernard, les lieux où se déroule le rite se diversifient : outre le chapitre [67], ce sont le parloir[68], la chambre où il gît malade[69], un prieuré ou celle (*obedientia*) dans laquelle il est en visite [70]. Marque d'une certaine banalité, comme si le rite se faisait un peu à la va-vite[71]? Et est-ce que, désormais, la présence de l'abbé compterait davantage que celle du saint? On nous fournit toujours des indices permettant de repérer s'il s'agit d'une entrée en

61. Ou Renaud et Doard, deux personnes différentes?

62. Serf, puisqu'il faut que son fils Maurice soit affranchi pour être clerc (SM 112, entre 1064 et 1067). Mais ces listes de témoins semblent mêler indistinctement des *famuli* libres et serfs, puisque, par exemple, Rahier le pêcheur, témoin en 1062 (SM 42), ne se fait serf qu'en 1095 (SMA 40).

63. SM 124 (1081-1096). La fin, concernant Gaucher, est un de ces rajouts que portent souvent les notices de la seconde moitié du XIe siècle.

64. SM 113, 118, 119, 120, 121, 123 à 127; SMA 34, 40, 43. Les formules sont assez variées et il y a, on l'a noté, des résurgences liées sans doute au cartulaire (cf. une formule de SM 13, reprise en 1099, SMA 43 *« ut in futura vita vera libertate a Deo donarentur »*). SM 113 est daté du règne de Philippe Ier, sans doute parce qu'il y est aussi question d'affranchissement.

65. SMA 43.

66. SMA 34. Cet usage se poursuit sous l'abbé Guillaume Ier (1104-1124) : ils sont alors répartis entre plusieurs témoins (SMA 46, 47 et 50).

67. SM 121, SMA 40.

68. SM 123.

69. SM 119. Cf. aussi le cellier en 1104-1124 (SMA 47 et 50), et *« diversis locis prout unicuique assignabimus »* (SMA 50).

70. SMA 43.

71. Par exemple, au chapitre, mais pendant la distribution des livres aux moines : SMA 50, 1113 (*recognito* de Gautier *Aonius*).

servage[72] ou d'une réitération consécutive à une rébellion[73]. Enfin, le statut initial est souvent celui de *famulus*, plus ou moins explicitement[74], mais notons aussi la fréquence de celui de «jeune[75]», sur lequel on reviendra.

Ces quarante années (1060-1100) fournissent donc les chartes les plus circonstanciées. De ce temps fort, il nous faut profiter d'autant plus que le cartulaire des serfs s'arrête là, en 1097. Il y a bien ensuite, pièces d'archives, des chartes de l'abbatiat de Guillaume Ier. Mais les stéréotypes y regagnent un peu de terrain[76], notamment dans le rouleau de 1113 qui regroupe neuf rites du servage[77]. Dans plusieurs cas, on dit seulement qu'«il a donné sa redevance recognitive» («*dedit recognitum suum*»), ce qui constitue une troisième «interprétation» possible de l'acte, plus fiscale, après l'autodédition et le rite de passage en servitude. Le statut qui en découle est tantôt *servus,* tantôt *homo* : termes synonymes, par conséquent. Enfin, les tributaires[78] peuvent amener leur témoin ou être conduits au chapitre par le prieur de l'obédience (prieuré) à laquelle ils se rattachent. On sent la seigneurie monastique en passe de devenir une sorte de «machine administrative».

Mais, on le sait, elle ne parvient pas à rester centralisée : les obédiences (où déjà le rite du servage avait lieu en 1099) règlent elles-mêmes le statut de leurs serfs et semblent cesser de transmettre leurs archives à l'abbaye-mère. La conservation des chartes en devient plus aléatoire, et c'est la grande cause de la raréfaction de

---

72. Expression d'un désir positif de relation avec Marmoutier, pour Chrétien le Breton (SM 124) et Rahier le Pêcheur (SMA 40) ; rite accompli «*spontanea voluntate*» ou «*sponte propria*» : SM 124 à 126, SMA 43.

73. Celle-ci est relatée en détail (SM 127) ou plus brièvement (SM 118 et 123) ; dès lors, l'homme est «*penitens*» et «*recognovit*».

74. SM 120 (*famulus*), 119 (*nutritius*) ; SMA 40 («*cum esset liber et antea nobis bene deservisset*»).

75. SM 121, 123 ; SMA 43.

76. On voit encore la distinction entre l'entrée en servage (SMA 45, qui réemploie «*apud quem persone nullius acceptio*», c'est-à-dire la plus ancienne formule, et SMA 51) et la réitération (SMA 46), mais pas toujours (SMA 47, 50).

77. SMA 50.

78. Le mot *tributum* apparaît dès 1065 (SM 110).

notre information après 1124 : nous n'avons plus les moyens, passé cette date, de suivre les destinées du rite et du «tribut».

Ni le début ni la fin de la série des autodéditions en servage ne peuvent donc être interprétés *a priori* comme des moments critiques de l'histoire sociale. Pouvons-nous au moins déceler, à travers les transformations des formules, une certaine évolution entre 1032 environ et 1097 ou 1113? Dans les fonds monastiques un peu denses, l'historien perçoit de temps en temps qu'il y eut des préférences personnelles de prieurs et d'abbés pour telle expression et pour tel rite – et ce ne sont pas toujours de purs caprices de la mode.

Attention cependant. Croire que le servage s'est humanisé parce qu'on ne se donne plus «soi-même», mais un symbole, un *recognitum*, serait pure naïveté de notre part[79]. Difficile aussi d'argumenter sur une certaine désacralisation de l'«atmosphère» à cause de la disparition des motifs pieux, vers 1064 : les réemplois de formules du temps d'Albert, aux abords de 1100, prouvent qu'elles ne paraissent pas désuètes. Impossible enfin de diagnostiquer une tendance croissante à la rébellion des serfs, une montée de leurs violences et de leurs arrogances : l'examen attentif des sources montre en effet que l'acte écrit s'est de plus en plus ouvert aux contextes, diversifiant ses formules pour mieux coller (quoique jamais totalement) à leur diversité concrète. En outre, il y a dans chaque série des chartes de servitude un intérêt spécifique pour tel aspect du rite, mais faut-il penser qu'on ne prononce aucune parole avant 1065 («*affirmavit*») ou 1084, qu'on ne s'agenouille pas avant 1099?

Reste la disparition de la corde et l'avènement du rite classique des deniers posés sur la tête, vers 1050 : ici, un ajustement effectif a pu avoir lieu, et il faudrait une enquête plus large sur les destinées tardives de ce rite.

Finalement, tant dans le commentaire du rite et des formules de

---

79. D'autant plus que la formule d'autodédition, dans son principe même, suggère qu'on ne peut disposer du sort d'un homme sans son consentement (cf. SM 10 Duran-Garin, dès 1007-1010).

servage que dans l'enquête sur son contexte et sur le « profil socio-logique » des asservis volontaires, il faut raisonner sur cette période (1007-1113) comme si elle formait un tout. D'un bout à l'autre, en effet, on y rencontre le *famulus,* et sans doute les contextes de la période 1060-1100 n'avaient-ils rien d'inédit.

II. – POURQUOI S'ASSERVIR ?

Nous n'avons peut-être pas l'ensemble des autodéditions en servage à Marmoutier, mais l'échantillon conservé ne saurait être sans signi-fication. Or que savons-nous de ces hommes ? L'enquête méritera d'être poursuivie à travers l'ensemble des archives de Marmoutier et des églises ligériennes. En eux-mêmes, le cartulaire des serfs et les autres actes que j'utilise fournissent déjà plusieurs pistes.

Métiers de serfs

Les oblats en servage ne viennent pas seulement de la Touraine[80], mais aussi de toutes les régions voisines : le Vendômois[81], le Blésois[82], le Dunois[83], le Berry[84], l'Anjou[85], le Maine[86]. Mais prati-quement, il n'en vient qu'un seul de chaque lieu cité.

Ils ont souvent un métier. On trouve ainsi, dès avant 1060, un

---

80. Gautier, d'Amboise : SM 40. Pierre-Bonardin, fils d'un *vicarius* de Montlouis : SM 43.

81. Ogier, neveu de Martin : SM 18 (nous semble le même qu'Ogier « de Vendôme », *alibi*). Duran, meunier de Vendôme : SM 57. Bernoin, meunier de Monthodon : SM 64. Gandalbert, *« homo de Vindocino »* : SM 106. Étienne Jambe-de-Chien, de La Ferrière : SMA 6. Landri, cellérier de Bezay : SMA 21.

82. Geoffroi de Binas : SM 37. Acfroi, résidant à Mesland : SM 69. Raimbert, de Monteaux : SM 99. Benoît, *« Blesensis homo »* : SM 100. Mainard, berger à Orchaise : SM 113. Eude, de Mesland : SMA 50. On peut s'aider, pour ces identifications, d'O. Gantier, « Recherches sur les possessions et les prieurés de Marmoutier du Xe au XIIe siècle » (B), dans *Revue Mabillon,* 53, 1963, p. 161-167 (cartes).

83. Renaud, *homo* de Saint-Hilaire la Gravelle : SM 20. Ascelin : SM 83 (si c'est bien le fils d'Ohelme : cf. *infra,* note 98).

84. Giraud : SM 68. Ansquetin : SM 90. Raoul fils de Raoul : SM 105.

85. Gautier *Aremtrudis,* de Rillé : SM 118. Robert, de Daumeray : SMA 34.

86. Thibaud Baron, de Vieux-Mans : SM 27. La femme de Payen de Lavaré : SMA 50.

famulus nommé Giroardus *faber*[87], le meunier Martin[88], le fournier Hilduin[89], le porcher Guinefroi[90], le cimentier Michel[91], et les années 1060-1100 multiplient les mentions de métiers (*artes*) : soit des artisans proprement dits[92], soit des meuniers[93] et fourniers[94], soit des bergers[95]. Aucun «paysan» (*agricola*) reconnu comme tel; seulement des hommes placés à des postes clefs ou malaisément contrôlables à cause de leur mobilité ou de l'absence de tenure foncière (bergers, pêcheurs).

La liste de ces métiers se retrouve assez précisément dans les surnoms ou fonctions de *famuli* de Marmoutier cités comme témoins, très généralement, au bas des actes. Il y a là des cellériers (comme Landri de Bezay), des maires (comme le mari d'Hildéarde[96]), des sueurs travaillant aux vêtements (comme Vital), des cuisiniers et boulangers (comme Renaud Doard et Hervé), des charpentiers comme Adam[97]). Il y a bien une définition commune à tous ces *famuli* : ils ont un lien particulier avec les moines et assument une fonction spécifique. Ce sont des ministériaux, littéralement hommes de métier[98], adonnés à toute espèce de services. Les cellériers, les maires, les prévôts sont explicitement des régisseurs, des agents de la seigneurie de saint Martin. Mais les cuisiniers, les sueurs ne se contentent pas d'assurer aux moines et à d'autres le vivre et le vêtement; leur activité peut déborder sur des tâches

87. SM 33.
88. SM 81 : meunier d'après la rubrique.
89. SM 34.
90. SM 39.
91. SM 80.
92. Charpentier (SM 125). Pelletier (SM 77). Sueur (SM 177). Cuisinier, boulanger et coutelier (SM 121). Maréchal (SMA 46).
93. SM 57, 64, 126.
94. SM 22.
95. Otbert le Berger : SM 108. Mainard, berger des moines à Orchaise : SM 113. Cf. aussi Vivien, chevrier : SM 111.
96. SMA 50.
97. Je cite, à chaque fois, un des hommes dont le *Liber de servis* établit le servage (références dans les notes précédentes).
98. «Métier» comme «ministère» vient du latin *ministerium*; nous pouvons prendre aussi le terme de «ministériaux» dans le sens d'«administrateurs».

d'administration et des positions d'influence, comme dans une cour princière celle de l'échanson ou du connétable.

Quant aux maires ruraux comme Otbert[99], Ascelin fils Ohelme ou Alcher[100], ce sont des agents locaux tout à la fois indispensables et dangereux pour les moines dont ils régissent les seigneuries. Leur charge et leur terre de fonction les enrichissent et leur donnent de l'arrogance; on les voit souvent s'incruster ou mépriser les directives venues de Marmoutier. Le servage semble fort utile pour les contrôler un peu, notamment en raison des mariages et des successions.

Mais le servage est-il une condition nécessaire pour accéder à de telles charges, qui sont aussi des honneurs relatifs et des moyens de puissance et de richesse? Non, il y a une certaine flexibilité de la règle. Ne nous raconte-t-on pas qu'avant 1064, le cellérier Landri a servi librement Marmoutier[101], de même qu'avant 1095 Landri et Rahier[102]? Mais tout de même ce sont les notices de leur asservissement qui nous le disent, et comment savoir laquelle des deux situations est jugée comme la plus normale[103], si le servage est requis pour certaines charges et dans certains contextes seulement?

Est-ce que, par ailleurs, nous avons des indications sur le statut des *famuli*? Ceux qui figurent comme témoins des autodéditions, ici même, ne sont déclarés ni libres ni serfs. Or le fait même de témoigner n'est pas, au XIe siècle, un signe sûr de liberté[104], et l'un des affranchissements recopiés au *Livre des serfs* met au nombre des témoins-souscripteurs un Gaubert, «serf des moines» (*mancipii monachorum*[105]). Quand il s'agit d'aider son maître dans les

---

99. SM 76.
100. Cf. les deux textes de l'annexe, p. 90 à 92.
101. SMA 21.
102. SMA 40.
103. C'est tout le problème de nos exemplifications à partir des données concrètes et sociologiques qui filtrent çà et là; nous avons tous tendance, nous historiens, à monter en épingle celles qui s'accordent le mieux à nos vues, et à déclarer les autres exceptionnelles et paradoxales. Ces exceptions sont les résidus de toute analyse, et des points de départ possibles pour les suivantes.
104. Cf. *infra*, chapitre IV.
105. SM 59.

institutions socio-judiciaires, un serf n'est jamais entravé! C'est en cas de conflit que, pour lui, les difficultés et les incapacités commencent[106]. Mais les habitués des hommages serviles sur l'autel de saint Martin forment de véritables équipes, bien connues des intéressés, au point que la question de leur propre liberté semble inutile à poser à chaque fois.

Faute d'indices, je ne vois pourtant qu'une trajectoire à peu près certaine de serf oblat qui assiste ensuite à d'autres autodéditions que la sienne : Evroul, qui s'est fait serf sous le cellérariat d'Anségise[107], doit être ensuite cet Evroul cellérier, plusieurs fois témoin d'hommages serviles ultérieurs[108].

Face à d'autres hypothèses d'identifications[109], une grande prudence s'impose. En tout état de cause, les témoins des autodéditions faites en chapitre ne sont qu'une poignée de ministériaux de haut vol, résidant à Tours. On aura relevé leur nom parce qu'on les a souvent sous la main pour en attester, tandis que bien des *famuli* donataires d'eux-mêmes vivent dans des villages, parfois dans les «provinces» voisines de la Touraine, où ils occupent ce qu'on appellerait aujourd'hui des postes sensibles, mais sans venir très souvent à Tours.

Quant au portrait-robot du futur serf oblat, dans les premières formules (années 1032-1060), c'était bien celui d'un homme libre *in famulatu*. Mais il y a là une sorte de convention, sur laquelle nous reviendrons[110].

---

106. SM 11.

107. SM 94 (deuxième série, «*cum nichil carius...*», avec corde au cou).

108. SM 17, 25, 39, 90 et 107 (troisième série, «*cum nichil carius...*», avec deniers sur la tête); seul SM 40 est de la même série que SM 94.

109. Par exemple, que les hommes signalés comme «neveux» d'un tel s'asservissent pour succéder à leur oncle dans sa charge (SM 18, 68 et 99). Dans les deux premiers cas, l'oncle est *famulus* avéré; dans le second (SM 68), il est témoin. Autre hypothèse : que Fulbert, collibert cédé par Robert de Lavardin (SM 31) soit le même qui se donne lui-même en servage (SM 18) : les datations concordent.

110. *Infra*, p. 79.

Y a-t-il des « paysans » parmi les asservis « volontaires » ?

Quelle que soit la proportion des serfs parmi les *famuli* de Marmoutier, celle des *famuli* parmi les serfs dont traite ce cartulaire semble prédominante! Mais, dira-t-on, les « paysans » plus obscurs sont moins repérables que ces ministériaux assez voyants et, de ce que *tous* les oblats (autodonateurs) ne sont pas des paysans, faut-il déduire qu'*aucun* ne l'est?

Rien, aucun indice, ne nous mène vers de petits paysans, encore moins vers des miséreux dépourvus de terres et d'attaches. Simplement, toutes les sortes de ministériaux, de l'artisan au régisseur de seigneurie rurale, peuvent être aussi, en un sens, des « paysans »; ils ont de la terre en tenure et peut-être la cultivent-ils eux-mêmes, en partie. Mais ce sont des paysans aisés, des coqs, ou plutôt des classes intermédiaires, semi-paysannes. Au moins leurs dossiers ont-ils l'intérêt d'attester comment la terre et la famille sont des enjeux essentiels dans l'histoire du servage.

1) C'est entre 1064 et 1070 que Bertran Agnel se présente au parloir de Marmoutier, avec sa femme et son fils, et devient serf « en échange de notre acceptation d'un achat de maison qu'il avait fait en notre bourg » (*« pro eo quod ei concessimus emere quandam domum in burgo nostro*[111] *»*) : il s'agit donc d'une tenure en bourgage, ce qui suggère une certaine aisance et aussi une activité en partie non agricole. Le cas de Bertran Agnel ne doit-il pas être rapproché de celui de Guibert le pelletier, « qui a résidé d'abord en Gâtine, et demeure à présent dans notre bourg » (*« prius in Gastina et nunc in burgo nostro manentem »*) et qui s'est volontairement asservi quelques années plus tôt[112]?

D'autre part, lorsqu'on est maire de saint Martin, c'est-à-dire intendant d'une seigneurie rurale, tel Otbert avant 1060, on tient de lui une terre, une tenure en mairie en somme, « à cause de laquelle [on est] serf de saint Martin » (*« propter quam etiam ipse erat*

111. SM 3.
112. SM 77 (1060-1064).

servus Sancti Martini[113] »). Il importe, en effet, qu'une terre lie le maire au patron et qu'il ne puisse en disposer à son gré. Cela apparaît parfaitement dans le cas d'Ascelin fils Ohelme, dans le Dunois entre 1065 et 1070, auquel Marmoutier impose toute une série d'interdictions[114] qui donnent une bonne image, en négatif, de ce que font habituellement les maires!

L'obtention d'un pré en échange du don de soi et de son avoir (*substantia*) est aussi attestée[115]. Enfin, voici en 1080-1100 le *famulus* Benoît : il se voit confirmer un arpent de vigne déjà tenu en fief et, pour prix de son asservissement volontaire, on lui en concède un autre[116]. Ces deux transactions évoquent des gens plutôt aisés (amateurs de prés, de vignes) et qui accomplissent le rite du servage dans le cours de négociations serrées. Dès le temps d'Albert (affaire du pré cédé à Gautier d'Amboise), on ne se fait pas trop d'illusion sur l'effet psychologique de l'autodédition[117] : il faut bien la payer de retour, très matériellement, et même laisser espérer d'autres gratifications en cas de bonne conduite[118].

2) Autre registre. C'est peut-être une histoire d'amour que celle de Jean : d'abord serf d'un chevalier, puis d'un citain *(civis)* de Tours, il s'est racheté[119]; le voilà cependant qui se fait serf, car il

---

113. SM 76.

114. SMA 7, traduit *infra* en annexe. Sur ce personnage, cf. E. Mabille, *Cartulaire de Marmoutier pour le Dunois*, Châteaudun, 1874 (*Société dunoise*), nos 14, 16, 17 (= SMA 7, redaté); son cas est exemplaire. Il est peut-être le même qu'un Ascelin qui s'est fait serf sous l'abbatiat d'Albert (SM 83).

115. SM 40. C'est une opération classique de donation *post mortem,* et la rétribution immédiate par l'octroi d'une autre terre est habituelle.

116. SM 120. Allusion à la pauvreté éventuelle qui pousserait Benoît à vendre ses arpents de vigne; mais rappelons qu'on ne peut vendre à bon escient que sous la pression de la «pauvreté» : l'allusion n'a donc qu'une portée abstraite.

117. SM 40 : «*quamvis domnus abbas pluris esse remunerationem Dei non ignoraret*» (autrement dit, il devrait pouvoir s'en tenir à l'idée du formulaire : l'oblat fait une bonne affaire, purement religieuse) «*aliquantulum in presenti remunerare adjudicavit*».

118. *Ibid.* (une fois cédés les deux arpents de pré) : «*plura promittens si in eadem voluntate permanerent*».

119. SM 96 (rachat effectué bien qu'il n'ait pu amasser «*penes illum*» qu'un faible pécule : la remarque est intéressante, mais n'évoque pas la sueur de celui qui pousse la charrue). Cet acte relate la contestation par le maître de Jean, *civis* de Tours : il a fait appel aux «juges publics» (expression à relativiser, dans le contexte du XIe siècle) en disant que si Jean voulait

aimait («*adamasset*») une serve de saint Martin. «Amours paysannes»? Ou «amour de son destin social» de *famulus* d'un grand
sanctuaire? Dans trois autres cas, aux années 1060[120], c'est-à-dire
dans le moment où nous sont le mieux révélés les conflits sous-
jacents, c'est bien en fait sous la contrainte que le servage par
mariage avec un serf ou une serve de saint Martin est reconnu par
le rite habituel (qui fait place au principe de libre volonté!).

Mais de ces affaires, encore un coup, qui saura jamais le fin mot?

En 1095, voici tout de même une séquence beaucoup plus
nette[121]. Rahier le pêcheur a déjà bien servi Marmoutier, en demeurant libre; pourtant, il souhaite se rapprocher encore des moines.
Avant d'épouser une de leurs serves, sœur d'un *famulus* (Landri le
cuisinier), il vient au chapitre et se fait serf; on lui donne alors une
maison, qui fut à Hildemar le cuisinier (donc l'héritage, probablement, de quelqu'un de la famille de sa femme). C'est dire si le servage pour une terre ou pour une femme, en tant que motivations
isolées, en tant que seul élément de contexte, ne doivent pas être
plaidés systématiquement contre le profil type du serf ministérial.

Les jeunes

Le cas (tardif) de Rahier le pêcheur est encore exemplaire à un
autre titre : il accomplit le rite du servage juste avant de se marier
(«*accepturus itaque in uxorem [...] prius venit in capitulum*»). Ne
doit-il pas guider notre interprétation de la présence de nombreux
«jeunes», parmi les asservis volontaires?

Le jeune cellérier de Bezay, nommé Landri, a été lui aussi libre
famulus, jusqu'en 1064[122]. A cette date, il se fait serf et cède à
Marmoutier tout son bien à sa mort, moins les parts revenant normalement à sa femme et à ses enfants si d'aventure il se mariait, sur

---

à nouveau «*servire*», il devait se soumettre «*sue potius servitutis quam alterius*». Finalement,
on s'arrange par un pacte – comme à l'accoutumée.
   120. SM 97 et 108; SMA 6.
   121. SMA 40. Original (chirographe) aux Arch. dép. d'Indre-et-Loire, H 201.
   122. SMA 21.

l'ordre ou avec la permission des moines («*iussu nostro*»). Le mariage ne serait-il pas imminent[123]? Sa perspective provoque un débat, comme dans le Dunois celui d'Ascelin fils Ohelme[124]. Car qui dit mariage dit acquisition d'une nouvelle parenté par alliance, d'un soutien social, de quelques biens. Plus tard aussi, des enfants pouvant prétendre à l'héritage et, quand bien même leur père aurait été docile, avoir l'arrogance des «fils de riches»... C'est donc là que le statut servile est nécessaire aux maîtres[125], les moines : ils peuvent négocier leur accord au mariage et à la succession en ligne directe en mettant des conditions précises. Ainsi les enfants d'Ascelin, plus tard, auront-ils le choix, mais collectivement : il leur faudra prendre tous le même parti, entre la liberté et l'héritage paternel[126].

Nous touchons là à la profonde cohérence de la trilogie servile que constituent le chevage et les taxes sur les mariages et les héritages. Marc Bloch la mettait en relief avec force et raison, et il a été contredit là-dessus, bien à tort. Il faut au contraire accentuer son trait; à la cohérence de l'idée s'ajoute une grande pertinence fonctionnelle.

Quant à la liberté d'origine du *famulus* des formules du temps d'Albert, elle est une liberté douteuse : on ne l'affirme peut-être que pour la validité de l'acte d'entrée en servage[127]. Après tout, comme

123. Il a eu lieu, comme le montre ma reconstitution de la famille : D. Barthélemy, *La société...*, p. 497. Il y a à chaque génération un cellérier et au moins un clerc; on discerne aussi la double ministérialité (1096-1120).

124. SMA 7 (1065-1070), traduit *infra*, annexe I : particulièrement dangereux pour les moines est l'acquisition, par mariage, du soutien d'une parenté libre («*timemus enim ne* [...] *per parentes et amicos ejus uxoris* [...] *vires duritie sue excrescant*»); ils empêchent aussi Ascelin de brader la «terre de saint Martin» par une constitution de douaire.

125. Voir, d'ailleurs, la charte de 794-800, *infra*, chapitre IV, p. 167 : les descendants de Richilde versent le tribut servile, une fois adultes seulement.

126. SMA 7 (1065-1070). Le *Livre des serfs* contient pourtant une convention en sens contraire : la fille du maire Otbert, serf de Marmoutier, est faite libre, tandis que le fils reste serf (SM 76, 1069); dans le même sens : SMA 34 («*excepti sunt* [...] *quidam filius ejus clericus et una filia conjugata*»).

127. Au rebours, un acte de la Trinité de Vendôme relate que le jeune *famulus* Constantin a été affranchi parce que l'on ne parvenait pas à prouver contre lui son servage (C. Métais, *Cartulaire de l'abbaye cardinale de la Trinité de Vendôme*, tome II, Paris, 1894, n° 308), ou parce que l'on n'a pas de beau poste à lui offrir. Encore l'affranchissement est-il suivi de clauses restrictives.

toutes les formules de changement de statut, celle-ci n'en définit pas un seul, mais bien deux : l'ancien et le nouveau ! L'autodédition atteste une liberté native, de même que l'affranchissement une naissance serve ; et l'une comme l'autre, effacées juridiquement, sont-elles effaçables socialement ? Le serf oblat, en ce sens – mais en ce sens seulement – n'est donc pas tout à fait la même chose qu'un serf de naissance ; un affranchissement futur, à sa sortie de fonction par exemple, le remettrait assez « normalement » en sa condition première... La dépendance créée par une autodédition a quelque chose de plus contractuel que statutaire, elle est plus proche en cela de la vassalité[128] que de l'esclavage. Elle est bien cette « vassalité de rang inférieur » par quoi Benjamin Guérard qualifiait « le » servage.

Et quel piquant chassé-croisé, entre nos ministériaux et certains clercs ! Car que penser de la *libertas* concédée au futur prêtre le jour même de son ordination[129], à l'instar du rite de servage imposé au *famulus* laïc peu avant son mariage ? Que la servitude initiale ait été douteuse ou non, un affranchissement est bien fait pour la prouver *a posteriori*[130]. Il porte expressément que si le prêtre se marie et a des enfants, lui-même et sa famille retourneront indubitablement en servage. L'affranchissement « pour entrer dans les ordres » (*ad sacros ordines promovendum*) fait du prêtre un serf en sursis.

Les « jeunes » asservis volontaires ont donc un profil précis de *famuli*[131]. Le mot est d'ailleurs synonyme souvent, on le sait, de « célibataire ». Dès lors, ne convient-il pas d'interpréter dans ce sens la proportion notable d'hommes seuls, sans femme ni enfants, parmi les autodonateurs ?

Nous voyons ainsi, au XIᵉ siècle, se faire ou se reconnaître

---

128. Encore que la vassalité comporte des éléments statutaires (la naissance, la condition préparent et contraignent à entrer « librement » en vassalité ; cf. les remarques de S. Reynolds, *Fiefs and Vassals. The Medieval Evidence Reinterpreted*, Oxford, 1994.

129. SM 114, 1091 : affranchissement et ordination le même jour.

130. C'est un fait connu des anthropologues que le véritable affranchissement est celui qui s'accomplit sans charte ni rituel, mais par le fait et par l'oubli. Il y a de la honte à être affranchi, puisque cela prouve qu'on est né en servitude.

131. Cf. encore SM 121 : « *tres juvenes apud nos adultos* ».

serfs 62 hommes sans femme ou enfants[132] et seulement 24 hommes ou femmes : en couple ou avec des enfants. Dans ce second cas, il est bien précisé que chaque membre de la famille s'est soumis au rite des quatre deniers. Ceux qui le pratiquent seuls peuvent être des célibataires ou les époux de femmes déjà serves (*ancille*) : les uns enterrent ensemble leur liberté potentielle et leur vie de garçon, les autres renoncent à éluder une servitude récemment acquise par mariage.

L'entrée en servage correspond ainsi à une entrée dans l'âge adulte ou à une étape, au rebondissement d'une carrière.

Les rebelles

L'existence d'un certain nombre de réticences, et même de rébellions, est flagrante à partir de 1064. Ne dément-elle pas ce propos? S'agirait-il d'autant de refus de la «carrière» (parfois modeste)? En même temps, la sanction imposée à des brutaux, à des criminels, n'est-elle pas une «source de servage» à part entière, bien distincte de la précédente? Nos deux voleurs berrichons de tout à l'heure[133] faisaient déjà un bel exemple de «servitude pour dette». Avec Gaucelme, à Foncher, les choses prennent davantage l'allure d'un pacte amiable. Mais il y a d'abord eu du tirage! Car le frère aîné de cet homme avait vendu à Marmoutier l'alleu qui leur revenait à tous deux, alors qu'il était encore enfant. Devenu adulte, Gaucelme conteste assez longtemps cette aliénation. Ne dramatisons pourtant pas une revendication (*calumnia*) comme la sienne; il peut s'agir seulement d'un trouble de propriété, non de véritables voies de fait. Du moins ne nous dit-on rien de celles-ci, s'il y en eut. Finalement, il estime «plus sûr pour lui et plus utile pour le salut de son âme» de se poser quatre deniers sur la tête; il devient donc serf et promet fidélité[134].

132. L'acte d'autodédition est toujours individuel mais, après 1050, on en relate parfois plusieurs dans une seule charte. Au rebours, il est patent que plusieurs autodéditions individuelles de la «première série» se sont faites le même jour, devant les mêmes témoins : par exemple, SM 81 à 86 (Arnoul, de SM 85, est frère de Foucher, de SM 86).

133. SM 105.

134. Original aux Archives départementales d'Indre-et-Loire, H 270, n° 14; Gaucelme «le pêcheur» paraît aussi en 1095 (*ibid.*, n° 8).

En réalité, plusieurs de ces affaires de rébellion se ramènent à des questions de mariage entre «libres» (ou réputés tels) et «serves», les cas les plus épineux étant les remariages[135]. L'affaire d'Otbert le berger, la dernière transcrite dans le cartulaire des serfs[136], mérite même qu'on s'y arrête un instant. L'acte est de 1096.

Avis à tous. Otbert le berger a brûlé une de nos granges. Et comme il n'avait pas de quoi nous en payer l'amende, il est devenu serf de saint Martin de Marmoutier et de nous-mêmes, ainsi que sa femme Plectrude, comme le porte une autre charte. Nous réclamions aussi comme serf son fils Vital, alors enfant, mais sa mère voulut prouver par l'épreuve du fer chaud que Vital était né avant que ses parents ne deviennent à nous; toutefois, elle se désista alors que le fer de justice était déjà chaud. Cependant, Vital ne voulut pas se reconnaître notre serf; il se déroba longtemps à notre seigneurie (dominium). *Mais à la fin il le regretta et vint dans notre chapitre; là il reconnut être notre serf, en se posant quatre deniers sur la tête. Ensuite pourtant il se renia et nous fit beaucoup de tort, ainsi qu'à nos biens. Enfin, l'année où le pape Urbain fit la dédicace de notre basilique, le trois des nones de janvier, il revint au chapitre, avoua qu'il avait péché et reconnut à nouveau être notre serf, en se posant quatre deniers sur la tête; il reconnut aussi que son fils, le seul qu'il avait alors, était notre serf, ce que virent et entendirent Sancelin le cellérier, Arnoul le cellérier, Lisiard de la Chapelle, Hervé de Monnaie, Robert de Chançay, Etienne des Fontaines.*

La servitude à cause d'un forfait qu'on ne peut racheter, c'est le scénario paradigmatique dans une formule de Marculf[137], et encore chargé de sens en 1065-1070[138]. Mais l'acte ajoute à ce propos

---

135. SM 106 (remariage de Gandalbert avec une *ancilla* : encore qu'il ait été déjà *servus* de Marmoutier, il conteste tout) et SM 108; SMA 6. Ces affaires mènent respectivement à la prison, à une proposition d'ordalie (SM 127, suite à 108), à celle d'un duel judiciaire, ce qui montre bien la difficulté de l'accord.

136. SM 127.

137. Marculf, II, 28.

138. SM 6 (1065-1070). Arnoul Gazel, serf de la *familia* de Marmoutier, a commis un «forfait» à l'égard de Thibaud, sire de Rochecorbon, *«propter quod idem servus cum non haberet unde illud posset emendare, traditus est ei loco emendationis».* L'étonnant est que Marmoutier n'ait pas tout de suite payé pour lui…

«comme le porte une autre charte» («*sicut in alia scriptum est carta…*»). Or celle relatant le servage d'Otbert et de Plectrude, en 1065-1070, ne fait pas état de telles voies de fait, mais seulement d'un premier mariage d'Otbert avec une serve de saint Martin : de là une macule! Devenu veuf, l'homme a eu beau se remarier avec la libre Plectrude, il a été poursuivi par la revendication en servage du prieur Eudes et obligé de se reconnaître serf; quelque temps plus tard, Plectrude a fait de même, «ne voulant pas quitter son mari» («*nolens dimittere virum suum* [139]»). Cette discordance entre les deux chartes concernant Otbert le berger et les siens suscite la perplexité de Salmon, éditeur du *Livre des serfs* [140]. Je pense tout de même que la charte mentionnée en 1097 est bien celle de 1065-1070 : même action (*recognitio* et entrée en servage du mari et de la femme), seul le motif diffère. Encore la voie de fait a-t-elle fort bien pu être commise au moment de la revendication du prieur Eudes [141]; la charte de 1065-1070, dans un but d'apaisement, aurait alors laissé de côté l'incendie de la grange [142].

D'autres fois [143], nous savons seulement que l'intéressé a d'abord «nié» être serf, ce qui suppose une revendication préalable des moines du type de celle du prieur Eudes. A quel titre celle-ci était-elle lancée?

Le rite du servage d'oblation passe souvent, ainsi, pour apaiser des conflits (on n'ose dire les terminer, tant ils peuvent rebondir [144]). Est-ce que, d'autre part, le méfait qui conduit à cette pénitence en était le vrai début [145]? Il y aurait là un scénario type, partiellement

---

139. SM 108.

140. *Le livre des serfs…*, p. 117, note 1.

141. Couramment, les plaids et les pactes sont précédés et suivis de «voies de fait».

142. Au contraire, en 1097, comme le fils d'Otbert et de Plectrude, nommé Vital, est décidément rebelle, on peut comprendre que les moines lui «ressortent» l'affaire de la grange; ils «recriminalisent» cette famille…

143. SM 118 et 123.

144. SM 127.

145. L'anthropologie socio-juridique apporte désormais des éléments très importants pour comprendre et interpréter ces conflits. Résumé commode des découvertes de F. Cheyette et S. White dans P. Geary, «Vivre en conflit dans une France sans Etat : typologie des mécanismes de règlement des conflits (1050-1200)», dans *Annales ESC,* 41, 1986, p. 1107-1133.

conventionnel, plutôt qu'une catégorie spécifique de la «servitude pour dette judiciaire[146]». Après tout, les «rebelles» mettent-ils vraiment en cause le principe de leur relation avec Marmoutier, et tous croient-ils pouvoir échapper à la fin au statut servile? Certains n'essaient-ils pas de négocier leur autodédition «au prix fort»?

Ce dénouement (provisoire) n'est pourtant pas le seul qui advienne. En archive, hors du *Livre des serfs*, il y a quelques autodéditions non serviles, ou des ménagements et ambiguïtés notables.

Vers 1060, voici un maire, Hamelin, qui est clerc: il perd son *ministerium* après plusieurs années, parce qu'il a été constamment rebelle aux ordres des moines, et infidèle; il demande alors pardon de ses forfaits à l'abbé Albert et se fait son homme *liberi lege* («de condition libre»); il lui donne un cheval, et reprend sa terre, sa maison, ses prés en fief de l'abbé. Marmoutier les récupérera à sa mort ou s'il décide de s'y faire moine[147]. Sa cléricature épargne donc à notre Hamelin la petite humiliation du chevage, imposée au tout-venant des maires matés.

Mais la liasse blésoise de Villeberfol comporte aussi une charte[148] sur un certain Martin Tireuil. Cet homme a commis de graves exactions en dérobant les chevaux du prieur et en brûlant les maisons des moines. On est entre 1084 et 1100. Il vient à Marmoutier tout nu, tenant à la main les verges dont on peut le battre; il se met à la merci des moines (c'est-à-dire qu'en fait ils devront bien, sous la pression sociale, le traiter avec clémence). Il est pauvre et n'a pas de quoi racheter son forfait; il lui reste donc à se donner lui-même. Ce serait bien là l'esprit des vieux formulaires. Or il le fait sans pour autant avoir à s'avouer serf et à payer le chevage. Au contraire, on lui accorde l'association au «bénéfice» des moines, qui est une formule socio-religieuse caractéristique des traités de paix avec des

---

146. Dans le cas des «voleurs berrichons» (SM 105), on peut toujours penser que les moines ont saisi l'occasion de prendre en faute leurs *famuli*...
147. Original aux Arch. dép. d'Indre-et-Loire, H 292 n° 2.
148. Original aux Arch. dép. du Loir-et-Cher, 16H 118, n° 11.

hommes de rang chevaleresque ou presque[149]. Il faut dire que «les nôtres» ont tué l'un des fils de Martin Tireuil, comme le lâche enfin, presque incidemment, la plume du rédacteur. Ce n'est donc pas un lien vraiment étroit que Marmoutier peut établir avec lui; il n'y a ici ni les circonstances ni peut-être le rang social qui appelleraient une résolution du conflit pour l'autodédition et une définition de la relation par la servitude.

Une autre demi-mesure est élaborée en 1097, quand le maire de Villetard, dans le Blésois, abandonne sa mairie pour une destinée nouvelle, sous d'autres seigneurs. Les moines de Marmoutier l'engagent dans une sorte de servage de paix alors que, d'habitude, ils affranchissent les ministériaux sortants pour mieux les séparer de leur tenure de fonction. C'est qu'Alcher est spécialement nuisible, puisqu'on lui fait promettre de ne pas récuser sa servitude à l'égard de saint Martin, et de ne pas participer à des hostilités contre sa terre. Mais le rite du chevage, c'est-à-dire de l'hommage servile, ne lui est pas demandé, sans doute parce qu'il se démet de sa mairie; et cela confirme encore, *a contrario*, que le chevage habituel des maires a implicitement leur tenure de fonction comme contrepartie[150].

Voilà bien de ces montages rituels et juridiques par où les hommes du Moyen Age faisaient preuve de sens pratique, étant confrontés à des situations complexes, mais par où aussi les historiens risquent de tomber dans les pièges de la terminologie[151]. Attention aussi de ne pas ériger un seul cas en exemple, sans le comparer à ceux, contemporains et un peu différents, qui permettent par comparaison d'en mieux saisir le sens et la portée.

La rareté des préoccupations «purement religieuses»

Une des subtilités des hommes du XIᵉ siècle consiste sans doute à agencer le religieux avec le profane, à tenter de gagner sur les deux

149. Cf. D. Barthélemy, *La société...*, pp. 425-428.

150. SMA 42; cf. annexe II, p. 92.

151. La condition servile est «obscurcie par la terminologie des documents», note P. Duparc, «La question des "sainteurs" ou hommes des églises», dans *Journal des Savants*, 1972, p. 25-48 (p. 42).

tableaux – voyez ce qu'ils font parfois de la «paix de Dieu»! Ici pourtant, les redditions de serfs rebelles ne sont pas valorisées comme des pénitences méritoires. Et les motifs pieux effectifs et précis, c'est-à-dire autres que généraux, conventionnels et secondaires, se rencontrent fort peu.

A la différence de ce qui filtre, à la même époque, dans quelques chartes de la Trinité de Vendôme et de Saint-Florent de Saumur, aucune de ces oblations de soi n'est présentée comme un remerciement, après un miracle de guérison ou de libération. Les *Miracula* du XIIe siècle n'évoquent pas non plus le servage des miraculés[152].

Il n'y a ici, d'un peu connoté religieusement, que le servage «testamentaire» de Vivien le chevrier et de sa femme, sur laquelle nous reviendrons au chapitre suivant[153]; ils sont les seuls à demander un contre-don religieux à leur autodédition : la sépulture au monastère, qu'obtiennent généralement les chevaliers, et même quelques ministériaux, par un simple don de terre ou au prix de la renonciation à une querelle.

Est-ce que la sépulture est aussi recherchée lorsque le rite du servage est suivi d'une «donation» viagère[154]? Peut-être cette clause s'applique-t-elle à des cas spécifiques, pas spécialement religieux, dans lesquels Marmoutier a cédé, en retour de l'asservissement, une compensation substantielle en biens immobiliers[155].

Mais la servitude de l'autel ne saurait jamais être une affaire purement profane. Pourquoi l'idée générale qu'il faut se racheter auprès de Dieu est-elle une pure interprétation monastique des choses, serait-elle et resterait-elle étrangère aux asservis «volontaires»? De Renaud et de sa femme *Alberga,* le rédacteur d'une charte de 1065

---

152. PL 149, col. 403-420. Seule notation suggestive pour ce propos : un clerc noble (col. 417-418) se revêt de l'habit servile pour ensuite demander le moniage, l'admission comme moine.

153. *Infra*, p. 169 et note 273.

154. SM 20 (1061 : «*et moriens quicquid habuerit derelinquat*») et 126 (1081-1096 : donation par un couple, le dernier vivant conservant sa part pendant le veuvage); SMA 21 (1064) et 45 (1104-1124 : donation «*si sine herede legali morerentur*»). En SMA 40 (1095), cette clause concerne la maison que, précisément, Rahier le pêcheur acquiert en s'asservissant.

155. Cf. SM 40 et SMA 40.

écrit que «malhabiles en paroles mais non en pensées, ils croyaient sans aucun doute qu'en contractant cette servitude, ils s'émancipaient de la dépendance acquise du fait de leur péché» («*indubitanter enim credebant, licet imperiti sermone non tam sensu, per hanc servitutis obligationem illud absolvendum vinculum quod peccando contraxerant*[156]»).

Le sentiment de la faute et le désir d'absolution, l'idée même qu'on puisse négocier avec les puissances surnaturelles et faire une «bonne affaire» en échangeant une fausse liberté, séculière, contre la vraie, spirituelle, tout cela reste-t-il hors de portée des *famuli*? Je ne le pense pas : cela n'a rien que de simple.

Dans une phrase comme celle-ci, on voit bien, par la même occasion, comment le discours général de l'Eglise sur le péché peut contribuer assez directement à perpétuer la discipline servile.

*

* *

Le servage envers saint Martin révèle donc ici sa complexité et sa diversité. Nous sommes bien loin des grands modèles historiques d'asservissement tendantiel de la paysannerie. Chaque fois qu'il s'agit d'autodédition quelque peu contractuelle, on aborde au contraire à l'histoire des ministériaux. C'est à eux que la formule s'applique le mieux, puisqu'elle soumet l'oblat à une vraie discipline servile, tout en lui laissant ouverte une porte de sortie. Si mon pressentiment est juste, tous ces hommes, toutes ces femmes n'ont pas laissé toute espérance séculière le jour de leur hommage à l'autel.

Le prochain chapitre proposera une réflexion renouvelée de Marc Bloch. C'est aussi avec et contre Georges Duby et Pierre Bonnassie,

---

156. SM 110. Quel péché? Une entorse aux règles matrimoniales? Le refus initial de reconnaître leur servage? Peut-être le péché en général, le péché originel dont on est serf. L'autodédition constitue dès lors une absolution, un affranchissement.

que j'affronterai les problèmes historiques de la servitude, en espérant montrer que l'abandon de la mutation de l'an mil relance la réflexion.

Il apparaîtra d'abord inutile de reconstituer autant de servitudes, diverses ou successives, qu'il y a de termes d'époque pour désigner les hommes et les femmes plus ou moins dépendants, ou qu'il y a de montages rituels et de flexibilités du droit. Les charges et les relations déclarées serviles se réfèrent toutes à *la* servitude – unique et plurale à la fois, avec les gerbes de mots, de rites et de notions qui la tirent en trois ou quatre sens sans pour autant l'écarteler tout à fait. Non pas *deux* servitudes successives de part et d'autre de l'an mil, mais une seule dans le principe, et plus que deux applications pratiques rencontrées au hasard des sources du Xe et du XIe siècle français.

Grosso modo, cette servitude de base mérite bien le nom de *servage*, opposé selon la tradition des historiens à l'*esclavage* strict; si, de ce dernier, quelque idée survit, c'est en effet, dès le IXe siècle, de manière tout à fait mitigée (adoucie). Divers caractères esclavagistes sont fortement détournés de leur portée et de leur contexte initiaux, dès lors qu'il n'y a plus de vraie *vie en servitude*, mais seulement un *statut servile* – statut qui n'épuise pas la définition sociale et même juridique de quelqu'un.

La norme est l'hérédité mais, après tout, c'est vrai de bien d'autres conditions! Et, comme il n'y a ni chiourme ni état civil pour en assurer une application facile, les patrons de serfs veulent voir le statut servile confirmé, et quasi recréé, par un hommage rituel : cet aveu ou cette autodédition, que nous avons bien vu ici au début de l'âge adulte, aux abords du mariage, et dont il faudra marquer aussi l'importance chaque fois que le serf s'éloigne matériellement de son maître. A dire vrai, il était presque contradictoire dans les termes que des esclaves se marient de plein droit, et les couples de serfs du monde carolingien et postcarolingien posent des problèmes juridiques inédits; la notion de dépendance de corps en découle.

Comparée à celle des malheureux esclaves en dépendance extrême, leur vie est riche de tout un tissu de relations sociales diversifiées et d'intérêts matériels. Donc leur statut donne lieu à de nombreuses tractations, animant ce qu'on peut appeler les institutions socio-publiques : plaids formels et informels, gestes accomplis au pied d'une tour, au cœur d'un marché, aux marches d'un autel. Les serfs ne sont nullement exclus de cette vie publique; au contraire, ils peuvent s'y mettre en valeur, en soutenant leur seigneur; à moins toutefois qu'ils ne s'y trouvent handicapés, quand ils disputent contre lui.

Quand un chevalier ou une communauté de moines oblige quelqu'un à se reconnaître comme son serf ou sa serve, c'est pour se donner barre sur lui, sur elle, sur leurs enfants, dans un but assez précis. Un servage instrumentalisé : on ne voit que cela dans le *Livre des serfs* de Marmoutier; et de crise sociale, aucune trace. Or c'est souvent la terre que le seigneur vise à travers la servitude personnelle de ses détenteurs; il y a donc une part importante de «servage réel», que Marc Bloch a sous-estimée. En accédant à une forme incontestable de propriété, le serf s'émancipe fondamentalement par rapport à l'esclave; il fonde sur elle une famille. Mais attention, par elle on a prise sur lui d'une façon nouvelle... et plus encore, peut-être, sur le ministérial huppé que sur le petit paysan!

Le *Livre des serfs*, en nous faisant côtoyer le premier, nous a donc introduits en un point névralgique de l'histoire servile. Développons un peu tout cela.

ANNEXE : DEUX TEXTES SUR LES MAIRES RURAUX DE MARMOUTIER AU XIᵉ SIÈCLE

I. Ascelin fils Ohelme (entre 1065 et 1070) (SMA 7)

Ohelme, père d'Ascelin, a toujours été insidieux et rebelle à l'égard de ses maîtres, l'abbé de saint Martin et les autres moines, et son fils Ascelin ne s'est en rien écarté des travers paternels. Il nous a donc paru utile de le lier par des pactes écrits, afin de le confondre au cas où il reprendrait ses machinations contre ses maîtres. Nous craignons qu'ayant jusqu'ici toujours eu une conduite dure et importune envers nous, il ne devienne pire encore et que sa dureté ne s'accroisse, désor-

mais, par l'appui des parents et des amis de la femme qu'il projette à présent d'épouser. Donc, voici des fidéjusseurs qui paieront des amendes, s'il transgresse en quelque manière les accords portés ici par écrit, ou s'il nous fait du tort autrement : Adémar, Raimbaud, André, Ogier, Vital, Guillaume, Rainier, Rainfroi, Lambert, Bernard, Gauzlin. Et si les parents de la femme d'Ascelin font du tort aux moines de saint Martin à sa suggestion, à son instigation ou avec son aval, on lui imputera ce tort. Si la femme d'Ascelin veut être de statut libre, avec ses fils et ses filles, elle ne pourra réclamer aucune part de ses droits, terres, vignes, biens meubles et constructions. Si un de leurs fils ou une de leurs filles veut avoir certains biens paternels, il faudra qu'il demeure serf comme son père, et avec lui sa mère et ses autres frères et sœurs ; nous ne permettons pas que l'un prenne une option différente des autres : ou hériter de son père, ou être libre. Nous voulons qu'Ascelin ne néglige pas le service du fief (beneficium), *qu'il tient de saint Martin, comme il l'a été jusqu'ici ; qu'il se tienne prêt à servir fidèlement, à la semonce de l'abbé ou du moine prévôt, et qu'il ne s'adjoigne aucun homme du siècle, qui l'entraînerait à s'opposer aux moines, à être arrogant. Qu'il ne circonvienne pas, ne trompe pas les moines ni d'autres hommes de saint Martin, par mal engin. Qu'il n'aille pas les accuser auprès des puissants. Qu'il ne vende ni ne détruise rien de tout ce qu'il possède dans la terre de saint Martin ; qu'il n'achète ni ne construise rien dans une autre seigneurie* (sub alterius potestate) *à la place de ces possessions pour lui ou ses enfants, à cause de quoi elles se trouveraient désertées ou délaissées. Quant au fournil, il passera à sa mort au domaine propre* (in jus proprium) *de saint Martin, même si ses enfants se sont faits serfs et possèdent avec leur mère le reste de l'héritage d'Ascelin. Et, on l'a dit, si sa femme veut être libre ainsi que ses enfants, elle ne pourra absolument rien en revendiquer, à part son douaire qui consiste en trois arpents de vigne. Nous ne permettons pas qu'on porte davantage de terre de saint Martin sur la charte du douaire.*

*II. Alcher, chevalier (1097, SMA 42A, original aux Archives départe-
mentales du Loir-et-Cher, 16H 119 n° 28)*

*Avis à tous. Alcher, chevalier, notre maire de Villetard, et serf, est venu
dans notre chapitre de moines de Marmoutier, la seconde année après la
dédicace de notre basilique par URBAIN, pape ROMAIN ; là, il reçut
l'association à notre bienfait, pour lui, sa femme et sa mère ; et il nous
remit par une démarche amiable et pacifique la mairie de Villetard que
jusqu'ici il avait tenue de nous, et non pas d'un droit quelconque de
parenté ou de succession [comprenons qu'il l'avait acquise ainsi,
Marmoutier réservant ici le principe]. Il nous a donné, remis, vendu
pour cent sous tout ce qu'il tenait de nous à Villetard, n'en gardant rien à
lui. Et il a promis là qu'il reconnaîtrait toujours être serf de saint Martin
et de nous-mêmes et, quoi qu'il se dispose à habiter sous un autre seigneur,
qu'il ne nuirait jamais à aucun de nous, à aucun de nos biens, ni ne ferait
des menées hostiles contre notre terre. Si d'aventure un de ses seigneurs le
contraint de s'en prendre avec d'autres, contre son gré, à notre terre, il
devra éviter de maltraiter nos biens et nos hommes, il en empêchera ses
compagnons, et s'il dérobe quelque chose dans la circonstance, il le rendra
au plus tôt. De tout cela, il a fait don dans la main de notre prieur Raoul,
par le symbole d'une baguette, puis il l'a reprise pour aller la déposer sur
le maître-autel de l'église. Ce que virent et entendirent les témoins suivants : Geoffroi d'Oseniaco, Arnoul le cellérier, Jean l'hôtelier, Bernard
le saunier, Adam frère d'Ogier le maréchal, Eudes des Rochettes, Herbert
des Rochettes, Pierre Bonet.*

CHAPITRE IV

Le servage et ses rites

Est-on passé en une génération, vers l'an mil, «d'une servitude à l'autre», dans le royaume de France? Selon Pierre Bonnassie, c'est l'esclavagisme antique qui achève de s'éteindre au Xᵉ siècle tandis qu'au XIᵉ, sous les coups des seigneurs châtelains et de leurs sbires, le servage caractéristique du régime féodal commence de sévir[1]. En des termes moins classiques, Georges Duby décrivait au Mâconnais, dès 1953, la brusque transition de l'«ancien servage» à la «dépendance[2]». Leur argumentation repose sur deux bases essentielles :

1) Ils reprennent aux historiens du XIXᵉ siècle et à Marc Bloch la distinction entre un esclavage antique et un servage médiéval. Le premier est défini par l'exclusion hors des institutions publiques, et celles-ci sont assez fortes jusqu'à l'an mil pour pérenniser une vieille dichotomie sociale. Le second est une dépendance, plus sociale et pratique que vraiment juridisée, et qui repose sur quelque chose de coutumier (notamment sur ces mauvaises cou-

---

1. C'est la conclusion de P. Bonnassie, «Les paysans du royaume franc au temps d'Hugues Capet et de Robert le Pieux (987-1031)», dans M. Parisse et X. Barral i Altet éd., *Le roi de France et son royaume autour de l'an mil*, Paris, 1992, p. 117-129 (p. 129). Cf. aussi la version abrégée : «D'une servitude à l'autre (Les paysans du royaume, 987-1031)», dans R. Delort, dir., *La France de l'an mil*, Paris, 1990, p. 125-141.
2. G. Duby, *La société aux XIᵉ et XIIᵉ siècles dans la région mâconnaise* (1953), 2ᵉ éd., Paris, 1971, p. 112-130 et 208-213.

tumes, *mals usos* que la révolution de l'an mil est censée faire proliférer). Mais, en réalité, les critères et la chronologie du XIXᵉ siècle
sont ici profondément transformés : on a abandonné, notamment,
tout le modèle évolutionniste de la transformation progressive, au
sein du domaine du haut Moyen Age, de l'esclave en quasi-pro-
priétaire et en père de famille chrétienne. La seigneurie châtelaine
fait en cinq décennies (980-1030 ou 1010-1060) ce que le domaine
faisait en cinq cents ans (du IIIᵉ au VIIIᵉ siècle) : la fusion de classes
rurales d'abord diversifiées en une catégorie plus homogène de
dépendants.

2) Georges Duby, Pierre Bonnassie et toute une génération d'historiens s'attachent à l'étude spécifique des Xᵉ, XIᵉ et XIIᵉ siècles,
d'après les chartes des églises essentiellement; ils ne mêlent plus,
comme on le faisait antan, les sources de cet «âge féodal» par excellence avec celles du IXᵉ siècle (polyptyques) et du XIIIᵉ siècle (coutumiers) qui traitent de serfs et de servitude de manière plus
extensive. Ils sont donc réduits à glaner çà et là quelques mots,
quelques aperçus sur les seigneuries rurales (*ville*, *potestates*),
quelques scènes d'entrée en servitude ou d'émancipation. Dans ce
corpus difficile de textes à la fois très ponctuels et sibyllins, les
glanes de mots et d'expressions prennent une grande importance.
Mancipium passe pour désigner l'«ancien serf», l'esclave tardif, tandis qu'un *homo proprius,* un *homo consuetudinarius* deviennent les
prototypes du servage, de la nouvelle «dépendance» du XIᵉ siècle,
un peu floue mais sévère. A chacune des servitudes, sa dénomination précise et constante dans nos sources? Il reste que *servus*, le
terme générique, est synonyme successivement de *mancipium* et
d'*homo proprius.* On accepte donc bien de le traduire successivement, dans une histoire longue des servitudes, par *esclave* et par *serf,*
comme le voulait le XIXᵉ siècle. Mais, outre que le saut est fait plus
tard, le critère a cessé d'être dans les choses (chasement et mariage
des esclaves, de sorte que le *servus* du IXᵉ siècle était déjà un serf)
pour devenir purement lexical (synonymies de *servus* avec d'autres
mots). Or ce critère est-il meilleur, plus sûr, que l'assemblage de
traits concrets? Ne risque-t-il pas d'entraîner l'historien dans les
embarras inextricables de la lexicographie? A eux seuls, les change-

ments de mots des abords de l'an mil ne constituent pas des indices très clairs de changement social.

Enfin, Georges Duby et Pierre Bonnassie appuient surtout leur démonstration sur la soudaine «naissance de la seigneurie» (châtelaine), et ce sont des doutes sur cette soudaineté que soutiennent au contraire ma critique – tout se tient! Ces grands enjeux paradigmatiques seront présents, ici, dès la première partie du chapitre. Je reprendrai ensuite l'étude du vocabulaire, en mettant en cause les argumentations trop littéralistes sur les mots. Il faut, en effet, observer de près les textes, rester centré sur eux, et raisonner à leur sujet à l'aide de ces sciences sociales qui nous évitent des contresens à propos des mondes anciens, et peuvent en enrichir notre approche. Je m'y essaierai dans une troisième partie consacrée aux rites et à l'idéologie de la servitude, c'est-à-dire à des éléments de continuité et de pérennité de part et d'autre de l'an mil. Il sera largement temps, pour finir, de revenir sur les conditions de vie concrètes des serfs assez divers que l'on croise et entrevoit au hasard des chartes.

I. – LES HISTORIENS ET LES SERVITUDES

La distinction entre l'esclavage et le servage est un acte initial de pensée historique sur le Moyen Age ou l'époque moderne. Les moujiks russes n'étaient pas aussi asservis, avant les années 1860, que les esclaves noirs d'Amérique. Revenant à l'époque franque, Fustel de Coulanges a formulé cette distinction en termes exemplaires : les mots restent (*servus, colonus*), tandis que les conditions concrètes évoluent[3]. Marc Bloch l'a héritée de lui, et donne la pérennité du terme *servus*, en dépit de l'altération lente de la condition d'esclave, comme exemple des pièges, des «multiples difficultés» où conduit le dessein de «reproduire ou calquer la terminologie

---

3. N.D. Fustel de Coulanges, *L'alleu et le domaine rural pendant l'époque mérovingienne*, Paris, 1889, p. 69 (à propos du colon : «Les mots sont ce qu'on change le moins dans une société; c'est plutôt le cultivateur qui, en gardant son nom, a changé de condition...»), p. 374-375 (sur les termes d'«esclave» et «serf») et *passim*.

du passé[4]». La pensée historique suppose l'élaboration de concepts distincts du lexique des sources pour mieux appréhender le concret et parce que l'approche historienne a ses perspectives et ses exigences propres : survol de temps et d'espaces, explicitation après coup.

Marc Bloch ne s'était pas assez inquiété, en 1933, avec un peu moins de bonheur, en notant que la distinction entre esclave et serf est «fictive» – ou plus exactement *construite* pour adhérer à des réalités – et que «l'évidence de cet artifice est précisément ce qui lui enlève tout danger[5]». Car le danger existe! Une fois que le concept de servage a aidé à voir ce qui avait changé, par exemple, entre Théodose II et Charlemagne, dans la condition servile, sa distinction d'avec l'esclavage peut devenir réductrice : elle cache les étapes intermédiaires, ou la diversité *des* servitudes, les écarts entre le droit et la pratique, tant au Ve qu'au IXe siècle. Et l'on forme une opposition simple et globale entre l'esclavage *antique* et le servage *médiéval*. Des périodes conventionnelles, fétichisées, deviennent alors des régimes, des systèmes sociaux, et le passage de l'Antiquité au Moyen Age devient une rupture, une transition critique. La vieille école était pourtant gradualiste, une «révolution» sous la plume de Fustel de Coulanges ayant le sens d'évolution lente, perceptible seulement à l'historien[6].

Pensées et enquêtes de la vieille école

Depuis quand oppose-t-on l'esclavage antique au servage médiéval? Il faudrait une longue enquête historiographique pour le dire, mais de toute manière, l'opposition n'est courante chez les historiens que depuis moins de deux siècles.

---

4. M. Bloch, *Apologie pour l'histoire* (1941), 7e éd., Paris, 1974, p. 132-133.

5. M. Bloch, «Liberté et servitude personnelles, au Moyen Age, particulièrement en France» (1933), repris dans *Mélanges historiques*, Paris, 1963, tome I, p. 286-355 (p. 289).

6. La pérennité de *servus* se comprend parfaitement dans ce cas; il est plus étrange que le mot soit sorti indemne de la tempête (imaginaire) de l'an mil!

Au XIIIe siècle, le bailli Philippe de Beaumanoir avouait que la servitude était, pour les praticiens du droit, une question délicate. Il en existait de plusieurs types, toutes issues d'une perte de la «franchise» originelle : telle servitude venait de la désertion en temps de guerre, telles autres de l'oblation de soi (autodédition) par dévotion ou pour échapper à la misère, une quatrième enfin par suite d'un établissement sur certaines terres[7]. Pour les contemporains, ces conditions humiliantes entraient surtout en opposition avec la chevalerie noble, dont le courage emplissait bruyamment les épopées et les romans. Mais bien des juristes du XIIIe siècle et de «l'ancien régime» mettaient de l'ordre et de la rigueur dans les statuts serviles, en réemployant des bribes de droit romain. D'où, bien entendu, un intérêt à ne pas distinguer trop radicalement entre les servitudes antique et moderne[8].

Chez Montesquieu, une féodalité d'historiens commence à s'émanciper de celle des feudistes, mais *servage* et *servitude* couvrent encore les mondes antique et moderne à la fois ; il faut donc caractériser un servage *de la glèbe* pour le distinguer du servage antique, et esquisser la pensée sur l'évolution par le chasement et le mariage[9].

C'est vers 1830, quand il n'y a plus le moindre serf en France, et quand se cristallise le paradigme de l'histoire nationale (vieille école), que l'opposition entre l'esclavage antique et le servage médiéval devient un thème central, soutenant une grande intrigue historique. Le peuple et ses premières émancipations passionnent la génération de Juillet, qui édite des polyptyques et des cartulaires, en escomptant bien qu'ils servent à l'histoire des «classes rurales», jusqu'alors négligée. On n'hésite plus à transplanter dans un entourage romain le terme (esclave) qui «naquit seulement aux environs

---

7. Philippe de Beaumanoir, *Coutumes de Beauvaisis*, éd. A. Salmon, tome II, Paris, 1899, p. 226-227 (1438).

8. Etienne Pasquier, dans *Les recherches de la France (1560-1615)*, éd. d'Amsterdam, 1721, III.41, col. 3176-3178, évoque les autodéditions du XIe siècle par les quatre deniers : c'est une «nouvelle forme de servitude non cogneuë par les anciens Romains», mais pour laquelle il emploie le terme «esclave».

9. Montesquieu, *L'esprit des Lois* (1748) XXX, 10, 11 et *passim*. Cf. M. Bloch, «Serf de la glèbe, une expression toute faite» (1921), repris dans *Rois et serfs et autres écrits sur le servage*, Paris, La Boutique de l'Histoire, 1996, p. 257-276.

de l'an mil» (ou même au XIIᵉ siècle) «sur les marchés de chair humaine où les captifs slaves semblaient fournir le modèle même d'une entière sujétion, devenue tout à fait étrangère aux serfs indigènes de l'Occident [10]».

Bientôt, la distinction entre l'esclavage et le servage semble une donnée d'évidence. Le second se définit comme un adoucissement du premier et s'inscrit, dans l'histoire des progrès de la société humaine, après lui et au-dessus de lui. Prenons l'exemple de Guérard, dans ses fameux *Prolégomènes* à la première édition du polyptyque d'Irminon (1844). «L'esclavage, écrit-il, est toujours allé en se mitigeant dans notre pays, depuis la conquête des Gaules par Jules César jusqu'à l'abolition de la féodalité [11].» Pour ce contemporain de Comte et de Hegel, la marche du progrès se divise «en trois âges bien distincts». Soit d'abord l'esclavage antique : l'homme y est réduit à l'état de chose et se trouve dans la dépendance absolue du maître. Des Barbares à 877 environ, c'est la servitude : la condition humaine y est reconnue, quoique insuffisamment, et le pouvoir du maître est «contenu généralement dans certaines limites [12]». Avec la «féodalité» enfin, «la servitude se tranforme en servage» : le corps du serf ne dépend plus de son seigneur, «mais seulement une partie de son travail et de ses revenus»; «il n'est plus qu'un tributaire, sous divers noms [13]». Le schéma est d'ailleurs nuancé avec beaucoup de finesse : à chaque période, «les trois conditions serviles que nous avons distinguées, c'est-à-dire l'esclavage, la servitude et le servage, existèrent simultanément, mais alors elles furent dans des proportions très variées»; le caractère de la période dépend seulement de «la condition de la classe la plus nom-

---

10. M. Bloch, *Apologie pour l'histoire*, p. 133.

11. B. Guérard, *Polyptyque de l'abbé Irminon*, Paris, 1844, tome I, p. 277.

12. *Ibid.*, p. 278.

13. *Ibid.* B. Guérard explicite ce passage de la servitude au servage, dans d'autres *Prolégomènes* : à son éd. du *Cartulaire de Saint-Père de Chartres*, 2 vol., Paris 1840 (tome I, p. XLI) : «Pendant le désordre d'où sortit triomphant le régime féodal, le serf soutint contre son maître la lutte soutenue par le vassal contre son seigneur, et par les seigneurs contre le roi.» C'est une «révolution», mais un siècle plus tôt (fin IXᵉ) que celle envisagée aujourd'hui par les mutationnistes !

breuse»[14]. Le grand mérite de ces vues est évidemment de permettre des analyses historiques nuancées et circonstanciées : on peut les inscrire dans un rythme ternaire, et non pas binaire (esclavage/servage) et argumenter sur la «proportion[15]». Mais la vulgate du XIXᵉ siècle s'en tient au système binaire, et laisse un peu de côté «servitude».

Entre le régime romain et le régime féodal, conçus *a priori* comme deux antithèses, on préfère mettre une évolution, une longue période informe, qu'une étape bien caractérisée. Ou, plus exactement, les choses prennent forme plus précocement au soubassement seigneurial du régime, qu'à l'étage supérieur, proprement féodal. Ainsi le «domaine rural» est-il présent dès avant 877. Fustel de Coulanges marque une continuité avec les domaines antiques[16], mais non sans insister sur son renforcement par l'immunité, à la mi-VIIᵉ siècle, au déclin des Mérovingiens. Ainsi se forme cette structure idéaltypique, dans laquelle se produit la «révolution» graduelle vers le servage et où se rapprochent, les uns des autres, des groupes statutaires différenciés. Le ban de l'immuniste joue un rôle que Georges Duby fera jouer, trois ou quatre siècles plus tard, à celui du châtelain.

On sait de reste comment la pensée du XIXᵉ siècle sur le féodalisme médiéval associe le triomphe du servage et du domaine au déclin des échanges et à une quasi-autarcie. Ce qui la conduit aussi à croire que les populations restent en place, au même endroit, dans le même statut, pendant de nombreuses générations! Je reviendrai sur cette sous-estimation des mobilités et des transferts, en traitant du chevage et des hôtes[17].

---

14. *Polyptyque de l'abbé Izminon*, p. 278.

15. Exemple de discussion sur le thème : y a-t-il des «esclaves» ou non, dans les polyptyques carolingiens? F.L. Ganshof, dans l'introduction de son éd. de *Polyptyque de l'abbaye de Saint-Bertin (844-859),* Paris, 1975 (Mémoires de l'Académie des Inscriptions et Belles-Lettres, 45), est plus réticent que R. Fossier, *La terre et les hommes en Picardie jusqu'à la fin du XIIIᵉ siècle,* 2 vol., Paris, 1968, tome I, p. 208-219.

16. *L'alleu et le domaine rural...* (cité *supra*, note 3). On le critique aujourd'hui sur ce point : le «domaine» altimédiéval serait sans racine antique, mais c'est qu'on l'entend selon une définition beaucoup plus précise et économiste, avec notamment le rôle central de la corvée et une certaine proportion entre la réserve et les tenures...

17. *Infra*, p. 158-159.

Tout en définissant une «période féodale» entre les repères politiques de 877 et de 1214, la vieille école s'abstient toujours de considérer seuls les documents de ces trois siècles. Dans son étude de 1901 sur les classes rurales[18], Henri Sée cite ceux du Xe siècle (quelques chartes) dans le prolongement des polyptyques, et même ceux du XIe siècle (davantage de chartes, et plus explicites) en prélude à ceux des siècles suivants, et notamment aux coutumiers du XIIIe siècle. On le sent un peu possédé par une révérence implicite à l'égard du changement dynastique de 987, très communément résurgente : siècles carolingiens d'une part, siècles capétiens de l'autre! Mais à vrai dire, l'embarras d'Henri Sée se comprend : en matière d'histoire rurale, les textes des seuls X[e] et XIe siècles font un bien maigre corpus... Comment les laisser à eux-mêmes? Une étude de la servitude en ces deux cents ans est-elle possible? Jacques Flach s'attache à eux seuls dans ses *Origines de l'ancienne France*. Il lit, le premier, les «cent mille chartes» de la période. Il y trouve matière à peindre les «groupements humains» du château (la mesnie, notamment), et à raisonner utilement sur les taxes seigneuriales et les contrats ruraux, mais de description des serfs, en ses livres, il n'y a point – faute de sources, ou d'angles d'approche pour les exploiter. Il n'aborde que les autodéditions à l'Eglise, qu'il démystifie quant à la religion, mais qu'il ne sait pas assez situer socialement[19].

La thématique de Marc Bloch

Marc Bloch suit plutôt Henri Sée, et les études sur les seigneuries rurales (*ville*) d'églises, qui peuvent faire oublier un peu l'ombre des châteaux. Il croit comme Sée que les *servi* carolingiens étaient des serfs, avec patrimoine, famille et paiement du chevage, et que les serfs ont encore représenté, jusqu'au XIIIe siècle, l'immense majorité

---

18. H. Sée, *Les classes rurales et le régime domanial en France au Moyen Age*, Paris, 1901.
19. J. Flach, *Les origines de l'ancienne France, X[e] et XIe siècles*; tome I, *Le régime seigneurial*, Paris, 1886, p. 453-464.

des paysans. Il reste donc largement dans l'ancien paradigme. Mais c'est un historien très dense, à la thématique extrêmement large : n'envisage-t-il pas un éclaircissement des étapes historiques de «la seigneurie rurale» dont «le maître» ne fut pas exactement le même personnage, aux diverses époques? Chef d'exploitation au IXe siècle, davantage justicier au XIe siècle avant d'être surtout rentier du sol[20] : de quoi envisager différemment les «serfs» d'un domaine, puis d'une poesté (*potestas*) et enfin d'une censive ou taillée… N'a-t-il pas aussi acclimaté en France l'important thème germano-belge de la ministérialité[21]? Mais ces enquêtes, nouvelles en France, ne portent pas encore tous leurs fruits.

L'apport le plus important de Marc Bloch, au moment où il rédige *La société féodale* (1939), me semble être dans les variations sur la question socio-juridique des statuts, des rites et des idées serviles, qu'il développe en héritier de Fustel de Coulanges[22]. Il prolonge, sur des dossiers ultérieurs, et avec plus de richesse et de saveur, son enquête sur les affranchis en service, d'où procèdent selon lui les énigmatiques colliberts[23]. Depuis sa propre thèse, *Rois et serfs*[24], il a mesuré l'instabilité des critères pratiques du servage, en contraste avec la pérennité de quelques grandes idées et du principe même de la «ligne de démarcation» entre libres et serfs[25]. Il sait envisager avec une remarquable perspicacité les faux-semblants de l'affranchissement, distinguer le droit de la pratique, dire la créativité des erreurs et des conflits. Il fait, en somme, de l'anthropologie socio-juridique avant la lettre[26] et il

20. Résumé d'enquêtes antérieures, dans M. Bloch, *La société féodale* (1939-1940), 3e éd., Paris, 1968, p. 345-353. Mais le thème des «conquêtes de la seigneurie», promis à une grande fécondité à partir de G. Duby, n'éveille aucune évocation du château.

21. M. Bloch, «Un problème d'histoire comparée : la ministérialité en France et en Allemagne» (1928), Paris, 1953, p. 503-528.

22. Cf. N.D. Fustel de Coulanges, *L'alleu et le domaine rural…*, p. 322-360.

23. M. Bloch, «Les *colliberti*. Etude sur la formation de la classe servile» (1928), repris dans *Mélanges historiques*, I, p. 385-451.

24. M. Bloch, *Rois et serfs et autres écrits sur le servage* (1920), 2e éd., Paris, La Boutique de l'Histoire, 1996.

25. M. Bloch, «Liberté et servitude…» (cité *supra*, note 5), p. 354 et *passim*.

26. Un certain nombre des remarques suggérées par cette anthropologie sont de bon sens, ou d'esprit de finesse. En outre, Marc Bloch avait une vaste culture humaniste et sociologique.

n'y a, sur bien des points, qu'à enchaîner sur lui et tenter de pousser un peu plus loin – de reprendre le travail de pensée que la théorie millénaro-mutationniste a interrompu!

Le chapitre sur «servitude et liberté», dans *La société féodale*, transcende dès l'abord, par son titre, la problématique «de l'esclavage au servage» – sans la renier pour autant. Place importante est faite à l'étape carolingienne, où se discernent déjà toutes les lignes de force[27] de ce qu'on peut appeler «le servage». Celui-ci n'est pas seulement un esclavage mitigé ou une dépendance floue, il prend aussi une consistance propre, avec le rite de chevage, qui fait «tache d'huile» et se lie très tôt avec le contrôle et la taxation des mariages et des héritages. On est en pleine période d'affaiblissement des règles et des lois et dès lors, «sous de vieux mots», avec «des traits empruntés à divers passés[28]», en pleine innovation socio-juridique. Chevage, mainmorte et formariage renvoient ensemble à l'idée d'une «dépendance de corps». Marc Bloch lui confère peut-être à tort une tonalité personnelle, comme si c'était une vassalité de rang inférieur – et comme si, du reste, cette tonalité était dans «la vassalité»! Mais à coup sûr, il a raison de signaler que ces obligations «étaient, en un sens, aux antipodes de l'esclavage, puisqu'elles supposaient, aux mains du redevable, l'existence d'un véritable patrimoine[29]» – on ajoutera : et d'un véritable mariage.

Dans les siècles postcarolingiens, et sans que l'an mil soit une flexure quelconque, se poursuit donc un mouvement qui rapproche les uns des autres les «vrais» serfs et diverses catégories de protégés – sous le signe de la dépendance de corps, qui est le chevage. Les dossiers d'autodédition aux églises font une proportion importante de nos sources sur les Xe et XIe siècles, et on y observe «à mesure que

27. *La société féodale*, p. 362.
28. *Ibid.*, p. 368. On éviterait aujourd'hui de parler de chaos et de confusion, comme le fait Bloch. On évoquerait le pluralisme juridique et la flexibilité des règles. Mais pour ce propos, cela revient au même!
29. *Ibid.*, p. 367. Marc Bloch cependant exclut trop péremptoirement qu'une espèce de «servage réel» ait pu accompagner cette dépendance de corps; on cherchait à atteindre aussi la terre à travers l'homme.

le temps s'écoule, les progrès d'une phraséologie de plus en plus purement servile[30]».

En fin de compte, pourtant, «l'époque» offre un tableau contrasté ou ambigu. Marc Bloch relève des traits de dureté[31], mais aussi des marques de rouerie paysanne – vrai clair-obscur dans lequel se pose le problème méthodologique de l'exemplification : quel trait est caractéristique d'une époque, quel autre est exceptionnel? Et il y a surtout cette «bigarrure persistante des conditions», à cause de laquelle Marc Bloch conclut, ici, par la phrase fameuse : *Une société n'est pas une figure de géométrie*[32].

Or, prenons-y garde, la «société féodale» en était une, un schéma trop simple et réducteur dans lequel l'essentiel des rapports sociaux se réduit à un modèle de dépendance personnelle dont il n'y a que deux variantes, vassalique pour les nobles, servile pour les roturiers. Malgré l'avertissement introductif qui la relativise, Marc Bloch garde cette expression dans le titre de son grand livre, et, même, dans le plan général comme en bien des pages, il conserve trop lui-même la géométrie de ce parallèle! Il faut le lire avec attention pour s'aviser qu'en réalité, il déborde de toutes parts le vieux schématisme hérité de l'idéologie médiévale, en découvrant de la complexité dans les pratiques sociales.

Pourquoi critiquer les modèles mutationnistes?

Dans les livres de Georges Duby, on trouve de même les deux aspects : parfois des schématismes critiquables (chaque fois qu'il y a, notamment, «révolution» ou société «féodale») et plus souvent de remarquables avancées vers ce que Marc Bloch appelait les «secrets les plus intimes des sociétés passées». L'enchevêtrement des seigneuries, la place des châteaux et des ministériaux y sont mieux restitués que chez ce dernier.

30. *La société féodale*, p. 365.
31. Il voit cependant à tort dans la serve Nive (Touraine, XIe siècle) une victime de la cruauté seigneuriale. Voir *infra*, note 156.
32. *Ibid.*, p. 370.

Juste avant Georges Duby, André Déléage avait consacré une belle étude à la vie rurale en Bourgogne dans un haut Moyen Age qui se terminait vers l'an mil et par un rapprochement graduel des divers statuts paysans[33]. A ce disciple orthodoxe de Marc Bloch, Georges Duby oppose en 1953 une vision du Xe siècle influencée par les idées de Léo Verriest[34]. Il dresse, en effet, une cloison entre le servage ancien et les autres conditions, notamment celle des paysans «francs». Avant l'an mil, le serf était celui qui restait en marge des institutions publiques[35]. Que celles-ci s'effondrent, et sa condition ne signifie plus rien (XIe siècle). La «vieille idée» d'esclavage n'est plus présente dans la «dépendance» des XIe et XIIe siècles dont les traits viennent tous de «la commendise des paysans libres [36]». Placée au cœur de la thèse, la seigneurie châtelaine est l'agent de cette transformation : elle perce l'ancienne cloison entre liberté et servitude, mais plutôt au détriment des libres (elle les assujettit) qu'à l'avantage des serfs (elle ne les libère pas vraiment).

La *vicaria* qu'elle met à mal, et par laquelle les hommes libres semblaient avoir été rattachés aux structures d'Etat, jusqu'à la crise châtelaine, n'a pourtant pas une grande consistance, à en juger par une étude de François Bange[37]. Georges Duby cite bien trois

---

33. A. Déléage, *La vie économique et sociale de la Bourgogne dans le haut Moyen Age*, Mâcon, 1941.

34. L. Verriest, *Institutions médiévales. Introduction au corpus des records de coutumes et des lois des chefs-lieux de l'ancien comté de Hainaut*, tome I, Mons et Frameries, 1946. Le propos est notamment de ne mêler à l'examen du statut des personnes «aucune considération d'ordre social ou économique» (p. 168) et notamment de nier toute possibilité d'oppression ou d'exploitation dans la seigneurie. En ce sens, il préfigure l'effort actuel des hyper-romanistes (J. Durliat, E. Magnou-Nortier), eux aussi fascinés par de simples mots, des expressions dont ils n'envisagent pas toute la résonance en contexte. Sur cet auteur, cf. ma postface de 1996 à Marc Bloch, *Rois et serfs...*

35. G. Duby, *La société...* (cité *supra*, note 2), p. 110-116 et 210.

36. *Ibid.*, p. 128-130 et 210.

37. F. Bange, «L'*ager* et la *villa* : structures du paysage et du peuplement dans la région mâconnaise à la fin du haut Moyen Age (IX-XIe siècles)», dans *Annales ESC*, 1984, p. 529-569 (notamment, p. 553 : «Les scribes du Xe siècle, en Mâconnais, font un usage rare et confus du terme *vicaria*»); les structures territoriales connaissent une «mutation profonde», avec le passage de l'*ager* précarolingien à la paroisse classique, mais elle est étalée dans le temps et, surtout, elle ne dépend pas de l'histoire des institutions «publiques».

«assemblées de voiries», entre 980 et 1004, mais on en connaît mal le contexte et on en mesure mal la portée. Trois brèves notices relatent un serment, un débat judiciaire et, surtout, deux déguerpissements; le théâtre en est toujours un aître d'église et il s'y trouve, en effet, deux fois un *vicarius* et deux fois des *scabinei*[38]. Sont-ce là des fonctionnaires, et une justice «publique»? Ces réunions d'allure fort peu institutionnelle excluent-elles, d'autre part, les serfs? On n'en a guère de preuve expresse.

En réalité, Georges Duby accentue le contaste entre le Xe et le XIe siècle, parce qu'il commente les formulaires du Xe siècle en s'inspirant de Léo Verriest, qui lui fait prendre la convention pour un reflet de la vie sociale[39], tandis qu'il retrouve le souffle génial de Marc Bloch devant les textes plus riches du XIe siècle, pour évoquer une servitude synthétique... Toutefois, il prétend que la «dépendance» des «hommes propres» se distingue radicalement de l'ancien servage[40]. Blessé à mort dès l'an mil, ce dernier agonise pendant tout le XIe siècle; passé 1105 (dernier usage individuel du mot *servus*), «le servage au sens rigoureux du terme, qui prolongeait l'esclavage antique, est bien mort[41]». Mais ici Georges Duby ne confond-il pas le lexique des sources avec la grille conceptuelle que l'historien utilise pour se rapprocher des choses?

Cette fétichisation terminologique est passée en coutume chez bien des auteurs de monographies régionales. Par exemple, chez Pierre Bonnassie, dont le modèle catalan est proche du Mâconnais. La «crise d'une société» balaie l'ancien esclavage dès 1035 (soixante-dix ans plus tôt qu'au Mâconnais), tandis que, dès les années 1060, «les châtelains sont devenus les maîtres absolus des hommes qui vivent à l'ombre de leurs donjons» puisqu'ils les donnent et les

---

38. A. Bernard et A. Bruel, *Recueil des chartes de Cluny,* 6 vol., Paris, 1876-1903, n° 1524 (t. II), 2391 et 2591 (t. III). Abrégé CL par la suite.

39. Par exemple, ce sont les chartes d'affranchissement de serfs et les donations qui, conventionnellement dotées de repères publics, font croire à l'existence des institutions à l'antique dont les serfs seraient exclus.

40. G. Duby, *La société...*, p. 210.

41. *Ibid.*, p. 208.

échangent[42] : leur taxation sauvage (les *mals usos*) les réduit à la «servitude réelle» en laquelle P. Bonnassie voit, pratiquement, la première version de la *pagesía de remensa*[43]. Son interprétation des sources s'inspire de celle des actes mâconnais par Georges Duby. Simplement, ses choix terminologiques sont plus classiques : jusqu'en 1035, c'est carrément l'esclavage qui se poursuit. Quant à la dépendance des «hommes propres», issue de l'asservissement des libres comme dans le modèle de Georges Duby, elle est *le servage*[44] : l'inflexion de la seconde moitié du XIIe siècle entre la «dépendance» et le «nouveau servage» est presque supprimée. D'autres historiens de la Catalogne ont pu proposer depuis des réajustements : selon Josep M. Salrach, la fin de l'esclavagisme a lieu dès le VIIe siècle[45], et Paul Freedman redonne au XIIIe siècle plus de place dans l'élaboration de la *remensa*[46].

En attendant, le modèle catalan tend de plus en plus à servir de référence. André Debord n'a pourtant, en étudiant les pays charentais (1984), que des accents mutationnistes, non un système. Il observe la disparition de la «servitude» au moment de l'établissement du ban châtelain (première moitié du XIe siècle) : en effet, elle était évoquée dans 15 % des actes entre 900 et 950, 4 % entre 950 et 1000, 1 % seulement entre 1000 et 1050; mais il reconnaît que les chiffres «n'ont que peu de valeur[47]». Rare, la servitude, dès le Xe siècle? Inexistante, dans la première moitié du XIe? En fait, «pour ceux dont le statut n'est pas donné, on n'a qu'une présomption de liberté[48]». Il

---

42. P. Bonnassie, *La Catalogne du milieu du Xe à la fin du XIe siècle*, Toulouse, 1976, tome II, p. 812. Ici, l'acte juridique conventionnel est pris un peu vite pour un reflet direct des rapports sociaux. Cf., *a contrario* et entre mille, l'exemple de Duran-Garin : *supra*, chapitre III.

43. *Ibid.*, p. 824-828.

44. P. Bonnassie le dit, plus nettement que dans sa thèse, dans «Survie et extinction du régime esclavagiste dans l'Occident du haut Moyen Age (IVe-XIe s.)», dans *Cahiers de civilisation médiévale*, 28, 1985, p. 307-343 (p. 341).

45. J.M. Salrach, *El procès de feudalització (segles III-XII)*, Barcelone, 1987 (P. Vilar dir., *Història de Catalunya*, 2).

46. P. Freedman, *The Origins of Peasant Servitude in Medieval Catalonia*, Cambridge University Press, Cambridge, 1991.

47. A. Debord, *La société laïque dans les pays de la Charente, Xe-XIIe siècles*, Paris, 1984, p. 314-315 (après les p. 230 et 273).

48. *Ibid.*

faut donc relativiser le «hiatus chronologique[49]» qui sépare le Xe siècle des «quelques mentions de *servi* aberrantes à la fin du XIe siècle[50]» et qu'A. Debord se résout à rapprocher de celles d'hommes propres (à l'encontre de G. Duby qui, au Mâconnais, les opposait). Finalement, plutôt qu'une «nouvelle servitude», il évoque un accroissement des «services personnels»; ces derniers sont liés «sans doute pour une part aux vestiges de l'ancienne servitude» mais, «le plus souvent», ils «paraissent avoir une origine beaucoup plus récente[51]», dans la réaction seigneuriale que permet le choc châtelain. Tant de nuances prouvent à la fois le scrupule de l'auteur et la difficulté des dossiers.

Pourtant, Pierre Bonnassie ne craint pas d'envisager l'extension à la France entière de son modèle catalan. Il serait applicable, à quelques nuances près, dans le Bas-Languedoc de Monique Bourin-Derruau[52]. Il vaudrait pour l'espace capétien, où peut se mesurer, dans les actes royaux, le recul du mot *mancipium,* «indicateur non équivoque d'une mentalité esclavagiste[53]». Il vaudrait pour le Poitou, où l'apparition fortuite, en 1032, d'*homines proprii* est jugée d'emblée «caractéristique de la nouvelle servitude[54]». Quant au Mâconnais, premier berceau du mutationnisme, il suffit d'y importer, comme le fait Guy Bois[55], une terminologie plus classique que celle de Georges Duby : esclavage jusqu'en l'an mil, servage au-delà.

Les inconvénients de ces modèles sont nombreux : pourquoi, par exemple, ne trouver en chaque siècle, ou période, ou système, qu'un seul type dominant de servitude en pratique? Pourquoi tout ramener à cette nomenclature que Fustel de Coulanges enjoignait

49. A. Debord, *La société laïque…, op. cit.,* p. 351.

50. *Ibid.,* p. 341.

51. *Ibid.,* p. 351.

52 *Villages médiévaux en Bas-Languedoc : genèse d'une sociabilité (X[e]-XIVe siècle),* Paris, 1987, tome I, p. 115-116, 132-133, 210-217.

53. «Survie et extinction…» (cité *supra,* note 44), p. 341. Et *servus* et *ancilla* ? Ils ne sont pas comptés, et P. Bonnassie ne dit pas ce qu'il fait de ces indicateurs dont il reconnaît implicitement le caractère équivoque.

54. «D'une servitude à l'autre…» (cité *supra,* note 1), p. 141.

55. G. Bois, *La mutation de l'an mil. Lournand, village mâconnais de l'Antiquité au féodalisme,* Paris, 1989 [ex 64].

pourtant de ne pas prendre pour un reflet direct des réalités ? Il faut, enfin, critiquer le mutationnisme parce que ses tenants ont borné leur horizon aux Xe et XIe siècles, en laissant pour compte toute cette étape carolingienne dont Marc Bloch lui-même faisait procéder beaucoup de choses, en matière de servitude.

Dès le IXe siècle, en effet, je ne vois pas comment l'on peut interpréter le *servus* des polyptyques comme un *esclave*, en ne le distinguant donc pas, lui chasé et marié, donc bien enraciné et socialisé, des esclaves-marchandises que la traite convoie, des forêts de l'Est, par Verdun et Narbonne, vers l'Espagne. Faut-il aussi ignorer la présence de serfs huppés, qu'on découvre au hasard des capitulaires, ou par une invective contre ceux qui ont réussi[56] ? Pierre Bonnassie a certes noté, dans son article de 1985, que les Carolingiens avaient tenté de restaurer l'esclavagisme juridique, à l'antique[57]. Mais selon lui, ils n'ont fait que lui donner un ballon d'oxygène. Je crois, au contraire, qu'ils ont durablement renforcé les instruments juridiques de la servitude, tel l'affranchissement, mais dans une optique de remaniement, plutôt que de restauration simple. N'y a-t-il pas un encouragement donné à l'autodédition par le chevage ? Et surtout, des règles, ou du moins des repères, en matière d'unions serviles[58] des hommes et des serves «propres», qui esquissent le droit du servage, aux «antipodes» de l'esclavagisme théorique, comme le notait Marc Bloch ? Tout cela a pu survivre au-delà du IXe siècle, dans ces plaids qui furent, au XIe siècle tout autant qu'au Xe, non pas des institutions publiques excluant les esclaves à la façon de celles de la cité gréco-romaine, mais des institutions socio-publiques incluant toutes les classes et leurs inégalités. Il y a eu, en somme, dès le IXe siècle, une adaptation de la tradition juridique renaissante à l'idée nouvelle de la dépendance de corps.

---

56. Cf. l'inventaire de Thégan contre Ebbon, évoquée *infra*, chapitre VI.
57. P. Bonnassie, «Survie et extinction…», p. 339.
58. Sur l'importance du mariage des serfs, voir les remarques fulgurantes de Fustel de Coulanges, *L'alleu et le domaine rural,* (cité *supra*, note 3), p. 301-302.

Mais, pour étudier le IXe siècle et les suivants, nous avons sans doute besoin de concepts complémentaires de ceux d'esclavage et de servage, et un peu plus concrets, telle la distinction entre la *vie en servitude* et le *statut servile*.

1) La vie en servitude, c'est d'abord celle de l'esclave de traite, exclu et désocialisé. En Normandie[59] comme en Catalogne, au XIe siècle, il y a un vivant contraste entre cet «esclavage de traite» et un «esclavage rural» pour lequel le mot de «servage» me paraît préférable et commode; c'est de là qu'est venu directement le terme français. Mais, à côté de cette dépendance extrême, l'esclavage, il y a place pour plusieurs servages, les uns purement statutaires, d'autres comportant une certaine part de vie en servitude. Ainsi du serf domestique : sa proximité du maître le maintient en posture servile très accusée, tout en lui ouvrant certaines voies vers la richesse et le prestige. Il y a des serfs encore à demi chasés, à demi domestiques, au temps des grands polyptyques!

2) Mais, pour l'essentiel, les serfs médiévaux ne vivent pas en servitude. Ils acquittent des tributs serviles, qui ne suffisent pas à définir uniment comme servile toute leur vie, toute leur condition sociale. La remarque concernerait aussi quelques «serfs» antiques[60]. Dans

---

59. L. Musset, «Réflexions autour du problème de l'esclavage et du servage en Normandie ducale (X[e]-XIIe)» (1985), repris dans L. Musset, J.-M. Bouvris, V. Gazeau, *Aspects de la société et de l'économie dans la Normandie médiévale (Xe-XIIIe siècles)*, Caen, 1988 (*Cahiers des Annales de Normandie*, 22), p. 5-24. Je suis pleinement d'accord avec sa conceptualisation de l'esclavage et du servage. Toutefois, la surprise de cet article est qu'au fond il ébranle un peu l'idée traditionnelle d'une Normandie d'où le servage aurait disparu dès l'aube du XIe siècle; car finalement, L. Musset recense de nombreux indices de sa présence (p. 10-17); de quoi infirmer tout argument *a silentio* dans une documentation lacunaire, discontinue et aléatoire. Après cela, l'affirmation (p. 18) que «le statut normal des hommes en Normandie est la liberté» ne convainc plus tout à fait.

60. Fustel de Coulanges, p. 50. Plus récemment, M. Finley montre (*L'économie antique*, trad. fr., Paris, 1975, p. 84) que «ces deux extrêmes hypothétiques» que sont l'esclave-propriété et la liberté parfaite n'ont jamais existé. En outre, il précise que le statut servile est diversement modulé et peut être compatible avec des «droits politiques», seule la propriété pleine et entière demeurant hors de portée de la «personne donnée» (p. 84-85). Sous le Bas Empire, la distinction entre «l'esclave-marchandise» et la main-d'œuvre «servile au sens large» s'affaiblit au point d'absorber l'esclavage proprement dit dans un «colonat servile» qui «annonce les serfs du Moyen Age» (p. 109). Rouvrant le «dossier des esclaves-colons romains» (1981),

beaucoup de sociétés, la question du ou des statuts serviles rend délicate l'étude des diverses classes, des diverses dépendances. On peut n'être serf qu'avec certaines charges, à certains égards et, à la limite, seulement dans la relation avec un maître, un patron. Au IXe siècle, des principes et des règles serviles permettent d'infliger (ou de menacer d'infliger) des sanctions et épreuves spécifiques – des mutilations, des ordalies –, d'exiger certains travaux, certains types de corvées, ou certains tributs, en cierges ou en monnaie, de contrôler la vie privée de certains dépendants, et la destinée de leur patrimoine. On peut ne retenir que des bribes de statut servile, pour les combiner avec des éléments étrangers à toute servitude et définir originalement, au coup par coup, commodément, des relations qui nous paraissent, à nous, bricolées, paradoxales et composites. Fondamentalement, alors, la relation avec le seigneur «de corps» ne définit pas entièrement son serf «propre» : il existe socialement en dehors d'elle, par d'autres liens qui ne sont pas tous de dépendance.

Il pourra suffire de montrer ici que cette approche éclaire certains points d'une documentation difficile, sans prétendre résoudre tous les problèmes, et cela affaiblira d'autant la théorie de la mutation de l'an mil.

II. – LE PIÈGE DES MOTS

Donc, reprenons les choses par le menu. Il y a d'abord cette terminologie changeante et fluctuante, par laquelle semblent se mar-

---

P. Veyne peut évoquer l'existence d'une *consuetudo domus* ou *consuetudo predii* (*Revue historique*, 265, 1981, p. 3-25) ; s'agissant de simples cultivateurs de ses terres (esclaves chasés), le maître ne faisait pas valoir le droit esclavagiste dans toute sa rigueur théorique. Par conséquent, le concept du servage réglé par la coutume, en face de l'esclavage arbitraire, ne tient plus. Pas davantage celui de l'exclusion de l'esclave. La sacralisation de liberté est en effet un thème officiel, un principe de droit romain savant auquel «la société», «l'opinion commune» savent résister et opposer des pratiques officieuses : J. Ramin et J. Veyne, «Droit romain et société : les hommes libres qui passent pour esclaves et l'esclavage volontaire», dans *Historia*, 30, 1981, p. 472-497 ; par exemple, p. 474 : «Ces affirmations absolues traduisaient moins la réalité qu'elles ne cherchaient à rendre sacré le privilège de la liberté.»

quer le changement et s'affirmer la diversité des servitudes. «Phraséologie» à ne pas surestimer, selon Marc Bloch; «lexique» que canonisent aujourd'hui des comptages frénétiques. Mais que valent ces derniers, dans des sources dispersées? Celles du Xᵉ siècle posent un double problème, qui ne disparaît pas entièrement après l'an mil : elles sont lacunaires et stéréotypées. C'est une erreur, à mon sens, de considérer celles qui nous sont parvenues comme un ensemble significatif; non seulement, en effet, on ne voit jamais les choses que sous un angle particulier, mais en outre, cet angle change souvent, et de manière assez aléatoire. Même là où la documentation est dense pour l'époque, un hiatus dans l'information sur la servitude peut-il être transformé en hiatus dans l'histoire des institutions? Cela fait problème de la Provence à la Catalogne, en passant par le Bas-Languedoc. En France médiane, la situation est différente, car ce hiatus ne se présente pas. Il y a plutôt un recouvrement des deux «servitudes» : les *servi* du Mâconnais cohabitent au moins trois quarts de siècle (1030-1105) avec les *homines proprii*; de même ceux du Poitou. Dans ces régions, la théorie mutationniste se fonde sur le renouvellement des vocables, dans l'énumération des dépendants accolés·à la terre seigneuriale que l'on donne ou vend aux monastères.

La fin des mancipia?

Le meilleur argument lexical pour situer vers l'an mil la fin d'une servitude très stricte, antiquisante, serait-il la désuétude du mot *mancipium*?

Au Mâconnais, Georges Duby ne jugeait pas significative l'opposition entre *mancipium* et *servus*. Selon Pierre Bonnassie, il faut au contraire distinguer : *servus* est équivoque, mais *mancipium* indique clairement une «mentalité esclavagiste»; sa disparition à la fin du Xᵉ siècle atteste donc ici la fin d'un type ancien de servitude, et on peut même la mesurer statistiquement[61]. Ensuite, au cours

---

61. «Survie et extinction...», p. 341.

du XIe siècle, l'émergence des *homines proprii* date l'apparition de la nouvelle servitude.

Le travail de Dubled (1949) préparait l'interprétation de Pierre Bonnassie : «*servus* paraît être plus individuel, plus humain que *mancipium*[62]», et donc lui survit. Pourtant, il avait auparavant rappelé qu'à Rome, le *mancipium* s'exerçait d'abord sur des personnes libres (femmes, fils de famille), comme une tutelle et, surtout, il avait donné divers exemples d'un emploi large de *mancipium*, parfois plus général aux temps carolingiens que celui de *servus* : voir en 840 divers genres et conditions de *mancipia*[63]. Du dossier de Dubled, il ressort donc surtout que *mancipium* est largement synonyme de *servus*. Le mot a seulement une histoire médiévale plus brève. Son succès remonte au VIIIe siècle et sa vogue ensuite décroît peu à peu. Y a-t-il davantage qu'une question de mode? Il me semble que si Dubled humanise davantage *servus*, c'est *parce que* le mot a duré plus longtemps : possédé par le vieux paradigme, il croit automatiquement que ce qui est plus tardif est plus humain!

Dans la Provence des IXe et Xe siècles, des «*descriptiones mancipio-rum*» décrivent des colonges (*colonie, colonice*) et alignent plus de *coloni* que de *mancipia*[64] : le mot a la même tendance à l'expansion au-delà de la «pure» servitude que *servus* lui-même. Ni le genre neutre ni la formelle «donation» d'hommes ne doivent faire illusion.

Au Poitou[65], les donations énumèrent au Xe siècle les éléments de la propriété noble, de l'alleu : la terre, cultivée ou non, la vigne, la forêt et parfois des *mancipia* (20 cas), des *servi* et des *ancille*

---

62. H. Dubled, «*Mancipium* au Moyen Age», dans *Revue du Moyen Age latin*, 5, 1949, p. 51-56 (p. 54).

63. *Ibid.*, p. 53.

64. B. Guérard éd., *Cartulaire de l'abbaye de Saint-Victor de Marseille*, 2 vol., Paris, 1857 : n° 291 (Xe siècle) au tome I, et polyptyque de 814, édité à la fin du tome II.

65. L. Rédet éd., *Cartulaire de l'abbaye de Saint-Cyprien de Poitiers*, Poitiers, 1874 (Archives historiques du Poitou, 3). A. Richard éd., *Chartes et documents pour servir à l'histoire de l'abbaye de Saint-Maixent*, tome I, Poitiers, 1886 (Archives historiques du Poitou, 16). P. de Monsabert éd., *Chartes de l'abbaye de Nouaillé de 678 à 1200*, Poitiers, 1936 (Archives historiques du Poitou, 49).

(18 cas). Ces termes coexistent longtemps et se révèlent interchangeables[66]. Puis *mancipium* s'efface vers 990[67] et *servus* poursuit seul sa route (accompagné des formulaires traditionnels d'affranchissement).

Même impression en Touraine : la cession à Saint-Julien de Tours d'un *servus*, entre 946 et 957[68], est précédée d'un préambule sur l'importance de donner des *mancipia* à l'Eglise, pour sauver son âme[69]. On a ici des formules de donation de la terre avec «les hommes demeurant sur elles», c'est-à-dire quatorze *mancipia*, ou de la terre «avec des *mancipia* si on en trouve» (*cum mancipiis si reperte fuerint*[70]). Cette dernière expression ne suggère pas vraiment l'esclavage domestique, la vie en servitude! Voici ensuite, au début du XIe siècle, un acte retranscrit au *Livre des serfs* de Marmoutier ; il a comme souscripteur, à la suite de nobles et de prêtres : «Gaubert, *mancipium* des moines, Vital, *mancipium* de Foucher[71].» Cette double occurrence s'apparente aux souscriptions de *servus* ou d'*homo* d'un tel : il s'agit de dépendants qui accompagnent leurs maîtres à des plaids. En dépit de leur non-liberté et en infraction à la théorie qui veut que souscrire des chartes soit le monopole des nobles, ils figurent parmi ceux dont la corroboration donne force à une charte.

---

66. L. Rédet n° 62 (936-954) : concession d'une *hereditas* et de *servos et ancillas*, puis détails sur l'*hereditas* et les *mancipia*.

67. Dernière occurrence : *ibid.*, n° 341 (987-990).

68. A. de Trémault éd., *Cartulaire vendômois de Marmoutier*, Vendôme, 1895, n° 1 de l'appendice. C. de Grandmaison, «Fragments de chartes du Xe siècle provenant de Saint-Julien de Tours recueillis sur les registres d'état civil d'Indre-et-Loire», dans *Bibliothèque de l'école des Chartes*, 46, 1885, p. 373-429 (présentation, n° 1 à 20), et 47, 1886, p. 226-273 (n° 21 à 28) ; n° 10, 946-957.

69. Et même, *mancipia* se rapproche de la «dépendance informelle» : en lisant la donation de Fulculfe (novembre 940), on a peine à imaginer deux «régimes» agraires et deux statuts différents pour, d'une part, un manse de *Florentiacum* avec, entre autres dépendances, «*mancipia sex ad ipsum pertinentes*», d'autre part, cinq manses de Saint-Saturnin avec, entre autres dépendances, «*hominibus desuper commanentibus et ad ipsos pertinetibus*» («Fragments de chartes…», n° 3).

70. Acte de Saint-Martin de Tours (904) éd. par E. Mabille (*Bibliothèque de l'Ecole des chartes*, 30, 1869, p. 446-449).

71. SM 59 (sur ce cartulaire, cf. *supra*, chapitre III).

Il n'est donc pas exact qu'avec *mancipium* survive puis disparaisse une «mentalité esclavagiste» spécifique. Ce mot n'a rien de très spécifique au sein du vocabulaire de la dépendance, un peu flou et aléatoire. Du reste, il ne disparaît pas partout en l'an mil : il y en a des usages tardifs, au terme de notre période : en 1100 dans une charte de Marmoutier[72], en 1106 à Homblières en Picardie[73].

Les descriptions de *ville* ou d'alleux cédés en précaire à des vassaux du Xe siècle, ou en don à des églises des Xe et XIe siècles, ne permettent pas toujours une analyse agraire précise : la description même en était difficile à faire pour les scribes, leur information pouvait être défectueuse ou partiale, enfin nos catégories d'analyse du «régime domanial» et de sa «dégradation» ne sont sans doute pas entièrement opératoires... Toutefois, il n'y a pas moyen de considérer *mancipium* comme le terme spécifique qui désignerait clairement des esclaves non chasés, à côté de serfs ou de colons chasés.

Les *servi et les autres dépendants*

Georges Duby n'est pas plus convaincant dans son analyse de *servus* au Mâconnais que Pierre Bonnassie dans celle sur la fin des *mancipia*. Il ne me semble pas que le *servus* soit forcément autre chose que l'homme propre, ni que son déclin relatif au cours du XIe siècle soit celui d'une ancienne servitude caractérisée par l'exclusion hors des institutions publiques. La thèse est que l'opposition simple entre les *servi* et les *franci* s'efface au profit d'une dépendance des «hommes propres». Or le vocabulaire des chartes s'enrichit, c'est certain; mais est-ce là un indice historique sans ambiguïté?

72. Archives départementales d'Indre-et-Loire, H 201, n° 3 (il s'agit de *mancipia* de *famuli* de Marmoutier).

73. T. Evergates et G. Constable éd., *The Cartulary and Charters of Notre-Dame of Homblières,* Cambridge, 1990 (Medieval Academy Books-98), n° 35 : «*quidquid possidebamus indominicatum, in mancipiis, in ancillis*», etc.

D'ailleurs, le mot *servus* ne disparaît pas vraiment du Mâconnais en 1105[74]. Ici comme ailleurs, il a encore de beaux jours devant lui, et ce notamment grâce à la Renaissance et au droit romain qui fournit de quoi soutenir juridiquement, par des techniques de réemploi, de nouvelles servitudes paysannes[75]. C'est dans la longue durée qu'il faut considérer le double emploi du mot de *servus* : il peut désigner tout à la fois un groupe de dépendances un peu bigarrées, et l'une d'elles en particulier, la plus humble.

A Berzé-la-Ville, en 1062, se présente un patrimoine «avec les serfs et les serves qui y demeurent et habitent, qu'ils soient libres ou qu'ils soient serfs» («*cum servis et ancillis qui ubicumque in ipsa hereditate degunt et habitant, sive sint liberi, sive servi*»)[76]. Georges Duby commente ce texte en disant que, à la suite de la mutation de l'an mil, on commence à confondre la liberté et la servitude, qui étaient jusque-là bien distinctes[77]. Mais en fait, le «haut Moyen Âge» abonde en situations de ce type : dès 643, au Maine, sont accolés à la terre des *mancipia*, «tant serfs que libres[78]»; même situation en Bavière au VIIIe siècle[79]. La société médiévale est durablement une société à double fond : au XIIIe siècle, encore, on distinguera des autres, à l'occasion, un *serf servage*!

---

74. G. Duby en trouve la dernière occurrence à cette date : *La société...*, p. 204. Mais le hiatus avec le «nouveau servage» ne dure que de 1105 (CL 3825) à 1161-1172 (CL 4205), c'est-à-dire dans une période de moindre densité documentaire que la précédente. D'ailleurs, l'opposition entre la liberté et la servitude reste «en usage dans le langage courant» (G. Duby, p. 211, citant Pierre le Vénérable, vers 1140). Enfin, un *homo de dominio* de 1115 (CL 3920) peut passer pour serf, et il y a des hommes réclamés *pro servis* en 1126 (CL 3983).

75. Cf. Marc Bloch, *Rois et serfs...*, et ma postface.

76. A. Bernard et A. Bruel, CL 3380 (tome IV, p. 476).

77. G. Duby, *La société...*, p. 203.

78. Cité par M.-J. Tits-Dieuaide, «Grands domaines, grandes et petites exploitations en Gaule mérovingienne; remarques et suggestions», dans A. Verhulst dir., *Le grand domaine aux époques mérovingiennes et carolingiennes*, Gand (Centre belge d'histoire rurale, 81), 1985, p. 25-50.

79. Cité par Marc Bloch, «Liberté et servitude personnelles...» (*supra*, note 5), p. 334, qui le rapproche déjà de la formule de Berzé. Dans le même sens que celle-ci encore, à mon avis : CL 3737 (1100).

Cette observation permet de reposer la question des francs et des hommes propres du Mâconnais. Georges Duby voit dans les seconds, rencontrés au XIe siècle, les successeurs des premiers, caractéristiques du Xe siècle : ils seraient donc exemplaires d'une «dépendance» qu'il faut bien se garder d'assimiler au servage[80]. Mais, tout de même, ne faut-il pas en rabattre sur la non-servitude des francs? Selon Guy Devailly, Georges Duby a pu surestimer leur différence avec les serfs[81].

Au Mâconnais comme dans toute la Bourgogne, assurément on ne cesse de distinguer entre eux[82], jusqu'à la sortie discrète des francs, au milieu du XIe siècle. Mais n'est-ce pas une distinction secondaire, dans le cadre d'une assimilation implicite? Tous doivent des «services».

Tenure des francs, la *franchisia* (ou *fracetia*) est parfois détenue par des *servi*, comme avant elle le manse libre ou la *colonica* des polyptyques carolingiens. *Franchisia* est d'ailleurs aussi un service, sans que l'on puisse toujours aisément trancher entre ces deux acceptions, dans la lecture d'une charte particulière. En tout cas, les *franci* sont, dans la seigneurie rurale, dans le cadre que la vieille école appelait «domanial» : accolés à des terres, donnés en même temps que les serfs, contaminés par eux[83]. Georges Duby ne fait que postuler leur participation active ou avantageuse aux institutions publiques; elle n'est pas invraisemblable, mais le problème, c'est qu'on entrevoit par ailleurs celle de *servi* par groupes[84]!

Les formules évoquent davantage la mise à contribution des francs que la «propriété» de leur personne : ainsi, dans une donation de 984, «des serfs et des serves avec leurs femmes (*sic*) et leurs enfants, et aussi les services des francs» («*servos et ancillas cum uxo-*

---

80. G. Duby, *La société...*, p. 210.

81. G. Devailly, *Le Berry du Xe siècle au milieu du XIIIe. Étude politique, religieuse, sociale et économique*, Paris, 1973, p. 204.

82. C. Ragut éd., *Cartulaire de Saint-Vincent de Mâcon connu sous le nom de «Livre enchaîné»*, Mâcon, 1864 (Coll. de documents inédits sur l'histoire de France, n° 195) : «*facio quos servos meos francos*» (début du XIe siècle).

83. CL 2018, 2427, 2489, 2501, 2689; cf. aussi CL 1841 (mise en gage). Autre exemple dans M. Chevalier éd., *Cartulaire du prieuré de Paray-le-Monial*, Paris, 1870, n° 134.

84. A. Déléage, *La vie économique et sociale* (cité *supra*, note 33), p. 580.

ribus eorum (sic) *et infantibus, francorum etiam servicia*») [85]. Ces services des «francs» sont mis en relation avec les commendises dues à des puissants, mais aussi avec des *vicarie* et d'autres coutumes[86]. Mais est-il si assuré qu'ils diffèrent toujours de ceux des «serfs»? A mon sens, le mot même de *servus* implique à tel point le *servitium* que «service des serfs» serait un pléonasme : on ne trouve une telle expression qu'exceptionnellement[87]. En revanche, à s'en tenir à l'esprit des lois des VIIᵉ et VIIIᵉ siècles, des «colons» ne sauraient y être astreints, encore moins des «francs» : leur «service» est donc un paradoxe et il importe encore, lorsqu'on l'évoque, de mettre les points sur les *i*. Selon Déléage, la dépendance des francs «se précise et s'accentue au Xᵉ siècle[88]», mais graduellement et non pas brutalement. De fait, les textes tendent autant à les rapprocher qu'à les distinguer des serfs; la «formule de Berzé» (1062) ne s'appliquerait-elle pas à eux? La *franchisia* bourguignonne est le type même, encore actuel dans la première moitié du XIᵉ siècle, de ce que l'on peut appeler le servage mitigé.

Vers 988, le comte Hugues de Mâcon accepte que ni lui-même ni ses successeurs «n'ose extorquer d'exactions aux francs et aux serfs qui demeurent dans ce lieu» (*Colonicas,* en Autunois), «ni y exercer de droits de gîte» («*a francis hominibus nec a servis in predicta villa commanentibus audeat exactiones aliquas distringendo nec mansionaticos facere*[89]»). C'est l'un des éléments classiques de l'immunité : une exemption de charges et de taxes comtales pour les francs et les serfs, ou plutôt, pour Cluny en ce lieu, le monopole de la taxation.

Ajoutons à cela qu'en Autunois toujours, un fragment de polyptyque, de 937, montre – quant aux terres – «l'assimilation complète des manses libres et serviles, que distinguent seules des

85. CL 1673.
86. CL 2493 (999-1027) : Joceran donne tous ses biens à Cluny, s'il meurt sans enfant légitime; ce sont serfs et serves avec leurs alleux, terres cultes et incultes, «*dono etiam franchicias et vicarias et omnes consuetudines et comandicias quas mihi parentes mei demiserunt*».
87. Un seul cas, en 1025 (cité par A. Déléage, p. 573 et 594).
88. A. Déléage, *La vie économique et sociale…*, p. 569.
89. CL 1794.

habitudes verbales[90]». L'assimilation des hommes n'est-elle pas presque aussi avancée? Vraiment, la distinction des statuts est aperçue secondairement, au sein d'une communauté d'appartenance[91] au «domaine», cellule judiciaire et sociale autant qu'économique.

Et les «hommes propres» du XIe siècle? Leur dossier ne les montre pas nécessairement si différents des serfs à la manière du Xe siècle que ne le croit Georges Duby. Selon lui, les hommes propres doivent comme les *franci* un service limité, ils sont membres de plein droit de la communauté paysanne et ils héritent de la condition de leur père : autant de différences avec les serfs[92]. Or je me demande si ces trois différences ne sont pas illusoires. En effet, l'idée du service illimité et celle de l'exclusion relèvent de la théorie esclavagiste, non de la réalité du Xe siècle. Les chartes de Cluny montrent des serfs astreints à des «services» que rien n'oppose si nettement à ceux des «francs[93]». D'autre part, le serf possède des alleux[94] et Déléage croit qu'en Bourgogne, au Xe siècle, «il acquiert la plénitude de l'action en justice contre son ancien maître[95]» – ce qui semble exagéré mais, entre cette affirmation et celle d'une exclusion complète, il doit y avoir un juste milieu. Enfin, sur le dilemme entre matrilinéarité et patrilinéarité, les textes ne sont pas probants[96].

---

90. Citation du texte et commentaire : G. Duby, *L'économie rurale et la vie des campagnes dans l'Occident médiéval,* Paris, 1962, tome I, p. 294.

91. Ce mot d'appartenance, c'est-à-dire d'*intégration,* est beaucoup plus important dans l'histoire du servage que celui d'*exclusion* (*contra,* R. Fossier, *Enfance de l'Europe. Aspects économiques et sociaux,* Paris, 1982, tome I, p. 590 *sq.*).

92. G. Duby, *La société…* (cité *supra,* note 2), p. 210.

93. CL 1794, 2493 et 3066.

94. Par exemple : CL 2493. Également un courtil : CL 2431; une *terra* : CL 3066; et même des serfs : CL 3649 (ce qui n'est d'ailleurs pas sans précédent jusque dans l'Antiquité : A. Déléage, *La vie économique et sociale…* (cité *supra,* note 33), p. 583).

95. A. Déléage, *La vie économique et sociale…,* p. 580; il nuance plus loin, p. 584.

96. Du côté des simples «dépendants», *homines,* on peut alléguer M. Chevalier (cité *supra,* note 83), n° 159, contre le n° 134. Du côté des «serfs» anciens, on peut de même alléguer plusieurs fois des pères de famille (CL 3636, 2228, 197). En fait, le mariage doit tendre à rapprocher le statut des deux époux et la virilocalité semble dominer chez les «serfs» comme chez les «dépendants».

Dès lors, à mon avis, rien ne s'oppose à ce que des «hommes propres» mâconnais soient vraiment serfs[97]. L'épithète de *proprius* est d'ailleurs accolée ici, à l'occasion à *servus*[98]. «Homme propre» s'oppose à homme du voisinage[99], relevant d'autre seigneur, non à «serf».

C'est au Poitou que Pierre Bonnassie pense trouver le plus précocement, c'est-à-dire dès 1032, «l'expression d'"hommes propres" caractéristique de la nouvelle servitude[100]». Il fait manifestement allusion à la notice d'un plaid comtal tenu à Melle le 10 décembre 1032. Suivant les recommandations des conciles de paix[101], Guillaume VI s'applique à rétablir la liberté des terres d'Eglise, à les protéger des «rapines». Les moines de Saint-Maixent se plaignent «à propos de leurs propriétés» (*de propriis terris*) : à Verrines, les agents du comte commettent en effet, à leur avis, des abus. On élabore donc un règlement classique sur les droits de justice, en mettant à part les quatre grands méfaits, en distinguant entre la terre même de l'église et l'extérieur : même à l'extérieur, «que nul prévôt ni agent de l'autorité ne fasse justice sur les hommes propres de saint Maixent, sinon en présence du moine» («*de propriis hominibus sancti Maxentii nemo prepositorum, nullus judex judicet, nisi ante monachum*») – il s'agit du moine chargé de régir la terre de Verrines[102]. Sans aucun doute, la notion d'«hommes propres» s'applique à des justiciables et répond

97. G. Duby refusait cette hypothèse (*La société...*, p. 210). En revanche, L. Verriest, en plaidant pour «l'invariabilité de la condition servile» à travers une «terminologie changeante» (*Le servage dans le comté de Hainaut*, Bruxelles, 1910, p. 57) voit des serfs dans les «hommes propres» et les «hommes de corps» («Les faits et la terminologie en matière de condition juridique des personnes au Moyen Age : serfs, nobles, villains, sainteurs», dans *Revue du Nord,* 35, 1939, p. 101-124) ; en cela, il s'accorde avec Marc Bloch.

98. On peut ainsi argumenter en deux temps : d'une part, *servus* peut équivaloir à *homo* (CL 2670, 1008) ; d'autre part, Geoffroi donne à Cluny «*duos proprios servos*» (CL 3206, 1049-1109).

99. Cf. à Saint-Gengoux en 1155 (CL 4143, tome V, p. 503 : «*tam de propriis villanis quam de vicinis*», cité dans ce sens par G. Duby, *La société...*, p. 209).

100. «D'une servitude à l'autre...» (cité *supra,* note 1), p. 141. R. Sanfaçon, en revanche, assimile volontiers les serfs aux «hommes propres» : *Défrichements, peuplement et institutions seigneuriales en Haut-Poitou du Xe au XIIe siècle,* Québec, 1967 (Les Presses de l'université Laval. Les cahiers de l'Institut d'histoire, 9), p. 73 et *passim.*

101. R. Bonnaud-Delamare, «Les institutions de paix en Aquitaine au XIe siècle», dans *Recueils de la Société Jean Bodin,* 14, 1961 (*La paix,* 1re partie), p. 415-487.

102. A. Richard (cité *supra,* note 65, ainsi que L. Rédet et P. de Monsabert), n° 91.

ici à celle de «propres terres» : ce n'est pas l'entrée en scène d'une classe nouvelle sur le grand théâtre de l'histoire. Contrairement à ce que pense Pierre Bonnassie, ni la forme de ce plaid ni la terminologie de cette notice ne sont inédites. On pourrait multiplier les exemples d'emplois antérieurs de l'épithète *proprius* : emplois purement techniques[103], puisque la notion de *proprietas* est essentielle à la légalité des donations et des transactions.

Passé 1032, que constatons-nous au Poitou? D'une part, les termes de *servus* et d'*ancilla* sont encore en usage[104], sans parler de *colibertus,* plus épisodique mais inédit jusque-là[105]. D'autre part, le dossier distinctif des *homines proprii* au sens strict est inexistant. Faudrait-il y rattacher la donation, par Vivien Brochard, «prélevée sur ma propriété» («*ex proprietate juris mei*») de «cet homme nommé Duran, avec ses fils et ses filles» («*hunc hominem nomine Durandum cum filiis et filiabus suis*»), entre 1040 et 1044[106]? Difficilement. Il ne resterait ensuite que les deux *servientes* tués en 1097 par Guillaume de Rochefort[107] et, surtout, deux personnages contraints, vers 1087, de s'avouer chacun «homme propre de chef de saint Maixent» («*proprium capitis sui hominem sancti*

---

103. Par exemple A. Richard n° 23 (vers 960) : «*ex rebus propriis*», «*alodum proprium*»; ou L. Rédet, n° 364 (986-987) : «*alodum proprii juris cum servis et ancillis...*».

104. A. Richard, n°s 111, 113, 118, 122; L. Rédet (cité *supra*, note 65), n°s 362 (1060-1073), 200 (1073-1085), 370 (1073-1100), 371 (vers 1090); P. de Monsabert (cité *supra*, note 65) n°s 118 (1040-1078), 142 (1077-1091).

105. A. Richard, n°s 113 (1051), 115 (1047-1059); L. Rédet, n°s 410 (vers 1060-1110), 200 (1073-1085). Au Poitou, les colliberts se rencontrent surtout autour de Maillezais (Lacurie, *Histoire de l'abbaye de Maillezais,* Fontenay-le-Comte, 1852). Entre 1060 et 1068, le moine Pierre leur invente une légende d'origine, évoquée entre autres par M. Bloch, «Les *colliberti...* (cité *supra*, note 23), p. 408-409. Bloch n'invente pas la thèse des affranchis sous patronage, mais il lui donne un vif éclat, au milieu d'un faisceau de remarques d'une vigueur inégalée. Les rédacteurs du XIᵉ siècle assimilaient parfois les colliberts aux colons, d'où la thèse (voisine) de l'origine purement colonile : A. Richard, *Les colliberts,* Poitiers, 1875 (Mémoires de la Société des antiquaires de l'Ouest, 39). Sur les colons poitevins des IXᵉ et Xᵉ siècles, cf. aussi M. Garaud, *Les châtelains de Poitou et l'avènement du régime féodal, XIᵉ et XIIᵉ siècles,* Poitiers, 1964 (Mémoires de la Société des antiquaires de l'Ouest, 4ᵉ série, VIII), p. 205-207.

106. A. Richard, n° 104; autre version, n° 98, avec l'expression «*ex rebus propriis*», absolument technique elle aussi.

107. A. Richard, n° 194.

Maxentii») [108]. Au demeurant, la plupart des historiens du Poitou voient là des serfs ou quasi-serfs [109] : ils rejoignent le sentiment d'André Debord sur les «hommes propres» des pays charentais [110].

Les actes de Marmoutier (Touraine) ne permettent pas non plus d'opposer les serfs aux «hommes propres [111]». «Propre» s'accole à «seigneur» et à «collibert», comme jadis à «serf», dans des capitulaires carolingiens [112]. Et aussi, à *famulus* à Saint-Jean-d'Angély : il désigne alors tous les artisans et ministériaux proprement dits travaillant directement pour les moines, faisant leurs *opera propria* [113]. L'homme propre est ainsi avant tout un homme proche de ses patrons, tenu de près – lié à eux dans le privé, privilégié. Cette notion recoupe donc bien l'une de celles qu'évoque la servitude, sans lui être pour autant coextensive. L'idée est surtout celle de lien étroit, humiliant dans le principe mais souvent avantageux dans les faits.

108. A. Richard, n° 166. A rapprocher d'un acte du XIIe siècle (?) publié dans le tome II de *Chartes et documents...* (cité *supra*, note 64), Poitiers, 1886 (Archives historiques du Poitou, 18), n° 394 : sont exempts du pouvoir d'un voyer et jugés par la justice de l'abbé, «*omnes homines et mulieres que sunt de propriis capitibus homines de altari sancti Maxentii*».

109. Deux historiens du Poitou ont appelé Aimeri Calvet un serf : H. Lafond (*Étude sur le servage en Poitou d'après les cartulaires,* Poitiers, 1923, p. 68-69) et M. Garaud (*Les châtelains de Poitou...*, p. 209). Un troisième, R. Sanfaçon, se sert de son exemple pour établir que les «hommes propres» des seigneurs du XIe siècle leur sont «presque aussi liés que les serfs d'autrefois» : *Défrichements, peuplement et institutions seigneuriales...* (cité *supra*, note 99), p. 66. Enfin, selon G.T. Beech, *A Rural Society in Medieval France. The Gâtine of Poitou in the Eleventh and Twelfth Centuries,* Baltimore, 1964 (Johns Hopkins Press), p. 114-115, l'*homo proprius* est une catégorie qui transcende un peu l'opposition entre libre et serf – mais on a évoqué plus haut des usages synthétiques de *servus*, tout aussi transcendants!

110. André Debord, *La société laïque...* (cité *supra*, note 47), p. 431.

111. On ne voit pas, dans le cartulaire des serfs, l'expression même d'*homines proprii*. Cependant il y a, d'une part, en sens inverse, le service et la servitude dus par Gaudri et les siens aux moines «*quasi propriis dominis quibus in colibertos sunt traditi*» (SM 55, 1050-1064); d'autre part, en sens parallèle, le don de «*duos proprios colibertos*» (SM 62, 1050-1064) et celui de deux hommes «*ex propria familia*» (SM 95, début du XIe). *Proprius* est donc un adjectif qui s'accole pour plus de clarté : son usage ne dénote rien de spécifique.

112. *MGH Legum Sectio II. 1. Capitula regum Francorum,* tome I, p. 145, éd. Boretius : mariage envisagé entre «*proprius servus tuus*» et «*alterius propria ancilla*», ou la réciproque (entre 801 et 814).

113. G. Musset éd., *Cartulaires de Saint-Jean-d'Angély,* tome I (Archives historiques de la Saintonge et de l'Aunis, 30, 1901), n° 216 (vers 1050) : *omnes prepositi eorum et vicarii et sutores et pelletani et molendinarii et hortolani et omnes famuli proprii, et qui ballias eorum tenuerint et ministeria eorum habuerint et propria opera eorum agerint.*

Lorsqu'on parle d'hommes coutumiers, *homines consuetudinarii*[114], la servitude statutaire (avec chevage et contrôle de la destinée) est peut-être moins nette. Mais ne s'agit-il pas d'insister sur les taxes seigneuriales que ces hommes doivent au maître d'un château ou voisin ou de leur *villa* ou poesté? Ils sont serfs en tant qu'ils appartiennent au monde des sujets de ceux qui travaillent et sont taxés – or, si l'on veut schématiser, tout ce qui n'est pas noble, exempt et en armes chevaleresques apparaît comme servile[115].

Au total, la langue des chartes semble bien versatile, au XIe siècle! Elle met *servus* et *mancipium* l'un pour l'autre, se contente pour les mêmes d'*homo*, accole à tous trois des épithètes et expressions diverses. De tels flottements ne permettent pas d'entrevoir des catégories bien tranchées : tout le monde n'a pas le même degré de servitude (ni le même maître), mais personne n'appartient à un échelon bien repéré et dénommé comme tel. Ce sont les historiens seuls qui ont inventé des expressions comme «demi-libres».

Mais leur tort, souvent, est de chercher une pure et simple *stratification sociale* ou même un système de castes, de vouloir retrouver une hiérarchie des indignités et, en somme, de réduire la société à une figure de géométrie. Or ce n'est pas ainsi, en général, que l'on peut approcher «toute» la réalité sociale. Je l'ai dit plus haut : il y a des tributs et contraintes serviles, dans les siècles postcarolingiens, mais pas de pure vie en servitude, il n'y a personne dont le statut servile définisse à lui seul tout le profil social. Les scribes ont donc la faculté de désigner les hommes et les groupes du point de vue qui est le leur et qui convient à la circonstance : ils évoquent notamment des «hommes propres» dans les relations avec les dépendants d'autrui (à propos de mariage, ou de pressions de puissants voisins), des «hommes coutumiers» quand il faut taxer, des «hommes de chef», quand une servitude est avouée par le rite du chevage, etc. Et il y a aussi des cas où ils consentent à ne pas trop insister sur la servilité d'un tribut ou d'un service.

---

114. A. Debord, *La société laïque…*, p. 341.
115. Cf. *infra*, p. 146-147.

Les affranchis mythiques

Et, puisqu'il existe une vaste zone, ou plutôt une grande marge, d'incertitude statutaire au regard des critères modernes, bien des historiens sont tentés de découvrir des affranchis, de reconstituer leur destinée. Ils se fondent parfois sur une spéculation étymologique, comme Marc Bloch avec les *colliberts*, et, plus souvent, ils sont piégés par la syntaxe médiévale et par quelques présupposés modernes en lisant des actes de donation ou d'autodédition aux saints. Evoquons ces deux problèmes.

1) Il y a *libertus* dans *collibertus*, et l'interprétation de ce statut, au-dessus, en-dessous ou à côté de celui de *servus*, a donné lieu à une abondante littérature[116]. Chacun parvient plus ou moins à plier des textes allusifs et clairsemés à ses vues générales sur la servitude. Marc Bloch en cela ne fait pas exception ; simplement, ses vues sont plus intéressantes que celles des autres ! Il voit dans les *colliberti* des Xe et XIe siècles (et du début du XIIe) en France de l'Ouest des descendants d'affranchis à charge de service (*cum obsequio*) et profite d'eux pour son développement sur une expansion du servage, à partir des Carolingiens, dans les «classes intermédiaires[117]» – ce que je vois ici comme des ombres de servitude, toujours un peu fugitives...

Mais une familiarité avec les pays à colliberts oblige de dire que nul ne les y prend pour des affranchis et que rien ne les distingue vraiment des serfs. Les cas sont nombreux de don d'une terre «avec serfs et serves», puis récapitulation des «colliberts» par leur nom[118]. En Anjou, des colliberts sont affranchis[119], et des hommes se donnent eux-mêmes en culvertage, avec quatre deniers[120].

---

116. Aperçu dans D. Barthélemy, *La société dans le comté de Vendôme, de l'an mil au XIVe siècle*, Paris, 1993, p. 483-485.

117. M. Bloch, «Les *colliberti*...» (cité *supra*, note 23).

118. P. Marchegay éd., *Cartulaire du Ronceray*, dans *Archives d'Anjou*, tome III, Angers, 1854, n° 391 (entre 1040 et 1060) ; cf. également les *servi* du n° 220, dont (selon le n° 219) un collibert. On vend et donne les uns comme les autres.

119. *Ibid.*, n° 35 (1047) ; et également A. Bertrand de Broussillon éd., *Cartulaire de l'abbaye de Saint-Aubin d'Angers*, 2 vol., Angers, 1903, n° 401 (1062).

120. C. Urseau, *Cartulaire noir de la cathédrale d'Angers*, Angers, 1908 (Documents historiques sur l'Anjou, 5), n° 83.

Nul n'a donc le ferme concept de plusieurs statuts serviles, dans la France des Xe et XIe siècles. On n'en connaît qu'un seul – quitte à le débiter par morceaux!

2) Des discussions épineuses et, je le crains, quelques contresens se sont développés autour de la formule d'affranchissement et du rite du chevage. On croit, chez les historiens modernes, que les affranchis d'un seigneur laïc, entrant au «service» d'une église ou se plaçant sous son patronat par un tribut de quatre deniers, ou moins, ou plus, ont à l'issue de ces démarches un statut non servile, de «libres en dépendance», de véritables affranchis en service. Léo Verriest, tout spécialement, a imaginé là une condition à part entière, immaculée de tout servage. Mais beaucoup de moins fixistes et de moins péremptoires que lui ont également tiré hors la servitude de semblables cas : tels, en Bourgogne, Déléage ou Georges Duby. Voyons cela de plus près.

Dès la fin du IXe siècle, deux affranchissements prennent la forme d'absolutions du service servile, sauf la reconnaissance du patronat de Saint-Etienne de Dijon, chaque année à sa fête, par le tribut d'un ou deux deniers «de sa tête», «*de capite*[121]». Or, dans le monde romano-franc, on n'affranchit plus que selon la formule romaine «la plus pleine», on évoque donc, non pas le patronat de l'ancien maître, mais celui que choisit le bénéficiaire. Du coup la formule sert beaucoup au transfert de l'appartenance, et le scénario d'un affranchissement (manumission) suivi d'autodédition devient une alternative possible à la simple donation de serf ou de serve[122]. N'ont-ils pas le même effet? La question est de savoir ici – et ailleurs – si la nouvelle obédience est servile ou non. Déléage ne le pense pas. Abordant un acte de *liberatio vel donatio*, du début du XIe siècle, il y voit faire donation «des petits serfs que voici […] qui ne devront désormais de servitude à personne, sinon à Dieu et à saint Pierre» («*de his servulis nostris […] ut servitutem nulli reddant homini nisi soli Deo et sancto Petro*»)[123], ce qu'il comprend comme un changement de statut, et pas seulement de maître : «l'homme de

---

121. A. Déléage, *La vie économique et sociale…*, (cité *supra*, note 33) p. 591.
122. Cf. le cas exemplaire de Duran-Garin, en Touraine : *supra*, chapitre III.
123. CL. 2220. Cf. aussi SM 113, une *liberatio-donatio*.

chevage n'est donc pas un serf[124]». Mais cette glose néglige le *sinon*. L'acte dit seulement que les intéressés n'auront de servitude à l'égard de nul autre que Cluny. N'est-ce pas affirmer que, à l'égard de Cluny, c'est tout de même bien une servitude?

Beaucoup d'historiens qui voient dans le chevage autre chose qu'un rite servile s'appuient sur le fait qu'il est souvent évoqué, sans pour autant qu'on dise explicitement serf celui ou celle qui le doit. Mais si, d'aventure, tout chevage avait été pour les contemporains le signe même de la servitude, à quoi bon préciser davantage? Les deux actes de Saint-Etienne de Dijon qu'on vient de citer suggéreraient alors une servitude réduite au chevage, c'est-à-dire délestée de ses charges les plus pesantes, mais maintenue dans son principe, dans son signe le plus net. A moins qu'on taise ici d'autres charges et services établis ailleurs.

Nous sommes là dans un vrai labyrinthe, pas seulement français, car Dollinger me semble s'égarer, en Bavière, avec les protégés libres d'église ou *censuales*[125], de la même façon que Déléage en Bourgogne.

C'est l'équivalence même entre un affranchissement et une donation qui fait mêler leurs formules, et par exemple mettre des préambules d'affranchissement à des transferts de serfs[126].

L'ambiguïté était parfois sensible aux rédacteurs du XIᵉ siècle même. D'où cette mise au point dans un acte de 1025 pour Flavigny.

---

124. A. Déléage, *La vie économique et sociale...*, p. 593.

125. P. Dollinger, *L'Évolution des classes rurales en Bavière depuis la fin de l'époque carolingienne jusqu'au milieu du XIIIᵉ siècle*, Paris, 1949, p. 333 : il me semble que le cens personnel «les dispense de toute prestation servile» à l'égard d'un autre patron, *mais non* de l'église dont ils sont ainsi dits à l'occasion (955-977, *ibid.*) *mancipia censualia*.

126. A. Richard (cité *supra*, note 65), nº 92 (1031-1033) : la clause comminatoire évoque «*hanc libertatem*» mais, parmi les *signa*, figure celui du vicomte de Châtellerault, «*ex cujus jussione haec donatio beato Maxentio est facta*». Cf. aussi P. de Monsabert, (cité *supra*, note 65) nº 99 (1016). Le même préambule, évoquant le concept romain du *melior status* de l'affranchi, de sa citoyenneté romaine, est utilisé tout à la fois en tête d'un «affranchissement» (A. Richard, nº 111, 1047-1049) et d'une «donation» (*ibid.*, nº 104, 1040-1044) – également en exergue du nº 92 (1031-1033). Ce préambule de tradition théodosienne a seulement changé une expression (il s'agit de laisser des héritiers, non d'hériter). Sur la culture juridique des rédacteurs, cf. M. Garaud, «Le droit romain dans les chartes poitevines du IXᵉ au XIᵉ siècle», dans *Mélanges de droit romain dédiés à Georges Cornil*, tome I, Gand-Paris, 1926, p. 399-424; nombreuses traces de cette culture dans les chartes de Nouaillé.

Bernoin déclare ne pas rendre libre son serf Gautier : «Je ne fais pas de lui un homme libre, mais pour le rachat de mon âme, je le remets comme serf, à perpétuité, au monastère Saint-Pierre de Flavigny» («*ingenuum non constituo, sed sancto Petro Flaviniacensis monasterii pro remedio anime mee servum perpetualiter delego*)[127]. Loin de s'opposer aux autres actes de «libération-donation[128]», ce texte en donne l'interprétation orthodoxe : il y a transfert, non affranchissement. Il appartient à la même série, remplit la même fonction que les autres : délivrerait-on une charte de non-affranchissement?

Le concept d'une manumission (affranchissement) «en service» (*in servitium*), qui serait autre chose qu'un transfert de serfs, ne saurait avoir cours : affranchir, c'est rompre un lien servile particulier[129], afin de permettre l'établissement d'un autre; il y a simplement transfert du serf, de son service[130]. Les quelques affranchissements où manquent de telles clauses ne sont que des actes dépourvus de contexte[131]. On écrit que le serf Pierre et sa sœur, une serve, sont cédés à Nouaillé et demeureront «dans la même franchise» («*in eadem ingenuitate*»)[132]; comprenons : sous la loi de la présente charte d'*ingenuitas* (affranchissement), qui les adjuge au

127. Cité dans : A. Déléage, *La vie économique et sociale...*, p. 594.

128. Selon A. Déléage, il prouverait *a contrario* que les affranchissements préalables au transfert des serfs en sont bien d'authentiques.

129. P. de Monsabert, n° 110 (1040-1048). L. Rédet, (cité *supra*, note 65) n° 155 (1108-1115) : «*homines quoque eorum [...] ab omni servicio meo meorumque heredum prorsus liberos dono et concedo*». Et les expressions citées dans la note suivante.

130. A. Richard, n° 92 : «*omne servitium quod nos isti homines supradicti facere debuerant, ibidem reddant sine ullo contradicente*»; n° 98 : «*sed servitium qui nobis debebatur sit beato Maxentio*»; n° 122 : «*ut meo servicio libera*» (l'*ancilla* et ses fils) «*sancto Maxentio [...] serviant*». Cf. aussi P. de Monsabert, n° 181 (autour de 1100, avec un *nisi...*). Au cartulaire de Saint-Cyprien, en revanche, on est beaucoup plus direct, on ne s'embarrasse pas de telles formules : les n°s 39 et 436 évoqueraient presque un trafic d'«esclaves», alors qu'il s'agit du même type de transactions, non euphémisées!

131. A. Richard, n° 111 (1047-1049). P. de Monsabert, n° 126 (1077). Ces actes sont des affranchissements par les abbés de certains de leurs serfs : il n'y a donc pas là matière à définir, dans l'acte conservé aux archives du monastère, à quel nouveau «service» (le sacerdoce, ou quelque autre) ces hommes sont voués. Sur la tradition romaine de l'affranchissement *in sacro sanctis ecclesiis* et la manière dont elle est manipulée dans le Poitou des Xe et XIe siècles : M. Garaud, «Le droit romain...» (cité *supra*, note 126), p. 417-422.

132. P. de Monsabert, n° 99 (1016). Cf. aussi la formule gantoise (A. Van Lokeren,

monastère. La liberté est celle de la possession ecclésiastique, exactement la même sur les hommes et les femmes en «service» que sur les terres affranchies des «mauvaises coutumes[133]». A l'église appartient leur franchise, *statum libertatis*.

Une variante du mythe des affranchis est celui des libres en service des églises. Entre eux et les serfs, Léo Verriest a tenté de creuser un fossé, en dépit d'expressions non ambiguës présentes dès le formulaire de Marculf (vers 700). Pour lui, en effet, le service n'est pas le servage[134], et ce point de vue a influencé Georges Duby dans la lecture des chartes de Cluny[135]. Il est cependant difficile à maintenir, à la lecture des actes tourangeaux : se placer sur la tête les quatre deniers du chevage, c'est se donner «au service de saint Martin», «*in servitium sancti Martini*[136]» aussi bien que «comme serf», «*in servum*[137]»; céder à Marmoutier un serf ou un collibert, c'est le transférer «de sa seigneurie au service des moines», «*de suo dominio [...] in servitium monachorum*[138]». En aucune manière ce *servitium* ne s'oppose au servage; simplement, il en est l'acception large, synonyme de *servitus* et de *dominium*[139]. On affranchit du «service» comme de la «servitude[140]».

Chartes et documents de l'abbaye de Saint-Pierre au Mont Blondin à Gand, Gand, 1868, n° 66, 989) : «*et alibi patrocinium non requirat, sed sub ipsius loci [...] integra ac plena ingenuitate securrus permaneat*»; il paie le chevage et le gage matrimonial, et jouit «à part cela» de la liberté, «sauf» les 12 d. de sa mort...

133. Par exemple, L. Rédet, n° 410 (vers 1060-1110, p. 261 : «*terram liberam*») et n° 511 (1073-1087 : le comte Guillaume VIII cède la terre de Germond «*ad villam construendam, cum omnibus incolis ejus, liberam et francam ab omni consuetudine*»).

134. L. Verriest, *Le servage dans le comté de Hainaut. Les sainteurs, le meilleur catel*, Bruxelles, 1910 (Académie royale de Belgique), p. 35 et P. J. I, p. 211.

135. *La société...*, p. 115, note 33.

136. SM 97 (entre 1064 et 1067).

137. SM 26 et *passim*.

138. SM 31 (collibert); cf. aussi SM 60, 62 (colliberts), SM 70 (*servus*), SM 95 (*homines*).

139. SM 62 («*debitum reddant obsequium et nostre subjaceant servituti*»); SM 60 («*debitum reddat servitium et eorum nullatenus effugiat dominium*»); SM 55 («*serviant et nostre subjaceant servituti*»).

140. SM 73 (années 1050, selon nous) : le préambule évoque «*quicumque sibi debitum pro amore nostri redemptoris relaxat servitium*» (même formule en 1108-1125, SMA 49), et le dispositif affranchit «*ab omni jugo servitutio*» (SMA 49 : «*et nulli debeat aliquod servicium nec servitutis obsequium*»).

Cluny n'a pas constitué son livre cartulaire des serfs. D'où déficit d'informations sur d'éventuelles autodéditions comparables à celles en faveur de Marmoutier, au XIe siècle. Mais il faut peut-être interpréter comme une entrée en servage le geste de cet homme venu à Ozan, qui y fut d'abord libre et qui, ensuite, «se recommanda (par hommage) aux seigneurs du lieu», «*commendavit se senioribus ipsius ville*» (un peu avant 1100)[141].

Il faut ensuite restituer son véritable usage à la formule de manumission «en service». Il y a d'ailleurs un nombre significatif de textes dans lesquels, malgré tout, on passe de «servitude» à «servitude[142]» – d'un patron à l'autre. Le titre de «*servus sancti Petri*», «serf de saint Pierre», se rencontre souvent dans les chartes de Cluny, alors qu'il n'y a pas explicitement de «libre en dépendance[143]». Les serfs de saint Pierre ne sont pas plus affranchis que les autres, et rien ne permet d'identifier une classe d'hommes (ou de femmes) «libres en dépendance», payant chevage, sans être serfs, et qu'une barrière conceptuelle tiendrait à distance de la servitude. Du moins dans leur relation avec le saint qui est devenu leur patron – car, être serf d'une église, un jour de fête, cela ferait-il classer quelqu'un comme servile, le reste de l'année et en son pays? Il faut essayer de voir cas par cas, si on le peut, quel contenu ont les relations des «tributaires» avec les moines.

---

141. CL 3649. G. Duby le cite à plusieurs reprises au titre de la dépendance libre, mais est-il certain que le *liber homo* établi à Ozan, «*qui cum ibi in libera voce mansisset, commendavit se senioribus ipsius ville*», a encore été considéré comme libre après cette *commendatio*? Même remarque à propos d'une femme libre qui demande, en se mariant, à entrer «*in servicium*»: CL 1560 (981). G. Duby revient sur cet acte et dit sa perplexité dans *L'histoire continue*, Paris, 1991, p. 57-70.

142. CL 3307 (1049-1109): formule identique à celle de CL 3306. Sauf que «*in servitute sancti Petri*» remplace «*in servitio…*». Cf. également CL 2220 (la «*liberatio donatio*»).

143. On trouve incidemment *servitor* ou *serviens*, mais avec une autre connotation: la fonction ministérielle; G. Duby lui-même en fait la remarque: *La société…* (cité *supra* note 30), p. 205, note 54. On doit sans doute interpréter dans ce sens l'acte de 1103-1104 sur l'*ingenua libertas* des hommes de Purlanges (CL 3822). A la même époque, les préambules de Marmoutier disent sans hésitation que le servage envers l'Église est une liberté. J. Flach, *Les origines* (cité supra, note 19), p. 460, considère aussi que le serf cédé à l'Église, «libre en Dieu», était «bien réellement et effectivement serf des serviteurs de Dieu…»

Est-ce que les rédacteurs d'actes auraient pour certains tributaires plus de ménagements que pour d'autres ? Ils s'empressent vers l'an mil, et en France du Nord, de souligner le servage des maires récalcitrants, dès le chevage acquitté [144]. S'il s'agit, au contraire, de prendre une femme, «noble» ou non, sous avouerie ou maimbour, ils semblent éviter un mot trop nettement servile [145]... Mais après tout, le contraste peut ne tenir qu'aux fonctions différentes de ces notations : les premières précisent le statut des maires vis-à-vis du monastère qui est leur patron, tandis que les secondes sont faites pour être opposables à des revendications par des tiers, en avouerie ou maimbour. Rien de bien compliqué dans tout cela. Il n'y a de demi-libres que dans la pratique, jamais dans le principe.

III. – LA PÉRENNITÉ DES RITES ET DES IDÉES

Un bon traitement des problèmes de langage s'impose d'autant plus que, dans son principe même, la servitude se pérennise à travers des formes symboliques : des mots et des rites, avec leurs polysémies.

Des mots perpétuent par leurs opposisitons ou leurs associations une représentation bipolaire de la société. Durant le haut Moyen Age comme dans la France capétienne, il y a une classe dominante, liturgiste ou porteuse d'armes, qui régit durement ses sujets. Dans

---

144. Cf. les ajouts de la fin du Xe siècle au polyptyque d'Irminon, et notamment celui-ci : il y avait à Antony, peu avant 979, deux frères, dont un maire, «*qui gloriabantur se esse nobiles, quos adquisivit domnus N. abba, dicens se sesse servos sancti Germani, et faciens eio reddere kavaticum*»; et le chevage est réclamé aussi aux enfants du maire, à son gendre (D. Hägermann éd., *Das Polyptychon von Saint-Germain-des-Prés, Studienausgabe*, Köln, Weimar, Wien, 1993, p. 28).

145. Cf., outre la série gantoise, le cas, souvent cité, de Gysa qui se donne à Saint-Mihiel entre 1024-1033, par le chevage : elle sera «*famula censualiter deservienda*» (A. Lesort éd., *Chroniques et chartes de l'abbaye de Saint-Mihiel*, Paris, 1912 (Mettensia, VI) n° 33. R. Le Jan, dans *Famille et pouvoir dans le monde franc (VIIe-Xe siècle)*, Paris, 1995, p. 146-147, demeure trop proche des dramatisations de la vieille école et du mutationnisme, dans le commentaire des autodéditions de la fin du Xe siècle; mais elle les met bien en rapport avec le climat de réforme monastique qui accroît nos sources.

le concret ou dans le détail, nous entrevoyons toute une gradation sociale, mais elle s'appuie sur deux pôles nettement antithétiques. L'une des manières de caractériser ces deux pôles est d'opposer des *nobiles* à des *servi* [146]. Dans le concret aussi, au fil des siècles, la domination des puissants, appelés nobles ou autrement, s'appuie sur des dispositifs divers, souvent réajustés : la monarchie dotée d'institutions centrales ou le fractionnement en principats, le domaine ou la châtellenie sur lesquels je ferai plus loin une mise au point, etc. Mais l'idée servile demeure et c'est cela qui produit une série de nouvelles servitudes, dont nous devons découvrir à chaque fois les vrais débuts.

C'est reprendre les propos de Marc Bloch que d'envisager les choses ainsi. Il pensait d'ailleurs, plus souvent qu'en termes de pôles, en termes de *frontière statutaire* et de déplacement de frontière. Les deux ne se contredisent point, mais c'est peut-être l'essentiel, en effet, que ce binôme formé, dans les institutions socio-publiques, par l'affranchissement et l'autodédition : il faut que des gens franchissent rituellement la frontière entre la liberté et la servitude pour qu'elle existe et, par elle, ces deux concepts mêmes. J'évoquerai ensuite l'idéologie des antithèses sociales, avec la gerbe de valeurs nobles qui produisent par contrecoup les dévalorisations serviles.

L'affranchissement

Les affranchissements, pas plus dans la société médiévale que dans d'autres, ne font globalement reculer la servitude; ils en maintiennent plutôt les principes. Rappelons que l'une des principales formules en usage aux Xe et XIe siècles remonte à Louis le Pieux, à son zèle religieux de 818-819. Il a voulu que tous les fils de serfs devenant clercs soient dûment affranchis [147]. Ce qui dut avoir pour effet

---

146. Mais évoquer des *milites* face à des *rustici* revient à peu près au même, comme nous le verrons à plusieurs reprises.

147. J.-P. Brunterc'h, *Le Moyen Age (V^e-XIe siècle)*, dans J. Favier dir., *Archives de la France*, I, Paris, Fayard, 1994, p. 303-310.

de redonner force à une règle importante, qui assimile la servitude à une souillure empêchant l'action liturgique, et aussi de rappeler l'origine servile d'hommes qui tendaient à la faire oublier ! D'autre part, cette mesure fut contemporaine de toute une restauration des services et statuts serviles, dans les « grands domaines » ecclésiastiques.

Affranchir quelqu'un juste avant qu'il se donne à une église est un geste socialement ambigu, une sorte de compromis. D'un côté, en effet, d'où que vienne l'initiative et quelle que soit la transaction matérielle (rachat du serf par lui-même ou un tiers, ou vraie générosité), les mérites religieux sont partagés : celui qui affranchit fait un geste pieux traditionnel, qui le rapproche de cette « liberté éternelle » à laquelle l'affranchi temporel d'un instant prétendra aussi, en choisissant la servitude sainte qui libère. D'un autre côté, rien ne rappelle autant la naissance servile qu'un affranchissement : un rite de passage définit aussi bien ce qui était en amont de lui[148] que ce qui vient en aval et, justement, en aval de l'autodédition les choses rentrent dans l'ordre. L'instant de liberté n'était que le stade de marge, il ne marque pas le statut social ultérieur...

En ce sens, tous les affranchissements (manumissions), même un peu durables, sont à double tranchant. Beaucoup aussi font suite à des revendications en servitude, à ces *calumnie servitutis* que des notices du XIe siècle racontent parfois. Peu d'hommes et de femmes se risquent à l'épreuve du fer chaud, dans ce cas, et moins encore s'en sortent. Mais on passe assez souvent des compromis, par exemple par un affranchissement, payé d'un haut prix et surtout assorti de clauses pratiques fort restrictives de la liberté[149]. C'est, soit dit en passant, le contexte même des « nouveaux servages » du XIIe et du XIIIe siècle : on les voit venir, à partir du moment où se multiplient des affranchissements qui en exonèrent péniblement quelques-uns, pour mieux retentir sur la condition des autres. Quand on affranchit beaucoup, ce n'est donc pas que la servitude

---

148. La formule d'affranchissement porte que l'homme sera « comme si » ses parents avaient été libres – mais justement, tout est dans le « comme si » !

149. Cf. Ch. Métais éd., *Cartulaire de la Trinité de Vendôme*, tome II, Paris, 1894, n° 308 (1082).

recule, mais qu'elle fait rage. Et souvent, les manumissions définissent négativement comme serviles des charges ou des conditions qui, auparavant, ne l'étaient pas si clairement. Rien de tel que l'émancipation rituelle d'un homme déclaré *famulus*[150] pour maculer de servitude, par contrecoup, tous les autres *famuli*.

Or, tout au long des Xe et XIe siècles, en France, la tradition de l'affranchissement *pieux*, romano-franc, se maintient[151]. Il y a des évolutions et des remaniements, peut-être des changements de contexte, mais pas de hiatus véritable. Or ces formules ont une base conventionnelle ; elles se conforment à la conception romaine d'une certaine solennité politique : les règnes de rois, les gouvernements d'évêques et de comtes y sont évoqués dans les formules de datation. C'est de cela, en partie, qu'on a pu tirer l'idée d'institutions publiques «intactes» à l'antique, au Xe siècle (tandis que des formes parfois simplifiées ont proliféré au XIe siècle, à côté des formes emphatiques). Mais à tout moment, des éléments de contexte démentent que ces manumissions aient fait entrer les bénéficiaires dans une communauté politique. On vient de le voir : les affranchis sont ou des clercs, ou des hommes à la liberté entravée, ou des serfs d'un nouveau maître... Le bénéfice est relatif. Et les serfs n'étaient pas exclus de la vie publique, avant leur affranchissement. Nous en voyons qui témoignent en justice[152], plaidant ensemble ou individuellement contre leur maître, ou le défendant et «prêts à tout» pour cela (du témoignage au serment et à l'ordalie). A l'aube du XIIe siècle, on délivre des privilèges à certaines églises royales, admettant que leurs serfs parlent et se battent pour elles dans des plaids. Mais cela représente-t-il une conquête socio-

---

150. SM 52 (1022-1024) et SM 50 (1029-1031) : formules d'affranchissements de *famulus*.

151. La filiation romano-franque, via les formulaires des VIIe et VIIIe siècles, est assurée jusqu'aux plus anciennes «chartes de liberté» recueillies dans le cartulaire des serfs de Marmoutier (SM 13, 50, 52, entre 1007 et 1031) ; les expressions caratéristiques ainsi que la notion même d'affranchissement public (daté du règne des rois) traversent sans encombre les tempêtes supposées du XIe siècle : témoin deux chartes de liberté de Lavardin et de Montoire, entre 1100 et 1125 (originaux : Archives départementales du Loir-et-Cher, 16H 83, n°s 13 et 14). Sans compter l'affranchissement par le denier, encore pratiqué par Henri Ier à Tours : SM 17A (1057).

152. SM 59.

juridique ? Nullement, il faut raisonner sur cette série de privilèges comme on le ferait sur une vague d'affranchissements : Olivier Guillot le fait, et la met en relation avec une récente mise en cause, par la rude renaissance romaniste[153], d'une participation jusqu'alors indiscutée des serfs aux plaids, pour le compte de leurs maîtres. C'est seulement s'il leur fallait aller *contre* ceux-ci que certains plaids leur seraient interdits. Entre 1066 et 1071, Turbaut veut plaider contre Marmoutier : pour cela, «il se défendit d'être notre serf, pour pouvoir recourir à l'aide de qui il voudrait dans son plaid contre nous» («*negavit se esse servum nostrum, ut posset habere quoscumque vellet adjutores contra nos ad placitandum*»). On est entre 1066 et 1071, et il y a là-dessus plaid public, dans lequel un parent de Turbaut se fait un plaisir de s'engager contre lui, prêt au duel[154]...

Le seigneur n'a d'ailleurs nul droit de vie et de mort sur son serf. Lorsqu'en 1124 Juhel de Mayenne s'écrie que le collibert Guérin est à sa merci, qu'il peut reprendre sa terre et même le brûler, il ne fait que pousser à sa limite extrême l'esprit de la seigneurie personnelle. Mais cet extrême est purement hypothétique : «Rien de pareil n'eut lieu», note Marc Bloch ; et même, c'est «parler contre le droit[155]». Quant à cette «Nive, que son seigneur Vital a tuée» («*Nivia quam trucidavit Vitalis senior suus*»), dans la Touraine du XIe siècle[156], je crois sa mort mal comprise par Marc Bloch, puis Pierre Bonnassie : le «seigneur», ne serait-ce pas en fait le mari, ou «baron» de sa «dame»? D'autant que Vital n'est pas un nom porté dans la chevalerie, c'est un nom de moine, ou de *famulus* des moines. Gare aux légendes noires : le serf est seulement, dans une large mesure, justiciable par son seigneur, c'est-à-dire condamnable à des amendes, et incarcérable s'il se refuse à rendre son

153. O. Guillot, «La participation au duel judiciaire de témoins de condition servile dans l'Ile-de-France au XIe siècle : autour d'un faux diplôme de Henri Ier», dans *Droit privé et institutions régionales. Études historiques offertes à Jean Yver,* Paris, 1976 (Publications de l'université de Rouen, 31), p. 343-360.

154. SM 11.

155. Marc Bloch, «Liberté et servitude...» (cité *supra*, note 5), p. 317.

156. *Ibid.*, p. 317 et note 5. Texte détruit pendant la dernière guerre (B. Tours).

dû[157]. N'effaçons pas la cruauté des maîtres, mais elle s'exerce plutôt sur les hommes des seigneurs ennemis ou sur leurs propres dépendants en fuite – et, dans ces cas-là, ils ne s'embarrassent pas de nuances statutaires!

L'affranchissement des Xᵉ et XIᵉ siècles est une importante institution de la servitude. Il facilite les changements de maître. Il clarifie ou remanie la relation entre un homme ou une femme et son seigneur particulier. Mais il n'a pas la vertu intégratrice de l'affranchissement antique dont il descend quant à ses formes, étant donné que les institutions de «l'époque féodale» n'ont pas eu la même fonction d'exclusion que les assemblées et tribunaux de l'Antiquité classique avaient à l'encontre des non-citoyens. Elles intègrent les divers niveaux sociaux, sans craindre toutefois de les traiter de façon discriminatoire : les serfs y sont désavantagés. Sous des termes génériques (comme «nobles», ou «fidèles») qui introduisent des listes de «présents» plus ou moins actifs et engagés dans les débats, dans le travail socio-juridique des plaids, l'analyse prosopographique discerne souvent des puissants avec leurs clientèles de vassaux, de domestiques (*famuli*), de serfs... En ce sens, ce qu'on peut appeler «la société féodale» est *dans* les institutions susdites. Attention aux modèles mutationnistes qui empêchent de le voir.

L'hommage servile

Si l'affranchissement semble parfois prolonger l'Antiquité, le rite de versement du chevage, par lequel, au moins depuis le VIIIᵉ siècle, on entre en servitude ou reconnaît une servitude, a d'emblée un air beaucoup plus «féodal». C'est un hommage servile; il fait notamment la différence entre l'«homme de chef», qui s'est placé sur la tête les quelques deniers (souvent quatre) du chevage, et l'homme de bouche et de mains, le vassal dont la dépendance est honorable.

157. Des hommes réticents à s'avouer serfs sont en effet incarcérés : SM 106 (1064-1067), A. Richard (cité *supra*, note 65), n° 166 (vers 1087).

Ce rite s'accomplit en lieu privé, ou du moins domestique et religieux : une église de France du Nord, ou du Centre, car on peine à la trouver au Midi et en allégeance à des maîtres laïcs.

Marc Bloch a raison, une fois de plus. Si le chevage est le rite le plus significatif de la servitude postcarolingienne (et on n'échappera pas à cette idée), alors celle-ci diffère bien de l'esclavage strict carolingien. Ce cens des têtes et les tributs qui lui font cortège dans les autodéditions (gage de mariage et deniers de la mort) taxent un patrimoine et une vie familiale que l'esclavagisme exclut ou veut ignorer[158]. Ajoutons que, dans son principe même, un esclavage est de naissance ou par captivité. Une servitude volontaire ou consentie en un acte d'asservissement n'en est pas un ! Les cités antiques n'envisagent pas que leurs citoyens, ainsi, sortent d'elles – quoique Jacques Ramin et Paul Veyne aient discerné des pratiques contredisant leur droit[159].

Mais, on vient de le voir, le royaume franc, la société du haut Moyen Age envisagent au contraire le binôme d'un affranchissement et d'un hommage servile : hérésie juridique, qui devrait dissuader tous les historiens d'y surestimer la tradition romaniste savante du IXᵉ siècle et des suivants, mais surtout, habile bricolage. Car un tel rite du chevage, ainsi couplé ou seul, était nécessaire dès lors qu'il n'y avait plus de véritable vie en servitude et qu'il était question seulement d'un statut, ou de bribes de statut. Comment suivre les hommes, en l'absence d'état civil et de contrôles administratifs ? La naissance ne suffit plus et donc, comme on l'a vu avec les ministériaux de Marmoutier, il faut préciser les choses à la majorité du fils de serfs – avec, pour lui, une certaine marge de choix ou de négociation[160].

Du reste, ce fils a vécu d'emblée en famille, avec un père et une mère dont le mariage même, reconnu de plein droit en 813 au plus tard[161],

---

158. A titre de comparaison, cf. le thème de l'esclave comme «anti-parent» (avec ses revanches paradoxales), dans C. Meillassoux, *Anthropologie de l'esclavage*, Paris, 1986, p. 139 et *passim*.

159. J. Ramin et P. Veyne, « Droit romain et société… » (cité *supra*, note 60).

160. Cf. *supra*, chapitre III.

161. J. Imbert, *Les temps carolingiens (741-891). L'Eglise : les institutions*, Paris, 1994 (G. Le Bras et J. Gaudemet dir., *Histoire du droit et des institutions de l'Eglise en Occident*, V,1), p. 82.

est un défi à l'esclavagisme. Il a fallu, en général, que sa mère vienne rejoindre la maison et le statut de son père. Nul besoin, au royaume des historiens, de débattre sur la question du servage matrilinéaire, de se demander s'il arrive encore qu'à la romaine le fruit suive le ventre, comme dans les temps antiques où il n'y avait pas de paternités d'esclaves. En l'an mil comme au IXe siècle, la tige s'est assurée d'avance et le ventre et le fruit, par le mariage chrétien! Il reste que, dans ce monde, les mariages entre personnes de maître et de statut différents se font souvent subrepticement, prêtent à des contestations, à des chicanes et obligent à des compromis. Je suis persuadé que les partitions entre seigneurs de telle famille de serfs, outre qu'elles concernent des tributs (sans faire éclater les familles) sont des arrangements dictés, non par un principe de Salomon, mais bien par de sévères embrouilles en amont.

Parce qu'en somme, les gens de statut servile vivent tous en demi-liberté, ils bougent et se composent des relations sociales et des intérêts complexes. On peine à les empêcher, et bien des documents du XIe siècle, plus explicites que ceux d'avant l'an mil, donnent l'impression que les seigneurs poursuivent et rattrapent leurs serfs après coup. Ils s'épuisent en revendications de serfs (*calumnie servitutis*)... Le droit servile est moins normatif que régularisateur – sa flexibilité, du coup, étonne presque moins que sa pérennité relative. Quand un serf est émancipé par charte pour se donner lui-même par chevage, est-ce que, dans le concret, les choses ne sont pas déjà un peu faites?

Dans un pareil contexte, les procédures d'établissement et de confirmation de la servitude par le rite des quatre deniers ont un grand rôle à jouer, d'autant plus important que manquent, par ailleurs, les marques patentes de servitude, de vie servile. Au point que, parfois, on confectionne avec lui et d'autres pièces un statut véritablement composite. Ce rite incontestablement servile ne se refait pas tous les jours, il n'y a pas de marque distinctive des serfs au quotidien, ils ne se mettent la corde au cou qu'une fois l'an!

Reprenons quelques documents où la portée s'en laisse un peu saisir. Les actes de Marmoutier et de Saint-Père de Chartres ne laissent aucun doute : le chevage (*capaticum*) y est associé au statut servile[162].

Au Poitou comme ailleurs, le chevage est à peine cité – n'est-ce pas que son association à la dépendance servile va de soi, à l'instar de celles, tout aussi taisibles, de l'adoubement à la chevalerie, de l'hommage par les mains à la vassalité[163]? On pourrait même écrire qu'il est inconnu ici s'il n'y avait, encore une fois, un bel acte de Saint-Maixent. Il montre qu'une terre peut être «libre» et ses habitants «serfs». Il s'agit de Montamisé, que le *vicarius* Adémar a enlevé aux moines et qu'un jugement comtal, inspiré par la «paix de Dieu», leur restitue en principe : tous ceux qui la cultivent, qui l'habitent ou qui y sont nés n'y doivent pas de taxe au comte «parce que, où qu'ils demeurent dans la seigneurie du comte, ils acquittent à l'autel de saint Maixent la redevance de leur tête et s'en font remettre des chartes de servage» («*quia debitum sui capitis pro cartis servilibus quas illic habent et ubicumque fuerint in omni honore comitis reddunt ad altare sancti Maxentii*») – ceci entre 1032 et 1045-1050[164]. Ces chartes serviles devaient être des notices relatant des autodéditions, du type de celles de Marmoutier dans la Touraine voisine.

Pour la Bourgogne, Déléage croit que le chevage, au début du XIe siècle encore, n'est pas le signe du servage. Lorsque, par conséquent, entre 993 et 1048, *Rotbaldus* donne à Cluny «un serf du nom d'Aubry; chaque année, il donnera les quatre deniers de sa tête» («*unum servum, nomine Albericum, eo tenore ut per singulos annos donet de capite suo IIII denarios Tullensis monete*»), il en ferait encore[165] autre chose qu'un «serf de saint Pierre». En réalité, il n'y a pas, au Mâconnais, de chevage acquitté par un homme

162. A. Chédéville le reconnaît; mais, dès lors, comment peut-il affirmer qu'il n'y a pas de «signes caractérisques de la servitude» (*Chartres et ses campagnes...*, p. 365-366)?

163. G. Duby, *La société...* (cité *supra*, note 2), remarque judicieusement que «les seuls documents mâconnais n'apprennent à peu près rien sur les rites de l'hommage ou de l'adoubement» (p. 14). Il ne conclut pas pour autant à leur absence; à notre avis, il faut appliquer aussi cette remarque aux rites du servage, au Mâconnais comme au Poitou.

164. A. Richard (cité *supra*, note 65), n° 112; en fait, l'archevêque-abbé Archembaud conclut un pacte qui va à l'encontre de ce jugement, et le moine rédacteur de la notice (entre 1045 et 1050) s'en plaint amèrement.

165. CL 2223.

indiscutablement libre[166]. Et il faut relire un acte au nom d'Eudes Pulverel, vers 1060. Il donne à Cluny trois manses, avec deux serfs et une serve. L'un des serfs se nomme Girbert, et tient une tenure en complant; à sa mort, elle ira à l'abbaye, dans laquelle il pourra recevoir la sépulture. Et Eudes Pulverel ajoute : «j'ai établi le cens que, pour le rachat de leur tête, ces serfs verseront aux moines; ce sera huit deniers, huit pains et quatre setiers de vin» («*censum etiam quem pro redemptione capitis sui omni anno predicti servi monachis solverent constitui, scilicet octo denarios et octo panes et quatri sextarios vini*») [167]. Selon l'éditeur des chartes, Bruel, les serfs sont affranchis et le cens ainsi institué est le prix de leur liberté[168]. Georges Duby, lui aussi, y voit l'abonnement du «service»; dès lors, «loin d'être une charge caractéristique du servage, le chevage est le signe d'une libération[169]». Or je pense au contraire que «*redemptio capitis*» est une définition proposée pour le chevage et, par là, pour le servage. Les taxes serviles font, en effet, l'objet d'une limitation coutumière, et le serf est fondamentalement un tributaire. Ici, à l'instar d'autres donateurs[170], Eudes Pulverel prend des garanties sur le sort du serf qu'il vient de transférer.

Le symbole du chevage peut être commenté autrement, quand le contexte est plus chaleureux entre une abbaye et son tributaire. A Gand, à la mi-Xe siècle, c'est l'âme qu'il rachète[171]. On l'acquitte à la fête d'un saint, en un moment où les moines font des distributions de nourriture. Il devient, par euphémisation, un tribut *pro remedio anime* et prend alors une certaine portée religieuse.

---

166. CL 3610 (1085-1087) : don de trois colonges avec un *homo* qui doit annuellement un cens de quatre deniers. L'argument de G. Duby sur Eudes Pulverel (*La société…*, p. 113, note 26) ne vaut que si, comme lui, on oppose *homo* à *servus* – ce que nous refusons. CL 3161 (1049-1109?) concerne un donateur de bonne famille, mais il faut sans doute voir là une forme de servage votif.

167. CL 3367.

168. *Recueil des chartes…* (cité *supra*, note 38), IV, p. 463, note 3.

169. *La société…* (cité *supra*, note 2), p. 113 et note 26. Huit deniers et quelques autres versements sont un montant un peu lourd, mais pas inhabituel, pour le chevage (cf. aussi CL 3636, et même 12 deniers en CL 3215).

170. Aussi bien le donateur d'un autre (CL 2869) que de soi-même (SM 10).

171. A. Van Lokeren (cité *supra*, note 132), n° 17 (940-953) : «*pro mercede anime*».

Car l'expression même de «rachat de la tête» correspond bien au rituel d'exécution symbolique[172], décrit en Bourgogne en 887[173] comme à Marmoutier au début du XIe siècle. L'asservi volontaire se présente la corde au cou, s'offrant à la pendaison, et les deniers du chevage paraissent alors le rachat de sa vie. Par cette rançon, il sauve sa tête! Bien entendu, il ne s'agit que d'une mise en scène, mais elle n'est pas sans importance : occasionnellement, comme on vient de le voir avec Juhel de Mayenne, elle nourrit des débordements de langage; et, plus structurellement, elle se rencontre assez bien avec les scénarios d'asservissement d'hommes par un crime qu'ils ne peuvent racheter[174]. En 945, Siherius se donne à Cluny parce qu'il a tué un serf de saint Pierre[175] et nous avons vu Otbert le berger se livrer à Marmoutier (à la fin du XIe siècle) pour avoir brûlé une grange[176].

Le chevage et les autres charges serviles peuvent alors apparaître comme une rançon, comme le tribut perpétuel qui remplace une mort ou une captivité plus effective. On retrouve là quelque chose

172. Pour une comparaison avec d'autres rituels d'humiliation, comme l'*harmiscara*, voir J. M. Moeglin, «Edouard III et les six bourgeois de Calais», dans *Revue historique*, 292, 1994, p. 229-267 (notamment p. 253-254).

173. CL 30 : Bertier se passait la corde au cou avant de prêter l'hommage par les mains; il serait désormais en «service», «*sicut relico mancipio originalio vestro*» (inversion du formulaire d'affranchissement «*ocsi de ingenuis parentibus procreatus fuisset*»). Là-dessus, cf. P. Petot, «L'hommage servile. Essai sur la nature juridique de l'hommage», dans *Revue historique de droit français et étranger*, 4e série, 6, 1927, p. 68-107; il cite le *Livre des serfs* de Marmoutier; il fait aussi, pour la Bourgogne, une catégorie particulière avec l'hommage d'amende, ou de paix, mais ici, cette catégorie ne nous paraît pas nettement dégagée.

174. Cf. le formulaire de base (Marculf II, 26), évoqué au chapitre III. Le cartulaire des serfs de Marmoutier montre des serfs coupables de forfaits cédés au seigneur lésé, à titre compensatoire (SM 6 et 12); on peut en effet être en servage pour dette ou pour faute, mais cette rigueur est réservée… aux serfs eux-mêmes, à ceux qui ont contesté leur statut et commis des voies de fait (SM 127)! A un puissant, à un noble, on pardonne sans exiger une telle *emendatio*, et avec un cadeau en prime.

Cf. aussi un acte de 1013-1033, de Saint-Père de Chartres (B. Guérard [cité *supra*, note 13] II, p. 297) : le collibert meurtrier d'un serf du chevalier Guillaume est remis à ce dernier, ainsi que sa femme, «*eo tenore [...] ne occidantur pro hoc scelere*».

175. CL 669.

176. *Supra*, p. 83. Mais ne nous y trompons pas. Si ces hommes sont réputés ainsi insolvables, vu l'énormité de leur dette judiciaire impayée, c'est qu'en face on ne veut pas en rabattre davantage. Ce sont là des scénarios, des manières de présenter ou de schématiser l'un des accords qui scandent une relation conflictuelle.

de la vieille idée esclavagiste : la servitude en échange de la vie sauve du prisonnier de guerre (à supposer qu'elle ne soit pas pire que la mort). A ceci près que la liberté de manœuvre du serf médiéval constituerait comme un rachat au deuxième degré de cette captivité; ne vit-il pas sous un régime de liberté conditionnelle? N'oublions pas du reste que l'esclavage africain ou antique se lie structurellement à un certain type de guerre que les Xᵉ et XIᵉ siècles français ne pratiquent pas, à des razzias d'étrangers. Le monde de l'an mil s'adonne au contraire à la guerre vicinale avec détroussement et rançonnement des adversaires, alternant avec des procédures de réparation.

C'est pourquoi ces dernières remarques n'épuisent pas le commentaire. Les contemporains de Siherius et d'Otbert le berger apercevaient-ils autre chose qu'un rite parajudiciaire? Lorsque quelqu'un courbe la tête, voit-on davantage qu'une soumission ordinaire, un geste dont l'interprétation saute aux yeux? D'ailleurs, quand un serf oblat se passe la tête dans le fil qui tient la cloche d'église, un symbolisme d'appartenance relaie celui de la reddition.

Nous n'avons pas, à ma connaissance, d'iconographie de l'hommage servile par la corde ou par les quatre deniers, notés plus fréquemment; mais quelques bribes de description dans les notices suffisent à nous faire sentir le contraste avec l'hommage des mains, vassalique. Le vassal nous est montré mains jointes et genou fléchi, mais tout de même tête haute, et fixant son seigneur, échangeant avec lui des engagements, libre même de le défier légitimement, quoique à ses risques et périls, s'il n'y a pas ligesse. Rien de tel dans ce qu'on nous dit du serf qui courbe la tête, avoue unilatéralement sa dépendance, et ne se fait jamais reconnaître de droit de sortie de service – tout au plus obtient-il de ne pas être cédé à un tiers, et de ne pas être traité abusivement. Formellement, l'hommage de chef (c'est-à-dire de la tête) fait différence avec l'hommage des mains. C'est peut-être l'essentiel; l'un symbolise une véritable dépendance, l'autre une allégeance.

Marc Bloch a trop insisté sur le parallélisme, et pas assez sur cette fonction distinctive; il s'est mis dans une impasse en imaginant, dans les deux cas, une tonalité personnelle et une mentalité ritualiste. Mais il avait bien raison de placer le chevage au cœur de ses raisonnements ; il n'y a qu'à le compléter et le renforcer sur ce point, à l'encontre de ses adversaires :

1) La plupart des historiens ont bien vu, comme lui, que le chevage est avant tout récognitif. C'est moins une taxe qu'un rite, ce qui le distingue tout à fait des capitations publiques, «purement fiscales», auxquelles les hyper-romanistes prétendent parfois l'assimiler[177]. Mais, entraînés comme Léo Verriest dans l'ornière de la «dépendance non servile des libres», ils prennent à contresens ce «rachat de la tête», ce prix de la liberté évoqué par Eudes Pulverel. Ce rite d'humiliation, en effet, aliène la liberté du serf entre les mains du maître ; tel est son sens formel, et l'autodédition ne peut être une bonne opération, ou un moindre mal, que sur un plan matériel, dans le cadre stratégique où elle prend place. Elle ne signifie la liberté du tributaire *que vis-à-vis des tiers;* et certaines chartes, on l'a vu, le disent littéralement.

2) Si le rite importe, ce n'est pas que la société de l'an mil ignore l'écrit ou qu'il régresse. Le geste et la charte ne sont point en concurrence. En pays de Loire, la corroboration des chartes d'affranchissement par croix autographe se fait sur la tête même du bénéficiaire[178]. N'est-ce pas hautement symptomatique? Cela montre bien que tout se joue à la tête (au chef) de l'homme ou de la femme. La servitude de référence est une dépendance de chef, et le rite de sortie tend à devenir une inversion du rite d'entrée. L'un et l'autre de ces rites de la tête sont bien nécessaires, s'agissant d'une servitude sans vie en servitude et d'un monde non pas illettré, mais non administratif. Il faut des images frappantes, des idées-forces, et l'une d'entre elles est cette dépendance *du corps,* comme on dira au XIIIe siècle, plutôt que *du chef,* et dont Marc Bloch discerne bien la prégnance.

Portons attention, avec lui, à la trilogie que forme le chevage, dès

---

177. Le terme même de «cens des têtes» ne doit pas tromper. Un cens est alors toute taxe à montant fixe, généralement en monnaie.

178. *Supra,* p. 38.

le VIIIe et le IXe siècles, avec des taxes sur le mariage et l'héritage[179]. Et complétons-le par la remarque de son utilité pratique : il s'agit évidemment d'établir un contrôle, ou de rappeler en droit virtuel, sur une vie en famille, de marquer seigneurialement les moments importants pour la dévolution du patrimoine. Il s'agit de veiller, *par la dépendance de corps*, à avoir prise sur la descendance des «serfs[180]». Et, au fond, si beaucoup d'historiens perçoivent mal l'existence même de ce rite constitutif et récognitif du servage, c'est qu'ils le savent une condition héréditaire. Pourquoi, dès lors, un rite ayant cette fonction? Eh bien, parce que, quand on ne vit plus en servitude, quand surtout on ne réside plus à proximité immédiate du maître, le principe même d'hérédité du servage est mal soutenu. Le chevage aide à le maintenir, par l'aliénation juridique qu'il institue.

On ne peut suivre exactement l'histoire de sa diffusion, ni même la mesurer au XIe siècle : les paysans pouvaient bien être tous réputés serfs, virtuellement, idéologiquement, sans prêter tous cet hommage d'aliénation. Il n'y a même rien d'étonnant à ce qu'on le trouve attesté surtout dans des cas où la servitude est problématique dans le concret. Il n'en est pas moins devenu, dès le IXe siècle, son signe le plus clair, un signe fort comme on dit aujourd'hui.

Une antithèse de la noblesse

Le noble, au contraire, est maître de lui-même, autonome; il peut offrir l'aide de ses armes, écouter des conseils, mais il n'aliène pas

---

179. La «commune» de Laon (1111) paraît à l'abbé Guibert de Nogent un nom nouveau et détestable, et elle consiste, écrit-il, en ceci : «*capite censi omnes solitum servitutis debitum dominis semel in anno solvant et, si quid contra jura deliquerint, pensione legali emendent, caeterae censuum exactiones, quae servis infligi solent, omnimodis vacent*» (*Autobiographie*, éd. E. R. Labande, Paris, 1981, p. 320). Cette «définition» de la commune n'en retient évidemment qu'un aspect, une conséquence : l'aménagement de la condition des serfs demeurant dans l'espace de paix urbaine, et particulièrement de ceux dont les maîtres n'en sont pas. La charte de commune («institution de paix») de 1128, effectivement limite le nombre de chevages, abolit des contraintes sur le formariage et supprime les mainmortes.

180. Ce nonobstant, il y a comme une dérive hors servitude dans le cas de certains dévots : *infra*, p. 165-170.

plus son travail qu'il n'obtempère à des ordres; il ne souffre pas même de «lettres de noblesse» qui garantissent et contrôlent son statut, car son travail social et son énergie chevaleresque y suffisent. Les valeurs qu'il prétend incarner offrent donc à la société des Xe et XIe siècles l'antithèse la plus perceptible de la servitude, bien mieux qu'une «liberté» extrêmement abstraite, et dont la portée devait être surtout sensible à quelques lecteurs de Gaius et du *Digeste.*

Mais, avec cette antithèse, nous abordons proprement l'idéologie. J'entends par là non seulement une doctrine clairement exprimée, mais des idées à peine conscientes, flottantes plus que constituées en système strict; les sous-entendus du langage ou des rites imprégnent souvent les hommes à leur insu.

C'est évidemment dans l'Eglise que ces aspects idéologiques se discernent le mieux. Ses propos sur la servitude sont à double tranchant. En apparence, elle ne croit vraiment qu'à la liberté fondamentale des enfants de Dieu : bien des préambules de chartes l'affirment. On serait donc tenté de l'abstraire, par son idéalisme, d'un âge féodal médiocrement civilisé. Mais à y regarder de près, ses affirmations mêmes, les plus belles, contiennent implicitement un redoutable parallèle : dire, en effet, qu'il n'y a de servitude qu'à l'égard du péché, c'est évidemment relativiser le rang des nobles, mais c'est aussi faire vivre le lien conceptuel entre la servitude et le péché. «Quand on recherche la rédemption de ses propres fautes, il est bon d'absoudre des sujets de leur lien de servitude» («*Quisquis suorum nexum delictorum remitti optat, bonum est ut subditorum sibi vincula servitutis dissolvat*») : voilà qui est beau, en tête d'un affranchissement du XIe siècle[181]. Affranchis tes serfs, et on t'affranchira de tes péchés. Tout de même, nous pouvons trouver le parallèle un peu lourd. L'Eglise manque un peu de tact! Elle approfondit ainsi, à la longue, la disgrâce des serfs. Elle aide le scénario de l'asservissement, faute de réparer un crime, à rester paradigmatique. Et il y a aussi le parallèle avec la maladie, quand un miraculé prétendu est tiré vers la dépendance d'action de grâces – la maladie, la faute et la servitude forment alors une coalescence redoutable d'idées.

181. SM 58.

En outre, dire que la vraie servitude est le péché, cela sous-entend que l'autre, la servitude temporelle, n'est peut-être pas si grave. Dès lors, l'abolir globalement n'est plus une priorité.

Par conséquent, ni le fait même de l'affranchissement ni l'idéologie qui se maintient dans ses formules ne concourent au recul, à l'abolition de la servitude médiévale. Pas davantage, la problématique élaboration d'une forme de dépendance non servile à l'égard des églises. Guy Bois n'a aucune raison de prétendre que, «d'entrée de jeu, le discours de Cluny eut une tonalité sociale très marquée», que la pratique sociale des moines, la manière dont ils traitaient leurs hommes de chef étaient «en rupture[182]»... Après tout, les préambules d'autodédition, rédigés par les moines, prêtent aux hommes de chef le dessein effectif, et le mérite, de renoncer à la «liberté du siècle» – ils la disent fallacieuse, au regard de la vraie liberté, spirituelle et céleste[183]. Encore un coup, être serf ici-bas, est-ce si grave? La critique anticléricale d'un homme comme Flach, sur ce point, touchait juste dès 1886[184]. Encore ne faut-il pas soupçonner les moines et clercs médiévaux de tromperie concertée, et toujours consciente.

En tout cela, les Xe et XIe siècles ne se séparent, ni l'un de l'autre, ni de toute l'époque altimédiévale qui les a précédé, ni de ce qui suit. L'imprégnation idéologique relève de ce que Braudel appelait l'histoire presque immobile, de la longue durée. Criminalisation ou canonisation de la servitude : des tendances lourdes peuvent se maintenir en dépit de certains changements des rapports sociaux. C'est le cas aussi, me semble-t-il, de l'opposition conceptuelle faite entre les nobles et les serfs.

Entre 1027 et 1031, dans son *Poème au roi Robert*, Adalbéron de Laon n'évoque pas seulement les «trois ordres», au vers 296 (ceux qui

---

182. G. Bois, *La mutation...* (cité *supra*, note 55), p. 221 ; ici, l'héritage des contresens de la vieille école sur les formules de cession et de dédition se conjoint à des méprises sur le rang social des donateurs d'alleux (il y aurait une «faveur paysanne» à l'égard de Cluny).

183. Ch. Métais éd., *Cartulaire de la Trinité...*, I, n° 202 (avant 1070).

184. J. Flach, *Les origines...* (cité *supra*, note 19), p. 460 : le serf cédé à l'Eglise, «libre en Dieu», était «bien réellement et effectivement serf des serviteurs de Dieu».

prient, ceux qui combattent et ceux qui travaillent). Auparavant, il a bien souligné que les deux premiers n'étaient pas serviles.

1) Il a d'abord repris l'idée traditionnelle que la loi divine ignore le servage, mais au lieu de dire tous les enfants de Dieu exempts avant la chute, il réserve au clergé le bénéfice de cette loi divine! Il l'assimile donc à la loi canonique, qui veut les clercs «serfs de Dieu», «exempts de toute souillure servile» qui touche les divers travailleurs[185].

2) Il a noté ensuite que la loi humaine impose deux conditions : «le noble et le serf ne relèvent pas du même traitement» («*Nobilis et servus simile lege non tenentur*», vers 277) [186]. Qu'est-ce que le noble, pour lui? Manifestement, il est de ceux que ne contraint nulle puissance, tant qu'ils s'abstiennent des crimes de droit régalien, et qui protègent de leurs armes les églises et le «peuple[187]» : c'est la vocation royale de la noblesse chevaleresque, à laquelle elle est appelée génétiquement puisque, comme Adalbéron l'a dit plus haut, «les familles nobles sont d'ascendance royale» («*Stemmata nobilium descendunt sanguine regum*», vers 22) [188]. Au contraire, les serfs sont voués à la peine, au travail et aux larmes : «il n'y a pas de fin aux larmes et aux soupirs des serfs» («*Servorum lacrimae gemitus non terminus ullus*», vers 294) [189].

Adalbéron de Laon n'est pas ce qu'on appelle un théologien de la libération! Selon Georges Duby, le passage témoigne d'un «conservatisme têtu» : l'évêque se réfère ici «à des rapports de société périmés» par la «révolution féodale», à l'esclavage notamment; en effet, depuis le VIII° siècle, il conviendrait de «discerner [des] intermédiaires entre les *servi* et les *nobiles*[190]». Pourtant, ce développement

---

185. Adalbéron de Laon, *Poème au roi Robert,* éd. C. Carozzi, Paris, 1979 (*Les classiques de l'Histoire de France au Moyen Age, 32*), v. 240-257, p. 18; ainsi Dieu a-t-il soumis aux clercs «le genre humain tout entier». Voir C. Carozzi, «Adalbéron de Laon et les *servi*», dans *Histoire et société. Mélanges offerts à Georges Duby,* tome II, Aix-en-Provence, 1992, p. 159-166.

186. *Poème au roi Robert,* p. 20.

187. *Ibid.,* vers 280-284. Cette mission de protection, toute régalienne, est celle même de la chevalerie; quant à l'absence de contrainte, c'est, au sens fort, la *franchise*.

188. *Ibid.,* p. 2.

189. *Ibid.,* p. 22 («*hoc genus…*»).

190. G. Duby, *Les trois ordres ou l'imaginaire du féodalisme,* Paris, 1978, p. 201. Dans le même sens, P. Bonnassie, «D'une servitude à l'autre…», p. 129.

sur les nobles et les serfs précède immédiatement et dépasse en ampleur la «petite phrase» célèbre sur les trois ordres : ceux qui travaillent sont sans aucun doute les serfs et, une fois les clercs mis à part, ceux qui se battent sont les nobles. Pourquoi refuser cette équivalence globale, suggérée par le glissement du texte lui-même? Rien ne prouve que la distinction entre les nobles et les serfs soit obsolescente, dépourvue de contact avec la réalité du XIᵉ siècle, tandis que le schéma des trois ordres, ainsi greffé sur elle, serait plus actuel. Ces deux formules sont, l'une et l'autre, théoriques et efficaces à la fois. Elles sont d'un schématisme percutant!

Bien entendu, la noblesse est comprise, en ce temps, dans d'autres couples d'opposition. La notice du plaid de Melle (1032), évoquée plus haut[191], relate un afflux de *nobiles* et de *pauperes* : autre schéma ancien, mais actuel et par où la «noblesse» se relie à la «puissance». Le servage, quant à lui, s'oppose aussi à la «liberté» (dans le *Poème* même d'Adalbéron[192]). Mais précisément, il faut prendre très au sérieux le rapprochement entre la liberté et la noblesse, cher à Léopold Génicot[193]. Il est présent dans bien des actes concernant des serfs[194].

C'est à divers titres, redisons-le, que les nobles s'opposent aux serfs.

1) Tandis que la noblesse est affaire de *genus* et constamment synonyme de parenté[195], la servitude demeure une dépendance de corps dans l'existence en famille, les liens les plus proches sont quelque peu limités et surveillés.

---

191. *Supra*, p. 119.

192. Vers 290 (p. 22) : *ingenuus servus*; et vers 390 (p. 30) : *francoruml servus*.

193. L. Génicot, *L'économie rurale namuroise au bas Moyen Age*, tome II : *Les hommes, la noblesse*, Louvain, 1960, p. 46-60. Il met cette équation en relation avec l'apparition, au milieu du XIᵉ siècle, de la «seigneurie hautaine» (châtelaine). En fait, elle nous paraît plus ancienne, et en même temps objet de débats et de flottements. Ainsi, au IXᵉ siècle, le chroniqueur Thegan invective Ebbon en ces termes : «*fecit te liberum, non nobilem, quod impossibile est*» (*MGH Scriptores* in-folio 2, éd. G. H. Pertz, Hanovre, 1829, p. 599); si cela va mieux en le disant, c'est tout de même que cela ne va pas de soi.

194. C. Métais, *Cartulaire le l'abbaye cardinale de la Trinité de Vendôme*, tome I, Paris, 1893, nᵒˢ 202 (avant 1070) et 274 (1079); SM 59. Cf. aussi un acte de 1095, cité par L. Verriest, *Le servage...* (cité *supra*, note 97), p. 23.

195. Cf. chapitre VII, *infra.*, p. 221 et *passim*.

2) La noblesse, liée à la parenté, est donc l'antithèse la plus normale de la servitude, plus que l'activité, le comportement chevaleresques. Dans la mesure toutefois où ceux-ci s'associent à la noblesse, la rencontre entre des éléments de servitude et un semblant de chevalerie, en un même homme, est toujours un peu un télescopage. En justice, l'épreuve du fer chaud est plus naturellement servile que le duel. Le serf est désarmé, il passe pour lâche, et la *Chanson de Roland*, à l'extrême fin du XIe siècle, oppose le courage chevaleresque des *bers* à une culvertise lâche qui en est le repoussoir[196].

3) Le noble porteur d'armes est toujours réputé apte à se défendre, impossible à contraindre, et dans la justice on le traite beaucoup mieux que le serf. Il ne saurait se le voir opposer en duel[197]. Toute l'idéologie comprise dans les rites et dans les mots trouve un champ d'action dans ces confrontations socio-judiciaires, où s'accomplit, beaucoup plus que dans la violence mythique des guerres «perpétuelles» du temps des châteaux, l'essentiel du travail social.

Chez Adalbéron de Laon, en somme, le travail est la marque même de la servitude : on est serf par l'accomplissement d'une tâche servile, et faute de porter les armes nobles. Il y a une durable dévalorisation de l'homme par l'homme dans ce mépris, cette dureté de principe et souvent d'actes, dont la noblesse fait preuve à l'égard de ceux qu'elle exploite, et je n'ai guère à en rabattre sur Pierre Bonnassie[198]. Une imputation générale de servitude pèse sur tout ce que nous appelons «les classes rurales», et que les chartes du

196. Cf. chapitre VII, *infra*, p. 265, note 169.
197. Galbert de Bruges, *Histoire du meurtre de Charles le Bon*, éd. H. Pirenne, Paris, 1891, p.13.
198. P. Bonnassie, «Marc Bloch, historien de la servitude. Réflexions sur le concept de classe servile», dans *Marc Bloch aujourd'hui*, Paris, Éditions de l'EHESS, 1990, p. 363-387 (attention cependant au cas de Nivia la Tourangelle!). Cet article, comparé à ceux du même auteur sur le haut Moyen Age, montre que, de part et d'autre de l'an mil, les classes dominantes ont à peu près les mêmes préjugés et les mêmes cruautés; *quid* de la mutation de l'an mil?

XIᵉ siècle dénommaient diversement et au coup par coup (selon les situations et les points de vue) «hommes propres», *rustici*, serfs, colliberts, hommes coutumiers, cultivateurs, artisans. Or dès les années 870, on proposait en Francie le même schéma des trois ordres, à quelques nuances terminologiques près[199]. Mais la difficulté de cette conception de la servitude comme antithèse de la noblesse, c'est qu'elle fait perdre de vue la nécessité qu'on soit serf *de quelqu'un précisément*, par la naissance et par l'aveu régulier. Les serfs d'Adalbéron de Laon ne sont qu'un tiers état, collectivement séparé des deux premiers ordres et mis à leur service. Entend-il que tous prêtent un hommage servile? Ce n'est pas évident, même s'il paraît assez répandu pour des serfs forains établis à Laon, un siècle plus tard[200].

Car il y a ce paradoxe, dans les dossiers du Xᵉ et du XIᵉ siècle : plus un groupe d'hommes possède des caractères serviles typiques, adalbéroniens, cultivant par exemple un terroir placé sous un régime de commendise seigneuriale, et moins il importe d'utiliser pour lui les rites de la servitude statutaire, et même de l'expliciter. C'est quand le serf sort de cela que l'hommage de chef et les prélèvements complémentaires prennent de l'importance. Nos dossiers individuels de revendications de serfs, d'affranchissements et d'hommages serviles sont toujours périphériques par rapport à cette référence centrale : ils concernent des hommes ou des femmes qui ont quitté la terre et la proximité de leur seigneur personnel pour s'établir ailleurs, ou bien des serfs ministériels, maires et prévôts, qui tendent à s'échapper de la rusticité par le haut en commandant et taxant eux-mêmes des groupes de cultivateurs et d'artisans, ou encore des hommes que la religion asservit aux églises pour de pieux motifs qui, tout à la fois, donnent du mérite à leur geste et en affaiblissent la portée sociale.

Les idées et les principes de la servitude personnalisée par les rites ne sont pas en contradiction formelle avec les vues macrosociologiques d'Adalbéron de Laon. La notion d'une dépendance de corps peut permettre une forte exploitation du travail de l'homme qui ne

---

199. Cf. *infra*, chapitre VII, p. 246.
200. Cf. Guibert de Nogent, cité *supra*, note 179.

s'appartient plus tout à fait ; le maître pourra mettre à contribution ce serviteur en fonction de ses besoins exacts ou surestimés, et c'est ainsi que les tailles arbitraires, les corvées anglaises apparaissent, après le XIe siècle. Seulement l'hommage servile ne comporte pas de référence formelle au travail et les idées qu'il suscite ne suivent pas toujours ce cours-là ; servant à la caractérisation paraseigneuriale de relations entre des hommes et des églises, il se prête à des combinaisons et à des montages très divers. Les liens entre la servitude et le travail des mains, ou même entre elle et un prélèvement seigneurial, peuvent disparaître. Des développements divergents et paradoxaux marquent pour longtemps l'histoire de la servitude, et permettent à des historiens négateurs de l'oppression sociale de prétendre que les paysans médiévaux[201], après tout, « n'étaient pas si mal traités… » Pas étonnant, puisqu'on a pris de vrais notables pour de simples paysans de base !

Les sources étant ce qu'elles sont, ces développements se trouvent être une grande part de ce qu'on peut analyser rétrospectivement de la servitude des Xe et XIe siècles français – une part que sous-estiment les modèles anciens et récents de « révolution féodale » mais que l'analyse du cartulaire des serfs de Marmoutier[202] a déjà fait sentir ici. Ils auront une bonne place dans la dernière partie de ce chapitre.

IV. – PROFILS DE SERFS

La question traditionnelle, pour des historiens du XIXe siècle, était de savoir combien de paysans étaient serfs ; ils répondaient volontiers : presque tous, avant 1100. Ne voyait-on pas les serfs de grand domaine (IXe siècle) et ne fallait-il pas que le XIe siècle ait été très servile, pour que le XIIe siècle ait à affranchir villes et campagnes ? Toutes les catégories d'*homines commanentes* étaient donc réputées serves. A l'opposé, le servage paysan est presque introuvable, dans

---

201. Les historiens prennent en effet très souvent, même sans nier l'oppression, les ministériaux ou les dévots pour des paysans.
202. *Supra*, chapitre III.

les monographies régionales récentes. Il s'efface au profit d'une série de dépendances dont le concept n'est malheureusement qu'un décalque du vocabulaire des chartes (tous ces «hommes propres», «hommes coutumiers», etc.), à moins que paradoxalement les seuls ministériaux restent serfs, plus serfs que leurs administrés[203]. Pierre Bonnassie a eu raison de réagir, et de refaire place à de «vraies» servitudes. Mais faut-il reparler de «classe servile»?

Ce qui vaut pour les individus vaut aussi pour les groupes, les classes : autant l'esclavage caractériserait toute une vie, toute une condition, autant cette propriété manque aux servitudes qu'on peut qualifier de servages. Car le serf, s'appartenant un peu, développe une série de relations, donc de conflits et de liaisons d'intérêts qui peuvent le faire apparaître sous un autre jour; notamment, il a de la terre, donc quelque chose à perdre et par où on a barre sur lui, à d'autres titres que sa servitude statutaire; il a des affaires et une famille, donc il lui faut relever d'une justice et non pas simplement subir une discipline. C'est ce qui rend problématique, à mon sens, le concept de «classe servile»; il y a plutôt une masse informe de paysans que l'argument de servitude est un des moyens de faire obéir et de taxer, pour la noblesse dominante – vraie classe que définissent une série d'attributs de puissance convergents. De ce fait, la paysannerie n'apparaît pas toujours clairement comme servile, et les vieilles questions sur l'extension ou l'extinction graduelles ou soudaines de la servitude en son sein méritent d'être reformulées[204].

203. A. Chédeville, *Chartres et ses campagnes, XIᵉ-XIIIᵉ siècles*, Paris, 1973, p. 374-375; la masse des paysans aurait eu alors la «mince consolation que de se savoir supérieurs en droit à ceux qui les commandaient».

204. Par exemple, l'extinction du servage, dès le début du XIIᵉ siècle, dans tout le Centre-Ouest, est sujette à caution. Au Poitou, par exemple, s'il n'y a plus dès lors de serfs «à part entière», il demeure des «dons d'hommes» et des traces de *mortagium* au XIIIᵉ siècle (M. Garaud, *Les châtelains de Poitou...* [cité *supra*, note 105], p. 211-214), en plein XVᵉ encore des culvertises (M. Bloch, «Les *colliberti*...» [cité *supra*, note 23], p. 416 et note 5), que l'on ne peut appeler autrement que des servitudes, des relents persistants du servage. Simplement, ces aspects du régime seigneurial sont relégués au second plan par l'existence d'autres contraintes efficaces; le métayage développé à partir du XIIᵉ siècle, et remanié à l'aide du nouveau droit romain, doit être ce qui dispense les seigneurs de l'Ouest de créer un nouveau servage comme celui du Nord-Est ou de certaines régions occitanes. En d'autres termes, la géographie ultérieure du servage en France n'est pas contenue d'avance dans l'histoire du XIᵉ siècle.

A cette remarque de principe s'ajoute la question des documents. Permettent-ils d'établir des géographies et chronologies du servage pour les Xe et XIe siècles? Les cartulaires ne sont pas des photographies aériennes des provinces françaises, de part et d'autre de l'an mil, et une monographie régionale d'historien n'est qu'une enquête dans quelques dossiers épars et codés. On y voit peu les paysans, on ne les entrevoit qu'incidemment et sous certains angles.

Les paysans, du domaine à la seigneurie châtelaine

Discontinue, la documentation nous présente bien, en ce sens, plusieurs servitudes. Quand on tourne les pages d'un cartulaire en passant d'une donation de terre, avec hommes et serfs accolés à elle, au règlement d'un conflit entre l'église donataire et un châtelain voisin, contre lequel elle protège ses hommes propres (c'est-à-dire sa propriété sur eux), on saute en effet «d'une servitude à l'autre». L'enjeu de ces évocations occasionnelles de servitude n'est pas le même. Mais ces servitudes, qui peuvent concerner les mêmes hommes, ne relèvent-elles pas à peu près du même concept servile, celui dont la pérennité dans les rites, dans la culture juridique et dans certains discours nous a frappés tout à l'heure?

Il faut en outre une mise au point sur ce qu'on appelle domaine et seigneurie châtelaine, ainsi qu'une rectification de la thèse[205] selon laquelle le régime domanial (et avec lui une forme ancienne de servitude) s'effriterait au cours du Xe siècle au point que, vers l'an mil, la noblesse se trouverait contrainte de le remplacer par autre chose : la seigneurie châtelaine, et avec elle une forme nouvelle de servitude. Proposons cette mise au point et cette correction, tout en parcourant les dossiers.

1) Le «régime domanial» n'est tout de même qu'un idéaltype d'historiens; c'est un instrument utile à bien des analyses, mais gare à la réification. Au vrai, tous ne le forment pas d'une manière aussi

---

205. Ce n'est que l'une des variantes du récit modèle de la mutation de l'an mil, en concurrence ou en connivence avec le thème des institutions publiques fortes avant l'an mil.

précise. Pour Fustel de Coulanges et sa génération, les mentions de terres avec leurs appartenances, dont des hommes, correspondent à des domaines; un fragment de polyptyque en dit évidemment plus que les énumérations qui jalonnent les chartes de donation ou de précaire, mais il y a bien toujours ce pouvoir domanial, cette emprise polymorphe (banale et foncière à la fois) que Marc Bloch appelle «la seigneurie rurale». Ce concept large favorise les modèles de pérennité : le domaine fustélien est de filiation romaine, et renforcé au VIIe siècle par l'immunité[206]; la seigneurie rurale de Bloch remonte au fond des âges. Tout au plus y a-t-il des évolutions lentes, des mutations-métamorphoses; ce n'est pas là-dedans qu'on va changer de société ou de régime agraire en une seule génération, ni que la succession des modes terminologiques risque d'affoler l'historien!

Depuis les années 1930, et par exemple chez Perrin et Déléage[207], des études plus intensives ont fait rendre beaucoup plus aigus les contours de l'idéaltype. Pour trouver le régime domanial, on veut une structure clairement bipartite, ou le rôle central de la corvée de labour; en d'autres termes, il faut la précision d'un polyptyque et qu'il ressemble à celui d'Irminon (IXe siècle en Ile-de-France). Cette exigence favorise des modèles d'histoire plus rapide, avec des à-coups, des craquements, des mutations-révolutions, des interférences politiques. On entrevoit, avec raison, des processus d'asservissement de libres autant et plus que le traditionnel chasement de l'esclave. En même temps, cette exigence réduit l'espace du domaine (il tend à disparaître du Midi) et le condamne à paraître aux Xe et XIe siècles en état de crise ou de dégradation. Saint-Nazaire d'Autun possède à Tillenay, en 937, un domaine où les manses serviles sont tenus par des hommes libres et, surtout, où le manse est fractionné[208]; il y aurait donc une érosion du régime domanial. Et si, pourtant, il n'y avait là rien d'autre que la résistance des réalités

---

206. N. D. Fustel de Coulanges, *L'alleu et le domaine rural...* (cité *supra*, note 3).

207. Ch. E. Perrin, *Recherches sur la seigneurie rurale en Lorraine d'après les plus anciens censiers (IXe-XIIe siècles)*, Strasbourg, 1935.

208. Acte évoqué par A. Déléage, *La vie économique et sociale...*, tome III, Mâcon, 1942, p. 1207.

à un idéaltype trop pressant? Certains historiens n'inventent-ils pas des problèmes de rentabilité économique et d'équilibre social, là où leurs catégories d'analyse peinent à s'imposer? La crise est-elle celle de la servitude carolingienne, ou de l'idée que nous pouvons en avoir?

Pour améliorer cette idée, il faut repartir peut-être de la «seigneurie rurale» fustélienne, cette emprise très locale[209] en laquelle se «confondent» le pouvoir et la propriété, les droits réels et personnels, la force et le droit. On reformulera tout cela grâce aux suggestions de l'anthropologie, mais sans détruire l'objet historique! Il est important, en effet, de laisser l'économique s'enchâsser dans le social, de percevoir cette seigneurie, ce domaine, comme un réseau de relations plus que comme un territoire, de faire place à des imbrications et à des concurrences comme celles qui se révèlent au Mâconnais du XIᵉ siècle...

Ce n'est pas, en effet, à des organismes économiques autarciques que l'on a affaire avec des descriptions comme celle-ci : en 1080, Robert de Moncontour cède à la Trinité de Vendôme tout ce qu'il possède en «domaine» au sens restreint («*in dominicum*») à Coulommiers, «soit toute la terre, avec les serfs, les serves, les colliberts des deux sexes» («*terram scilicet totam cum servis et ancillis et utriusque sexus collibertis*»); suivent d'autres éléments, des vignes aux pêcheries, «et tous les revenus qui vont avec cette terre et qui m'étaient versés par coutume, assis à la fois sur les possessions [ou tenures, sur lesquelles il y a un élément de propriété paysanne] et sur les possesseurs» («*et omnes redditus qui ad eamdem terram pertinent et qui mihi more solito tam de possessionibus quam de ipsis etiam possessoribus juste reddebantur*») [210]. Le second membre de phrase qui vient d'être cité ne me semble pas introduire un élément supplémentaire; il évoque plutôt deux fois qu'une, pour éviter toute ambiguïté et toute chicane, les droits sur les serfs et colliberts, et il en donne volontairement la formulation la plus ouverte possible.

---

209. Ou «seigneurie locale» : cf. mes développements dans *La société...*, chapitre III.
210. C. Métais éd., *Cartulaire...* (cité *supra*, note 194), tome I, nº 299.

En un sens, la mise en liste par le scribe «produit» la structure sur laquelle l'historien s'interroge et s'appesantit ensuite ; elle transmue le réseau des relations de pouvoir en domaine ou seigneurie. Voyez quand on donne des chevaliers et métayers en même temps que des villains[211], ce n'est pas qu'ils soient serfs à proprement parler ; gardons-nous de dramatiser le don d'hommes, d'inventer une catégorie d'«hommes donnés» ; le donateur ne fait que transférer son droit sur eux et leurs terres, qui se superpose à d'autres (à commencer par le leur propre, par leur allodialité). Mais cela fait tout de même un peu servile, d'être ainsi donné. Certaines relations de pouvoir, quand la posture du sujet se dégrade (y compris très occasionnellement) peuvent être décrites comme serviles.

En d'autres termes, et selon une conception adalbéronienne, le fait même d'appartenir à un ensemble domanial, d'y demeurer en y tenant de la terre et en y subissant quelques contraintes et prélèvements de la part de l'alleutier noble ou eccclésiastique favorise l'imputation d'une servitude. En celle-ci, pour employer les mots modernes, les éléments personnels et réels tendent toujours à se mêler. L'imputation est en quelque sorte latente, et elle se réveille régulièrement. C'est un fait de longue durée que l'histoire de la «formule de Berzé[212]» nous permet de saisir : entre des colons libres et des serfs, voisins, solidaires, intermariés, interchangeables, il s'opère un rapprochement des conditions ; d'où servage mitigé et liberté dégradée. Au IXe siècle, il y eut des efforts judiciaires pour aligner le statut des colons libres sur celui des serfs, obtenir leur «service de la tête» (de chef) [213]. Dans les siècles suivants, une atmosphère de servilité enrobe les *ville* et les *potestates* (seigneuries rurales) ; il y a là une série d'hommes «faisant des services[214]» et

---

211. Le prieuré de Saint-Cyr-lès-Rennes est doté en 1037 d'une terre *cum equitibus, villanis et meditariis* (L.J.Denis éd., *Chartes de Saint-Julien de Tours (1002-1227)*, Le Mans, 1912, Archives historiques du Maine 12-1, n°13).

212. *Supra*, note 76.

213. Cf. G. Tessier éd., *Recueil des Actes de Charles II le Chauve...*, 3 vol., Paris, 1943-1955, tome III, n°314 (868) ; voir également le n° 228 (tome II).

214. Vers 1100, Guillaume Forton et les siens cèdent à Saint-Cyprien de Poitiers une terre avec ses richesses «*et habitantes facientes servitia*» (L. Rédet, n° 61).

nous en avons vu imposer aux paysans «francs [215]». Même cortège de servitudes (*consuetudines*) pour les «hommes coutumiers» du XIᵉ siècle poitevin ou charentais [216]. Ces fameuses «coutumes», dont le nom et le principe sont anciens, mais que l'essor des sources fait proliférer pour nous vers l'an mil, relèvent souvent du «domaine», comme l'a noté Jean-François Lemarignier [217]. Entre 1060 et 1073, Engelelme de Mortemer et ses frères donnent à Saint-Cyprien de Poitiers une terre avec «les bois et les champs, les serfs et les serfs héritiers de cette terre, et tous les droits coutumiers qu'ils détenaient sur eux» («*silvas et plana, servos et ancillas qui hereditarii erant ipsius terre, et omnem consuetudinem quam habebant in eos*») [218].

A Viry-en-Vermandois (1067), les chanoines de Notre-Dame de Paris entrent en conflit, c'est-à-dire en débat judiciaire avec leurs hommes, à propos de guet nocturne et d'autorisation de se marier. La notice vilipende ces «serfs» rebelles à leur maître, dont la Vierge fait fourcher la langue miraculeusement, au plaid [219]... Monique Zerner a tort de voir là, tout de même, une «révolte paysanne». C'est plutôt un jalon dans la longue série des débats d'Ile-de-France, du IXᵉ au XIIIᵉ siècle, entre les églises et leurs paysans, à propos de charges diverses, peu ou prou serviles.

Quant au Midi méditerranéen, le *castrum* (village castral) y constitue une seigneurie rurale de plus en plus compacte et cohérente, mais il évoque davantage la *villa* de France moyenne ou septentrionale, graduellement métamorphosée en village, que le chef-lieu de châtellenie de ces régions. Les expressions concernant

215. *Supra*, p. 116.
216. Et A. Debord, *La société laïque...*, p. 341, relève bien qu'il ne s'agit pas de sujets de la seule «seigneurie châtelaine».
217. J.-F. Lemarignier, «La dislocation du *pagus* et le problème des *consuetudines*», dans *Mélanges L. Halphen*, Paris, 1951, p. 401-410 (p. 408, après en avoir énuméré une série d'origine «publique»).
218. L. Rédet (cité *supra*, note 65) n° 362.
219. Textes cités par M. Zerner, «Note sur la seigneurie banale. A propos de la révolte des serfs de Viry», dans *Histoire et société. Mélanges offerts à Georges Duby*, tome II, Aix-en-Provence, 1992, p. 49-58.

des catégories d'hommes peuvent y suggérer la même servilité tendantielle[220].

2) Attention donc à ce que nous appelons «la seigneurie châtelaine» et au rôle que nous lui faisons jouer. Toutes sortes de fortifications surgissent dans le royaume à partir des années 860, sans avoir toutes le même statut, sans fixer ou secréter le même genre de «seigneurie». Il y a souvent des points forts au cœur ou en lisière de cette «seigneurie rurale» dont on vient de parler.

En France moyenne, ce qu'on appelle «château» est une bourgade importante, dont le statut est à peine moindre que celui d'une cité en titre, et qui en a la plupart des fonctions. Il y règne souvent un comte ou vicomte, un «prince», un chevalier de premier ordre que d'autres chevaliers, maîtres de seigneuries rurales proches (de petits «domaines») rejoignent, escortent ou affrontent en ce château[221] et auxquels s'agrègent tant bien que mal quelques ministériaux. La seigneurie châtelaine est à proprement parler la relation de ce chevalier prince avec ces hommes nobles du château, combinée avec l'autorité plus rude et plus directe sur les habitants des bourgs subcastraux, et avec le contrôle de routes et de forêts. Le livre pionnier de Georges Duby sur le Mâconnais peut être à la fois trompeur et suggestif. Il sous-estime le caractère «banal» des petits domaines, et suggère que le ban châtelain a soudainement fracturé la société rurale, ce que rien ne démontre. Mais il décrit bien une concurrence entre les seigneuries, d'où je crois qu'on peut glisser aux idées d'émulation et de coordination : les seigneuries rurales sont soutenues par le réseau noble qui se regroupe au château et par ses ramifications religieuses. Et il est de fait qu'en un temps de guerres vicinales et de tractations multiples entrecoupées de voies de fait, toutes les seigneuries sont axées sur la justice et sur le prélèvement tributaire. A Viry, c'est la même année (en 1067) que Notre-Dame

---

220. Cf. par exemple cet acte de 972 environ (éd. C. Devic et J. Vaissette, *Histoire générale de Languedoc*, tome V, 2ᵉ éd., Toulouse, 1875, Preuves, nᵒ 125 : «[...] *cum hominibus et feminabus inde naturalibus* [des natifs, au profil servile] *et omnes usaticos et tallias et albergas, et servientes*».

221. Cf. *infra*, chapitre VII, p. 282-286.

de Paris se heurte à ses manants et défend ses prérogatives face à l'avoué, comte de Vermandois, dont l'autorité épaule alors la sienne[222]...

Encore ne faisons-nous que nous construire des idéaltypes et des modèles à partir de sources qui montrent seulement les prétentions de «puissants du château» à percevoir de «mauvaises coutumes» sur des terres d'Eglise. En cela, nous réduisons la variété et la complexité des dispositifs de quadrillage du pays; et nous risquons aussi de perdre de vue l'essentiel, le rapport social favorable aux nobles qui précède transcendantalement tous ces dispositifs et que soutiennent le tranchant des épées ou celui des schémas idéologiques!

Face à leurs voisins châtelains[223], les églises insistent alors sur le caractère domestique ou servile de leurs villains. Entre 1015 et 1023, Marmoutier fait tracer la limite des interventions de comtes, de sires, de chevaliers et voyers châtelains sur tous ceux qui résident dans sa poesté (*potestas*), ou qui accomplissent une tâche (*ministerium*) dans sa domesticité (*familia*), qu'ils soient libres ou colliberts[224]. En 1032 au Poitou, les «hommes propres» de Verrines, on l'a dit, sont des manants dans la même situation, que Saint-Maixent affirme comme siens; et à Montamisé (entre 1045 et 1050), les habitants natifs s'exemptent de coutumes comtales en acquittant le chevage à ce monastère[225]. On est à la périphérie menacée d'un patrimoine.

Révélée dans les dossiers de l'an mil, et non pas subitement produite par une crise sociale, la seigneurie châtelaine ne saurait donc avoir dans l'histoire de la servitude le rôle décisif que lui assignent les historiens mutationnistes.

Resterait à discuter l'évolution plutôt «déféodalisante» que la vieille école plaçait un siècle plus tard. Les hôtes de l'an 1100 ont

222. Cf. juste *supra*, note 219.
223. Ou plutôt demi-châtelains, et pluri-châtelains : cf. mes développements sur le Vendômois, dans *La société...*, chapitre VI et *passim*.
224. Acte de 1015-1023, édité par J. Boussard, «Le droit de *vicaria* à la lumière de quelques documents angevins et tourangeaux», dans *Mélanges Edmond-René Labande*, Poitiers, 1974, p. 39-54 (P.J. n° 4, p. 51-52).
225. A. Richard (cité *supra*, note 65), n°s 91 et 112.

fait rêver le XIXe siècle : il y voyait des migrants courageux, serfs éva-
dés du domaine, allant chercher fortune et liberté sur les fronts
pionniers du défrichement ou dans la fièvre des villes ranimées – en
Amérique en somme!

Pourtant les hôtes d'Ile-de-France, dès cette première phase de
leur histoire, ne sont pas si clairement opposables aux serfs[226]. Déjà,
on les «donne», eux aussi[227], on les soumet à des cens qui ressemblent à des chevages aggravés[228]. On leur interdit de partir sans
l'aval de leur seigneur[229] et dès 1063-1082, un acte de Saint-
Germain-des-Prés évoque des hôtes natifs (*hospites naturales*)[230]
comme il y a des serfs natifs... Dans ces cas, je me demande si le
terme ne vient pas surtout renforcer la prérogative du seigneur; foin
des droits du paysan colon : lui seul est propriétaire et il est bien
bon d'accueillir chez lui des hôtes, qui lui devront beaucoup. Voilà
bien le pouvoir des mots, et comment une société ancienne peut
méconnaître le travail! La distinction avec les serfs vaut surtout
quand des hôtes, tels ceux d'Orly en 1100, demeurent dans la *villa*
d'un autre seigneur que celui de leur corps[231]. Mais justement, cette
distinction sert aussi à poursuivre des hommes qui ont quitté leur
seigneurie natale.

Je propose donc de raisonner ainsi : quand s'accroît la mobilité
des sujets, l'argumentation des seigneurs se reporte davantage sur
cette servitude personnelle, cette dépendance de corps qui en prin-

226. Contrairement à ce que pense, entre autres, M. Bloch, *Rois et serfs...*, p. 25.

227. J. Depoin, *Recueil de chartes et documents de Saint-Martin-des-Champs*, tome I, Paris,
1912 (Archives de la France monastique, 13), n° 83 (1098-1099); cf. la donation de serfs,
dans les mêmes termes, n° 79 (1096-1097).

228. *Ibid.*, n° 55, chevage de 12 deniers.

229. *Ibid.*, n°s 124 et 160 (1108-1109 et 1120) : autre trait qui rapproche l'hôte du *servus*
évoqué par les chartes urbaines.

230. R. Poupardin, *Recueil des chartes de l'abbaye de Saint-Germain-des-Prés des origines au
début du XIIIe siècle*, tome I (558-1182), Paris, 1909, n° 69.

231. B. Guérard éd., *Cartulaire de Notre-Dame de Paris*, tome I, Paris, 1850, p. 327; ici
se pose le problème des *servi* de l'évêque dans une *villa* des chanoines (Orly), et réciproque-
ment; sans doute faut-il, pour interpréter un texte comme celui-là, souligner la *relativité* des
statuts d'hôte et de serf : on peut être à la fois l'hôte d'un seigneur et le serf d'un autre.
Ailleurs (*ibid.*, p. 311-314), on égrène les mots, pour n'en pas oublier et parer aux chicanes :
«*servus vel ancilla vel hospes*».

cipe ne cesse de coller à la peau du migrant. C'est alors, en un sens, la fuite même qui fait le serf : son premier seigneur se met à lui réclamer avec vigueur, faute d'autres taxes, le chevage aggravé, la mainmorte, le formariage (d'où ces conflits évoqués avec rage par Guibert de Nogent[232]). Nous retrouvons là les mythes et les ambiguïtés de l'affranchissement. L'air de la ville rend serf, ou plutôt rend aiguë la question de la liberté; sa prospérité excite les seigneurs à demander le plus pour obtenir le moins. Peu de chartes de liberté urbaine ou rurale suppriment toutes les charges serviles, elles les limitent seulement; elles arbitrent les conflits que déchaînent ces revendications en servage.

Toutefois, même surestimé et mal interprété, le seuil des années 1100 correspond à une évolution réelle – et non à une simple illusion de perspective, comme je crains bien que le soit la prétendue mutation de l'an mil. A vrai dire, il ne s'agit pas de grands défrichements ni d'essor soudain de la vie urbaine, mais de regroupement dans des villages castraux (Languedoc de Monique Bourin[233]), dans les vrais villages du Nord et de l'Est – disons, villages ruraux – dont Robert Fossier aime à dire la naissance au XIIe siècle. C'est là et à ce moment que se pose la question du changement social, et il advient en effet dans une certaine mesure. Toutefois, assez d'institutions et d'idéologie sont là pour le freiner : les collectivités d'hommes ainsi formées, celles mêmes des sauvetés, sont loin d'être à l'abri de l'imputation de servitude, car elle est l'une des dernières armes des seigneurs, réaffûtée par les juristes romanisants. D'où ces retours de servitude, apparemment spasmodiques et aléatoires, qui provoquent l'émoi ou la perplexité des historiens modernes et, une fois franchise rachetée, l'endettement des hommes[234]. Si l'Ouest est davantage épargné, n'est-ce pas que les cultivateurs s'y égaillent au milieu du bocage, et que les seigneurs tiennent plus solidement qu'ailleurs la terre de leurs «métayers»?

232. Cité *supra,* note 179.

233. M. Bourin-Derruau, *Villages médiévaux...*, tome I : très nettement, il y a un seuil des années 1070-1150.

234. Cf. M. Bloch, *Rois et serfs...*, et ma postface à la 3e éd., Paris, 1996.

Les ministériaux, serfs huppés

En s'en tenant aux Xe et XIe siècles, les dossiers individuels de serfs semblent concerner très majoritairement non des paysans de base, encore moins des exclus, des misérables, mais plutôt des ministériaux prospères et arrogants, ou des dévots pas tous désintéressés.

Serfs possesseurs de serfs, maîtres et sujets à la fois, vrais faux paysans[235], les ministériaux (maires ou prévôts) sont d'ailleurs comptés dans les polyptyques[236] et dans les descriptions de terres données. Dans le Poitou du Xe siècle[237], la moitié au moins des allusions aux *servi* et aux *mancipia* ne concerne qu'une seule famille. Les «domaines» sont-ils si petits? En fait, on se contente peut-être de mentionner le serf ministérial, le régisseur, c'est-à-dire le serf le plus notable, celui dont le maintien sur place importe le plus. La seigneurie locale est livrée, si j'ose dire, clef en main! A la fin du XIe siècle, les dons d'une aire de moulin avec «le fief de Duran Capet[238]», d'une part de bois avec les deux *famuli* forestiers[239], de la terre de Chabannes avec le *famulus* régisseur *(procuratorem ipsius terre)*[240] recouvrent bien la même réalité, comme si, en cent ou cent cinquante ans, les choses avaient moins changé que la manière de les décrire. Ce que Georges Duby dit être le dernier usage du mot de *servus* en Mâconnais (1105) est explicitement un cas de ce type : la

---

235. Voir les belles études de B. Cursente sur les *casalers* gascons, non pas une ministérialité au sens nordiste, mais une strate intermédiaire très intéressante de la société rurale : B. Cursente, «La société rurale gasconne au miroir des cartulaires (XIe-XIIIe s.). Notables du fisc ou paysans?», dans *Villages et villageois au Moyen Age* (Société des historiens médiévistes...), Paris, 1992, p. 53-65; et «Puissance, liberté, servitude; les *casalers* gascons au Moyen Age», dans *Histoire et société rurales*, 6, 1996, p. 31-50.

236. Cf. les ajouts à celui de Saint-Germain-des-Prés («d'Irminon»), de la fin du Xe siècle, cités *supra*, p. 129, note 144.

237. Du moins dans les trois recueils consultés (*supra*, note 65). La moitié des allusions, soit 18, contre 8 emplois où il s'agit manifestement de plusieurs familles; les 12 autres formules demeurent trop peu explicites.

238. L. Rédet, n° 78 (1073-1100).

239. P. de Monsabert, n° 136 (1077-1091).

240. *Ibid.*, n° 172 (1091-1115), où est également cité un forestier.

donatrice Nazarie cite deux villains avec ce qu'ils doivent comme service, «et je cède en même temps Richard, mon serf utile, responsable de toute la terre décrite» («*Richardum quoque utilem servum meum ministrumque totius descripte terre mee trado insimul*»)[241].

Les débats avec des individus le confirment : cette servitude, comme celle des paysans, mêle les éléments personnels et réels. Il y a une logique à cela : *servage de fonction* plus *terre de fonction* égale *servage de la terre de fonction*. On le voit clairement dans les cas où Marmoutier ou Saint-Père de Chartres affranchissent leurs maires en les obligeant à abandonner leurs tenures[242]. Aux enfants d'Ascelin fils Ohelme, on mettra le marché en main : ou déguerpir, ou demeurer serfs[243]. Mort avant 1069, le maire Otbert «a tenu de saint Martin une terre à Cedentem, et il était, de ce fait, serf de saint Martin» («*tenuit quandam terram apud Cedentem de Sancto Martino, propter quam ipse erat servus Sancti Martini*»)[244]. Cela entre dans le contrat des ministériaux que de se faire serfs, avant d'être investis de certaines charges, et les abbayes ne souhaitent pas autre chose que d'avoir leur mot à dire dans le cas (très fréquent) où ils veulent ensuite changer de patron, les empêcher de conserver leur terre de fonction. On voit cela dans les démêlés de Constant le Roux et de ses héritiers avec le Ronceray d'Angers, au cours du XIe siècle[245], entre 1080 et 1100 dans ceux qui opposent Rahier de Sarcé ou son frère à Saint-Vincent du Mans[246]. Le jeu des ministériaux et de leur famille consiste au contraire à s'accrocher à la terre tout en n'occupant plus la fonction, ou à patrimonialiser l'une et l'autre, ou à tenter de déplacer leurs richesses hors de la terre des moines.

Mais l'«arrogance» des ministériaux d'Eglise, leur «mauvais comportement» concernent évidemment l'ensemble de leur action. Ils

241. CL 3825.

242. Par exemple : B. Guérard, *Cartulaire de Saint-Père de Chartres* (cité *supra*, note 13), tome II, p. 297 (1090-1101).

243. Cf. *supra*, chapitre III, annexe I.

244. SM 76.

245. P. Marchegay (cité *supra*, note 118), n° 34.

246. R. Charles et S. Menjot d'Elbenne éd., *Cartulaire de Saint-Vincent du Mans*, tome I, Mamers, 1886, n°s 307 à 310 ; voir l'étude de B. Lemesle, à paraître dans les *Mélanges André Chédeville*, Rennes, 1998.

empiètent sur les moines prévôts à qui ils sont censés obéir ou avec qui ils devraient collaborer. Ils grèvent les paysans. Ce sont, avec les chevaliers violents, les grands décriés au fil des cartulaires – et comme eux, en fait, des partenaires indispensables aux moines!

Quel cartulaire du XIe siècle, un peu étoffé, ne comporte pas de ces suites savoureuses et suggestives de notices qui permettent de mesurer toute l'ambiguïté de la relation entre une église et ses maires ou prévôts? La position même de ces hommes et de leurs familles est contrastée, comme on l'a dit, et il est normal qu'elle propose une sorte de défi au schéma des trois ordres – qui est là, lui, pour maintenir la vigueur de la théorie, en dépit précisément de ce type de cas concret! Ici, très nettement, la servitude ne dessine que l'un des traits d'un profil sociologique. Mais moins elle a de part au résultat final, plus l'hommage servile est nécessaire. Il vise moins à permettre des prélèvements qu'à maintenir une discipline.

Nous retrouverons plus loin[247] ces personnages interlopes! A défaut d'être dits serfs et nobles à la fois – trop de paradoxe casserait le jeu social – certains concilient tout de même la servitude avec la chevalerie (*militia*), qui est depuis toujours évocatrice de la noblesse. Ils y ont accès, moins par le fait des abbayes elles-mêmes que par les liens contractés avec les puissants d'alentour, par l'entregent qu'ils ont acquis ou qu'ils avaient – qui sait? – dès l'abord. On le voit bien entre 1077 et 1091, dans un accord entre Nouaillé et Engelelme de Mortemer sur Bouresse et Mazerolles. Parmi les torts de ce rude voisin laïc des églises, il y avait auparavant, d'une part un droit de poursuite sur les «manants» en cas de formariage, d'autre part une politique de débauchage des «serfs de Saint-Junien» : «ils venaient à lui, et il faisait d'eux des sergents de sa maison ou des agents de toute sorte, même il faisait de certains des chevaliers sans l'accord de l'abbé et des moines» («*Servi vero sancti Juniani ad eum venire solebant, et ex illis suos servientes in domo sua vel quoslibet ministros, quosdam autem milites faciebat absque consensu abbatis*

---

247. Chapitre VII, p. 276-278. Ils sont bien présents dans les monographies régionales consacrées au Mâconnais (G. Duby), aux pays charentais (A. Debord, p. 248-253), au Chartrain, au Vendômois…

atque monachorum») [248]. Les ministériaux sont ici opposés, en tant que serfs, aux vilains qu'ils administrent, mais dont rien ne dit qu'ils ne sont pas également serfs.

De manière générale, loin d'être plus serfs que leurs administrés[249], les ministériaux le seraient plutôt un peu moins. Le rite d'autodédition qui leur est souvent (mais pas toujours) demandé ou accordé, lors de leur entrée en fonction, entraîne en effet, par la même raison que dans le paradoxe de l'affranchissement[250], l'idée d'une liberté native. Ce servage est authentique dans sa forme, mais il peut être conçu comme passager, instrumental ; l'affranchissement à la sortie de fonction efface en somme un contrat provisoire, et restitue l'homme à sa condition initiale, à sa *pristina libertas*, comme dit un acte de Saint-Père de Chartres[251].

Nous avons vu Marmoutier donner dans la nuance, sans s'y perdre, avec Alcher de Villetard, en 1097[252]. Il est serf et chevalier, à la fois ; c'est là une rencontre un peu insolite, mais peut-être pas exceptionnelle. Les petits chevaliers du XIe siècle ont quelques allures nobles ; leur seigneur peut leur payer des «funérailles nobles», à l'occasion. En même temps, beaucoup sont serfs ou anciens serfs, des affranchis dont le statut originel n'est pas entièrement effacé. Ainsi, une large frange de la chevalerie n'est-elle pas à l'abri de la récurrence des imputations de servage. Au Vendômois, deux frères sont «d'astucieux chevaliers» «*milites astuti nimis*» et serfs, en 1058[253]. Est-il besoin, après tout, qu'un principe social soit toujours respecté dans le concret, pour qu'il demeure idéologiquement fort, et même efficace ?

---

248. P. de Monsabert, n° 142. Sur le dilemme : remise d'armes, ou adoubement cérémoniel?, *infra*, chapitre VII, II. Plus tard, au XIIIe siècle, ce dernier vaut affranchissement : M. Bloch, «Un problème d'histoire comparée...», p. 524.

249. Selon l'hypothèse d'A. Chédeville, *Chartres et ses campagnes...*, p. 374-375.

250. *Supra*, p. 131.

251. B. Guérard, II, p. 296 et 346-347 (1101-1129, même affaire en deux versions) et p. 423 (1108). On commence, dans la première moitié du XIIe siècle, à faire du servage d'origine une catégorie spécifique (*ibid.*, III, p. 457 et 507).

252. Acte traduit dans l'annexe du chapitre III.

253. C. Métais, *Cartulaire...*, I, n° 122. Et quelle rosserie il y a à les dire rusés plutôt que braves!

Ne nous y trompons pas : le prestige de ces hommes, leur entre
gent, leur richesse n'enlèvent rien à leur souillure servile. C'est su
leur personnage une tache qui se voit en tant que telle (et qui le
pousse à se faire par ailleurs reluire tant qu'ils peuvent). Voici u.
récit de Lambert d'Ardres; il est écrit *a posteriori,* mais l'épisode s
passe au XIᵉ siècle : une vavassoresse de la terre de Guines, au soir d
ses noces, se voit réclamer la *colvekerlia,* «à la fois la honte et la taxe
honteuse» («*obrobium simul et pensionem obprobriosam*») et elle er
rougit, on le conçoit, avant d'obtenir l'abolition de cette servitude[254]. De même, la chronique de Saint-Bénigne de Dijon relate
l'échec d'un prévôt, dont elle tait le nom parce qu'à présent ses descendants sont chevaliers : il est venu prêter l'hommage de chef tôt
le matin de la fête du saint, pour n'être point vu; or un miracle le
contraint de réitérer en plein jour, en public et à sa grande confusion[255]. Au Xᵉ siècle déjà, saint Benoît avait frappé miraculeusement
son serf Stabilis, qui avait fait fortune loin de lui par le travail et
consacré sa réussite par la chevalerie[256].

En cette matière comme en d'autres, je crois que les dossiers du
XIᵉ siècle ne font que révéler plus en détail des rapports sociaux qui
ne sont pas entièrement nouveaux. Car un capitulaire de
Charlemagne évoquait déjà ceux qui, quoique serfs, «sont dotés de
bénéfices honorables, tiennent des fonctions ministériales» (*honorati beneficia et ministeria tenent*), et sont en vasselage : on les autorise au port d'armes nobles, écus, lances, épées[257]. Et il y a les

---

254. *Historia comitum Ghisnensium,* 36, éd. J. Heller, Hanovre, 1879 (*MGH. Scriptores
in-folio,* 24), p. 579-580. On lui donne quinze jours de délai, au bout desquels elle se présente avec sa parenté devant le seigneur de Hames. Mais le débat tourne en sa défaveur et il
faudra l'intervention de la comtesse de Guines, dont elle a l'oreille, pour faire abolir cette
mauvaise coutume, cette injuste servitude par laquelle « *nobiles ut ignobiles non dissimili sanc-
tione pactionis in servitutis conditionem redigi et involvi*»… Voici reposée, une fois de plus, la
question du servage en termes d'antinomie avec la noblesse.

255. *Vie de Garnier,* citée par A. Déléage, *La vie économique et sociale…,* p. 594.

256. E. de Certain éd., *Les miracles de saint Benoît,* Paris, 1858, p. 218-219 (V, 2). Il n'est
pas absolument certain que ce Stabilis soit un ministérial.

257. A. Boretius éd., *Capitularia Regum Francorum,* tome I (*MGH Legum Sectio I*),
Hanovre, 1883, n°25 (p. 67). Cf. aussi le texte de 972 cité *infra,* chapitre VII, p. 274, n. 210.

carrières ecclésiastiques et palatines des fils de serfs, au IXe siècle. La filiation avec des statuts d'intendants esclaves de l'Antiquité romaine, ou d'affranchis florissants, peut même être envisagée. Chaque époque a les serfs régisseurs qu'appellent ses institutions; ceux du XIe siècle ont une dimension plus locale, mais sans doute sont-ils plus nombreux; l'essor des temporels monastiques doit les multiplier.

Quand on s'est émancipé de la croyance que tous les serfs sont de naissance et très pauvres, rien n'oblige à supposer que ces ministériaux sont des *self made men*, sortis de la domesticité la plus humble ou du manse servile le plus crotté; tout en dissuade plutôt. Ne sont-ce pas des petits notables qui, pouvant au servage incliner leur fierté, ont assumé les paradoxes du métier? A l'extrême fin du XIe siècle, du moins, les maires de Saint-Père de Chartres s'élèvent, doucement, de l'hommage de chef à l'hommage lige[258]. S'il y a une abolition graduelle, mais irrésistible et sans retour, d'une servitude aux XIIe et XIIIe siècle, c'est de celle des ministériaux.

De pieux asservissements

Formellement, le servage de ceux qui s'offrent aux églises, oblats par ou sous couvert de piété, ne doit pas être pris moins au sérieux que celui des ministériaux d'allures chevaleresques. Ce n'est pas une simple formule sans rite ni taxe spécifique, comme quand Adalbéron de Laon dit les clercs et moines «serfs de Dieu», ou quand le pape s'intitule *servus servorum Dei*. S'il faut mettre un bémol à la servitude de certains oblats, c'est dans la pratique et parce que leur condition sociale ne se ressent presque pas à ce servage de l'autel. En outre, une pensée dialectique est à l'œuvre, d'autant plus qu'on entre davantage dans le champ religieux où qui s'abaisse sera élevé et où, nous l'avons vu[259], la fausse liberté du siècle ne pèse

258. On le qualifie alors, malgré son caractère assez contraignant, de *liberum hominium*; B. Guérard éd., *Cartulaire de Saint-Père de Chartres*, tome II, Paris, 1840, p. 297 (1090-1101); et les commentaires d'A. Chédeville, *Chartres et ses campagnes...*, p. 383.

259. *Supra*, p. 144.

guère en face d'une servitude sainte. Bonne affaire que d'aliéner un statut temporel contre un passeport pour l'éternité.

Car il y a des *chartes* d'autodédition, dont la tradition remonte au moins aux temps carolingiens, en Francie. Leur corroboration par l'oblat peut s'intégrer à une cérémonie marquée auparavant par la remise des quatre deniers du chevage sur l'autel, et par le passage à soi-même de la corde au cou, comme à Marmoutier. C'est là un «usage séculier», comme le porte à Vendôme en 1080 la charte d'oblation d'Engebaud le miraculé[260]. Avec deux autres pièces, elle a fourni à Etienne Pasquier, dès la fin du XVIe siècle, la matière d'un beau développement sur «une nouvelle forme de servitude non cogneuë par les anciens Romains, introduite longtemps après notre christianisme[261]». Oui, un servage bien «français», bien médiéval du moins; l'écart avec l'esclavage juridique des Romains est bien ressenti par Pasquier.

Le servage de l'autel a vu ses rites et ses idées s'assimiler dès l'époque carolingienne, au plus tard, à ceux de la dépendance de corps. Lors d'autodéditions aux églises, les textes des IXe et Xe siècles ne mentionnent pas tous la «servitude», noir sur blanc, et les historiens modernes ont souvent cru déceler, dans l'évolution du formulaire après l'an mil, un glissement vers le servage. Marc Bloch lui-même donne en exemple le dossier de Saint-Pierre de Gand, dont les femmes «tributaires» (Xe siècle) sont de plus en plus souvent «serves» au XIe siècle[262]. Mais, en réalité, ce tribut était-il, dans le Xe siècle, si clairement non servile[263]? «Libre» est le statut

---

260. Ch. Métais, *Cartulaire...*, I, n° 294.

261. Etienne Pasquier, *Les recherches de la France* (1560-1615), III, 41, col. 317-318 de l'éd. d'Amsterdam, 1723 (*Les œuvres d'Etienne Pasquier*, tome I).

262. M. Bloch, *La société féodale...*, p. 365 (il dit prudemment : «progrès d'une phraséologie», mais sa référence vient étayer un glissement réel).

263. A. Van Lokeren (cité *supra*, note 132); il y a là une cinquantaine d'actes pour les Xe et XIe siècles (datations révisées sous ma direction par C. Oursin, «Le servage d'Eglise à l'abbaye de Saint-Pierre au Mont Blondin à Gand», mémoire de DEA, 1996, université de Paris-XII, p. 33-47). Le n° 20 (947) agrège un enfant à la *familia*, en l'astreignant à deux deniers annuels, à 6 d. lors de son mariage «et pour le reste» il sera libre «sauf que» (encore!) on laissera aux moines 12 d. sur son héritage. Dans ce cartulaire où les tributaires cédés, ou auto-donnés, sont souvent des femmes et des enfants, le vocabulaire de la dépendance évoque celui de la tutelle (maimbour, défense). Ici comme ailleurs, l'évolution des styles, au XIe siècle, va vers moins de phraséologie et davantage de précisions concrètes.

de départ, et les affranchissements n'ont servi qu'à défaire le lien avec un ancien maître – créant ces «affranchis d'un instant» si bien compris par Marc Bloch et par lui seul[264]. J'ai analysé plus haut[265] des nuances d'expression parfois mal comprises par des historiens qui créent dans les principes trop de dépendances libres ou de demi-libertés, là où il n'y a l'idée que d'une servitude. Et quand la libre matrone Richilde se donne, entre 794 et 800, à l'autel de Saint-Séverin de Cologne pour y être censitaires de cire (*cerocensuales*), elle et ses descendants, à charge pour ceux-ci, lorsqu'ils atteignent l'âge adulte, de verser chaque année le tribut à l'autel, et de payer six deniers lors des mariages et des décès dans la famille[266], que faut-il de plus pour que ce soit un servage? Cela ne va-t-il pas sans dire? Nous ne voyons d'ailleurs ici aucun des aménagements qui, à partir du XIe siècle, limitent les taxes de la dépendance de corps à des cas de formariage, de succession collatérale...

Les variantes dans le détail des rites et des tributs du servage d'oblation ne permettent donc ni de constituer des typologies strictes ni de dessiner des évolutions en droite ligne. Du moins le problème clef n'est-il pas celui de la servilisation croissante des dépendants d'Eglise. Ne faut-il pas plutôt s'interroger sur l'émergence, au sein de cette masse un peu informe, d'une catégorie proprement dévote? Savons-nous si la matrone Richilde avait des

---

264. M. Bloch, «Les *colliberti*...» (1938), cité *supra*, note 23. Au Chartrain, A. Chédeville a tort d'écarter son interprétation au profit de celle de G. Duby (*Chartres et ses campagnes...*, p. 372-373). Que les préambules évoquent l'affranchissement réel, c'est normal, puisqu'on en utilise tout le formulaire. Et il n'est pas évident que les enfants ne soient pas concernés (cf. B. Guérard éd., *Cartulaire de Saint-Père...* [cité supra, note 13], I, p. 180). Il y a une charte de donation à Saint-Père dont le préambule évoque l'affranchissementr (*ibid.*, I, p. 158, avant 1080), ou un maître qui donne sa serve en même temps qu'elle se donne elle-même (*ibid.*, II, p. 268, 1079-1101). Enfin Gibuin est affranchi en 1061 par le vicomte de Chartres, et figure comme témoin de sa propre libération, «*vice sancti Petri, cui se sponte subdidit*» (*ibid.*, I, p. 189).

265. *Supra*, p. 124-127.

266. Acte cité par G. Franz, *Quellen zur Geschichte des deutschen Bauernstandes im Mittelalter*, Berlin, 1967, n° 23. Il y a toute une enquête à poursuivre sur la situation des juristes du IXe siècle, marqués par la renaissance des études, dans une société héritière de diverses «dérives» socio-juridiques altimédiévales.

motifs proprement ou partiellement religieux? Non. En revanche, ceux-ci apparaissent déjà beaucoup mieux dans les sources du XIᵉ siècle, au temps du monachisme réformé et triomphal. De quoi proposer réflexions et hypothèses sur l'asservissement des miraculés, des testateurs, des pénitents – trois sous-catégories qui, d'ailleurs, interfèrent entre elles.

1) Le cas d'Engebaud à Vendôme (1080) est présenté de manière exemplaire. Gravement malade, se sentant «aux confins de la mort», cet homme a fait un vœu; guéri, il s'en acquitte en prêtant l'hommage de chef [267]. D'autres fois, ce sont des chevaliers captifs qui prononcent de tels vœux; ils s'engagent donc à venir une fois l'an, à la fête du saint, refaire l'hommage et perpétuer ainsi le récit du miracle – à moins qu'ils ne se fassent représenter... par un de leurs serfs[268]! Ceci contribue aux «dynamiques miraculeuses», chères à Pierre-André Sigal[269], qui souligne tout de même l'absence de pression proprement juridique sur les serfs dévots négligents. En effet, il n'y a pas, dans nos cartulaires, de revendications de serfs explicitement argumentée sur un hommage servile de dévotion. Mais, et la pression socio-religieuse?

Les moines de Fleury-sur-Loire, en leurs récits de miracles de saint Benoît, assurent que la guérison produit une dette du miraculé, qu'une autodédition en servage contribue à acquitter[270]. S'il s'éloigne trop vite du sanctuaire, s'il ne remercie pas assez, il s'ex-

267. C. Métais, *Cartulaire...* I, nº 294.
268. Texte cité par D. Barthélemy, *Les deux âges de la seigneurie banale. Coucy (XIᵉ-XIIIᵉ siècle)*, Paris, 1984, p. 62 et note 54. Il n'est ni exceptionnel ni illogique, de toute manière, qu'il y ait des serfs de serfs (cf. la Bourgogne d'A. Déléage), à partir du moment où la servitude qualifie le lien particulier entre deux personnes; les hommages serviles ne sont-ils pas tout aussi superposables que les hommages vassaliques?
269. P. A. Sigal, *L'homme et le miracle dans la France médiévale (XIᵉ-XIIᵉ siècle)*, Paris, 1985, p. 110-116 sur le servage votif, avec bibliographie de la question.
270. A l'aube du XIᵉ siècle, un ouvrier nommé Archembaud a été victime d'un accident du travail sur le chantier de Saint-Benoît-sur-Loire (Fleury); nourri et guéri par les moines, «il rend les actions de grâce dont il a fait vœu et, par la suite, il se donne lui-même comme serf de l'église» (*mancipat servitio*): André de Fleury, *Vie de Gauzlin, abbé de Fleury*, II, 60, éd. et trad. R. H. Bautier et G. Labory, Paris, 1969 (Sources d'histoire médiévale publiées par l'IRHT, 2) p. 114-117.

pose à une rechute[271]. Or remercie-t-on jamais assez ? Il y a là en outre de quoi rendre compte utilement de quelques guérisons miraculeuses un peu trop passagères. Pour autant, le bilan exact des « échanges » entre les miraculés et les sanctuaires n'est pas si facile à établir, ni toujours le même. Disons seulement que ce servage-là, en principe, remercie pour des dons[272] plutôt qu'il n'oblige à des tributs.

2) Encore tout maître de serfs peut-il vouloir prélever quelque chose à sa mort. Tout naturellement, on entrevoit donc une sorte de servage testamentaire ; la mainmorte deviendrait alors l'un des substituts possibles du testament *stricto sensu*, qui manque aux Xe et XIe siècles. C'est aussi une sorte de servage réel, quoique inversé : on s'asservit pour *donner* une terre. Voilà encore une des manipulations possibles du rite et de l'idée serviles. Nous avons un bel exemple avec l'autodédition à Marmoutier, en 1064, de Vivien le chevrier et de sa femme : elle vise à obtenir l'association avec le monastère (*societas beneficii*) et plus tard la sépulture ; par une clause unique au cartulaire des serfs, ce servage institué est, explicitement, non héréditaire[273]. De toute façon, c'est un couple âgé, dont les quatre enfants déjà nés, selon une règle habituelle, ne sont pas inclus dans l'asservissement. Tout au plus sont-ils « autorisés », s'ils le souhaitent, à imiter leurs parents.

Dans ce cas, le servage pieux permet d'accéder à des rites funéraires nobles, qui vont plutôt de pair, habituellement, avec le don de terre par avance et avec l'obtention du monachat de dernière heure. Mais n'épiloguons pas trop, car il y a de nombreuses modulations et subtilités, qui nous échappent toujours un peu, dans la relation entre un monastère et les « classes moyennes » de son district.

271. Récits d'Aimoin de Fleury, au livre III (chap. 3 et 18) des *Miracles de saint Benoît*, éd. E. de Certain, tome I, Paris, 1858, p. 130-132 et 165-166.
272. De toute façon, un monastère se doit d'aider ses serfs harcelés par la faim, comme le fait Cluny à l'aube du XIe siècle : CL 2431 et 2670. L'abbaye de Vendôme, elle (C. Métais, n° 201), oblige au servage un couple et ses enfants en échange d'un secours alimentaire.
273. SM 111. Il faut peut-être évoquer aussi le cas d'Agnus en relation avec Cluny, entre 1049 et 1109 (CL 3161) : il renonce à ses querelles, remet une terre *post mortem* et obtient le droit au monachat et à la sépulture ; il reste en paix avec Cluny qui peut cependant, semble-t-il, lui demander le chevage (l'acte n'est pas tout à fait clair).

3) Et comment s'étonner qu'il y ait aussi une oblation servile à titre pénitentiel? Il n'y a évidemment qu'une nuance entre être captif de la maladie et l'être du péché : les rites de l'action de grâce sont proches de ceux de la pénitence. En outre, un pénitent est quelqu'un qui s'avoue vaincu, qui *se rend*, en adoptant l'une des postures paradigmatiques de la servitude. Le cas du comte de Vendôme, Geoffroi de Preuilly, est fameux[274]. Ayant de graves torts envers le monastère de la Trinité, il vient à résipiscence en 1100 : il se prosterne aux pieds de l'abbé Geoffroi, promet de ne plus lui nuire, remet sa querelle, «et il se plaça quatre deniers sur la tête, qu'il mit ensuite sur l'autel avec un couteau» («*IIII etiam denarios super caput suum posuit, quos inde super altare cum quodam cultello misit*»[275]). Le mot de *servus* ne se trouve pas dans le texte, mais c'est bien là le servage et, du chevage, plus qu'une simple «figuration[276]». L'abbé Geoffroi de Vendôme a estimé très graves les fautes du comte et demandé plus qu'un simple hommage des mains, comme ceux qui réglaient jusque-là, avant les temps d'intransigeance grégorienne, bien des conflits avec les chevaliers. D'autres chevages nobles et même royaux, dès lors, jalonnent l'histoire de la servitude sainte, non héréditaire et peu contraignante.

On a l'impression, tout de même, qu'elle engage de moins en moins la condition sociale de l'individu – comme si, désormais, ce qui se fait dans la sphère du sacré était de plus en plus autonome. Au demeurant, les XIIe et XIIIe siècles définiront explicitement les statuts de donats ou d'oblats, élevant alors seulement la fameuse cloison entre cette vraie fausse servitude et les autres dont Léo Verriest a tiré une théorie péremptoire sur les assaintements de tous temps et en toutes circonstances.

---

274. Cf. P. Petot, «Sur une charte-notice vendômoise», dans *Mélanges Louis Halphen,* Paris, 1951, p. 581-686.

275. C. Métais (cité *supra*, note 149) II, n° 400.

276. P. Petot, «Sur une charte-notice vendômoise», p. 586.

*

*   *

Avec tout cela[277], la théorie d'un passage, vers l'an mil, d'une servitude à l'autre n'a pas lieu d'être soutenue. Il y a eu, aux Xᵉ et XIᵉ siècles en France, à la fois *une* servitude idéologiquement constituée, et diverses servitudes pratiques et circonstancielles, toute une gamme durablement discernable à travers les textes, beaucoup plus que les deux seules, l'ancienne et la nouvelle, à quoi le mutationnisme réduit trop les choses.

La plupart de ces servages et, plus encore, l'idéologie et les rites qui les étayaient, étaient véritablement postcarolingiens – et, pour certains, enracinés en-deçà du IXᵉ siècle, dans son passé plus lointain. On n'était pourtant pas sous un régime de droit antique pur et dur. En dépit de la rémanence de mots (*mancipium, servus*) et de formules, les idées et les pratiques de la servitude avaient pris un tour un peu inédit, du moment que les serfs avaient une vraie famille. Je rejoins ici l'insistance de Pierre Toubert et la démonstration de Régine Le Jan (laquelle, du moins, s'applique aux nobles) sur le rôle historique de la famille conjugale[278] : tout le développement du chevage et de la dépendance de corps en dépendait. La vieille école avait beau lire naïvement certains textes et réifier trop vite des schémas et ses idéaltypes, sa pensée était axée sur l'essentiel – sur quelque chose dont les modèles millénaro-mutationnistes risqueraient de nous détourner.

Abréviations
SM *Livre des serfs* de Marmoutier
CL Chartes de Cluny

277. Voir la fin du chapitre III, *supra*, p. 87-89, pour un bilan, en forme d'annonce, des lignes de force de cette approche de la servitude; pour celle-ci, le mutationnisme a servi d'utile repoussoir.

278. P. Toubert, «Le moment carolingien (VIIIᵉ-Xᵉ siècle)», dans A. Burguière... dir., *Histoire de la famille*, tome I, Paris, 1986, p. 333-360. R. Le Jan, *Famille et pouvoir...* (cité *supra*, note 145).

CHAPITRE V

Le mot *miles* et l'histoire de la chevalerie

A mot nouveau, classe nouvelle? Dans la théorie, aujourd'hui dominante, de la mutation sociale de l'an mil, l'apparition et la diffusion du mot *miles* et sa rapide transformation en un titre constituent un point fort. Là commence l'histoire de la chevalerie.

Il semble normal, à première vue, de trouver des chevaliers et la chevalerie là où il y a des *milites* et la *militia*, c'est-à-dire à partir de 980-1030, dans les chartes des diverses régions de France. L'un et l'autre soudain se répandent, et *miles* est clairement périphrasé par des expressions comme « *seculari militie deditus* », « voué à la chevalerie (milice) du siècle [1] ».

Pourtant, on aurait bien étonné les auteurs de la « vieille école » (régnante de 1840 à 1940, et même 1968) en faisant de l'an mil une date charnière de l'histoire chevaleresque. A l'instar de Guizot ou de Flach, ils distinguent en général une « chevalerie primitive » des Xe et XIe siècles, toute vassalique par son contexte, sa terminologie et ses valeurs, d'une chevalerie transformée, épurée à partir du XIIe siècle, par « le travail de l'Eglise et de la poésie [2] ».

---

1. B. Guérard éd., *Cartulaire de Saint-Père de Chartres*, 2 vol., Paris, 1840, tome I, p. 55-56 (965), et 74 (978) ; cf. A. Chédeville, *Chartres et ses campagnes, XIe-XIIIe s.*, Paris, 1973, p. 312.
2. F. Guizot, *Histoire de la civilisation en France depuis la chute de l'Empire romain*, tome III, Paris, 1846, p. 334 : « la chevalerie est née simplement, sans dessein, dans l'intérieur des châteaux, et par suite, soit des anciennes coutumes germaines, soit des relations du suzerain avec ses vassaux » ; J. Flach, *Les origines de l'ancienne France*, tome II, Paris, 1893, p. 569.

Ici encore, il faut repartir de la vieille école. Les historiens récents de «la chevalerie» se sont contentés, comme pour «les servitudes», de glaner des mots dans les sources indirectes et éparses des Xe et XIe siècles. Mais ces glanes ne les ont-ils pas un peu détournés d'une représentation concrète? Et les relations mêmes du mot *miles* avec d'autres ont-elles été bien aperçues?

Commençons par les deux indéniables synonymies de *miles* avec *caballarius* et avec *vassus*. Il faudra ensuite envisager la polysémie de ces mots et leurs rapports avec *nobilis*; enfin, lancer deux hypothèses sur la vogue soudaine de *miles* dans les chartes de l'an mil, au détriment de son quasi-équivalent, *vassus*.

Le miles *comme cavalier*

Lorsqu'au XIIIe siècle on commence d'écrire des chartes en langue vulgaire, le titre latin de *miles*, illustrant des sceaux équestres, devient en français *chevalier*. Au XIe siècle déjà, il avait constamment pour synonymes des termes sans équivoque : *eques, caballarius*.

Georges Duby a bien noté la relation entre *miles* et *caballarius* dans le Midi : elle est étroite. L'essor de *caballarius* prouve, selon lui, l'influence des parlers vernaculaires, dans la «justice privée [3]»; et celle-ci explique également la diffusion de *miles*, qui en constitue la relatinisation. On passe de la transcription à la traduction. Présent au IXe siècle dans le nord du royaume [4], *caballarius* ne s'y rencontre

---

3. G. Duby, «La diffusion du titre chevaleresque sur le versant méridional de la Chrétienté latine», dans P. Contamine dir., *La noblesse au Moyen Age,* Paris, 1976, p. 63. *Miles* se répand cependant, dans les textes de la paix de Dieu, quinze ans plus tard que *caballarius* et en sens inverse (du nord au sud).

4. F. L. Ganshof éd., *Le polyptyque de l'abbaye de Saint-Bertin (844-859),* Paris, 1975 (Académie des inscriptions et belles-lettres), p. 14, 16, 19 à 23, et commentaire p. 85 («cavaliers», traduit F. L. Ganshof), mais ensuite on interprète ces *caballarii* en *milites*: *ibid.,* p. 143 et, pour Saint-Riquier, Hariulf, *Chronique de l'abbaye de Saint-Riquier (Ve siècle-1104),* éd. F. Lot, Paris, 1894 (Collection de textes pour servir à l'étude et à l'enseignement de l'histoire), p. 94 et 97. Cf. T. Evergates, «Historiography and sociology in the early feudal society : the case of Hariulf and the *milites* of Saint-Riquier», dans *Viator*, 6, 1975, p. 35-49 : cet historien dit à juste titre que *miles* n'est pas un titre au XIe siècle, mais dénie aux seigneuries châtelaines cette qualité.

plus guère au XIe, mais *eques* concurrence assez nettement *miles* sur ce créneau de la traduction[5]. Clairement, *miles* évoque donc un combattant à cheval.

Ni au Nord ni au Sud, *eques* ou *caballarius* ne descendent plus bas que *miles*. Ils en sont de véritables doublures : on les emploie même au sens vassalique. Montent-ils moins haut que lui ? Ce point mériterait un approfondissement, mais à première vue il ne le semble pas. Ainsi peuvent-ils l'un et l'autre s'appliquer à des entrées en chevalerie dont la portée symbolique et la ritualisation, quoique variables, ne font aucun doute : «tant qu'il ne sera pas chevalier» (*usque sit kavallarius*), porte un testament catalan de 1086[6], tandis que Guibert de Nogent se rappelle l'équipement (*apparatum militiae*) proposé par sa mère, «si je voulais être fait chevalier» (*si eques vellem fieri*) [7]. Chez cet auteur, *vir equester* est une expression de prestige[8], comme ailleurs *vir militaris*.

En général, les textes du XIe siècle ne pratiquent donc pas la distinction entre le cavalier et le chevalier. Vers la fin du XIe siècle seulement, la distinction s'esquisse, dans plusieurs textes, entre des *milites* et des *servientes*[9] : en ces derniers, on peut commencer à voir des «sergents à cheval», à la fois dégagés du servage et interdits de chevalerie. D'autre part, Foucher de Chartres a cette remarque intéressante, sur l'un des combats de la croisade : «nos chevaliers étaient au nombre de

---

5. *Eques* : L. Musset, «L'aristocratie au XIe siècle», dans P. Contamine dir., *La noblesse au Moyen Age*, Paris, 1976, p. 89 et 92. *Equitarius* : P. Marchegay éd., *Archives d'Anjou*, tome III, Angers, 1854, n° 258 (1035), où deux réclamations sont faites, par «*quidam miles*» et «*quidam equitarius*», en sorte que le comte convoque «*istos duos milites*». Chez les chroniqueurs, P. Van Luyn, «Les *milites*, dans la France du XIe siècle. Examen des sources narratives», dans *Le Moyen Age*, 1971 (4e série, 26), p. 21, note, vers la fin du XIe siècle, une «montée du mot *eques* (avec *equester*)», en liaison avec «le renouveau des études vers la fin du XIe siècle», et c'est bien la «chevalerie» par genre de vie, et avec le prestige.

6. P. Bonnassie, *La Catalogne du milieu du Xe siècle à la fin du XIe siècle*, tome II, Toulouse, 1976, p. 806.

7. Guibert de Nogent, *Autobiographie*, éd. E. R. Labande, Paris, 1981 (Les Classiques de l'histoire de France, 34), p. 40.

8. *Ibid.*, p. 152.

9. Cf. M. Bur, *La formation du comté de Champagne*, Nancy, 1977, p. 418 (années 1080). A la même époque, en Anjou : P. Marchegay, *Archives d'Anjou*, tome III, n° 100.

cinq cents, sans compter ceux qui allaient à cheval tout en n'étant pas reconnus du nom de chevaliers» (*milites nostri erant quingenti, exceptis illis qui militari nomine non censebantur, tamen equitantes*)[10]. On voit ici les premiers indices d'une dichotomie classique des XIIᵉ et XIIIᵉ siècles : celle entre les chevaliers et les sergents à cheval[11].

Mais jusque-là une telle dichotomie n'existait pas. On n'avait pas de mots pour distinguer entre une chevalerie prestigieuse et une cavalerie technicienne. C'est une interprétation réductrice de notre temps, qui évoque des *milites* «professionnels» auxquels on remettrait ses armes comme de simples instruments. Une belle monture, une épée, une lance seulement, n'étaient-elles pas toujours socialement consécratrices? Des chroniqueurs utilisent techniquement le mot de *miles* dans des récits de combats, quand une troupe à cheval entre en action, mais cela interdit-il de penser que le cheval était symbole de noblesse? Aujourd'hui encore, «cavalier» n'a pas que des connotations négatives...

Le miles *et le* vassus

Dès le IXᵉ siècle, les *vassi* étaient des guerriers à cheval; en ce mot, il y avait quelque chose de plus que dans le «vassal» des historiens, cet idéaltype happé dans une relation d'homme à homme, il pouvait s'employer sans référence précise à un seigneur.

Négligeant aussi le témoignage de l'archéologie (les belles tombes de guerriers francs!), les historiens attachés à la mutation de l'an mil racontent, quand *miles* se répand, une *militarisation* de l'élite. N'est-ce pas une traduction trop littérale? Elle est induite, en fait, par leur analyse de l'an mil comme déchaînement de violence. Ils croient entendre le cliquetis des armes à l'époque où les moines dénoncent des «mauvaises coutumes» et des coups de force (*violenter, per vim*) opérés par les chevaliers de châteaux *(milites castri)*.

10. Foucher de Chartres, *Historia hierosolymitana,* éd. H. Hagenmeyer, Heidelberg, 1913, p. 496 (cité par P. Van Luyn : *supra,* note 5).
11. Voir P. Contamine, *La guerre au Moyen Age,* 3ᵉ éd., Paris, 1992, p. 178 et *passim.*

Le mot miles et l'histoire de la chevalerie

A vrai dire, il existe deux versions de la militarisation de l'élite : avec ou sans son élargissement à des bandes de soudards ayant en poupe le vent du nouveau millénaire. Initialement, Georges Duby voyait, au Mâconnais, une ancienne noblesse se métamorphoser en chevalerie[12]. Mais par la suite, la plupart des monographies régionales, sous l'influence de Léopold Génicot[13], ont au contraire imaginé la chevalerie comme une classe sociale subalterne, faite de vassaux et de «guerriers professionnels» ou «simples hommes de troupe» : leur essor aurait commencé en l'an mil ou un peu plus tard, en contrebas de la noblesse, dont ils se seraient ensuite progressivement rapprochés; vers 1100[14], 1130[15] ou même 1200 au Namurois, ils auraient fusionné avec elle. Du moins, à défaut de rejoindre les comtes et les seigneurs

12. G. Duby, *La société aux XIᵉ et XIIᵉ siècles dans la région mâconnaise* (1953), 2ᵉ éd., Paris, 1971, p. 191-201. Position à laquelle il revient en 1972 : G. Duby, «Lignage, noblesse et chevalerie au XIIᵉ siècle dans la région mâconnaise. Une révision», repris dans *Hommes et structures du Moyen Age*, Paris, 1973, p. 395-422; «l'aristocratie des environs de Cluny n'est point du tout née de cette mutation» – celle de l'an mil (p. 405).

13. Léopold Génicot, aux portes namuroises du royaume de France, impose en 1960 le thème de l'opposition initiale des *milites* aux *nobiles,* classe contre classe. Ce n'est qu'au milieu du XIIᵉ siècle que des *milites* lui paraissent s'extraire de leur ministérialité (d'une *familia* quasi servile); ils rejoignent vers 1200 une noblesse jusque-là non chevaleresque (L. Génicot, *L'économie namuroise au bas Moyen Age*, tome II, *Les hommes, la noblesse,* Louvain, 1960, chap. I et II.) Cette étude a beaucoup influencé les recherches faites au nord de la Loire, Impressionné, G. Duby lui-même accepte en 1968 l'idée d'une distinction originelle entre la noblesse et la chevalerie, dont la conjonction sociale se déroulerait à une date très variable selon les régions (entre le Xᵉ siècle et les abords de l'an 1200) : «Les origines de la chevalerie», repris dans *Hommes et structures du Moyen Age*, Paris, 1973, p. 325-341. Il avait pourtant lui-même relevé, en 1961, la maigreur des sources namuroises du XIᵉ siècle. A mon sens, L. Génicot a pris un épisode particulier de l'histoire sociale (les luttes des années 1150-1200 en vue de définir juridiquement, donc rigidement, le statut des ministériaux) pour un fait structurel. Il a projeté rétrospectivement sur le XIᵉ siècle le clivage entre les *nobiles* et les *milites*, alors même que l'un de ses trop rares textes d'avant 1100 propose une articulation exemplaire et traditionnelle des deux notions. Cf. *infra*, chap. VII, p. 253.

14. P. Bonnassie, *La Catalogne...*, II, p. 802-806, «des cavaliers aux chevaliers». Egalement M. Bur, *La formation...* (cité *supra*, note 9), p. 417 (étrange décalage d'un siècle avec L. Génicot, tout proche!).

15. R. Fossier, *La terre et les hommes en Picardie jusqu'à la fin du XIIIᵉ siècle,* Paris-Louvain, 1968, p. 539-540, trouve les premiers *milites* en 947 (Vermandois) et les signes d'élévation de ces «soldats stipendiés» vers 1100; à partir de 1130, ils commencent de fusionner avec la noblesse. Cf. la 2ᵉ édition, Paris, 1987, p. 245-246.

châtelains, relèveraient-ils désormais des mêmes rites et des mêmes valeurs «chevaleresques», ceux et celles de la chevalerie classique, consacrée par l'Eglise, par le droit et par la société.

Toutefois, ici comme en matière de servitude, l'analyse des mots devrait être combinée avec d'autres critères et menée avec plus de méthode. Relisons les historiens de l'école méthodique (injustement décriée sous le nom de «positivisme»).

Paul Guilhiermoz avait donné du mot *miles* une analyse très fournie, dès 1902. Il en dit le double usage, pour désigner alternativement toute l'aristocratie et son «second degré», en dessous des *principes*[16]. Il montre surtout que ce mot fut, dès l'époque carolingienne, synonyme de *vassus* et de *vassallus* «dans les documents diplomatiques». Il considère ces deux termes comme des synonymes. L'un et l'autre en effet s'emploient en deux sens :

— le sens absolu : on est statutairement *miles* ou *vassus*, à quoi peut s'ajouter la noblesse, comme une épithète (*nobilis vassallus, nobilis miles*), ou la mention d'un lieu d'attache (*vassus civitatis, miles castri*) ;

— le sens relatif : on est *miles* ou *vassus* de quelqu'un, même si *homo* ou *fidelis* servent plus souvent encore à désigner celui que nous appelons vassal, qui s'est engagé par l'hommage des mains.

Ensuite *miles* relaie *vassus*. Les exemples «abondent au Xᵉ siècle, à la fin duquel *miles*, jusque-là employé concurremment avec les anciennes expressions, finit presque par les supplanter[17]». Or Guilhiermoz a absolument raison. *On néglige aujourd'hui cette synonymie* lorsqu'on déduit, de l'essor de *miles*, une militarisation inédite.

---

16. P. Guilhiermoz, *Essai sur l'origine de la noblesse en France au Moyen Age*, Paris, 1902, p. 139-142 et 145-147.

17. *Ibid.*, p. 337-338. Par conséquent, entre la «révolution» du VIIIᵉ siècle et les progrès de la paix au XIIᵉ, il y a pour Guilhiermoz une époque homogène.

Le mot miles *et l'histoire de la chevalerie*

Au Mâconnais, *miles* apparaît en 971, «traduction latine du mot vulgaire chevalier[18]». Dans les notices de plaids, tout soudain, il remplace *vassus*, «parfois pour qualifier le même personnage[19]». Il en va de même dans d'autres fonds : ainsi celui d'Homblières[20].

Donc en *Francia* traditionnelle ainsi qu'en Italie[21], *miles* relaie nettement *vassus*, et en prend clairement le double sens, «absolu» et «relatif». Les concessions en précaire ou *manufirma*, dans la seconde moitié du Xe siècle, se font à tel *vassus*, à tel *miles*[22], dont ces vocables disent bien, à la fois, l'honorabilité et la relative sujétion – et ce sont là des pratiques tout à fait féodales! Mais le *vassal*, en français du XIe siècle, n'est pas celui des historiens : la *Chanson de Roland* montre que ce mot n'a plus qu'un sens absolu[23] (synonyme de «*baron*», de «*chevaler*»). *Miles* aussi s'emploie majoritairement ainsi, mais il conserve en même temps l'usage que nous appelons «vassalique» (*miles alicuius*). Sur ce terrain, il est concurrencé par *homo* (et la langue vulgaire dit *hom*), quoique ce mot ne démarque pas autant la vassalité des dépendances moins honorables.

Il y a des chevaliers qui méritent en pays de Loire les honneurs de

18. G. Duby, *La société aux XIe et XIIe siècles dans la région mâconnaise*, 2e éd., Paris, 1971, p. 191.

19. *Ibid.*, p. 193 note 6.

20. W. M. Newman, T. Evergates, G. Constable éd., *The Cartulary and Charters of Notre-Dame of Homblières*, Cambridge, Mass., 1990 ; on y dénomme *vassallus* des souscripteurs individuels jusqu'en 988 (actes nos 8,9,15,17,18), et soudain voici *miles* (actes nos 20, 21), qui domine dès lors sans partage (actes nos 24, 26, 27, 29). Cependant *miles* perçait dès 956 (no 7 *Ego Wallo quamvis miles indignu*).

21. G. Duby, «La diffusion…» (cité *supra,* note 3). La marque des institutions et de la culture proprement «carolingiennes», comme le montrent les travaux de P. Toubert, a été plus forte en Italie que dans la future Occitanie.

22. G. Duby, *La société…* (cité *supra,* note 18), p. 193, note 6. A la même époque, les actes de Saint-Père de Chartres mettent en périphrase la chevalerie de ceux qui, au contraire, *concèdent* des biens à cens : cf. *supra,* note 1.

23. *La chanson de Roland,* éd. P. Jonin, Paris, 1979 (Folio), v. 25 («*De vasselage fu asez chevaler*»), v. 352 («*noble vassal*»), v. 887 («*Cil ad parlet a lei de bon vassal*», après le vers 752 «*Dunc a parled a lei de chevaler*»), v. 1094, 1870 («*Tient Durendal, cume vassal i fiert*», après les vers 1226, «*Vait le ferir en guise de baron*» et v. 1369, «*E li il ad cum chevaler mustree*»), etc. Ainsi ai-je tort de nier qu'il y ait des «vassaux» dans les chansons de geste : D. Barthélemy, *La société dans le comté de Vendôme, de l'an mil au XIVe siècle,* Paris, 1993, p. 363.

la périphrase; or ils se piquent aussi d'être *vassi dominici*[24]. Même valorisation d'une strate supérieure par une épithète : vassaux royaux sont chevaliers majeurs.

La substitution de *miles* à *vassus* frappe par sa soudaineté lorsque l'on considère un fonds isolément, mais en considérant l'ensemble des sources, on a plutôt l'impression d'un cheminement, d'une progression dans l'usage au cours du Xe siècle. Le mot paraît dans un sens vassalique, dans deux diplômes du roi Raoul (924 et 932), dans le second cas à propos d'un fidèle de très haut rang, le vicomte Dalmace, abbé laïc de Brioude[25]. On n'est pas là dans les sources les plus exposées à la pression de la langue parlée, mais dans celles où survivent le mieux les marques de haute culture «carolingienne». La *secularis militia* du Chartrain concerne, entre 978 et 996[26], le vicomte Hardouin (par ailleurs noble[27]) et un Rotrou dont procèdent sûrement les comtes du Perche; elle ressemble bien à la *fidelitas regni*. On est donc mis sur la piste d'un nouveau «titre chevaleresque» qui se diffuserait par le haut, en commençant par les plus nobles[28]. Notons également que cette *militia*, déclarée «mondaine[29]» et

24. *Vassus dominicus* se rencontre assez souvent entre 1040 et 1060 : O. Guillot, *Le comte d'Anjou et son entourage au XIe siècle*, tome I, Paris, 1972, p. 350 et n. 326, croit que cela signifie qu'ils sont vassaux du comte; je pense que c'est au roi que ce titre les rattache, au moins en théorie : l'un d'eux, Landri de Beaugency, est aussi appelé *drudus regis*, dans un diplôme royal. Des sondages dans les cartulaires angevins montrent que ces hommes sont aussi *nobiles, barones*, et que leur chevalerie est même soulignée par des périphrases. *Vassallus* tout court s'entend aussi au rang féodal d'en dessous, est également synonyme de *miles* qui l'évince peu à peu, mais est aussi relayé par «vavasseur» : cf. comte Bertrand de Broussillon, *Cartulaire de l'abbaye de Saint-Aubin d'Angers*, 2 vol., Angers, 1903, n°s 272 et 667 (même date : entre 1082 et 1106).

25. J. Dufour éd., *Recueil des actes de Robert Ier et de Raoul, rois de France (922-936)*, Paris, 1978, n° 6 (924, allusion à des «*milites qui praenominatae villae beneficium tenebant*») et surtout n° 17 (932, requête du puissant Dalmace, «*noster per omnia fidelissimus miles*») – à comparer au n° 43 (900, «*quidam nobilis vasallus fidelis noster*»). Suite de *miles* dans les diplômes royaux, *infra*, chapitre VII, annexe, p. 290.

26. B. Guérard éd., *Cartulaire de Saint-Père…*, I, p. 90 et 87.

27. *Ibid.*, p. 74 (978).

28. Selon Eudes de Saint-Maur, *Vie de Bouchard le vénérable*, éd. C. Bourel de la Roncière, Paris, 1892; ce comte fit carrière dans la *militia* : il est *militari honore sublimatus*.

29. Dès 940, le noble Fulculfe (*inclitus*) désirait «*ad monasticum ordinem […] se transferre de mundiali militia*» (cité par D. Barthélemy, *La société dans le comté de Vendôme…*, p. 511).

s'avouant peccamineuse[30] s'en voit opposer une autre, non séculière… par les moines tenant la plume pour leurs donataires. Mélange de dignité sociale et d'indignité morale!

Paul Guilhiermoz et l'école méthodique accordaient aux chroniques et, avant elles, aux traités normatifs une importance que les auteurs récents ne leur donnent plus. Quand on les ouvre, le lien avec la culture carolingienne y paraît clair. Ce vieux mot latin entre dans tout un réseau de citations religieuses, littéraires ou juridiques; il sied à dire l'énergie de nobles et de rois et, en même temps, sert techniquement, à des plumes formées dans Salluste, à évoquer la simple action d'une troupe socialement indéterminée dans les guerres du Xe siècle[31].

Conceptualiser, pour revenir au réel

Vigilante à l'égard des mots, la vieille école les plaçait sous la garde et le contrôle de l'ensemble de ses observations. Elle pouvait construire son concept historique de la chevalerie (ou des chevaleries successives), comme elle l'avait fait de celui du servage, en retenant des traits concrets, en tenant compte des contextes historiques. Il y avait pour elle, en gros, une première chevalerie, mal distincte de la vassalité – ayant pour seules valeurs, selon Jacques Flach, «la parfaite fidélité et l'art militaire[32]». Ensuite, la chevalerie classique émergeait au cours du XIIe siècle, avec ses rites et ses valeurs, comme une institution distincte.

30. C'est le cas pour le *miles* de 956 (*Homblières*, n° 7, cité *supra*, note 20; également B. Guérard, *Cartulaire de Saint-Père…*, II, p. 624 (*ego scilicet Guaszo, sub balteo militari multis implicitus criminibus*) et I, p. 232 (1081).
31. Voir *infra*, chapitre VII, sur Richer de Reims.
32. J. Flach, *Les origines…* (cité *supra*, note 2), p. 564-565. Effectivement, il y a synonymie entre *vassus* et *miles*; mais attention tout de même, le *vassus* n'est pas exclusivement un fidèle, et le *miles* n'est pas seulement un militaire. Ici, Flach recrée arbitrairement des valeurs médiévales à partir de sens modernes des mots. Il envisage, avec plus de bonheur, de relier la première chevalerie aux «vivantes assises de la seigneurie féodale» : la parenté et la convivialité la font comprendre autant que la vassalité.

La chevalerie-vassalité[33] remontait peut-être au VIIIe siècle, c'est-à-dire aux progrès de l'équitation et à l'escrime à cheval – la « révolution de l'étrier », a-t-on dit[34] – et à la première organisation féodo-vassalique, due à Charles Martel. A moins que cette chevalerie ne datât du déclin carolingien, quand les châteaux érigés à partir des années 860 furent les creusets d'un premier esprit français, énergique et loyal...

La chevalerie-civilisation, plus complexe et non exempte de contradictions, se repérait à l'importance nouvelle du rite d'adoubement[35], aux tournois, aux élaborations courtoises, et à l'exaltation des croisés (ou du moins des Templiers) par saint Bernard.

D'une certaine manière, les modèles mutationnistes reprennent ce schéma de la vieille école, en y ajoutant une pensée plus ferme sur les classes (mais aussi trop de fascination par les mots). Simplement, les débuts de la chevalerie-cavalerie et de la vassalité sont repoussés très bas – trois siècles après Charles Martel, un siècle et demi après les premiers châteaux. Cela rend tout de même problématique, au moins dans l'ancienne Francie, la compréhension de ce qu'étaient les *vassi* du IXe et du Xe siècle.

En outre, quand ils reprennent le propos de Marc Bloch sur la consécration sociale de l'an 1100, ils infléchissent leur compréhension de *miles* dans un sens plus chevaleresque (« des cavaliers aux chevaliers ») – ce en quoi on ne peut les critiquer sur le principe. Mais au fond, ils avouent que l'évidence des mots n'est pas si grande, qu'il y faut de notre part un commentaire... Ils dissocient eux-mêmes l'histoire de la chevalerie de celle du mot *miles*.

33. Non entendue comme une classe par la vieille école, qui ne croit pas toujours assez à l'hérédité des situations.

34. Discussion dans Ph. Contamine, *La guerre au Moyen Age...*, p. 315-320.

35. M. Bloch, *La société féodale* (1939-1940), 3e éd., Paris, 1968, p. 435-441; cf. discussion *infra*, chapitre VII. Le rôle qu'il fait jouer à l'adoubement dans la cristallisation d'une véritable classe est dévolu chez G. Duby, au Mâconnais, mais le *titre* même de *miles* : est-il pourtant si constamment porté? Voir *infra*, chapitre VII, p. 235.

Cette dissociation est indispensable. Elle ne complique rien ; au contraire, elle nous sort d'une mauvaise passe. Elle permettra d'écrire à nouveau une histoire cohérente de la chevalerie, en enrichissant les propos de la vieille école.

Les principes de *prise de distance par rapport aux mots bruts*, tels que Fustel de Coulanges les avait énoncés, doivent donc s'appliquer ici autant qu'à propos de *servus* et du vocabulaire de la dépendance :

– La même chevalerie, vassalique et cavalière, peut se retrouver dans deux mots successifs, *vassus* puis *miles*, tout comme la même servitude de principe et de rites se retrouvait dans *servus* et dans *homo de capite*.

– La permanence d'un mot comme *miles*, bien enraciné dans les sources à partir du XIe siècle, pourrait masquer une évolution importante, une mutation-métamorphose, entre le XIe et le XIIIe siècle : un passage de la chevalerie-vassalité à la chevalerie classique, « telle qu'on l'entend généralement », c'est-à-dire telle que l'a reconstruite et conceptualisée La Curne de Sainte-Palaye[36].

Mais ce passage même se traduit dans l'histoire des mots, puisqu'il est contemporain d'une distinction entre *miles* et *serviens*, chevalier et cavalier. Il s'agit de se faire une idée des conditions de vie, des valeurs, et des relations sociales des gens du Moyen Age. Nos concepts historiques sont des outils d'approche de ces faits très concrets ; leur redonner une vie propre par rapport au lexique des sources, c'est repartir vers le réel. Les armes et les chevaux associés constituent *toujours* des symboles de statut, et ce statut est d'ordre supérieur[37]. La chevalerie sera donc, pour moi, *ce statut même que symbolisent les armes et les chevaux*. Il n'y a rien de supérieur à lui, à proprement parler ; le roi en est le phénix, même si en lui s'opère une fusion tout à fait exceptionnelle avec des éléments de sacralité ; en dessous de lui, il y a la chevalerie des plus nobles, montés sur les

36. Cité *infra*, chapitre VI, p. 199, n. 23.
37. C'est un « fait très ancien », remarque G. Duby, « Les origines de la chevalerie… » (cité *supra*, note 13), p. 42.

meilleurs chevaux, brandissant les épées les plus belles. Dans cette société, la chevalerie est d'intensité variable, et elle tend à s'indexer sur le rang social; et cela me semble d'une grande visibilité, sans qu'un titre puisse valoir abstraitement et, par exemple, dispenser quelqu'un de vivre et de parader chevaleresquement.

Mais n'est-ce pas la prendre dès lors dans une acception très large, risquant de diluer le Moyen Age français ou européen dans un comparatisme vague, comme le faisait Sainte-Marie en 1718[38]? Mais c'est qu'en effet, la société «médiévale» européenne ne mérite pas d'être mise si à part que cela de toutes les autres. L'Occident doit-il se croire splendidement isolé avec sa «féodalité», sa «chevalerie», sa royauté sacrée à nulles autres comparables? Le sens commun des voyageurs, des polygraphes, n'a pourtant pas tout à fait tort de retrouver en Arabie, en Afrique, en Extrême-Orient des espèces de chevaleries, de féodalités[39].

La chevalerie française, européenne, si elle ne fut pas absolument spécifique, dut pourtant avoir ce que Paul Veyne appelle une individualité et une évolution historique. Il y a, bien sûr, la spécificité technique et les changements à terme de ses armes, de son escrime, de son équitation, de ses manœuvres militaires ou ludiques. Mais il y a, tout autant, une certaine spécificité de ces valeurs de l'élite qui s'associent à la détention des armes et des chevaux, et que le mot *miles* a le pouvoir d'évoquer. Comme en gerbe viennent s'associer largesse, prouesse, souci religieux ou profane, formules bibliques et romaines. Les évolutions et les contradictions de ces systèmes de valeurs entrent ainsi, forcément, dans l'histoire de la chevalerie – d'une chevalerie aussi composite que la puissance sociale qu'elle symbolise.

Le mot isolé doit donc être relativisé. Mais l'histoire globale des mots, celle du système qu'ils forment, est-elle trompeuse? Je ne le

---

38. H. de Sainte-Marie, *Dissertations historiques et critiques sur la chevalerie...*, Paris, 1718 (rééd. P. Girard-Augry, *Dissertations sur l'ancienne chevalerie*, Paris, 1990, p. 25).

39. Discussion encore trop ethnocentrique de ce point, chez M. Bloch, *La société féodale*, 3ᵉ éd., Paris, 1968.

pense pas. Il faut surtout qu'elle soit bien faite, et que l'attention se porte sur les frontières de champs sémantiques. S'il faut relativiser le passage de *vassus* à *miles,* c'est que le champ sémantique est le même – la seule spécificité de *miles* étant qu'il permet d'évoquer les *milites* d'un autre ordre, supérieurs par leurs armes invisibles alors qu'on n'est jamais *vassus Dei,* ni *caballarius Christi.* S'il faut ressentir le XIIᵉ siècle comme un seuil, c'est qu'alors une distinction lexicale commence à se creuser entre les chevaliers, nobles, et des cavaliers sans noblesse, plus professionnels.

Une belle polysémie

Une fois distinguée la dépendance de corps de l'esclavage, et la part faite d'une incertitude sur l'universalité du chevage parmi les serfs, les problèmes d'interprétation du mot *servus* s'arrêtaient là. En lui, l'idée d'une servitude était toujours présente. Avec *miles,* les choses ne sont pas si simples, car il y a des occurrences dans lesquelles on hésite à reconnaître la chevalerie. Le mot peut évoquer, en effet, autre chose que l'activité militaire.

1) Un grand service public, dont l'idée romaine se maintiendrait encore au XIᵉ siècle. La tentation existe chez plusieurs historiens récents de prolonger, dans les faits, tout au long des Xᵉ et XIᵉ siècles une *militia* non chevaleresque, mais romaine et carolingienne.

2) La vassalité des historiens, c'est-à-dire un lien de dépendance, comportant l'idée de service et impliquant qu'on soit subordonné à un *dominus.* Le problème est alors qu'on fait contribuer toutes ces occurrences à l'idée que les chevaliers sont essentiellement des subalternes. Pourtant, Jean-Pierre Poly et Eric Bournazel ont très bien conceptualisé la «vassalité» comme une *dépendance honorable* [40]. En lisant *miles alicuius* ou *militare alicui,* l'historien doit-il privilégier la dépendance par rapport à l'honneur?

En fait, les divers sens attachés à ce mot ne sont pas sans nous

---

40. J.-P. Poly et E. Bournazel, *La mutation féodale, Xᵉ-XIIᵉ siècle,* 2ᵉ éd., Paris, 1991, p. 107 et suivantes.

intéresser, car ils renvoient à divers aspects de cette puissance sociale en action, que les armes et les chevaux symbolisent.

La coexistence, sous une même étiquette, entre la vassalité «privée» et une certaine idée du service public doit nous faire voir que la notion d'une société féodale dénuée d'esprit public est un leurre. En réalité, il n'y a pas de distinction du public et du privé, tout est officialisé du moins. L'épée est une arme noble et royale, on la porte et la manie pour un service volontiers idéalisé : celui de l'intérêt public (notion encore vivante aux Xe et XIe siècles).

Tout cela se réunit assez bien par coalescence, en somme. Mais ne sous-estimons pas la capacité des scribes et des chroniqueurs médiévaux à jouer sur la pluralité des connotations de *miles*. Beaucoup se plaisaient, c'est certain, à faire passer le règne des porte-glaive pour un pur service, à masquer le prix fort qu'à nos yeux les paysans payaient; dans ce sens, la théorie des trois ordres. Les ecclésiastiques rappelaient aussi les puissants à certaines exigences; dans ce sens, la théorie des deux milices.

La polysémie du mot *miles* est donc pour nous bonne à penser, parce qu'elle nous introduit dans l'ordre du symbolique, et nous permet de ne pas réduire la chevalerie au simple usage des armes.

Le mot *miles* est précieux, par le scintillement de ses sens, pour nous rappeler que ce fut une sorte d'*enchantement* des armes chevaleresques. Mais en revanche, quand nous parcourons les chartes ou les chroniques, il n'est pas entièrement instrumental pour nous désigner, à lui seul, tous les chevaliers. Il y a des hommes qui participent des valeurs coalescentes auxquelles il renvoie, sans pour autant apparaître toujours, ponctuellement, comme des *milites*...

L'articulation entre noblesse et chevalerie

Du moins la chevalerie partage-t-elle avec une partenaire ce rôle de catalyseur des valeurs de l'élite. Prenons-y garde, les mots de *nobilis* et de *miles* ne sont pas faits pour s'opposer ou pour se substituer l'un à l'autre.

Au Mâconnais, la substitution de *miles* à *nobilis* n'est pas si évidente que l'a dit Georges Duby : il y a tout de même une phase de coexistence, et il élimine, en amont de 971, un baudrier de chevalerie (*cingulum militie*) [41] et, en aval de 1032, des occurrences de *nobilis* jugées peu significatives[42]. En fait, il y a souvent des nobles chevaliers, tel le seigneur d'Uxelles vers 1090[43].

Nobilis venait déjà couramment aux IXe et Xe siècles comme épithète avant *vassallus*[44]. On peut au XIe siècle choisir de dénommer les mêmes hommes *nobilis* ou *miles*, et il est vrai que les annonces de souscripteurs, selon un modèle traditionnel, disent souvent *nobiles et legales viri*; mais ensuite on porte les noms de N, *vasalli* ou N, *militis*. *Miles* se lie donc tout autant que *nobilis* à d'anciens formulaires. Ces mots sont moins «interchangeables[45]» que complémentaires, ils s'appliquent aux mêmes hommes et à peu près aux mêmes circonstances, mais ils n'ont pas toutes les mêmes connotations. C'est pourquoi aucun des deux ne chasse l'autre, entre *miles* (ou *vassus*) et *nobilis* (ou *clarus, inclitus*).

Miles et *nobilis* se situent sur des plans distincts. L'un est un nom, sans féminin; l'autre est plutôt une épithète qu'on accole à «homme», à «femme» et encore à «famille», à «père et mère». La noblesse est de naissance, de parenté; la chevalerie est de carrière, d'activité, une énergie virile. L'idéal est évidemment qu'elles se conjoignent, que la chevalerie d'un homme soit à la hauteur de sa noblesse, afin qu'il ne dégénère pas. Et pour que la parenté noble vaille, il ne suffit pas de se donner la peine de naître; il faut aussi s'impliquer chevaleresquement dans des solidarités lignagères et dans toutes les institutions socio-publiques (plaid comme guerre) où jouent aussi les liens vassaliques. Sans jamais fusionner

---

41. A. Bernard et A. Bruel, *Recueil des chartes de l'abbaye de Cluny*, 6 vol., Paris, 1876-1903, n° 802 (951).
42. G. Duby, *La société*... (cité *supra*, note 12), p. 195 et note 4.
43. G. Duby, «Lignage, noblesse et chevalerie... (cité *supra*, note 12), p. 418.
44. Entre 885 et 927 : *deprecatio cuiusdam nobilissimi vassalli Rorberti* (C. Ragut éd., *Cartulaire de Saint-Vincent de Mâcon*, Mâcon, 1964, n° 40); et les exemples cités par G. Duby, *La société*..., p. 193, note 6.
45. G. Duby, «Lignage, noblesse et chevalerie...», p. 419.

entièrement, les marques de la noblesse et de la chevalerie se rapprochent beaucoup, en pratique.

Nous envisagerons plus loin en détail[46] leur voisinage souvent suggestif, avec conjonctions et disjonctions alternées. Ces deux mots ont l'un et l'autre une origine romaine, et prennent quelques connotations médiévales plus spécifiques. Ils sont concurrencés, semble-t-il, par des expressions plus vernaculaires : *ber* et *vassal* pour le chevalier des chansons de geste, *hom de parage*, de «haut lignage», et même *franc* pour le noble.

La classe dominante ne réunit-elle pas dans sa main toutes sortes d'atouts, d'attributs prestigieux (sainteté comprise, pour sa branche ecclésiastique)? Vers 1060, on qualifie Rathier, sur le parchemin, de «natif de la cité de Chartres, riche en biens, adonné aux armes, jeune par l'âge, noble par la condition, et de mœurs policées» (*carnotene quidam civitatis indigena, rebus dives, professione miles, etate juvenis, conditione nobilis, suavis moribus*) [47]. Noblesse de condition, chevalerie de «profession», c'est-à-dire d'activité, mais cette *professio*-là n'est ni un vœu sur le modèle monastique ni un métier proprement dit – ni chevalier profès ni chevalier professionnel. Et toutes ces expressions sont autant de pétales euphoniquement disposés pour faire une jolie fleur de rhétorique. Elles renvoient, en bouquet, à une puissance sociale quasi ineffable, dont la noblesse et la chevalerie ne sont au fond que deux aspects parmi d'autres.

La chevalerie du siècle

La diffusion du titre chevaleresque, en elle-même, appelle un effort d'interprétation. Pourquoi cette mode soudaine? Pourquoi cet engouement des scribes pour un mot romain, moins vernaculaire que *vassus* ou *caballarius*? Il correspond à un renouveau des études latines et à une volonté, bien perceptible chez Richer de Reims, d'interpréter à la romaine la société de son temps.

46. *Infra*, chapitre VII.
47. E. Mabille éd., *Cartulaire de Marmoutier pour le Dunois*, Châteaudun, 1874, n° 116.

L'articulation de *militia* avec *nobilitas* a tant d'élégance qu'il faudrait voir si ces deux mots romains ne se sont pas soutenus mutuellement au milieu du monde vernaculaire des *bers* et *francs hommes* de *parage* (parenté) et de *vasselage* (vaillance).

Il y a d'emblée des seigneurs châtelains parmi les *milites* du XIe siècle ; le nouveau titre pourrait vouloir les enrober de légitimité et ennoblir leurs compagnons. Ce n'est pas que leur pouvoir s'appuie sur un soudain déchaînement de violence : sur une échelle un peu réduite, il est fort comparable à celui des comtes et vicomtes. Simplement, ils seraient en manque de titre un peu solennel et un peu patiné par le temps. *Miles, Dei gratia miles* joue peut-être un peu ce rôle, mais il a des concurrents valeureux, comme *princeps, comtor, vassus dominicus*[48]. On comprend très bien qu'un roi, un duc, un comte, un vicomte (voire un évêque), ayant ces titres ou fonctions, c'est-à-dire le plus, n'aient pas tellement besoin de *miles*, c'est-à-dire du moins, du minimum chevaleresque. C'est en dessous des vicomtes qu'un titre chevaleresque prend de l'intérêt. Ainsi, dans la documentation, les hauts titres font *écran* à celui de *miles*. Mais nous apercevons bien que la *militia* séculière englobe les comtes et vicomtes, dans l'esprit des scribes et des chroniqueurs.

Et s'il fallait renvoyer ceux-ci, clercs et moines, avant tout à eux-mêmes ? Leurs archives ne reflètent pas une société dans son ensemble, décrite exactement et sans imprégnation idéologique. Elles gardent trace de la croissance de leurs affaires, avec les dons qui leur sont faits par des nobles, avec les conflits qui les opposent à eux. Les violences de l'an mil sont-elles une crise sociale, ou des invectives et des tourments de moines ?

Il se pourrait donc bien que l'essor des *milites* doive beaucoup à la résurgence et au vigoureux essor de la théorie carolingienne des deux milices. Lecteurs de saint Paul, les clercs et les moines se disent les chevaliers d'une milice sans armes, non charnelle, supérieure à la chevalerie réelle. Ils relativisent donc celle-ci, notammant par l'épithète

---

48. Voir D. Barthélemy, «Note sur le titre seigneurial, en France au XIe siècle», dans *Archivum Latinitatis Medii Aevi* (*Bulletin du Cange*) 54, 1996, p. 131-158.

«séculière». La coexistence de *miles* tout court, dès le Xe siècle, avec les périphrases du type *seculari militie deditus* doit nous mettre en éveil. Les rédacteurs de chartes ne sont pas en train de prendre conscience d'une réalité nouvelle, ils ont les yeux tournés vers le passé idéalisé, chrétien, romain, carolingien. Ils réalisent et font prospérer le monachisme tel que le voulait Benoît d'Aniane, épaulé par Louis le Pieux (817), c'est-à-dire plus ascétique (mais pas moins somptueux) que sous Charlemagne, plus héroïque, plus *militant*. Ou bien, si ce sont des clercs d'entourages épiscopaux, ils ont le souci de défendre et illustrer l'Eglise, à la manière des années 830.

Oui, la théorie des deux milices sert l'ambition de principe d'un clergé réformateur, reprenant à partir de 980 sur une lancée à proprement parler *ludovicienne* (de : Louis le Pieux), c'est-à-dire sur l'une des voies proposées par le IXe siècle. La dénonciation des «mauvaises coutumes» prend appui sur la même base. Pour les ecclésiastiques, appeler les chevaliers des *milites*, c'est se dire parallèles et supérieurs à eux : une milice cache l'autre, ou plutôt, elle la sous-entend. *Miles*, en se diffusant dans les chartes de l'an mil, dit l'essor d'une pseudo-chevalerie, non celui de la vraie.

C'est là le contexte de ce qu'on appelle «la paix de Dieu», en isolant trop les conciles méridionaux des années 990 de ceux du Nord, dont les objectifs sont similaires, les dossiers plus étoffés et de tonalité clairement postcarolingienne. Ou plutôt, *néocarolingienne*, dans ce qu'après tout on peut bien appeler, avec Pierre Riché, une «troisième renaissance carolingienne[49]».

L'intuition de Georges Duby sur le lien entre «la paix de Dieu» et la diffusion du mot de *miles*[50] me paraît donc assez juste. Mais ce n'est pas spécialement au Sud, ni sous la pression des parlers vernaculaires et d'une crise sociale : le côté populaire de ces conciles, sur fond de crise sociale, est une vue purement romantique ou post-soixante-huitarde. C'est partout, et par le fait de clercs cultivés et

---

49. P. Riché, «Fulbert et son école», dans *Le temps de Fulbert*, Chartres, 1996, p. 1-6. Il évoque une «troisième renaissance carolingienne».
50. G. Duby, «La diffusion…» (cité *supra*, note 3).

exigeants, qui voulaient et croyaient, par leur plume, *conformer* la société et y *conforter* leur propre place.

*
* *

L'histoire de la chevalerie ne doit pas être séparée de celle de *miles*. Mais, pour mieux adhérer aux réalités, il faut qu'elle se décale un peu par rapport à lui, vers le haut :

— Qu'elle se décale dans le temps. N'hésitons pas, en effet, vu les armes et leurs symbolismes, vu «l'idéologie du glaive», à envisager la chevalerie des *vassi* bien avant l'an mil, et la fonction chevaleresque des rois, à laquelle les textes carolingiens associent les comtes et les autres fidèles du roi, les *vassi dominici*.

— Qu'elle se décale dans l'échelle sociale. En effet, les rois et les grands comtes sont pour la chevalerie d'authentiques modèles; ils en réunissent toutes les ambiguïtés, ils connaissent même «le côté obscur» de cette force! Les phénomènes de «vulgarisation des modèles culturels» ont retenu l'attention de Georges Duby; il donne en exemple l'éthique royale chevaleresque, et les travaux de Jean Flori enchaînent là-dessus avec justesse. Malheureusement, chez ces deux auteurs, les «professionnels de la guerre» et la «mutation de l'an mil» ont apporté une certaine complication.

CHAPITRE VI

La chevalerie carolingienne

C'est presque un lieu commun que de faire naître la chevalerie vers le XIe siècle, moment où l'aristocratie se *militarise* et où l'Eglise entreprend de *christianiser* cette chevalerie. Pourtant, l'aristocratie du IXe siècle n'était-elle pas en armes, et chrétienne? Le bon sens comme l'étude des textes aident à combattre ces chimères ou ces imprécisions du discours historique routinier. Les choses sont, à certains égards, d'une simplicité biblique, et l'on s'étonne de les voir inutilement compliquées! Une gerbe de remarques historiographiques et méthodologiques précédera ici des développements rapides sur le symbolisme social des armes «franques» et sur l'idéologie des clercs carolingiens. Encore celle-ci n'est-elle pas tout à fait un monolithe.

Une chevalerie entrevue en filigrane

Notker le Bègue a restitué, à travers ses anecdotes, un Charlemagne d'une grande autorité. Il commandait aux clercs de sa chapelle de se tenir toujours prêts à chanter au mieux; on mesure plusieurs fois la vive émulation qu'il maintenait et excitait entre eux. Mais on entrevoit aussi, près de lui, une autre école (*scola*), celle de la «milice» laïque, déployée à part de l'«armée populaire» en face des Lombards atterrés[1]. Chez Notker comme chez les autres biographes ou chroniqueurs du IXe siècle, l'ordre laïc est beaucoup moins éclairé que l'autre, clérical et monastique. Nous demeurons donc un peu hésitants sur cette *scola tyronum* : quels furent exactement ses idéaux et ses pratiques? Furent-ils ceux et celles d'une *chevalerie carolingienne* ?

Cette expression même effraie les historiens. A l'exception récente de Janet Nelson[2], nul ne se risque à camper une pure «chevalerie» dès le IXe siècle. Ce sont plutôt les «commencements[3]» ou la «préhistoire» de la chevalerie médiévale. Il y a une «fonction chevaleresque» du roi dans les capitulaires[4] et, à travers des modèles ou citations bibliques, naît «ce qu'on appellera plus tard l'idéal chevaleresque[5]». Quant aux remises d'armes, Régine Le Jan les met au nombre de ces pratiques anciennes dans lesquelles la chevalerie classique s'enracine[6]. Ce faisant, elle confirme avec éclat les vues paradigmatiques de Guizot, maître de la vieille école[7]. Les temps carolingiens ne sont pas tout à fait chevaleresques...

Ces réserves ne me paraissent ni inutiles ni tout à fait justifiées. Elles ne sont pas inutiles, parce que, tout de même, les «jeux militaires» décrits par Nithard n'équivalent pas à des tournois : ce sont les manœuvres, les exercices, de deux armées en attente dont on

---

1. Notker le Bègue, *Gesta Karoli Magni Imperatoris*, éd. H.F. Haefele, Berlin, 1959 (MGH, *Scriptores rerum germanicarum, nova series*, 12), II, 17, p. 80-84; cf. aussi I, 26 (p. 35).

2. J. Nelson, «Ninth-century Knighthood, the evidence of Nithard», dans C. Harper-Bill, C. Holdsworth et J. Nelson éd., *Studies in Medieval History presented to R. Allen Brown*, Woodbridge, 1989, p. 255-266.

3. K. Leyser, «Early Medieval Canon Law and the Beginnings of Knighthood», dans L. Fenske, W. Rösener et T. Zotz éd., *Institutionen, Kultur und Gesellschaft im Mittelalter. Festschrift für Josef Fleckenstein*, Sigmaringen, 1984, p. 549-566.

4. J. Flori, *L'idéologie du glaive. Préhistoire de la chevalerie*, Genève, 1983, p. 79-82.

5. P. Riché, «La Bible et la vie politique dans le haut Moyen Age», dans P. Riché et G. Lobrichon dir., *Le Moyen Age et la Bible*, Paris, 1984, p. 385-400 (notamment p. 398).

6. R. Le Jan, «Apprentissages militaires, rites de passage et remises d'armes au haut Moyen Age», dans *Initiation, apprentissage, éducation au Moyen Age*, Montpellier, 1993, p. 211-232.

7. F. Guizot, *Histoire de la civilisation en France, depuis la chute de l'Empire romain*, tome III, Paris, 1846, p. 352 : la chevalerie procède «des mœurs germaniques et des relations féodales». Autre formulation : il y a une première chevalerie, qui est en somme la sociabilité féodale, et ensuite l'élaboration d'une chevalerie classique, au XIIe siècle, par le travail de l'Eglise et de la poésie (p. 354).

veut maintenir la forme. En ce ballet réglé, peu d'hommes montent un cheval[8], et il ne s'agit pas de vrais duels et de prisonniers, il y a une nette différence avec les grands tournois équestres du XIIe siècle, vraies batailles et institutions nettement définies. Les remises d'armes ne sont attestées, malheureusement, que dans la famille royale[9], et elles ne comportent apparemment ni colée ni veillée de prières. Il manque enfin, dans les textes, aux yeux de certains, un titre ou une désignation incontestablement «chevaleresque», telle que *miles* le deviendra pour eux à partir du XIe siècle[10].

Néanmoins, les réticences à l'égard d'une chevalerie carolingienne sont excessives. C'est surtout, en effet, de la joute romanesque et de l'adoubement sophistiqué du XIIIe siècle que diffèrent les pratiques entrevues au IXe siècle. Les XIe et XIIe siècles ont connu, dans les faits, des tournois collectifs et des remises d'armes assez peu stéréotypées, centrées sur le glaive que l'on ceint. Le mot même de *miles* ne s'est diffusé qu'en cohabitant avec *vassus*, avant de l'évincer des chartes et notices[11]; il en a hérité les sens essentiels, et notamment celui de cavalier socialement consacré. Au reste, le mot n'est pas la seule chose importante. Pour restituer des réalités historiques, il faut élaborer des concepts, qui assemblent une série de traits empiriques et peuvent ne pas coïncider exactement avec le lexique des sources. On ne décrit pas la vassalité uniquement là où il y a des *vassi*; elle concerne aussi des *fideles*, *homines*, *milites*, et elle prend en compte des rites et des normes de comportement.

8. Nithard, *Histoire des fils de Louis le Pieux*, éd. et trad. P. Lauer, Paris, 1926, p. 110-112 (III, 6).

9. J.-B. de La Curne de Sainte-Palaye, *Mémoires sur l'ancienne chevalerie considérée comme un établissement politique et militaire*, tome I, Paris, 1759, p. 67-68, suggère que Charlemagne a conféré à son fils Louis, par la remise des armes, une sorte de chevalerie; mais l'emprise du paradigme d'une rupture dynastique et constitutionnelle de 987 le conduit à faire de la chevalerie une élaboration capétienne : après le chaos de la «fin de la seconde race», tout a dû être reconstruit.

10. C'est pourquoi l'an mil est valorisé en tant que «prise de conscience», par ce mot, de «trois faits d'ancienneté» (la supériorité technique, symbolique et institutionnelle des cavaliers), par G. Duby, «Les origines de la chevalerie» (1968), repris dans *Hommes et structures du Moyen Age*, Paris, 1973, p. 331.

11. Cf. *supra*, chapitre V, p. 178.

Pourquoi réduire toute chevalerie à la présence de *milites*? Si, dans les sociétés du haut Moyen Age, les armes nobles (épée notamment) associées au destrier furent un symbole de statut, alors on peut sans doute appeler chevalerie ce statut, précisément, que symbolisaient les armes et les chevaux. Leur importance, pour les rois, les comtes et même bien des prélats, tous supérieurs aux simples *vassi* ou *milites*, fait alors de ceux-ci des chevaliers – les chevaliers de référence, comme aux Xe et XIe siècles.

Insister ainsi sur le symbolisme, la parure, permet d'utiliser la distinction entre une chevalerie et une cavalerie – la seconde, prise en un sens plus technique, «militaire» et «professionnel». Attention car, trop souvent, depuis qu'on a renoncé aux propos un peu idéalistes sur la «civilisation des mœurs», l'essor de la «chevalerie» est presque confondu avec celui des combattants à cheval, dans les armées et les «bandes» du monde carolingien ou «féodal». Dans les récits de la «mutation de l'an mil», c'est plutôt une classe cavalière qui surgit soudain des châteaux à mottes, qu'une chevalerie raffinée! Dans ceux de la «révolution de l'étrier» au VIIIe siècle [12], liée aux bénéfices constitués par Charles Martel à ses vassaux, c'est aussi l'aspect technique qui prédomine. La cavalerie carolingienne a bien existé : voyez ces *caballarii* de Saint-Bertin [13], prêts à faire le service de *militia* de leur église [14]. On peut discuter de son poids relatif

---

12. L'expression est de L. White, *Technologie médiévale et transformations sociales*, Paris et La Haye, 1969, p. 1-53; elle donne une vigueur nouvelle aux idées sur l'essor de la cavalerie lourde et de la vassalité, développés par H. Brunner, «Der Reiterdienst und die Anfänge des Lehnwesens», dans *Zeitschrift der Savigny-Stiftung für Rechtsgeschichte, Germ. Abteilung*, 8, 1887, p. 1-38, ni cette cavalerie ni vassalité n'étant dites «chevaleresques». A tout prendre, la diffusion d'un armement (d'où mutation de l'an 732) pèserait plus, peut-être, que celle d'un mot comme *miles* (d'où mutation de l'an mil)…

13. F. L. Ganshof, *Le polyptyque de l'abbaye de Saint-Bertin (844-859). Édition critique et commentaire*, Paris, 1975, p. 14, 16, 19, 20, 21, 22 (évocation des biens de tel ou tel *caballarius*, homme qui *caballicat*). Reste à savoir si ces hommes avaient des épées. C.E. Perrin les appelait «sergents à cheval» (*Recherches sur la seigneurie rurale en Lorraine d'après les plus anciens censiers*, Paris, 1935, p. 28) – mais ce terme pouvait suggérer un «professionnalisme» un peu anachronique. «Cavaliers de seconde zone» serait peut-être meilleur.

14. J. Nelson, «The church's military service in the ninth century : a contemporary comparative view» (1938), repris dans *Politics and Ritual in Early Medieval Europe*, Londres et Ronceverte, 1986, p. 117-132.

dans les guerres du temps[15], mais non pas, me semble-t-il, de son importance tendanciellement croissante[16]. Elle n'ira jamais jusqu'à monopoliser la fonction militaire; simplement, il y a des auteurs qui ne voient ni ne font voir les fantassins, tout fascinés qu'ils sont par les cavaliers les plus prestigieux. Pour nous, de toute manière, l'étude de la « chevalerie » commence là où le prestige prime l'efficacité immédiate, et là où le symbolisme des armes et des chevaux s'attache à la supériorité sociale en général, laquelle n'a jamais pu reposer seulement sur la force des armes. Or les trésors d'Evrard et d'Eccard[17], à l'instar de celui de Louis le Pieux[18], comportaient autant de livres que d'épées. Charlemagne était un chef de guerre, en effet, mais qui oserait dire qu'il n'était que cela?

Les historiens modernes ont eu tendance à confondre deux choses : la présentation guerrière des élites de l'époque franque ou féodale, et leur vie, leurs mœurs, dans un monde que leur violence aurait maintenu en barbarie. Les livres d'histoire sont donc hantés par des personnages comme le soldat de fortune[19], que son exploit improvisé tire vers le haut de la société comme s'il préfigurait

15. Critique de L. White, par B.S. Bachrach, « Charles Martel, Mounted Shock Combat, the Stirrup and Feudalism » (1970) et « Charlemagne's Cavalry : Myth and Reality » (1983), repris dans *Armies and Politics in the Early Medieval West (Variorum),* n°s XII et XIV, Aldershot et Brookfield, 1993.

16. Diagnostic judicieux en faveur d'une évolution graduelle, dans P. Contamine, *La guerre au Moyen Age,* 3e éd., Paris, 1992, p. 315-319.

17. Cf. le testament d'Evrard de Frioul (867), éd. I. de Coussemaker, *Cartulaire de l'abbaye de Cysoing et de ses dépendances,* Lille, 1883, n° 1 (répartition entre ses fils des livres comme des armes et autres éléments de *paramentum*). M. Prou et A. Vidier éd., *Recueil des chartes de Saint-Benoît-sur-Loire,* tome I, Paris, 1907 (Documents publiés par la Société historique et archéologique du Gâtinais, 5), n° 28 (testament d'Eccard, vers 876) : là aussi, plusieurs épées et baudriers, voisinant avec les livres antiques de religion, de droit, d'art militaire… C'est tout cela, le trésor chevaleresque!

18. Cf. les indications d'Astronomus, *Das Leben Kaiser Ludwigs,* éd. et trad. E. Tremp, après Thegan, *Die Taten Kaiser Ludwigs,* Hanovre, 1995 (MGH *Scr. rer. germ. in usum scholarum,* 64), ch. 63, p. 548.

19. L'exploit d'un premier ancêtre a fait partie des légendes familiales de familles nobles du XIIe siècle, mais il s'agissait d'insister sur son autochtonie ou sur son mérite propre (aux dépens du don royal), non sur ses origines plébéiennes! Il n'y a que des montées d'un cran pour Ingon, le *signifer* valeureux de Richer, *Histoire de France (888-995),* éd. et trad. R. Latouche, 2 vol. Paris, 1930 et 1937, tome I, p. 25-31, qui est *ex mediocribus,* et pour Robert le Fort (*ibid.,* p. 16) *ex equestri ordine.*

Moreau ou Murat, ou comme le vassal de convention[20], non héréditaire, entré au service de son seigneur de manière complète et exclusive. Or les textes médiévaux ne nous obligent pas de tracer des profils aussi schématiques, voire chimériques! Les progrès des études prosopographiques, depuis un demi-siècle, devraient nous orienter vers une élite remarquablement stable et polymorphe; même, selon Karl Ferdinand Werner, l'articulation entre *nobilitas* et *militia* serait encore toute romaine, au IXe siècle[21]. Attention tout de même de ne pas substituer, aux vassaux instables de la vieille école, l'image d'une noblesse marmoréenne, et de ne pas faire un Charlemagne trop romain! Fit-il régner la paix romaine, à l'intérieur? Les capitulaires montrent les grands Carolingiens peinant à interdire les suites armées et les faides, dont la chronique de Réginon de Prüm suggère ensuite la virulence, passé 888[22].

Toutefois, dans les sociétés anciennes, la vengeance ou la guerre vicinale ne signifient ni vrai désordre ni vraie dépravation des mœurs. Et, comparées à la croisade ou à la guerre nationale, sont-

20. Ce sont surtout des vassaux et des fiefs *de convention* que vise et touche la critique de S. Reynolds, *Fiefs and Vassals. The Medieval Evidence Reinterpreted*, Oxford, 1994; critique suggestive de la «bande germanique», p. 24-25.

21. Sur celle-ci, cf. K.F. Werner, «Du nouveau sur un vieux thème. Les origines de la *noblesse* et de la *chevalerie*», dans *Comptes rendus de l'Académie des inscriptions et belles lettres*, 1985, p. 186-200. Il cite la *Vita sancti Ermenlandi*, rédigée sur l'ordre d'Angilram (cf. *infra*, note 81), en omettant peut-être d'en dire le classicisme un peu artificiel. Car l'auteur fait réemploi d'une phraséologie romaine, en parlant d'un saint du VIIe siècle, peut-être dans le désir (vers 800) de restaurer une *militia* antique. De toute manière, la carrière idéalisée correspond à l'exigence tout à fait durable, et posée en des contextes historiques variés, qu'un noble fasse l'effort (*militia*) d'être à la hauteur de sa naissance et d'agir à l'échelle d'un royaume. Serait au contraire plus «noble» que «chevaleresque» tout ce qui touche à la parenté : vie dans l'alleu, guerre privée…

22. R. Le Jan-Hennebicque, «Satellites et bandes armées dans le monde franc (VIIe-Xe siècle), dans *Le combattant au Moyen Age*, Paris, 1991 (Société des historiens médiévistes de l'Enseignement supérieur public), p. 97-105; on voit bien qu'ils peinent, par la réitération des mesures. Réginon de Prüm, *Chronica*, éd. F. Kurze (MGH *Scr. rer. germ. in usum scholarum*), Hanovre, 1890, p. 145; à l'année 897, Réginon de Prüm évoque les dégâts d'une guerre de nobles : «*innumerabiles ex utraque parte gladio pereunt, truncationes manuum ac pedum fiunt, regiones illis subjectae rapinis et incendiis solotenus devastantur*»; il y a peut-être là un certain grossissement. Le plus intéressant dans ce passage (comme le remarque M. Aurell, *La noblesse en Occident (Ve-XVe s.)*, Paris, 1996, p. 37) est sans doute ce qui vient avant, et qui permet d'identifier les ressorts lignagers et les enjeux de puissance et d'honneur.

elles, dans les principes, plus barbares et, dans les faits, plus meurtrières? Le christianisme médiéval brode sur le thème biblique de la vengeance.

Donc il n'y a pas de raison d'exclure *a priori* toute espèce de raffinement et d'idéal chrétien, dans cette élite carolingienne en costume guerrier! C'est ainsi que l'on trouve, dans le corpus des sources carolingiennes, bien des valeurs, bien des formules et bien des pratiques appartenant au répertoire jugé «typiquement chevaleresque» des époques ultérieures. Ce qu'on appelle généralement «la chevalerie», c'est en effet un système[23], ou un agrégat; les raffinements et les préjugés de classe d'une aristocratie cohabitent avec des justifications morales et sociales de son pouvoir, l'exploit esthétisé, avec la défense des faibles ou de la foi. «Un contraste singulier de religion et de galanterie», disait en 1759 La Curne de Sainte-Palaye[24]... Quelque chose de très composite, en tout temps, et qu'on serait bien en peine de définir très précisément — tant le symbole fort des armes avait la propriété d'assembler à lui des développements logiquement divergents.

Les quelques lignes qui suivent ne sont rien d'autre qu'une variation sur des thèmes et sur des sources déjà utilisés par d'autres historiens[25]. Les grandes biographies de Charlemagne et de Louis le Pieux sont sollicitées pour la représentation que leurs auteurs donnent du royaume et de la société, intéressante même lorsqu'ils embellissent un épisode ou corsent une anecdote. Ne cherchons pas d'emblée la chevalerie dans une *militia* ou chez des *milites*. Allons au milieu des «Francs», avant d'évoquer la théorie des deux «milices» et ses diverses implications possibles.

---

23. Cf. «l'établissement politique et militaire» qu'est la chevalerie, pour J.-B. de La Curne de Sainte-Palaye, *Mémoires*... Il a voulu en faire la redécouverte *historique*, à l'encontre du «système de romanciers» — mais il n'a réussi qu'en partie! Sa conception inspire celle de Guizot.

24. *Mémoires sur l'ancienne chevalerie*..., p. VIII.

25. Outre ceux cités *supra*, cf. les développements de R. Le Jan, *Famille et pouvoir dans le monde franc (VIIᵉ-Xᵉ siècle). Essai d'anthropologie sociale*, Paris, 1995, p. 65-65 (sur les épées de cérémonie) et p. 147-152 (sur l'entrée dans une *militia* qu'elle fait peut-être trop abstraite, ou trop militaire).

Rois et Francs

Charlemagne a pratiqué assidûment l'équitation et la chasse, exercices en lesquels les Francs étaient passés maîtres[26]. Hors de Rome, il se montrait en costume franc, l'épée à la main. Eginhard nous l'assure[27], et le rapprochement avec Suétone ne va pas jusqu'au glaive, bien médiéval; mais en cette simplicité augustéenne, l'important est d'être un roi qui se conforme aux usages de son «peuple» et se maintient en son sein. Notker le Bègue aussi le décrit en grande tenue de guerrier franc, juste un peu désuète[28]. La tradition est le fond même de l'autorité royale, qui s'appuie sur elle et se sent tenue de la respecter. Ne nous y trompons pas, pourtant; la tradition dans les mondes anciens est flexible et évolutive, sans compter la plasticité des peuples et des royaumes! L'important est que la monarchie franque ne cherche pas trop à s'abstraire de la société, c'est-à-dire de l'aristocratie, mais plutôt à faire corps avec elle[29].

L'épée est l'un des principaux insignes royaux, l'emblème d'un pouvoir qui se fait salutairement craindre. Les *Annales Bertiniani* soulignent que, par elle (celle de saint Pierre, à double tranchant), Charles le Chauve fait investir Louis le Bègue[30], en 877. Lui-même en avait reçu une de son père en 838, avec la couronne, en une triple accession à la royauté, à l'âge d'homme, à un statut de guerrier[31]. On connaît aussi le moment (791) où Charlemagne avait ceint de l'épée

---

26. Eginhard, *Vie de Charlemagne*, éd. et trad. Louis Halphen, Paris, 1938, ch. 22 (p. 68). Cf. aussi Notker le Bègue, II, 9 (p. 63-64): l'excellence des chiens et des chasseurs francs, démontrée en Perse!

27. *Ibid.*, ch. 23 (p. 68-70). La construction est aussi celle d'une antithèse de Caligula.

28. Notker le Bègue, I, 34 (p. 46-48). Cf. aussi un Charlemagne tout à fait rutilant, II, 17 (p. 83).

29. C'était dans sa constitution même, selon K.F. Werner, «Bedeutende Adelsfamilien im Reich Karls des Grossen», dans H. Beumann éd., *Karl der Grosse*, tome I, Düsseldorf, 1965, p. 83.

30. *Annales de Saint-Bertin*, éd. F. Grat, J. Villiard et S. Clémencet, Paris, 1964, p. 218.

31. Astronomus (cité *supra*, note 18), ch. 59, p. 526: en 838, Louis *filium suum Karolum armis virilibus, id est ense cinxit, corona regali caput insignivit*. Charles a dix-sept ans; cf. l'allusion de Nithard* I, 6 (p. 26). Notker le Bègue*, II, 12 (p. 74), adresse à Charles le Gros le vœu que soit *Bernhardulum vestrum spata femur accinctum*: il s'agit d'un jeune bâtard à pousser vers la royauté.

Louis le Pieux. L'Astronome le signale, comme l'une des diverses étapes de l'accomplissement de Louis, commencé à trois ans avec le diadème, puis le cheval et les premières armes, appropriées à son âge[32], et achevé en somme à trente-cinq ans, en 813... Rites royaux, ou rites chevaleresques ? Ne posons pas le dilemme en termes trop vifs, car les rituels ont la propriété d'être polysémiques. Et l'absence de telles attestations pour d'autres que les rois peut tenir à ce que nous n'avons pas de biographie assez détaillée de grands aristocrates. Mais peu des *Vies* de rois évoquent la remise de l'épée – où est l'adoubement de Charlemagne ? L'Astronome, qui seul en parle pour Louis le Pieux, a dû être sensibilisé par la destitution pénitentielle de cet empereur, à la Saint-Martin de 833, et c'est peut-être ce qui le fait revenir aux prises d'armes de jeunesse. Celles-ci n'ont pas le relief que prendront au XIIIe siècle les adoubements de fils de rois. C'est là un rite démultiplié, réitérable, enchâssé avec d'autres, où la qualité de l'«adoubeur» compte par-dessus tout...

Dans l'aristocratie, les armes sont symboles de statut ; les remises et les dons qu'on en fait importent beaucoup, mais elles fortifient des relations statutaires plutôt qu'elles ne les créent vraiment. Les testaments d'Evrard de Frioul et d'Eccard d'Autun montrent l'importance de leurs épées, qu'ils répartissent avec tout leur trésor (*paramentum*) entre leurs fils, leurs vassaux, et, selon qu'elles ont plus ou moins de valeur, à chacun selon son rang ou sa proximité du légataire[33]. Louis le Pieux donne une épée à son filleul, le roi danois Harald Klak, au milieu de toute une séquence cérémonielle qu'on peut appeler, de la messe à la chasse, christiano-guerrière, ou, mieux, christiano-franque[34]... Mais c'est pour lui une coutume

---

32. Astronomus, ch. 4, p. 294 : à cinq ans, en 782, Louis, déjà couronné du diadème, est *congruentibus eius evo armis accinctus, et equo impositus*; puis à quatorze ans, en 791, au temps où il commence à agir en roi, *ense, iam appellens adolescentie tempora, accinctus est* (ch. 6, p. 300).

33. Cf. *supra*, notes 17 et 18.

34. Ermold le Noir, *Poème sur Louis le Pieux et épîtres au roi Pépin*, éd. et trad. E. Faral, Paris, 1932, p. 166-190 (*Poème*, v. 2164-2499) ; dans ce récit, le baptême est premier et central, suivi de la remise des armes (p. 172, v. 2255-2265), qui sont une marque franque spécifique (v. 2255). Le fils et le neveu d'Harald restent au palais après le départ de ce dernier, pour y servir en armes et y apprendre la loi franque (p. 190). Les armes sont le symbole d'une culture aussi éthico-juridique que «purement guerrière».

que de donner à des Normands convertis la chevalerie en sus du Christ, et une anecdote de Notker le Bègue suggère que c'est elle surtout qui les attire[35]! Les grands des quatre coins de l'empire se retrouvent dans un goût commun pour les armes d'apparat, symboles de statut; ainsi l'Aquitain Datus[36], l'Espagnol Jean[37], ou le noble représenté par la fresque de San Benedetto de Malles. Chaque «peuple» peut élaborer son costume et ses exercices – du moins nous évoque-t-on ceux des Gascons et des Goths[38]. Ils se ressemblent tout de même un peu, s'entre-influencent, se renouvellent au gré des modes – un peu comme s'apparentent et se transforment les lois, avec leurs esprits lignager, aristocratique, chrétien…

Le costume et les armes de type franc ou, disons, protochevaleresque, peuvent être plus ou moins brillant et complet. Il sied à tous ceux qui exercent une fonction d'autorité, même par délégation et vasselage. Tel capitulaire évoque ceux qui, même serfs, «tiennent honorablement des fiefs et des charges, sont en vasselage honorable avec leur maître, et peuvent avoir des chevaux et des armes, écu, lance, grande épée et épée courte» (*qui honorati beneficia et ministe-*

---

35. Notker le Bègue, II, 19 (p. 89-90) : il s'agit de recevoir l'*habitum Francorum in vestibus preciosis et armis ceterisque ornatibus*; de là, allégeance à l'empereur, en très dévoués *vassalli*. On a retrouvé dans le sol suédois une épée franque avec sur sa garde un verset gravé du Psaume 144, 1 (le Seigneur, maître de guerre) : cf. S. Coupland, «Money and Coinage under Louis the Pious», dans *Francia 17*, n° 1, 1990, p. 23-34.

36. L'Aquitain Datus, avant de fonder Conques, a guerroyé contre les Sarrasins; sommé par un Sarrasin de livrer son cheval, en échange de la vie de sa mère, il refuse… avant de se revêtir d'armes meilleures, en se faisant moine (Ermold le Noir, p. 24-26, v. 244-289).

37. Ayant combattu en région barcelonaise, il a «obtenu» de Louis le Pieux, jeune roi d'Aquitaine, un cheval, une broigne et une épée, tous trois du haut de gamme; pour cela comme pour le *villare* de Fontjoncouse, le don des Carolingiens est peut-être un artifice, une régularisation : E. Mühlbacher éd., *MGH Diplomatum Karolinorum tomus I,* Hanovre, 1906, n° 179, p. 241-242. Mais beaucoup de «bénéfices» peuvent susciter la même remarque!

38. Costume gascon, adopté un moment par le jeune Louis le Pieux (Astronomus, ch. 4, p. 296, avec des détails sur les éperons et le javelot), tandis que Charlemagne ne revêt jamais, selon Eginhard, de parures non franques (ch. 23, p. 70). Manière gothique de se battre en duel : Ermold le Noir, p. 140 (v. 1859-1865), la présente pourtant seulement comme une mode nouvelle (*arte nova*), inconnue aux Francs, dont le duel est une tradition. On saisit bien ici, comme dans Notker le Bègue, que les costumes des peuples changent de temps en temps, et que les modes nouvelles (ou leur refus) sont interprétées en termes d'ethnicités.

ria tenent vel in bassallatico honorati sunt cum domini sui et caballos, arma et scuto et lancea spata et senespasio habere possunt) [39]. Déjà les vrais faux chevaliers dont les mésaventures, relatées par des notices proches de 1100, seront un régal sociologique? Il le semble un peu, car le costume et les armes ont, dès le IXe siècle, une valeur socialement distinctive, dont témoigne bien un passage de Paschase Radbert[40]. Et pourtant, une éthique ou, pour mieux dire, une idéologie, oppose la fidélité et le courage des grands à l'infidélité des serfs[41]. Il y aurait même ces deux bâtards, désireux de s'illustrer dans la guerre saxonne, mais que Charlemagne veut confiner au service de sa chambre. Alors, ils s'enfuient et rachètent leur tâche de servitude par une mort héroïque[42]... Où l'exception confirme la règle : l'épisode, ainsi relaté, ne détruit pas l'antithèse de principe entre héroïsme noble et lâcheté servile. Il est bien fait pour nous rappeler que le «soldat de fortune» n'est jamais présent dans les sources carolingiennes. Notker le Bègue ne signale de promotion au mérite que dans l'école des clercs[43] — et encore l'invective de Thégan contre Ebbon de Reims nous laisse-t-elle mesurer la vulnérabilité des promus[44]. Ces sources n'accréditent pas la thèse d'un «pacifisme[45]» officiel, qui supposerait un recul des valeurs ou des signes de type guerrier. Mais elles attestent — ô combien — d'un élitisme carolingien, favorable à des familles qu'elles ne disent jamais nouvelles et dont la recherche prosopographique montre l'ancienneté.

---

39. A. Boretius éd., *Capitularia Regum Francorum*, tome I (MGH *Legum Sectio I*), Hanovre, 1883, n° 25 (p. 67).

40. Cité et commenté par K. Leyser, «Early Medieval Canon Law...», p. 555 (*Epitaphium Arsenii*, éd. E. Dümmler, Berlin, 1900, p. 28-29). Eginhard, ch. 23 (p. 70) affirme que, les jours autres que de fête, *habitus eius* (il s'agit de Charlemagne) *parum a communi ac plebeio abhorrebat* — mais, en cette phrase inspirée de Suétone, ne s'agirait-il pas encore du commun *des Francs*? Et d'ailleurs, les fêtes importent-elles si peu?

41. Nithard II, 3 (p. 44) : *elegerunt potius more servorum fidem omittere*.

42. Notker le Bègue, II, 4 (p. 52).

43. *Ibid.*, I, 3 (p. 4).

44. Thegan (éd. Ernst Tremp, citée *supra*, note 18), ch. 44 (p. 232-238).

45. Cf. les remarques de J. Nelson, «Ninth-century knighthood...», en contrepoint de J. Devisse, *Hincmar, archevêque de Reims (845-882)*, tome I, Genève, 1975, p. 498-499.

Ainsi Abbon peut-il chanter, dans un *Poème*, la défense de Paris, en 885, par les miracles de saint Germain mais aussi, tout de même, par l'héroïsme des grands (*proceres*) [46]. C'est en eux que se trouve à proprement parler la chevalerie, plus que dans les *milites*, vassaux qui luttent et meurent dans l'ombre des comtes, évêque, abbé [47]. Eudes, «le plus noble», passe pour le plus valeureux [48], lui dont les exploits appellent la royauté future (888). Autour de lui, on sent ici les *proceres* réunis par la solidarité «régnale» chère à Susan Reynolds [49] et, mieux même, tout bouillants de cette sorte d'*énergie* «*régnale*» qu'est et sera toujours «la chevalerie [50]»! Juste en dessous d'eux se détache tel ou tel *miles*, dont la renommée rapporte le nom et la mort héroïque, mais dont le statut social n'est sans doute pas le plus bas. Voyez la belle mort d'Hervé, dernier défenseur d'une tour : il y a en lui du Roland épique. A la face des païens, «on le prenait pour un roi, tant il était clair de visage et beau de corps» (*rex, quoniam facie splendens formaque venustus, creditur*) [51]... Tout de même, ce type de héros, dont on trouve l'équivalent dans le Coslus d'Ermold le Noir [52] ne semble avoir la reconnaissance de sa chevalerie qu'au prix de la mort! Ces soldats d'infortune diffèrent donc peu des bâtards serviles morts en Saxe... comme si seuls des rois et des comtes étaient autorisés à survivre à l'exploit!

---

46. Abbon, *Le siège de Paris par les Normands*, éd. et trad. H. Waquet, Paris, 1942, p. 26, I, v. 137 (ces *proceres* sont le comte Eudes et l'abbé Ebles, que leur héroïsme distingue des autres combattants : v. 94-112), p. 34, v. 242-248 (ici, on ne voit qu'eux, du «peuple» franc vétéro-testamentaire), II, v. 209-217 (p. 80-821, morts héroïques), et v. 456 (p. 100 : le comte de Meaux, *belliger heros*).

47. *Miles* désigne le vassal, de rang subcomtal : *ibid.*, I, v. 66-71 (p. 20), 443-444 (p. 48) et II, v. 565 (p. 108); mais *milites* désigne aussi chez Abbon les combattants en général (I, v. 469, 551 et 557, 617...), qui sont cavaliers ou fantassins (II, v. 492-493...).

48. *Ibid.*, I, v. 246 (*nobilior*), II, v. 196 (*armipotens*) et *passim*.

49. S. Reynolds, *Kingdoms and Communities im Western Europe, 900-1300*, Oxford, 1984.

50. L'apostrophe finale d'Abbon à la France, II, v. 596-614 (p. 112), peut être lue comme une injonction à la virilité chevaleresque.

51. Abbon, I, v. 566 (p. 558).

52. Ermold le Noir, v. 1687-1723 (p. 128-130); personnage d'origine franque, mais non *generosa* (en somme, il est déclaré libre, quoique pas noble) et qui a tout de même avec lui une sorte de vassal-écuyer (*puer*).

Beauté guerrière du roi. Sa stature équestre et son glaive réveillent pour nous divers échos historiques («romain», «germanique») et nous voulons l'analyse spectrale de son pouvoir (à composante «législatrice», «chrétienne», «chevaleresque»), mais les contemporains n'avaient pas de ces complications! Ils trouvaient ou voulaient dans le roi présent, modèle des Francs, la réplique exacte de ceux que représentaient en action les fresques d'Ingelheim : Alexandre, Charlemagne[53]. Il y a là un symbolisme de longue durée (Jacques Le Goff aime à parler d'un «millénaire du glaive») et nous n'avons besoin d'inventer nulle «révolution féodale», ni en 877-888 ni vers l'an mil afin que la noblesse se «militarise». Et foin d'une sous-classe de reîtres, dont bizarrement elle prendrait les manières! Car les valeurs chevaleresques n'ont rien de «purement militaire». Toujours l'épée est aussi justicière, et le pouvoir qu'elle symbolise, noble, royal, est vraiment régulateur et maîtrisé, dans une certaine mesure du moins, par une morale.

Ces normes de comportement, il me semble en discerner la trace chaque fois qu'il est question, chez les rois comme chez leurs fidèles, d'une conformité aux usages des Francs. C'est peut-être ce mot qui connote le mieux, dans les sources, ce que nous rattachons tous, peu ou prou, à notre «chevalerie» de référence. Bien entendu, ces usages sont les institutions mêmes du royaume à l'échelon supérieur : l'élection du roi[54], c'est-à-dire aussi l'allégeance collective des Francs, les rites de recommandation[55], le don d'armes et de chevaux[56], le duel[57], la chasse[58] et, on l'a vu, la tenue de guerre ou d'apparat. Ces usages évoluent sans doute, mais l'important est qu'on en ait toujours évoqué un certain nombre, propres à caractériser une communauté avec ses valeurs et sa destinée, et que les serfs

---

53. Ermold le Noir, v. 2126-2163 (p. 162-164), et les mêmes formules pour ce que doit être Pépin d'Aquitaine : *Epître* II, p. 228.
54. Eginhard, ch. 1 et 3 (p. 8-12); *Annales regni Francorum*, éd. F. Kurze (MGH *in usum scholarum*, 6), Hanovre, 1895, p. 8.
55. Astronomus, ch. 21 (p. 346) et 24 (p. 356).
56. Ermold le Noir, v. 2488 (p. 188).
57. *Ibid.*, v. 1796 (p. 136).
58. Astronomus, ch. 29 (p. 380), et 35 (p. 410).

en constituent (pour toujours, pratiquement) le repoussoir idéologique indispensable. Pour finir, ces Francs sont-ils plutôt un peuple, ou plutôt une classe? Où en est-on, au IXe siècle, dans l'évolution qui fit, selon Marc Bloch, de l'adoubement germanique, «rite d'accès à un peuple», un adoubement chevaleresque, «rite d'accès à une classe [59]», à la noblesse? Attention tout de même à cette problématique, et à ces concepts que la vieille école ne raffinait pas assez. Au IXe siècle, il me semble n'y avoir, selon le mot de Fustel de Coulanges, que des «familles nobles [60]», se détachant avec plus ou moins de netteté d'une classe franque qui fait peuple[61]. C'est de la même manière qu'aux Xe et XIe siècles, la *noblesse* brillera sur fond de *chevalerie*, l'une et l'autre formant une ossature de royaume franc. Il ne s'agit à aucun moment de deux sous-classes antagonistes ou vraiment distinctes. A l'image du roi, le noble est *armipotens, ensipotens* et son éloge, à la manière de Sedulius Scotus, conjoint toujours la victoire et la sagesse[62]. La naissance prédispose à l'exploit et l'obligation de s'évertuer dans le royaume ne signifie pas une compétition vraiment ouverte avec les «médiocres». Peu de dossiers du IXe siècle suggèrent une véritable mobilité sociale[63]. Tout au plus le groupe des Francs conserve-t-il une profondeur et une unité apparentes qui dédouanent les familles vraiment puissantes.

59. Marc Bloch, *La société féodale* (1939-1940), 3e éd., Paris, 1968, p. 436.

60. N.D. Fustel de Coulanges, *La monarchie franque*, Paris, 1888, p. 85. A défaut de caste, de classe statutaire, cela fait tout de même une noblesse «de fait»! Mais Fustel, s'il en percevait le caractère romano-franc, mésestimait la durée de ces lignées, ou familles périodiquement recomposées. La vieille école ne voyait l'hérédité des familles que là où nous diagnostiquons la structure lignagère : cf. R. Le Jan, *Famille et pouvoir...*, p. 414-426.

61. Cf. le passage de l'Astronome, ch. 56, où il est question de moralité dans «le peuple» (p.512) attaché à Lothaire, c'est-à-dire parmi les puissants; alors on peut évoquer la *Francia nobilitate orbata*, le spectre d'un royaume dépeuplé et sans forces.

62. Sedulius Scotus, *Carmina*, éd. J. Meyers, Turnhout, 1991 (*Corpus Christianorum. Continuatio Mediaevalis*, 117), n° 12 (un roi, à la fois *armipotens* et *pacifer*), n° 25 (le roi, noble et *inclitus armipotens*), n° 28 (le roi, pieux, sage et *bellipotens*), n° 38 (Evrard de Frioul, noble fils d'un *ensipotens, ecclesie tutor* et entraîneur des Francs à la façon d'un roi).

63. On l'a dit, les Francs «médiocres» paient de leur vie le droit à l'exploit! Cf. aussi la phase de Thegan (ch. 44, p. 232) qui lance à un serf d'élite, affranchi et promu archevêque : «*fecit te liberum, non nobilem, quod impossibile est*», qui tout à la fois rapproche et distingue la franchise de la noblesse (d'où des commentaires dans les deux sens, au XVIIIe siècle).

Entre les nobles ainsi actifs, les textes disent la solidarité verticale de vassal à seigneur, mais aussi horizontale : Dhuoda prévoit ce que seront les *commilitones* de son fils[64], hommes de même âge et de même rang. Cette double orientation des liens vassaliques francs est bien sensible, à travers une anecdote de Notker le Bègue : «Lorsque j'étais votre vassal, lui dit-il, je me tenais derrière vous parmi mes compagnons en vassalité» («*Quando, inquiens, vester eram vassallus, post vos, ut oportuit, inter commilitones meos steteram*») [65]. D'où une sociabilité entre vassaux, dans une ambiance protocolaire qu'on peut imaginer protochevaleresque.

Mais, dira-t-on, les Carolingiens ou leur aristocratie n'ont pas organisé ces grands tournois, ces joutes fastueuses, sans lesquels on n'imagine pas la chevalerie! Certes. Tournons tout de même notre regard vers ces chasses de Louis le Pieux, «selon l'usage des Francs», surtout celle de 826 décrite par Ermold le Noir, où s'accomplissent la parade et la prouesse, où se lie une sorte de compagnonnage d'armes entre Francs et Danois[66]. Il y a même là les dames : la belle Judith! Sans parler de celle où Charlemagne méchamment facétieux aurait invité les nobles lombards à venir en beaux vêtements... pour les exposer à des ronces[67]! N'avons-nous pas un dossier des grandes chasses cérémonieuses, assumant une fonction plus tard dévolue aux tournois?

Cependant les Carolingiens ou leur aristocratie n'ont pas fait de croisade! Tout de même, l'ambiance de la guerre sainte est souvent là, dès que paraissent les Saxons, Normands ou Sarrasins. Comme d'autres peuples du haut Moyen Age, les Francs se veulent un nouvel Israël. Une abondance de phrases vétéro-testamentaires fait

---

64. Dhuoda, *Manuel pour mon fils*, éd. P. Riché, Paris, 1975, p. 166 (III.8 : allusion au service du roi, son seigneur, *cum commilitonibus infra aulam regalem atque imperialem*), et p. 174 (III.10) et 212 (IV.4). Cf. aussi ce mot dans Nithard, II.8 (p. 62) et dans Adrevald, ch. 8 et 11 des *Miracula* (p. 28 et 32, s'agissant du combat spirituel des moines).

65. Notker le Bègue, II, 10 (p. 66). C'est le jeune Louis le Germanique qui s'adresse ainsi à son père et ajoute que, devenu vassal de son aïeul, il peut marcher aux côtés de lui («*nunc autem vester socius et commilito non inmerito me vobis coequo*»).

66. Ermold le Noir, v. 2381-2437 (p. 182-184).

67. Notker le Bègue, II, 17 (p. 85-88) ; à cette somptuosité s'oppose la simplicité des *arma milicie*.

surgir des nouveaux Josué, des Gédéon, des Judas Maccabée avec le roi David. L'épée de guerre et de justice exalte la fonction protectrice du chef, craignant Dieu et averti par ses prêtres, dont les vassaux sont comme des «capitaines» bibliques[68].

Cependant ils sont plus que des guerriers; plutôt des gouvernants dont la fonction justicière, socialement régulatrice, suscite au moins autant de développements. Jean Flori le dit très bien : il y a une «fonction chevaleresque» du roi dans les capitulaires, entre autres sources, et sous la plume de saint Boniface, on trouve réunis «à propos des *potentes* (puissants) la plupart des éléments constitutifs de la future éthique chevaleresque[69]», souci de justice et vocation à défendre les faibles. Et c'est tout naturellement qu'en 823-825, Louis le Pieux peut ordonner à tous ses fidèles de s'associer à la mission régalienne de paix et de justice; les évêques, les abbés et les vassaux royaux appuieront l'action comtale; ils forment comme un grand corps indistinct, j'allais dire une chevalerie-peuple, et à tous on doit de l'honneur puisqu'ils servent le roi[70].

Il n'y a pas d'emblée d'autre terme que «les fidèles du royaume» pour désigner tous ses hommes idéalement solidaires, formant un groupe qui ne se conçoit pas seulement comme une addition de fidèles personnels du roi. Une fois retranchés les évêques et les abbés, pas davantage de terme unique, dans la pratique courante : il y a des comtes, «d'autres fidèles», des *ministri*, des *vassi dominici*. Hincmar de Reims ne décrit pas, par exemple, une *militia* palatine et sa discipline ou son protocole stricts; le palais est fait, pour lui, d'usages à restaurer, en attribuant un rôle à une série de *ministri*[71].

---

68. Dhuoda, p. 166 (III, 8). Beaux développements sur les royaumes bibliques dans P. Brown, *L'essor du christianisme occidental, 200-1000*, Paris, 1997.

69. J. Flori, *L'idéologie du glaive...*, p. 44, note 8.

70. A. Boretius éd., *Capitularia...* tome I, n° 150.

71. Hincmar, *De ordinepalatii*, éd. et trad. M. Prou, Paris, 1884. Il faut aussi commenter la *Vita sancti Ermenlandi*, éd. W. Levison (MGH *Scriptores rerum merovingicarum*, 5), Hanovre et Leipzig, 1910, p. 684-686, plutôt que de la laisser «parler d'elle-même», comme le voudrait K.F. Werner (cité *supra*, note 21). La carrière de saint Ermeland (fin du VIIᵉ siècle), dans laquelle les armes ne sont pas explicitement citées, semble un modèle de *militia palatina*, quittée pour l'autre, au service du Christ. Mais, si on la transposait vers 800, se déroulerait-elle dans une capitale urbaine et bureaucratique? Où le règlement strict

On est frappé, en effet, au IXe siècle, par la relative imprécision des rangs, parmi les Francs de l'ordre laïque, ces grands du royaume qui font face en 822 aux «hommes spirituels [72]». Il y a bien les comtes, qui sont le pendant des évêques et font équipe avec eux dans des tâches de direction. En dessous des évêques, les abbés. Mais en dessous des comtes? «D'autres *proceres*», «des *vassi* (notamment) *dominici* [73]», «des *ministri*»… Le vocabulaire n'est pas toujours le même, selon qu'on se trouve au plaid, à la guerre, au palais, et d'auteur à auteur. Mais il prend peu à peu plus de consistance après 860, et l'image d'une *militia*, comtes et *milites* entourant le roi, progresse dans les temps même du déclin carolingien. Elle se dégage nettement, nous le verrons, dans l'*Histoire* de Richer de Reims[74]. Effectivement combattante autour du presque roi Eudes, dans le poème d'Abbon, la *militia regni* se déploie ensuite surtout lors de grands rites royaux : les sacres, les funérailles, les «élections» du Xe siècle. Mais elle procède, dans le principe, des Francs de l'entourage de Charlemagne.

D'où vient donc ce mot de *militia*, qui parvient à unifier conceptuellement ce groupe socio-institutionnel (haute société, ou haute fonction publique, les deux confondues)? D'une théorie forgée ou reprise par les ecclésiastiques au moment même, paradoxalement, où ils souhaitent prendre un peu de distance.

---

de cette «milice»? L'avancement tient à l'affection du roi. Ensuite, comme saint Martin, Ermeland doit demander l'autorisation de se retirer, mais il l'obtient vite, d'un roi qui craint Dieu (et sauve ainsi la face).

72. Astronomus, ch. 35 (p. 406).

73. Le cortège funéraire de Louis le Pieux est conduit par Drogon de Metz *cum aliis episcopis, abbatibus, comitibus, vassis dominicis* (Astronomus, ch. 64, p. 554). Même énumération de titulaires d'*honores*, dans le capitulaire de Charles le Chauve prévoyant le tribut aux Normands (877) : MGH *Capitularia* II, éd. F. Krause, p. 354. En 863, une assemblée comporte des évêques et des abbés *clerique ceteri ordinis*, puis des comtes et des *vassi dominici*, en outre *compluribus nobilium virorum* (L. Froger éd., *Cartulaire de Saint-Calais du Mans*, Mamers, 1888, n° 28).

74. *Infra*, chapitre VII, p. 242.

La théorie des deux élites

C'est surtout après la mort de Charlemagne que se développent, dans des traités et des chroniques, le mot de *miles* et les variations nouvelles sur le vieux thème chrétien et romain de la *militia*. Le renoncement à la «milice mondaine» est un lieu commun de l'Antiquité tardive : c'est au profit de «meilleures armes[75]», de l'autre milice… Les ascètes sont tout spécialement ce que saint Paul appelle des «athlètes du Christ». La richesse et la pérennité du thème des services et combats spirituels ne doivent pourtant pas faire oublier que la référence est toujours le royaume de ce monde, avec ses services et ses combats desquels des ecclésiastiques veulent excuser et justifier leur exemption!

Dès 748, le pape Zacharie, écrivant à Pépin le Bref en 748, dit le rôle de Moïse, qui priait, à côté de Josué, qui combattait, dans la lutte contre les Amalécites (Exode XVII, 9)[76]. Un royaume vétéro-testamentaire, tel qu'on le comprend avec un esprit gélasien, est un royaume dans lequel le combat par la prière compte autant que les armes[77]. A celles-ci, un clergé est donc à la fois étranger («Que nul de ceux qui militent pour Dieu ne se mêle des affaires du siècle», *Nemo militans Dei implicat se negociis secularibus*, II Timothée, II, 4) et supérieur (puisque ni ses armes ni sa noblesse ne sont plus «de chair», matérielles).

Tout de même, dans le moment où le peuple franc guerroie comme un nouvel Israël, conquiert la Saxe, ce thème est un peu en sourdine. L'unanimité prévaut, les quelques traités et réflexions théoriques (moins nombreux qu'après 814) se concentrent sur le rôle historique du roi et des Francs. A des évêques d'allure toute chevaleresque, encore dans la ligne d'un Savary d'Auxerre[78], les

---

75. Ermold le Noir, v. 288 (p. 26).

76. *Codex Carolinus*, 3, éd. W. Gundlach, dans *Espistolae merovingici et karolini aevi*, 1 (MGH *Espitolarum tomus*, 3), Berlin, 1892, p. 480.

77. Cela ne va pas de soi! Cf. la phrase de Notker le Bègue, II, 10 (p. 66) : la *res publica terrena* ne subsiste pas sans le mariage et l'usage des armes (donc la noblesse et la chevalerie).

78. L. M. Duru éd., *Gesta pontificum Autissiodorensium*, dans *Bibliothèque historique de l'Yonne*, tome I, Auxerre, 1850, ch. 26, p. 347. C'est sa noblesse d'origine qui, selon cette biographie critique, le pousse aux armes.

capitulaires enjoignent déjà régulièrement de déposer leurs armes et leurs parures; ils les exemptent de la guerre et leur interdisent la tyrannie[79] – mais assez vainement, semble-t-il.

Le grand développement de la renaissance carolingienne date du règne de Louis le Pieux (814-840). Le contraste est-il celui des personnalités, entre lui et son père? Peut-être, mais il y a aussi une logique de l'aventure carolingienne. Matériellement, l'armée franque, c'est-à-dire le peuple en armes précédé de quelques escadrons de choc (les *scarae* [80]), ne peut balayer tout le terrain de l'Atlantique à l'Oural, ni pousser jusqu'au cap Nord ou à Gibraltar. Depuis 800, les assemblées sont devenues plus nombreuses que les campagnes de guerre, et la lutte des ordres ou des factions s'y déploie. Curieux temps de discorde et de grand idéal, par où on s'efforce de la cacher! Une ligne de clivage, parmi d'autres, est celle que les évêques et les abbés, souvent désormais, mettent entre eux et «l'ordre laïc». Jonas d'Orléans lui attribue une mission de type royal, en des termes qui annoncent le XIe siècle: «l'ordre laïc doit servir la justice, et défendre par les armes la paix de la sainte Eglise» (*(ut) laicus ordo justitiae deserviret, atque armis pacem sanctae Ecclesiae defenderet)* [81]. Surtout, le courant réformateur du monachisme et des mœurs du clergé se renforce; il marque des points dès 817-818. L'Astronome, biographe apologétique de Louis le Pieux, relate son action pour exalter l'Eglise, en Aquitaine puis dans l'Empire. Chaque fois, elle a pour effet un mouvement important de renoncement aux armes, dans le haut clergé [82]. Les évêques orientent alors leurs préoccupations davantage vers la pastorale. Et l'on tente de faire prévaloir dans les monastères la «règle de saint Benoît» avec l'esprit de

---

79. Boretius n° 19 (769 au plus tard, où Charlemagne s'intitule *rector* du royaume franc et *devotus sanctae Ecclesiae defensor*), art. 2: pas d'armure pour les *servi Dei*, dispense d'aller à l'armée et chasse interdite (p. 44); et n° 33 (802, où l'art. 11 interdit aux prélats toute *potentiva dominatio* ou tyrannie sur leurs sujets), art. 11: chasse interdite.

80. Cf. P. Contamine, *La guerre…*, p. 102-105.

81. Jonas d'Orléans, *Historia translationis sancti Huberti*, PL 106, col. 389.

82. Astronomus, ch. 19 (p. 336) et ch. 29 (p. 378). Mêmes désadoubements (parfois de courte durée) au temps de la trêve de Dieu.

Benoît d'Aniane, c'est-à-dire un esprit assez ascétique, allant jusqu'à l'héroïsme du «combat spirituel». Jusque-là, le monachisme «carolingien» brillait surtout par la splendeur de ses églises et de ses liturgies, édifiées et accomplies pour la gloire de Dieu, pour le salut de l'Empire. Or cette réforme ne fraie d'abord son chemin que très laborieusement; le déclin royal et les raids normands ne sont pourtant pas ce qui l'arrête (Vézelay et Cluny sont fondés en pleine période de ce que la vieille école appelait «féodalisation»); et le véritable printemps de cette réforme, eh bien c'est l'an mil, le temps de Raoul le Glabre! Le modèle des deux milices ne marche-t-il pas à peu près à son rythme?

Restons-en à l'époque de ses premiers pas, avec les affirmations des années 830 sur les deux «milices». Le mot convient à l'évêque Agobard de Lyon; chez lui, selon Jean Flori, l'éthique de la *militia* «se fond dans l'éthique royale[83]». A ce moment (833), ce mot est en progression pour désigner l'ordre laïc, et *militare* est déjà très polysémique chez Dhuoda (841-843)[84] : il y a en lui régir et servir, du dévouement vassalique avec de la dignité aulique… C'est toujours de bonne pédagogie, que de rappeler aux nobles, aux puissants, qu'ils se doivent à l'Etat, à cet intérêt général dont le sentiment existe dans toutes les sociétés. Et en même temps, le bon comportement sera une légitimation sociale. Moraliser l'élite laïque, c'est donc aussi justifier et maîtriser la prédominance de ces puissants Francs, dont l'allure et les cérémonies de guerriers accompagnent les autres fonctions, depuis qu'il n'existe plus de service proprement «civil».

Mais tout de même, on sent le clergé devenir un peu plus étranger aux soucis politiques et séculiers. Il veut échapper aux pesanteurs du service royal, puisqu'il vaque au service divin, comme l'avait bien dit d'emblée Zacharie. Et là surgit ce que Jean Devisse appelle «le pacifisme carolingien» en faussant un peu les choses; il s'agit surtout d'un déficit occasionnel de valorisation, par les milieux cléricaux, des armes laïques et de toute l'activité séculière qu'elles symbolisent sans la résumer. Le clergé frise même l'égocentrisme. En effet, dans

83. Jean Flori, *L'idéologie du glaive…*, p. 48.
84. *Ibid.*, p. 51.

un contexte moins militaire qu'avant, Jonas d'Orléans porte l'accent sur la justice; de là il glisse à la plus pressante à rendre, celle due par l'ordre laïc aux églises. La défense de leurs biens et de leurs privilèges emplit les dossiers de 830-880, comme elle emplira ceux de l'an mil et du XIe siècle, après cent ans de répit relatif. Il y a une propension, chez les demandeurs de justice, à se plaindre d'injustices réelles ou supposées. L'archevêque Hincmar de Reims (845-882) insiste sans trêve sur la défense des «pauvres» contre les «puissants», quelques capitulaires lui font écho, et la vieille école du XIXe siècle voyait là quelque chose d'assez proche de la «crise sociale» avec «montée des violences» aujourd'hui mise en l'an mil. Seulement, il faut décoder le message! Ce sont de vieux textes canoniques récemment exhumés, qui appellent «biens des pauvres» le patrimoine d'une Eglise qui a des tâches d'assistance... Et sur les paysans de ses seigneuries rurales, l'Eglise des années 870 s'efforce d'accroître la pression, au besoin par des imputations de servitude.

A ce moment, les *Miracles de saint Bertin* font apparaître, comme l'a noté Georges Duby, «une autre division» sociale, «triple cette fois, qui sépare des *oratores* et des *bellatores* l'*imbelle vulgus*, et qui conduit tout naturellement au schéma proposé, dans les années trente du XIe siècle, par les évêques de la France du Nord», Gérard de Cambrai et Adalbéron de Laon[85]. Même schéma, encore plus proche des termes mêmes du XIe siècle, chez Héric d'Auxerre analysé par Dominique Iogna-Prat[86]. Ce sont les trois ordres fonctionnels, une théorie faite pour conforter et légitimer plutôt que pour décrire; du moins est-elle un peu réductrice et trompeuse dans sa description. Je ne pense pas qu'il s'agisse du «baptême» d'un schéma indo-européen, d'une vraie triade dumézilienne. C'est plus simplement la combinaison de deux binômes : clercs et laïcs des deux milices, puis nobles et serfs[87].

85. G. Duby, «Les origines de la chevalerie» (1968), repris dans *Hommes et structures du Moyen Age,* Paris, 1973, p. 334.
86. D. Iogna-Prat, «Le "baptême" du schéma des trois ordres fonctionnels. L'apport de l'école d'Auxerre dans la seconde moitié du IXe siècle», dans *Annales ESC,* 1986, p. 101-126, cite et commente les textes, sans toutefois s'émanciper assez du thème indo-européen.
87. Cf. *supra,* chapitre IV, p. 144-147.

La théorie des deux milices, comme beaucoup d'autres, est donc susceptible d'inflexions légèrement divergentes. Il arrive qu'elle s'arrime au thème hyper-conformiste de la complémentarité des classes, comme ici, ou qu'on l'intègre fortement au royaume terrestre : ainsi Dhuoda proteste-t-elle que la distinction des deux « milices » n'est pas une vraie séparation ; il n'est que de coordonner entre elles[88] ; les « hommes spirituels » prient pour les combattants[89] et font leur éloge. Evrard de Frioul est ainsi loué, par Sedulius Scotus, comme un vainqueur des Maures, défenseur des églises, à l'épée rutilante et quasi royale[90]. Mais elle est aussi une théorie de l'autre milice, de la chevalerie invisible, paradoxale... Elle sert à des élites non chevaleresques à se trouver un coin de ciel bleu dans un monde déjà dominé par la chevalerie vraie. Ainsi Jacques de Révigny, à la fin du XIIIᵉ siècle, déclarera-t-il fièrement l'entrée en scène des légistes, « chevaliers d'une milice sans armes[91] ». Clercs et moines du IXᵉ siècle et de l'an mil avaient-ils rien fait d'autre que de s'époumoner dans le même sens, à se dire les dépositaires de forces d'un autre ordre, nantis de « meilleures armes » ? D'une chevalerie plus haute, quoique un peu chimérique.

Préludes au XIᵉ siècle

Ainsi, dans la période entre 830 et 900, trouvons-nous diverses situations, et diverses intonations, qui préludent très clairement à celles du XIᵉ siècle.

Il y a les rites d'adieu aux armes, parfois provisoires. La séparation des deux milices place, en effet, les armes des vrais guerriers sous le

88. Dhuoda, p. 212 (IV, 4) : *et volo ut talem te inter comilitones temporaliter servientium satagere studeas, qualiter in finem, cum famulis et militibus Christi, non sequestrate sed pluraliter militando, liber cum liberis merearis jungi in regnum sine fine mansurum.*

89. Cf. l'*oratio super militantes*, du prétendu « Missel de Léofric ». F. Warren éd., *Leofric Missal*, Oxford, 1883, p. 230.

90. Sedulius Scotus, *Carmina*, nᵒˢ 38 et 39.

91. J. Krynen, *L'empire du roi. Idées et croyances politiques en France, XIIIᵉ-XVᵉ siècle*, Paris, 1993, p. 84.

contrôle moral et canonique des évêques. L'empereur lui-même les quitte sur leur ordre, à la Saint-Martin de 833, pour les reprendre de leurs mains à Pâques 834[92]. A partir de 833, le thème de la *militia* fait fureur. La renaissance du droit canon fait redécouvrir le *cingulum militie*, baudrier de milice : c'est de lui qu'on prive des pénitents nobles[93], comme jadis dans l'Espagne de Wamba. Attention à ne pas imaginer ici l'expulsion hors d'un «grand corps de l'Etat», car cette milice ne se déploie pas à la romaine, en positif. Karl Leyser a raison de paraphraser «milice» en «train de vie noble» – ajoutons-y, peut-être, l'*activité des dirigeants* et l'honneur!

Au IXe siècle, le dépôt de la chevelure, c'est-à-dire la tonsure pour entrer au monastère, va de pair avec le dépôt des armes[94]. N'est-ce pas autant de gagné pour la théorie des deux milices qui commente le rite, non comme un adieu aux armes, mais comme un changement d'armes? La nouvelle milice est supérieure à l'ancienne, comme la loi de grâce l'est à celle de Moïse.

Les monastères nouent des liens avec la noblesse de l'empire, en cours de régionalisation. Ils prient pour ses morts. Ils protègent les vivants. Saint Gall aide le bon géant Eisker, son dévot, à se tirer avec son cheval des tumultes de la Doire[95]. Saint Benoît[96] et saint

---

92. Astronomus, ch. 49 (p. 482) et 51 (p. 488). A noter que ce dépôt d'armes lui évite peut-être une tonsure. Tout de même, les éléments se déchaînent sur le pays, pendant cet hiver d'impuissance royale!

93. Astronomus, ch. 45 (p. 460) et les exemples fournis par K. Leyser, «Medieval Canon Law...», p. 555-556, qui comprend la *militia* comme «train de vie noble» parce que l'expression de *cingulum militiae deponere* est synonyme d'*arma deponere*, et en observant que sur tous les points, la loi romaine tardive fait l'objet au IXe siècle, d'une compréhension quelque peu décalée.

94. Coupe des cheveux et dépôt des armes, par Gulfard, en 785 : acte analysé par E. Mabille, «La pancarte noire de Saint-Martin de Tours», dans *Mémoires de la Société archéologique de Touraine*, 17, 1865, n° 37. De même, avec l'expression *cingulum miliciae* : G. Tessier éd., *Recueil des actes de Charles II le Chauve, roi de France*, tome I, Paris, 1943, n° 84 (846). Textes postérieurs, *infra*, chapitre VII.

95. Notker le Bègue II, 12 (p. 75). Il évoque la *proceritas* d'Eisker, qui se lie à l'idée de famille noble, même si c'est par une comparaison avec une race biblique (Deutéronome, II, 10).

96. Hugues l'Abbé est un abbé laïc; mais il se bat pour la bonne cause (comme Ebles de Saint-Germain-des-Prés). D'où l'aide de saint Benoît : E. de Certain éd., *Les miracles de saint Benoît*, tome I, Paris, 1858, Appendice d'Adelier au livre I d'Adrevald, p. 84-85.

Germain, surtout, luttent avec les grands du royaume contre les Normands. Au rebours, il y a les malédictions contre les ennemis des biens d'Eglise. Adrevald de Fleury fournit déjà un récit modèle : l'avoué Etienne, «non ignoble» de naissance, qui a défié saint Benoît par l'épée voit son cheval se cabrer[97]... Les continuateurs des *Miracles de saint Benoît* le reprendront souvent, dans la période dite «féodale» (X[e] et XIe siècles).

C'est de cette façon surtout que «l'ordre laïc» a été soumis au IXe siècle à la férule de l'Eglise, et les mutations politiques de 890-920 n'entraînent aucune déchristianisation des nobles. Leur foi dans le pouvoir des reliques, leur allégeance religieuse aux monastères demeurent vigoureuses au temps des incursions païennes et des châteaux nouveaux. Mais il est vrai qu'en l'an mil, et jusqu'à la première croisade[98], les chevaliers du siècle auront surtout l'occasion de «ruer dans le sein de leur mère l'Eglise». Dans un contexte de réforme, des évêques et des moines nous diront bien du mal d'eux, sans jamais désespérer de les faire céder dans les conflits. Les enluminures d'Apocalypses tantôt prêteront leur allure à des démons, tantôt feront surgir à cheval et en armes les héros de la lutte contre le mal. Relation toujours ambivalente et duelle (car où sont les paysans de base, dans tout cela?), avec un haut clergé assez introverti.

Des grands apparaissent alors, en haut des chartes, comme *seculari militia deditus*, «voué à la chevalerie du siècle», ou *militari gladio accinctus*, «ceint du glaive chevaleresque», d'où nous ne devons pas déduire leur militarisation, ni même un éclat symbolique nouveau qu'auraient acquis leurs armes, mais bien l'obédience des rédacteurs de ces chartes à la théorie des deux milices, des deux glaives! Et ce en un moment où les exigences, les mots et les modèles du temps de Louis le Pieux triomphent dans les monastères.

97. Adrevald, I, 38 (p. 80-82).
98. L'élaboration d'institutions de croisade spécifiques, à partir de 1095, ne doit pas faire oublier sur quelle base antérieure elles viennent s'établir. Le Charlemagne et les barons francs des épopées du XIIe siècle ne sont évidemment pas ceux de «l'histoire», mais pas non plus de simples fictions!

*
* *

Car, vers l'an mil, dans un contexte politique et dans un paysage passablement transformés, l'élitisme postcarolingien se porte bien. Les puissants laïcs prétendent à une excellence pluridisciplinaire, que symbolisent leurs épées et leurs chevaux ainsi que tout ce qui les apparente à des rois, et le royaume des Francs survit dans l'idée même de leur chevalerie. Quant aux moines, ils prétendent plus que jamais aux privilèges de l'autre chevalerie !

CHAPITRE VII

Chevalerie et noblesse
autour de l'an mil

Les anciennes «aristocraties du sang[1]» ont eu de la continuité tout au long du Moyen Age. Les développements de l'érudition, avec des travaux comme ceux de Depoin, de Chaume, puis l'école de Fribourg et Karl-Ferdinand Werner l'ont montré : les comtes, vicomtes et seigneurs châtelains de «l'âge féodal» ne furent pas des hommes neufs, mais des héritiers de «familles palatines», de l'aristocratie de l'Empire carolingien[2]. Ces familles formaient une noblesse «de fait» plus que de droit, si l'on entend par là l'absence de titres et de privilèges[3] explicites et contrôlés, mais tout de même une noblesse bien consacrée socialement. Elles savaient du reste s'adapter à l'histoire au prix de métamorphoses (devenant franques ou aquitaines, s'il le fallait, pour faire carrière) et d'adaptations (changeant, semble-t-il, d'organisation familiale).

---

1. Expression de Marc Bloch ; il dit leur disparition avant la fin du IXe siècle, dans *La société féodale*, 3e éd., Paris, 1968, p. 397-398, mais il éprouve un peu de gêne («si les chartes des IXe et Xe siècles étaient moins rares, nous découvririons quelques filiations de plus», p. 398), et il revient largement en arrière, p. 402-403 (la seigneurie est «chose très vieille» et donc, «brassée et rebrassée tant qu'on voudra, il faut bien qu'en elle-même la classe des seigneurs n'ait pas eu une ancienneté moindre»).

2. Bibliographie et développement dans R. Le Jan, *Famille et pouvoir dans le monde franc (VIIe-Xe siècle), Essai d'anthropologie sociale*, Paris, 1995.

3. Encore les «nobles» sont-ils, en tant qu'hommes *libres* et *loyaux* par excellence, les participants normaux et privilégiés des plaids. Ils y sont privilégiés par rapport à leurs serfs, et au début du XIIe siècle, veulent l'être par rapport aux serfs en général. Cf. O. Guillot, «La participation...», (cité *supra*, chapitre IV, p. 133, n. 153).

Mais tout le monde, ou presque, est encore influencé par le livre de Léopold Génicot, pour qui les *milites* – ou chevaliers – constituaient, au XIᵉ siècle, une couche sociale séparée des nobles et très inférieure à eux[4]. On croit que la première génération de *milites*, celle qui fit irruption dans les chartes de l'an mil, représentait une soldatesque subalterne, et sans noblesse, mais destinée à s'élever peu à peu par les profits de la seigneurie banale, à elle reversés par les nobles dont elle exécutait les basses œuvres. Il y a quelque chose de la ministérialité allemande en cette idée d'historiens, c'est-à-dire d'une sous-classe servant les grands par l'oppression des humbles. Mais il y a surtout, au prix de quelques transformations et déplacements, la survivance d'un mythe historiographique ancien, celui des soldats de fortune, conjoint à l'image noire de la «barbarie féodale», forgée surtout au XVIIᵉ siècle[5].

Il suffit pourtant de vérifier le corpus de Léopold Génicot pour faire deux constatations. La première est qu'il a peu de chartes du XIᵉ siècle et qu'elles ne lui permettent de dessiner concrètement le profil d'aucun de ces *milites* subalternes. Ils sont évanescents jusqu'au milieu du XIIᵉ siècle, où commence effectivement une série d'actes opposant les *nobiles* aux *milites* dans des conditions qu'il faudrait voir de plus près – mais qui me semblent être la réaction contre des ministériaux qu'on essaye d'écarter de la noblesse malgré leurs allures chevaleresques : lutte juridique contre la pression sociale. Seconde constatation : parmi les quelques chartes du XIᵉ siècle, il en est une qui articule ensemble la noblesse et la chevalerie : «Son zèle en chevalerie fut l'ornement de sa noblesse» (*Decoravit nobilitatem suam militari studio*)[6]. Cela veut bien dire que le zèle chevaleresque était autre chose que la naissance noble, que les deux notions ne s'équivalaient pas – mais elles forment tout de même ici une association, un couple.

---

4. L. Génicot, *L'économie namuroise au bas Moyen Age*, tome II, *Les hommes, la noblesse*, Louvain, 1960.
5. Voir, par exemple, le tableau de la «fin de la deuxième race» royale, dans F. E. de Mézeray, *Histoire de France* (1643), tome II, Paris, 1830, p. 314-332. La période des souverainetés tyranniques est un chaos un peu comparable à celui des guerres de Religion.
6. L. Génicot, *L'économie namuroise...*, p. 7 et note 5.

En effet, la noblesse est de naissance : elle consiste avant tout dans l'appartenance à une famille, c'est-à-dire non seulement dans un lien à des ancêtres, mais aussi à des frères, des cousins, des alliés nobles. Tout naturellement, nous sommes conduits à voir le noble comme un héritier, dont on privilégie l'ascendance la plus prestigieuse (souvent féminine). Au contraire, la chevalerie, tout comme l'ancien service appelé *militia,* est une activité, une fougue, un zèle que l'on déploie – au prix de quelques risques. Le jeune homme *s'élève* ainsi à la hauteur de ses ancêtres. Sous une forme ou sous une autre, cette dualité existe dans toutes les aristocraties : il faut bien que les héritiers s'activent un peu, on les y incite, on les y aide discrètement mais efficacement, et d'une performance convenable on les applaudit bruyamment! La chevalerie n'est-elle pas cela, avant tout, dans le monde postcarolingien?

En d'autres termes, les élites aiment qu'on dise qu'elles ont du mérite. Et elles en ont un peu, en effet, à ne pas «dégénérer [7]», mais elles le valorisent beaucoup! Le mérite est aussi leur utilité : elles défendent le pays, et elles y mettent la justice. Ce ne sont pas là des contre-vérités, tout au plus des vérités partielles, montées en épingle. Et le mérite et l'utilité selon les hommes du IXe siècle étaient déjà d'ordre chevaleresque.

Si collectivement la chevalerie est utile, cela pourra conduire, au XIIIe siècle et plus tard, à construire les récits-modèles de son institution. On le trouve déjà dans un passage de *Lancelot* en prose (vers 1230) [8] ou chez Philippe de Beaumanoir (1282) [9]. Et le thème fait ensuite florès, de cette «milice» fondée pour la défense des faibles. Il peut être retourné, et les chevaliers, formant noblesse au temps présent d'où l'on écrit, peuvent être assimilés plutôt à des

---

7. L'expression vient de Boèce (*Consolation,* III, 11); elle est fréquente au XIe siècle, tel noble «*a virtute patrum degenerans*», s'il met en cause des dons ancestraux.

8. F. Mosès, éd. et trad. *Lancelot du Lac,* Paris, 1991 (Lettres gothiques), p. 398-410.

9. Philippe de Beaumanoir, *Coutumes de Beauvaisis,* éd. A. Salmon, tome II, Paris, 1900, p. 235. Il y a là un véritable discours sur l'origine de l'inégalité; il prétend que les forts ont été élevés au-dessus des faibles, avec mission de les défendre contre les méchants, sans envisager un instant que la menace et la défense aient pu venir des mêmes hommes! Et ce discours justifie en même temps la royauté.

tyrans, à des oppresseurs, et rien d'autre. Mais, positifs ou négatifs, ces récits-modèles suggèrent toujours une *ascension originelle*. Les historiens du XIXe ou du XXe siècle, qu'ils admirent le service des ministériaux ou qu'ils frémissent à l'idée des chevauchées cavalières, en demeurent tributaires, indirectement et à leur insu.

La société médiévale avait d'elle-même une certaine méconnaissance, ou du moins une connaissance faussée par des occultations ou des déplacements d'accent. A nous d'accomplir un certain travail de démystification : ce sera l'effort d'une première partie. Atteindrons-nous à *la* vérité? Peut-être pas, mais à plus de véracité, en prenant appui sur des phrases médiévales de plus de lucidité. Cette idée, par exemple, d'une chevalerie comme parure de la noblesse, trahit moins les choses, et elle inspirera un commentaire, une restitution hypothétique, de ce que peut être l'adoubement, avant le XIIe siècle des cours et des croisades. Enfin, j'emprunterai à Jean-Pierre Poly et à Eric Bournazel leur belle formule sur «l'éclat changeant» de la noblesse pour la transposer à la chevalerie, sa partenaire.

I. – Y A-T-IL DES PROMOTIONS DE LA CHEVALERIE ET PAR ELLE ?

L'expression d'«essor de la chevalerie» correspond à plusieurs thèmes : tantôt c'est l'ascension d'hommes, individuellement ou en groupe, tantôt c'est l'élaboration d'un système de valeur. Tout cela peut se conjoindre, ou diverger un peu. Soumettons successivement ces trois possibilités à la critique historiographique.

La fortune d'Ingon et d'Ingelger

Charlemagne, on l'a vu, n'était pas Napoléon! Il n'entendait pas créer de toutes pièces sa noblesse d'empire[10]. Ce n'est pas lui qui

10. Rapprochement non innocent : la chevalerie, conçue comme promotion au mérite, était à la mode au temps de Napoléon (lui-même de naissance noble). Et la promotion des Murat, des Bernadotte, a peut-être pesé sur les idées des médiévistes du XIXe siècle.

aurait donné sa sœur et une couronne à un fils de paysan. L'aristocratie d'empire était composée d'héritiers (comme lui l'était); elle s'imposait à lui et lui communiquait une grande défaveur pour les promotions sociales. L'humble combattant valeureux allait droit à la mort, dans les récits[11]. La carrière ensuite s'ouvrirait-elle?

C'est ce que suggère, au milieu du XIIᵉ siècle, l'*Histoire des comtes d'Anjou*, en un prologue fameux[12]. «Au temps de Charles le Chauve (843-877), beaucoup d'hommes nouveaux, et non nobles, mais qui étaient davantage hommes de bien que les nobles, devinrent grands et illustres. Le roi voyait leur désir de gloire militaire» (*Tempore Karoli Calvi, complures novi atque ignobiles, bono et honesto nobilibus potiores, clari et magni effecti sunt. Quos enim appetentes glorie militaris conspiciebat*). Leur audace lui plaisait, elle faisait contraste avec la pusillanimité des vieilles familles. «Aussi le roi Charles prenait-il avec lui peu de membres des cercles nobles; c'est à des hommes neufs qu'il dispensait des dons de fiefs chevaleresques, propriétés gagnées par eux à grand-peine et à grand péril» (*Ideo ex illo globo nobilitatis paucos secum rex Karolus habebat; novis militaria dona et hereditates pluribus laboribus et periculis adquisitas benigne prebebat*). Bien des expressions sont ici reprises de Salluste (*Jugurtha*, 85), par une affectation romanisante qui emplit les écoles du Moyen Age. L'*homo novus* était le premier de sa lignée à exercer des magistratures.

La thèse d'un accès à la noblesse par la chevalerie est donc ancienne! De cette chronique à plusieurs histoires modernes, il n'y a qu'un pas. Cherchant quoi dire, en 1892, des ancêtres de Bouchard le Vénérable, Bourel de la Roncière ne trouve que, çà et là, quelques souscriptions de Bouchard, comte, ou *miles*. Il se reporte donc à une idée reçue : «Le premier comte de Vendôme a été sans doute comme les fondateurs des fiefs voisins, comme Ingon, comme Ingelger, quelque soldat de fortune que distingua le roi ou le duc de France[13].»

11. *Supra*, chapitre V, p. 204-205.
12. L. Halphen et R. Poupardin éd., *Chroniques des comtes d'Anjou et des seigneurs d'Amboise*, Paris, 1913, p. 25-26.
13. C. Bourel de la Roncière éd., Eudes de Saint-Maur, *Vie de Bouchard le Vénérable*, Paris, 1892, p. VIII.

L'impression dominante, dans la vieille école, était qu'en effet le règne de Charles le Chauve avait connu à la fois l'émergence de nouvelles familles, dans la résistance aux Normands, et le développement des fiefs, leur glissement à l'hérédité. Ainsi la «révolution féodale» de 877, fondée sur de vrais événements politiques et marquée par un changement de la classe dominante, avait-elle force et cohérence!

On est plus étonné de lire d'Eric Bournazel que ce passage des *Gesta* évoque un type d'ancêtre «aventurier» pour les nobles du XIIe siècle, et que ce type «désigne nettement une rupture historique : la mutation de l'an mil[14]»... Car, d'abord, cela fait tout de même un grand écart chronologique : un siècle et demi sépare le règne de Charles le Chauve (843-877) des tumultes supposés d'entre 1000 et 1033. Ensuite, les recherches prosopographiques sur les grandes familles (fondées sur l'anthroponymie et d'autres indices) ont montré leur grande continuité, du IXe au XIe siècle, au prix de redéploiements de leurs intérêts et même de leurs pratiques familiales et successorales. Bien entendu, il y a eu là des mutations, au sens faible du terme (ajustements, changements tendantiels) – mais non au sens fort, révolutionnaire[15], que le mot prend dans l'expression de «mutation de l'an mil». Etrange révolution, aime à dire Chris Wickham, qui ne change pas la classe dominante et, tout au plus, rapproche d'elle une sous-classe!

Avant de rechercher la «part de vérité» qui peut se glisser dans une légende, il faut d'abord la reconnaître comme une fabulation, historiquement fausse : Tertulle et Ingelger pour les comtes d'Anjou, Ingon pour les comtes de Blois, sont des ancêtres ou un prédécesseur *mythiques*[16]. Ensuite, on peut les analyser attentive-

---

14. E. Bournazel, «Mémoire et parenté : le problème de la continuité dans la noblesse de l'an mil», dans *Le roi de France et son royaume autour de l'an mil*, Paris, 1992, p. 111-115 (p. 114).

15. *Ibid.*, p. 111 : «révolution féodale» – curieuse épithète, au demeurant, pour une «révolution» qui ne crée pas les fiefs!

16. «Invention d'ancêtres mythiques» (en contexte courtois), dit G. Duby. «Remarques sur la littérature généalogique en France aux XIe et XIIe siècles» (1967), repris dans *Hommes et structures du Moyen Age*, Paris, 1973, p. 287-298 (p. 296).

ment, pour dégager la fonction socio-politique qu'ils ont eue, quand Richer de Reims évoquait Ingon (années 990) ou au milieu du XIIe siècle. Après seulement, on peut rechercher la part de vrai…

L'histoire «de France» de Richer de Reims, rédigée aux années 990, insère un passage fabuleux, au milieu du récit des luttes du roi Eudes contre les Normands, un siècle plus tôt. Au cœur de la bataille, où «c'est un honneur de mourir pour la patrie» (*decus pro patria mori*) et pour la défense des chrétiens[17], et où s'illustre la cavalerie royale (*equitatus*), il faut au roi un porte-enseigne. Mais tous les «nobles» sont blessés. Alors surgit un des «médiocres», le palefrenier Ingon; il s'offre à porter l'enseigne, si ce n'est pas attenter à l'honneur des grands. Faveur accordée, occasion d'exploit. Ingon obtient en récompense le château de Blois, avec en mariage la veuve du précédent gardien[18].

Voilà une belle promotion par la «chevalerie» pour celui qui «s'est offert au service d'armes» (*militatum sese offerens*)[19] et au péril de sa vie, accomplissant la démarche inverse de la reddition rituelle du serf : lui ne tremble pas devant la mort. Mais attention, elle le rattrape assez vite : ses blessures s'infectant, il ne tient Blois que deux ans, et dans la souffrance. En outre, un épisode intermédiaire a montré Ingon comme un brutal, obligé d'implorer le pardon du roi. Son fils Gerlon hérite, mais ne fait pas souche. Il faut bien, dira-t-on, que la légende fasse place à l'histoire et aux Thibaudiens.

Peut-être, mais ceux-ci n'auraient-ils pu les coller l'une à l'autre et s'honorer de descendre d'un brave? Au XIIe siècle, les comtes d'Anjou se plaisaient à descendre de Tertulle et d'Ingelger, personnages fabuleux. Le premier, fils d'un forestier de Charles le Chauve d'origine armoricaine, est venu en France «pour servir par les armes dans la clientèle royale» (*clientelam regis militaturum*)[20]. En combattant, ce

---

17. Richer, *Histoire de France (888-995)*, éd. et trad. R. Latouche, 2 vol., Paris, 1937, tome I, p. 22-24.
18. *Ibid.*, p. 30.
19. *Ibid.*, p. 24.
20. *Chroniques* (cité *supra*, note 12), p. 27.

chevalier obtient un fief en Gâtinais, ainsi qu'une noble épouse. Il engendre Ingelger, dont on peut suivre ensuite la carrière féodale.

A la même époque (fin du XIIᵉ siècle), Lambert d'Ardres attribue l'origine de la famille noble de Guines à un chevalier (*tiro*) qui a séduit la fille du comte de Flandre. Il était «de noble naissance, certes, mais pauvre et étranger[21]». Sa réussite a de quoi captiver les jeunes nobles de l'an 1200!

A les bien regarder, ces histoires de fondateurs de fiefs ne correspondent pas exactement aux modèles qu'en ont tirés la vieille école ou les historiens mutationnistes :

1) Le héros sort de l'obscurité documentaire, mais sa bassesse sociale n'est pas si évidente[22]. Il s'agit plutôt d'un immigrant – comme l'Armoricain Tortulfus (dont on peut mentionner aussi une romanité lointaine), ou, comme Robert le Fort, donné par Richer comme «de l'ordre équestre» (c'est-à-dire de famille non royale[23]) et surtout d'origine saxonne[24]. Quand il est question formellement d'extraction «médiocre», ne soyons pas dupe – cela peut n'être que le deuxième degré de l'échelle des familles nobles.

Faut-il, de fait, accepter l'idée que les comtes de Blois furent élevés «de famille moyenne ou basse» (*ex mediocri aut ex infimo genere*), par les grands dons de fiefs d'un Robertien (*maximis honoribus*), comme l'affirme Raoul le Glabre[25]? Non, c'est la malveillance qui rabaisse ainsi leur pedigree – il est vrai que l'évaluation du rang d'une famille noble prête à débat, car elle repose sur plusieurs critères et sur leur appréciation un peu partiale : les alliances, les biens, les charges. Mettons en regard de Raoul le Glabre les déclarations d'Eudes II de

---

21. G. Duby, «Remarques...», p. 297.

22. Même remarque, à propos des *rustici* qui, selon une tradition locale du XIIᵉ siècle, avaient édifié le château de Coucy à cause des incursions normandes; ils étaient *valde superbis et ditibus* (Guibert de Nogent, *Autobiographie*, II, 1, éd. et trad. E. R. Labande, Paris, 1981, p. 216). Sur l'utilité, pour les seigneurs, de se dire autochtones, voir S. Reynolds, *Kingdoms and Communities in Western Europe, 900-1300*, Oxford, 1984, p. 222.

23. *Infra*, p. 241.

24. Même idée chez Aimoin, *Les Miracles de saint Benoît*, éd. E. de Certain, tome I, Paris, p. 93. Autre version : il fut «tué par les Saxons» (Raoul Glaber, *Histoires*, éd. et trad. M. Arnoux, Turnhout, 1996, p. 50, I.6).

25. Raoul Glaber, *Histoires*, p. 150.

Blois lui-même : dans une lettre fameuse au roi Robert (1019-1023), il dit tenir son fief, sa seigneurie (*honor*) de ses ancêtres et avec la faveur (*gratia*) du roi. Et d'affirmer : «Je suis digne d'hériter (*hereditabilis sim*), ma chevalerie est à la hauteur de ma noblesse[26].»

2) A supposer qu'il y ait ascension sociale (d'un cran), le héros est introduit dans la noblesse par la chevalerie même ; il peut venir relayer une noblesse dont la chevalerie défaille, mais dont elle était justement la vocation. Il n'existe donc pas de classes superposées, ni de conflits de valeurs, comme les envisage le mutationnisme, entre les nobles et les cavaliers du XIe siècle.

Du reste, le thème ascensionnel est à double tranchant : est-ce rabaisser une famille que de la dire élevée par le service d'armes, ou grandir son mérite ? L'exemple blésois montre un peu cette ambiguïté, même si Raoul le Glabre tient surtout à établir la dette et l'ingratitude des Thibaudiens envers le roi.

Cette aristocratie est féodale. Le fief apparaît ici comme un bien de chevalier, dont l'exploit, ou la simple acceptation de charge, justifie la détention et même la patrimonialisation. Comme si les occasions de montrer qu'on défend le fief manquaient au XIIe siècle, et dès l'an mil… Il faut alors que les origines soient «militaires». Mais, dans la vie quotidienne et fonctionnellement, un fief n'est pas *seulement* un bien militaire. Les armes d'un homme symbolisent une puissance sociale qui ne se se réduit pas à elles.

C'est là un système socio-symbolique à la fois simple et cohérent. Mais, dans son cadre, il y a encore des conflits et des ambivalences. Le fief appelé *honor*, aux Xe et XIe siècles, signifie à la fois patrimoine, tenure, charge publique. Il y a surtout une relation enchantée entre l'homme et le fief : l'*honor* est son bien noble ancestral, terre héritée, sa rétribution de vassal, terre reçue, son bien de chevalerie, terre méritée[27]. Même *miles* est ici battu en matière de polysémie ! Et les

---

26. Ed. F. Behrends, *The Letters and Poems of Fulbert of Chartres*, Oxford, 1976, n° 86.

27. Voir D. Barthélemy, «La théorie féodale à l'épreuve de l'anthropologie», dans *Annales HSS*, 1997, p. 321-341. Et S. White, «The Discourse of Inheritance in Twelfth-century France : Alternative Models of the Fief in *Raoul de Cambrai*», dans *Land and Government in Medieval England and Normandy; Essays in Honour of Sir James Holt*, Cambridge, 1994, p. 173-197.

légendes familiales peuvent être tirées vers diverses implications morales : dette et obligation envers le roi ou le prince, mérite de l'ancêtre, autochtonie de ses descendants.

Il semble bien que, passé une certaine ancienneté, les familles n'aient plus tellement l'envie (ou le moyen) d'en rajouter. Etre là «depuis toujours» les priverait d'un récit d'origine, socialement utile. A toute époque, il faut se réclamer d'une période épique ancienne : les barons de 1248 disent descendre des compagnons de Charlemagne, conquérants du pays avec lui[28] et, plus tard, les croisades alimenteront en récits d'origine des lignées peut-être plus nouvelles. Au commencement était l'exploit, qui créa la famille.

3) Cependant, pour faire souche, il faut épouser une femme et, à l'épisode de chevalerie première, s'enchaîne souvent le beau mariage avec une femme noble. Nul besoin d'insister sur l'impact d'une telle thématique auprès des «jeunes» du XIIᵉ siècle, chers à Georges Duby. Mais elle n'est pas sans base réelle : en effet les «unions profitables» étaient à l'origine de bien des grandes familles, ou leur ont apporté une parenté féminine prestigieuse et utile[29]. La valeur paradigmatique de ce trait est certaine : en effet, les beaux mariages ont fait les comtes de Flandre, les seigneurs de Coucy et d'autres. Mais l'exploit antérieur, dans la réalité, pouvait être un coup tordu, un rapt, une négociation serrée.

De la sorte, en tout cas, la chevalerie se conjoint avec la noblesse. Seul un mâle a la première, mais la femme aussi est noble, et elle enfante des nobles et des chevaliers... Qu'on se souvienne aussi de l'admirable commentaire, par Georges Duby, de la conscience généalogique de Lambert de Wattrelos[30] – c'est-à-dire du système de liens de parenté qu'en pratique on entretenait. La «famille» de ce chanoine est agnatique : maisonnée où l'on se soucie beaucoup

28. A. Thierry, *Considérations sur l'histoire de France*, 4ᵉ éd., Paris, 1851, p. 19-20. Cf. aussi les textes cités par Marc Bloch, *Rois et serfs*, 3ᵉ éd., Paris, 1996.

29. G. Duby, «Remarques...», p. 297; elles ont leur place dans les généalogies vraies.

30. G. Duby, «Structures de parenté et noblesse dans la France du Nord aux XIᵉ et XIIᵉ siècles» (1967), repris dans *Hommes et structures...*, p. 267-285.

des mâles, chevaliers. Mais certaines relations par les femmes sont utilisées, en des sens divers, dans un réseau cognatique. C'est une lignée chevaleresque du XIe siècle à cousinages nobles.

On est loin ici de deux strates superposées, noble et chevaleresque avec des valeurs et des consciences de sous-classe bien antagonistes. A l'«époque féodale», nul n'a jamais douté de la vocation de la noblesse aux faits d'armes ; et il a fallu en inventer quelques-uns, en surestimer beaucoup.

Et si nous cherchons à retrouver dans les légendes l'«analyse» de vraies mutations, lesquelles évoquer ? Clairement, les «mémoires» de l'an mil ou du XIIe siècle ont du mal à remonter en deçà de l'enracinement d'un aristocrate. Il est tout à fait juste que, sous Charles le Chauve ou un peu après, des comtes ont commencé, ainsi, à se transmettre héréditairement en ligne directe leur charge et leur patrimoine. Ils étaient nés dans une société d'héritiers, déjà, mais d'héritiers un peu plus mobiles, attachés à diverses parentés (on succédait à un cousin, par exemple), ayant des intérêts dispersés géographiquement. Ils s'enracinent et s'organisent de manière plus étroitement lignagère. Georges Duby appelle cela le passage d'une «noblesse fluide» à une «noblesse fixée[31]». L'exploit chevaleresque masque l'une de ces péripéties que connaissent les descendants de familles nobles, contraints de se risquer à des déplacements et à des adaptations ; dans la rupture de mémoire ainsi rendue possible se glissent la légende médiévale d'une petite promotion sociale et l'historiographie moderne d'une ascension fulgurante.

Car c'est d'une autre société que nous vient le «soldat de fortune». Toute une enquête serait nécessaire sur lui. L'expression me semble attestée au XVIe siècle, chez Etienne Pasquier[32]. Elle est du temps des *condottieri*, beaucoup plus techniciens et professionnels que les guerriers de l'an mil. Elle a sur les modernes, sur nous-mêmes encore, une emprise très compréhensible.

---

31. G. Duby, «Remarques sur la littérature généalogique…», p. 297.
32. Etienne Pasquier, *Les recherches de la France* (1560-1615), éd. d'Amsterdam, 1773, V-3, col. 447 : le «soldat de fortune qui dans les troubles s'estoit fait comte de Chartres».

Les historiens du XIXe siècle, fascinés par les parvenus, ont pris des fils de nobles pour de nouveaux nobles, tout comme, dans l'étude des grands bourgeois du XIIe siècle, en ville, ils rêvaient d'aventuriers aux pieds poudreux... et sous-estimaient le nombre des nouveaux riches, par rapport aux fils de riches!

Plusieurs de leurs vues sur l'«époque féodale» les poussaient dans ce sens. Ils considéraient comme intrinsèquement troubles et instables une longue série de siècles, parfois toute la période franque, jusqu'à Hugues Capet; ils y entendaient résonner le cliquetis des armes et lui seul. Ils prenaient, d'autre part, la vassalité pour un contrat, faute d'en décrypter sociologiquement les formules juridiques. Comme si le seigneur et le vassal s'étaient rencontrés et choisis, indépendamment de toute préorientation! En réalité, la vassalité devait être un lien noué pour des raisons *statutaires*[33], auquel la naissance, l'héritage, les relations familiales incitaient. Ce n'est pas seulement la complexité, mais aussi la compacité, les pesanteurs de la société du haut Moyen Age qui restaient à découvrir!

L'ascension collective des milites *a-t-elle eu lieu?*

Beaucoup d'historiens récents se sont persuadés «sur le terrain» (en fait dans des chartes) que les premiers *milites*, à l'aube du XIe siècle, étaient des hommes sans noblesse. Au fil de ce siècle, ou parfois du suivant seulement, les *milites* leur apparaissent de rang plus élevé.

En fait, les démonstrations, par enquêtes régionales, de l'ascension des *milites* en tant que classe spécifique, subnobiliaire, achoppent sur trois pierres :

1) D'abord, il n'y a pas de vérification prosopographique de la montée d'une lignée précise de petits *milites*. Que des serfs ministériaux accèdent à la chevalerie, soit – mais elle est pour eux un point d'arrivée, on ne les voit pas monter plus haut, ni grâce à elle.

---

33. Sur ce concept, voir H. S. Maine, *L'ancien droit*, trad. fr., Paris, 1874, et S. Reynolds, *Fiefs and Vassals. The Medieval Evidence Reinterpreted*, Oxford, 1994.

Que des *milites* de l'an 1100 portent des surnoms évoquant pour nous la roture, que la «particule» puisse leur manquer, cela ne prouve rien non plus : les seigneurs châtelains d'Uxelles s'appellent Gros, héréditairement[34]! Au Mâconnais, du reste, «l'hypothèse [...] d'une irruption de parvenus dans l'aristocratie» est «fragile»[35]. Alessandro Barbero a cru voir dans les Porcelet d'Arles, étudiés par Martin Aurell[36], le type même des «gros alleutiers» qui montent au XIe siècle, quoique sans partir de si bas[37]. Il a raison de mettre cette réserve, au vu des enquêtes récentes et admirables de Claudie Duhamel-Amado sur les alleutiers languedociens! Cette historienne suggère, par exemple, que les Guilhems de Montpellier sont sortis des grands Guilhemides du IXe siècle. Elle restitue donc ces «archétypes de la montée d'une chevalerie entreprenante aux premiers temps féodaux[38]» à leur vérité sociale d'héritiers. Repreneurs de capital symbolique, ils ont «le sentiment de légitimité qui donne à ceux qui en héritent l'audace et le pouvoir de créer[39]».

2) Dès lors, l'argumentation sur l'ascension des *milites* se fonde plutôt sur celle de leur «titre», sur la constatation que les premiers porteurs en furent des personnages subalternes[40], et que graduellement le cercle s'élargit à des nobles. Même si c'était vérifié, cela poserait des problèmes de traduction et de logique. Il faut en effet, à un moment donné, passer «des cavaliers aux

---

34. G. Duby, *La société aux XIe et XIIe siècles dans la région mâconnaise*, 2e éd., Paris, 1971, p. 337 et *passim*.

35. G. Duby, «Lignage, noblesse et chevalerie au XIIe siècle dans la région mâconnaise. une revision» (1972), repris dans *Hommes et structures du Moyen Age*, Paris, 1973, p. 419.

36. M. Aurell, *Une famille de la noblesse provençale au Moyen Age : les Porcelet*, Avignon, 1986 (Archives du Sud).

37. A. Barbero, «Noblesse et chevalerie en France au Moyen Age. Une réflexion», dans *Le Moyen Age*, 5e série, 5, 1991, p. 441-442.

38. C. Duhamel-Amado, «Aux origines des Guilhems de Montpellier (Xe-XIe siècle). Questions généalogiques, et retour à l'historiographie», dans *Études sur l'Hérault* 7-8, 1991-1992, p. 89.

39. *Ibid.*, p. 97.

40. On croit déceler que le sens le plus profond du mot *miles* était «avant tout, servir», et non pas «le sens proprement militaire» : G. Duby, «Les origines de la chevalerie» (1968), repris dans *Hommes et structures du Moyen Age*, Paris, 1973, p. 332.

chevaliers[41]», et cela suppose un changement de traduction, qu'on ne peut refuser dans le principe mais dont le moment et le bien-fondé demeurent toujours discutables. On sort de la proposition toute simple «à mot nouveau, classe nouvelle». Voici réduite la portée de l'innovation lexicale de l'an mil et, du même coup, celle de la prétendue «mutation féodale» : elle se dédouble entre 1000 et 1100 (Mâconnais), voire entre 1050 et 1200 (Namurois).

En fait, le mutationnisme n'a pas d'autre critère pour dire l'ennoblissement des cavaliers que l'adoption même de leur «titre» par des nobles. L'hypothèse d'une généralisation de l'adoubement à partir du bas demeure faiblement étayée[42], et même aventureuse quand on songe à l'adoubement du roi Philippe Ier, avant 1070[43]. Enfin, les modalités précises d'une éventuelle fusion de valeurs «nobles» et «chevaleresques» échappent tout autant – est-on même sûr de bien savoir décomposer, rendre à chacune des deux gerbes ce qui lui revient ?

Or cette absence de critère est d'autant plus grave que les strates anciennement noble et protochevaleresque demeurent distinctes dans la pratique. «Union ambiguë», écrivent Jean-Pierre Poly et Eric Bournazel[44]. «Une ou deux noblesses?», se demande Pierre Bonnassie vers 1100 encore[45]. Elisabeth Magnou-Nortier, pour sa part, met en garde : «Dans le temps même où l'*ordo militum* acquérait sa consistance propre, il perdait son homogénéité[46].» Mais que sont donc ce titre, cet *ordo,* dont le pouvoir unificateur se révèle si faible? Au vrai, toutes ces justes nuances révèlent la faiblesse de l'argumentation sur la seule histoire d'un mot, et l'arbitraire des choix

41. P. Bonnassie, *La Catalogne du milieu du Xe à la fin du XIe siècle. Croissance et mutations d'une société*, 2 vol., Toulouse, 1975 et 1976 (Publications de l'université de Toulouse-Le Mirail, 23 et 29), tome II, p. 802-806.

42. *Ibid.*, II, p. 807.

43. On le sait par une charte de 1087, où Baudouin II de Hainaut rappelle que son père, mort en 1070, fut l'adoubeur : C. M. Van Winter, «*Cingulum Militiae.* Schwertleite en miles-terminologie als spiegel van veranderend menselijk gedrag», dans *Revue d'histoire du droit/Tijdschrift voor Rechtsgeschiedenis* 44, 1976, texte n° 54.

44. J.-P. Poly et E. Bournazel, *La mutation féodale, X[e]-XIIe siècle,* 2e éd., Paris, 1991, p. 173.

45. P. Bonnassie, *La Catalogne...,* II, (cité *supra,* note 41), p. 806-808.

46. E. Magnou-Nortier, *La société laïque et l'Église...,* Toulouse, 1974, p. 253.

de traduction[47] qui tirent alternativement le *miles* du XIe siècle vers le haut («chevalier») et vers le bas («homme de troupe», «guerrier professionnel»).

3) Car très tôt dans le XIe siècle, l'historien de chaque région isole un *miles* différent des autres, tel, en 1020, le seigneur d'Anduze, dans le Languedoc[48]. Mais il néglige, en bien des cas, ces chevaliers de haut rang, précocement rencontrés, parce qu'ils restent statistiquement minoritaires. Il ne déduit pas le clivage initial entre la chevalerie et la noblesse, d'une incompatibilité constante, mais d'une proportion, d'un comptage. Or cela affaiblit encore sa démonstration, parce que la documentation des abords de l'an mil demeure partout lacunaire et aléatoire.

Mais la force du paradigme est telle qu'en certaines régions où la *militia* semble assez également partagée au XIe siècle entre les hommes de haut rang et les subalternes, on décrète qu'ils participent, en réalité, de deux chevaleries différentes. Ainsi, dans le Chartrain d'André Chédeville (1973), celle des sires ne serait qu'une *militia* postcarolingienne, ou plutôt «de service»; elle s'éclipse fort à propos, vers 1100, pour laisser la «vraie» chevalerie, plus militaire, se répandre à partir du bas[49]. En Touraine, Karl Ferdinand Werner décrit ce qu'il appelle une «chevalerie d'Etat», au Xe siècle – celle des *vassi dominici* –, et laisse, de même, la porte ouverte à une montée des reîtres au siècle suivant[50]...

Cette version ligérienne du thème annulerait logiquement la version languedocienne : en effet, s'il y a en l'an mil deux types de *milites* étrangers l'un à l'autre, pourquoi n'en irait-il pas de même vers 1100? En fait, le paradigme est, chaque fois, adapté aux caractères originaux de la documentation locale. L'hypothèse de la

---

47. Cet arbitraire est souligné, à juste titre, par P. Van Luyn, qui tente de le limiter : «Les *milites* dans la France du XIe siècle. Examen des sources narratives», dans *Le Moyen Age,* 1971, 4e série, 26, p. 16-17.

48. E. Magnou-Nortier, *La société laïque et l'Église...,* p. 254.

49. A. Chédeville, *Chartres et ses campagnes, XIe-XIIe siècles,* Paris, 1973 (Publications de l'université de Haute-Bretagne), 2e éd., Paris, 1991, p. 312 à 317.

50. K.F. Werner, «Du nouveau sur un vieux thème. Les origines de la *noblesse* et de la *chevalerie*», dans *Comptes rendus de l'Académie des Inscriptions et Belles-lettres,* 1985, p. 197-198.

diversité française vient alors à point nommé : grâce à elle, on élude le débat. Elle permet à chaque historien de demeurer seul seigneur de sa terre. Elle n'est pas réfutable *a priori*, et cela justifie une revue détaillée des régions. Mais il se pourrait que les historiens depuis vingt-cinq ans, même si et parce qu'ils se réclament souvent de l'empirisme, aient opéré dans toute la France avec la même présupposition. On doit heureusement à leur probité, à leur conscience professionnelle, de pouvoir leur proposer des retouches à l'aide de leurs propres livres.

Au terme d'un tour de France critique, qui est en annexe de ce chapitre, rien n'empêche de penser que les personnages de haut rang furent les modèles et les pionniers de la chevalerie. Les *milites* de second ordre n'en méritent pas forcément la primeur.

Je me demande d'abord si la position vassalique de bien des *milites* (*miles alicuius, N cum suis militibus*) ne tire pas trop la moyenne chevaleresque vers le bas. L'historien est alors tenté d'opposer la strate des *milites* à celle des *domini*[51]. Mais n'est-ce pas oublier que tout le monde se trouve vassal de quelqu'un, et que beaucoup de vassalités de chevaliers de châteaux ressemblent plus à des *gentlemen's agreements* qu'à de la subordination ? Donc *miles* est en opposition fonctionnelle à *dominus* dans un certain nombre de cas, qui donnent l'illusion d'une chevalerie toute subalterne.

Mais surtout, les identifie-t-on si bien, ces *milites* humbles et précoces, ces «simples hommes de troupe»? Je les trouve bien évanescents, bien fantomatiques, au point que parmi eux pourraient bien se dissimuler de grands seigneurs voyageant incognito. Faut-il que le nom simple, le pronom *quidam*, passent *a priori* pour des signes de basse condition[52]? Les chartes du XI⁰ siècle ne donnent pas les informations qui nous seraient utiles pour savoir à qui nous avons affaire.

---

51. G. Devailly, *Le Berry du X⁰ au milieu du XIII⁰ siècle*, Paris, 1973, p. 191. M. Garaud, *Les châtelains de Poitou et l'avènement du régime féodal, XI⁰ et XII⁰ siècles,* Poitiers, 1964 (Mémoires de la Société des antiquaires de l'Ouest, 4⁰ série, VIII), p. 219.

52. Cf. par exemple, C. Lauranson-Rosaz, *L'Auvergne et ses marges (Velay, Gévaudan) du VIII⁰ au XI⁰ siècle*, Le-Puy-en-Velay, 1987, p. 381. Il n'est pas le seul à demeurer captif de l'idée que des nobles sont toujours titrés.

Le risque existe de sous-estimer le rang social d'un châtelain, bien connu en son pays, et dont le nom peut suffire. Il arrive souvent que l'un d'entre eux, figurant un jour comme *Landricus drudus*, ou *Ingelrannus miles*, nous apparaisse comme un humble, un inconnu, un sans-grade alors qu'avec un peu d'attention, nous reconnaissons là, pour finir, les importants seigneurs de Beaugency et de Coucy… Attention aux argumentations circulaires!

Quant à l'essor du titre de *miles*, qui finalement est devenu l'axe de la démonstration, il prête aussi à discussion. Car son usage dans les chartes n'a rien de bien constant. Georges Duby, en 1953, l'a peut-être établi un peu vite dans le Mâconnais; en dehors du cartulaire de Paray-le-Monial, le «titre» de *miles* qualifie-t-il régulièrement les personnages de la seconde moitié du XIe siècle[53]? Et voyez les précieux comptages d'André Debord, au pays charentais. Il ne trouve de *milites*, au XIe siècle, que dans 5 à 6 % des textes, contre 23 % au XIIe, et 45 % dans la première moitié du XIII[e][54]. Plus convaincante encore que des calculs dans une «documentation globale» dont la représentativité n'a rien d'assuré, voici sa remarque sur ce Constantin le Gros : un seul acte le déclare *nobilis miles* du château de Pons (entre 1083 et 1086), tandis que sept autres, à partir de 1066, le mentionnent sans le moindre qualificatif[55].

Voici de même, au cartulaire de Lézat, entre 1075 et 1081, un Aimeri, «chevalier fort prud'homme, proche de Sanche Baron» (*miles prudentissimus, Sancioni Baro propinquus*) [56]; lui et son cousin

---

53. Déclaré significatif d'un «auparavant», le cas d'Ancy d'Oblé date, au contraire, de ce moment-là. «Nommé dans treize de [nos] documents», il n'était «appelé chevalier que dans deux d'entre eux»; vérification faite, toutes ces attestations sont postérieures à 1049 et six, au moins, à 1074 (G. Duby, *La société…*, p. 200 et note 34). L'argument sur l'incorporation au «nom de famille» ne convainc pas plus, car «*de N*» relève davantage, à ce moment-là, de la désignation que de la dénomination.

54. A. Debord, *La société laïque dans les pays de la Charente, X[e]-XIIe siècles*, Paris, 1984, p. 197.

55. *Ibid.*, p. 205.

56. P. Ourliac et A. Magnou éd., *Cartulaire de l'abbaye de Lézat*, 2 vol., Paris, 1984 et 1987, n° 1155. Cette désignation conjoint la chevalerie à la noblesse, puisqu'elle souligne le lien de parenté entretenu avec un puissant.

Bernard *Umberti* sont déclarés, dans le même acte, *milites fortissimi*, «chevaliers très valeureux». Or cet Aimeri reparaît plusieurs fois[57] dans ces années et dans l'affaire dont il s'agit, et il n'est plus jamais déclaré *miles*. Dans ce cartulaire, le XIe siècle abonde en expressions caractérisant la puissance sociale du milieu auquel il appartient (*nobiles, honorati,* dotés de puissance[58]), mais la plupart du temps, le nom seul de ces notables suffit à les faire reconnaître[59].

Y a-t-il quelque région de France, où le titre chevaleresque paraît avec régularité avant les années 1200-1250, ne quittant jamais son porteur?

Comme il va de pair avec une «noblesse» également bien signalée, c'est à ce moment seulement que Léopold Génicot et Robert Fossier estiment la fusion réalisée, entre la chevalerie et la noblesse. Effectivement, si l'on se montre très exigeant sur les indices statistiques et juridiques, il faut attendre le moment où les rapports de droit, l'autorité abstraite des titres, sont en plein essor. Paul Guilhiermoz, jadis, retardait pour cette raison la naissance de la noblesse française, sortie de la chevalerie après 1200[60] : il la voulait juridiquement confortée et contrôlée. Seulement, par un paradoxe qui traverse l'œuvre même de Georges Duby, la chevalerie du XIIIe siècle, ce «corps fort bien délimité[61]», est en même temps une valeur moribonde, «comme une relique[62]». En effet, il suggère qu'un «titre» (ajoutons : ou une «ordination») dispense de vivre chevaleresquement[63]; il suffit peut-être de décaler son propos, en le nuançant, de la période 1050-1100 à la phase 1200-1250. Sans compter qu'un costume, porté avec éclat, pourrait avoir eu la même fonction, dès le XIe siècle!

---

57. *Cartulaire de l'abbaye de Lézat,* nos 1152, 1157, 1158, 1173.

58. *Ibid.,* n° 1155 («*homo quidam nobilis atque potentissimus*»), n° 978 («*omnes honorati tocius provincie Lesatensis*»), etc.

59. Par exemple : un *Sancius Baro* (n° 1154, 987-1004), dont le surnom, il est vrai, «fait classe»…

60. P. Guilhiermoz, *Essai sur l'origine de la noblesse en France au Moyen Age,* p. 477-491.

61. G. Duby, «Les origines…» (cité *supra,* note 40), p. 325.

62. G. Duby, *Guillaume le Maréchal ou le meilleur chevalier du monde,* Paris, 1984, p. 186.

63. G. Duby, *La société…* (cité *supra,* note 134), p. 201.

Car après tout, qui dit que nos *milites* sont d'armes tous les jours? Ce sont les mythes socio-historiographiques (soldat de fortune, violence seigneuriale déchaînée) qui nous poussent à le croire. Ou aussi, la tendance de trop d'historiens de la société, pour diverses époques, à ériger un aspect de la richesse ou de l'activité des gens, en condition sociale. Le détenteur d'alleu ne devient-il pas trop vite un alleutier – et rien d'autre –, dont l'autonomie (relative) d'une des terres nous indique qu'il faisait obstacle aux chaînes de dépendance? Le chevalier *(miles)* doit-il devenir de même, pour nous, un homme de troupe – et rien d'autre?

La «chevalerie professionnelle» est pourtant moins un contresens qu'une exagération. Il y a bien, dans les guerres vicinales des Xe et XIe siècles, princières et châtelaines, des escouades à cheval dont le rôle paraît décisif – à défaut d'être toujours exclusif[64]. Pour atteindre à l'efficacité, ces hommes devaient être formés et entraînés, et ils brillaient, dès lors, par ce que nous appellerions leur professionnalisme. Des comtes, des seigneurs châtelains et des évêques avaient assez de ressource pour en entretenir un bon nombre, en situation «domestique», retenus à leur service, et par des soldes dont on reparlera plus loin[65].

Mais ne forçons pas le trait. Ces «mercenaires» ne le sont qu'à demi, et ces «garnisaires» ne doivent pas être confondus avec de plus modernes (ou même avec ceux des XIIe et XIIIe siècles). Un groupement de «chevaliers de châteaux», réunis occasionnellement ou vivant avec leur famille dans les bourgades principales du pays, ne forment pas une garnison – voyez le Mâconnais de Georges Duby[66]. Et dans les forteresses secondaires, mises en vedette par les archéologues récents? Certes, Joseph Decaëns a trouvé dans la motte d'Olivet «la présence insistante du cheval et du cavalier, et

---

64. Cf. *infra.,* p. 251.
65. *Infra,* p. 278-280.
66. G. Duby, *La société...,* p. 317-336 : le petit noble du XIIe siècle (chevalier) «est un exploitant rural» (p. 327), la «société féodale» n'est «pas aussi troublée qu'on l'a dit» (p. 330), «ces spécialistes du combat mouraient presque tous naturellement» *(ibid.)* au terme d'une «vie de combats, de voyages et de société» (p. 334).

rien d'autre[67]». Mais est-ce là le lieu d'habitation caractéristique de la «chevalerie de village»? Non : André Debord la situe plutôt dans de grosses fermes, et rappelle combien l'utilisation militaire des mottes demeure mal connue[68]. En terre d'empire, à Charavines (Isère), Michel Colardelle a fait sensation, dès 1980, en décrivant les cavaliers paysans qui vécurent entre 950 et 1050 environ, dans une grande maison[69]. Un décor de la «vie de garnison», n'est-ce pas un peu plus le château fort de l'an 1200?

Les escouades de l'an mil, adonnées à la guerre et à la chasse, ne se composaient probablement pas de garçons musclés sortis du peuple, et la «carrière» devait se terminer vers trente ans, ou du moins prendre alors un tour nouveau : mariage, établissement sur une terre, en position d'alleutier susceptible d'apparaître sans aucun titre sur une charte de monastère. En mûrissant, on devenait donc un chevalier de plus en plus intermittent, mais toujours susceptible de se ressaisir de ses armes et d'aller, avec elles et à cheval, dans les grands rassemblements châtelains et interchâtelains, à un plaid, à une remise d'armes, à des funérailles nobles et – pourquoi pas? – à une guerre. En somme, une activité plurale[70], caractéristique d'un certain rang social et assez normale dans une société ancienne. Car c'est la nôtre, surtout, qui marche au rythme de la professionnalisation galopante!

En tout cela, on reconnaîtra bien des traits mâconnais et catalans et nulle prétention à effacer les tableaux de Georges Duby, de Pierre Bonnassie et de bien d'autres historiens. C'est sur certains éclairages et sur la perspective d'ensemble qu'ils forment que je propose quelques réajustements. La «chevalerie» n'est pas dans le simple

67. J. Decaëns, «La motte d'Olivet à Grimbosq (Calvados), résidence seigneuriale du XIᵉ siècle», dans *Archéologie médiévale*, 9. 1979, p. 189.

68. A. Debord, «A propos de l'utilisation des mottes castrales», dans *Château-Gaillard*, 11, 1983, p. 91-99.

69. R. et M. Colardelle, «L'habitat immergé de Colletière à Charavines (Isère). Premier bilan des fouilles», dans *Archéologie médiévale*, 10, 1980, p. 167-203. Publications ultérieures : M. Colardelle et E. Verdel dir., *Les habitants du lac de Paladru (Isère) dans leur environnement. La formation d'un terroir au XIᵉ siècle*, Paris, 1993, et *Chevaliers-paysans de l'an mil au lac de Paladru*, Paris, 1993.

70. Admirablement restituée par G. Duby pour Guigonnet de Germolles, au XIIᵉ siècle.

maniement des armes, mais aussi dans la capacité qu'on a à en tirer du prestige ; on est dès lors d'autant plus chevalier qu'on en a de belles et qu'on les utilise ou qu'on les exhibe pour sa propre cause, entouré soi-même d'une noble escorte chevalière... Tout le monde en convient : la destinée de la «petite chevalerie» n'est pas de rejoindre la haute. Celle-ci me semble avoir été toujours la *chevalerie de référence.* L'histoire et la sociologie montrent souvent la classe moyenne adoptant des valeurs de l'élite – et rarement l'inverse.

L'Eglise a-t-elle à valoriser la chevalerie?

D'autres malentendus compliquent l'histoire de la chevalerie. Ils concernent la «valorisation par l'Eglise». On s'est plu, au XIXe siècle, à l'idée qu'au XIIe siècle, enfin, la force sauvage du chevalier était adoucie et canalisée, par la femme et par le prêtre[71]. Dans les croisades par exemple, la voilà disciplinée, mise au service d'une bonne cause. En notre siècle, on relativise le progrès moral, mais on continue d'accorder de l'importance au point de vue des clercs. On juge l'Eglise capable de consacrer une classe sociale nouvelle, si elle valorise son activité «professionnelle» ou ce qui la symbolise – c'est-à-dire les armes. Pourquoi non?

Une difficulté, tout de même : il y a cent ans, le thème de la «christianisation» des chevaliers se nourrissait d'idées, aujourd'hui tout à fait controuvées, sur l'échec complet des pastorales carolingiennes, dans l'effondrement de l'empire du IXe siècle. La vieille école s'exagérait le délabrement de l'Eglise après les «invasions normandes», et les méfaits de la «mainmise féodale» sur elle ; elle croyait au naufrage complet de la demi-civilisation carolingienne. Au terme d'un Xe siècle absolument catastrophique, tout était à refaire, et il fallait qu'à partir de 989 la paix de Dieu mette un frein

---

71. Malgré la relation un peu difficile entre ces deux facteurs de civilisation ! Il y a en fait une vive contradiction, qui s'accentue plutôt que de se résorber, entre la «chevalerie» courtoise et la «chevalerie» chrétienne ; c'est exactement ce qui apparaît dans le *De laude novae militiae* de saint Bernard de Clairvaux.

à la violence ambiante, que des moines héroïques inquiètent et morigènent les chevaliers. Charroux préparait Clermont, c'est-à-dire la croisade où pourrait enfin s'exprimer positivement l'ardeur chevaleresque. Les historiens récents ont dû retravailler ce thème pour l'adapter à un XIe siècle plus sauvage que le Xe. De là des développements un peu contradictoires sur la relation entre «la paix de Dieu et la chevalerie» : est-ce qu'elle l'affronte dans le principe, est-ce qu'elle la légitime au contraire[72]?

Mais surtout, où sont les textes attestant que l'Eglise ait jamais récusé l'usage des armes et leur valeur de symbole pour la classe dominante? Cela ne serait pas sous Charlemagne ou Louis le Pieux, en tout cas[73]. Selon Duby, les ecclésiastiques du nord du royaume (tel Richer de Reims) opposent constamment, de la mi-Xe siècle à 1030, les nobles à la «masse des chevaliers[74]» qu'ils déprécient. Il faudrait que surgissent de nouvelles idées en provenance de «la France du Sud, creuset de nouvelles structures anticarolingiennes[75]», pour valoriser la *militia*. Odon de Cluny œuvrerait dans ce sens, en un «texte capital», sa *Vie de saint Géraud d'Aurillac*, écrite vers 942 : il y offrirait aux *bellatores*, pour la première fois, de reprendre la mission royale de maintien de l'ordre. Ainsi les «structures mentales» accompagneraient-elles le passage à la société féodale – un passage que, pour cette fois, Duby décrit en termes plus évolutionnistes que mutationnistes[76].

Ouvrons pourtant l'*Histoire* de Richer de Reims, composée aux années 990 dans une Francie où, si l'on en croit Léopold Génicot, régnerait encore pour deux siècles une distinction entre les *nobiles* et les *milites*. Voici le comte Régnier de Hainaut, «homme de chevalerie, éclatant de noblesse et de richesse» (*virum militarem, nobilitate et divitiis clarum*)[77]. De même Gilbert de Hainaut, fils de

---

72. Cf. *infra,* chapitre VIII.
73. Citations et développements, *supra,* chapitre VI.
74. G. Duby, «Les origines de la chevalerie...», p. 333.
75. *Ibid.,* p. 335.
76. C'est la formule, fréquente chez lui, de «prise de conscience» de quelque chose. Dans cet article, il reconnaît que les nobles sont «militarisés», tel Géraud d'Aurillac, dès 855-909, et que le modèle des trois ordres est déjà présent dans les années 870.
77. Richer, *Histoire de France* (cf. *supra,* note 17), IV, 4 (tome II, p. 151).

noble, *clarissimo genere inclitus*, en même temps hardi *in disciplina militari*, et dont même l'expression *facto juveni* pourrait nous suggérer qu'il fut adoubé lors de son accession à la seigneurie (*honor*) paternelle[78]. Le roi Eudes, il est vrai, fut avant lui *virum militarem et strenuum*[79], et non pas explicitement noble[80]; mais est-ce dit pour le rabaisser? Non, c'est dans une phrase relatant qu'il fut élu roi, donc dans une évocation de son mérite[81]. Son père, Robert le Fort, était «de l'ordre équestre» et petit-fils d'un étranger, germanique. En bon rémois, Richer n'aime pas les Robertiens, pas avant 987! Il décoche ici des traits, mais le premier ne semble pas assez dur à lui seul. Pourquoi? C'est que l'ordre équestre de Richer ne s'oppose qu'à la famille royale proprement dite, et pas à des «nobles», «sénateurs» ou «consulaires»; il est l'ordre laïc de Jonas d'Orléans. Ignore-t-on que Robert le Fort était comte? Comme l'était aussi le père de cette femme, *de militari ordine*, que Charles de Lorraine est allé épouser, en se mésalliant[82]... Ce que Richer interprète à la romaine, par une sorte de snobisme, comme un «ordre équestre», c'est donc apparemment l'ensemble de l'aristocratie – et on peut même penser que ce terme vient sous la pression de *militia*, très forte aux années 990.

Dans l'ensemble de son texte, indéniablement, la moyenne des emplois du terme de *miles* se situe plus bas que pour «noble» et «noblesse». La noblesse est plusieurs fois dite «royale», liée aux rois[83]; et les *milites* interviennent techniquement, à cheval, en cohorte de subalternes, lorsqu'il décrit une guerre[84]. Toutefois, on

---

78. Richer, *Histoire de France*, I, 34 (tome I, p. 72).

79. *Ibid.*, I, 5 (tome I, p. 16).

80. Ailleurs, l'épithète *strenuus* s'associe à *vir nobilis*: *ibid.*, III, 103 (tome II, p. 130).

81. Ensuite, Richer développe sur son règne, en regrettant que *in militari tumultu raram componendi lites potestatem habuit*; ici, comme souvent, *militaris* dénote clairement l'activité militaire et elle seule, mais cela n'empêche pas *miles* et *militia* de s'enrichir souvent aussi, dans nos sources, de connotations non militaires.

82. *Ibid.*, IV, tome 11, p. 160. La noblesse est parfois définie comme le fait d'avoir du sang royal, mais ce n'est après tout qu'une exigence maximale, ce n'est pas sa seule définition.

83. *Ibid.*, tome I, p. 206; tome II, p. 29.

84. *Ibid.*, tome I, p. 46.

a affaire aussi à la «chevalerie royale» (*equitatus regius*) [85], c'est-à-dire à une garde noble, et jeune, en laquelle survit la seconde «école» de Charlemagne, la *scola tyronum*. On se représente donc très bien la noblesse faisant carrière chevaleresque. En outre, une société ancienne (ou même plus moderne?) se perçoit normalement à travers une série de légères déclivités. Il y a une petite différence de potentiel entre tel et tel, une autre en tels autres, on ne cesse de comparer des hommes ou des familles deux à deux sur l'échelle des valeurs qui concernent, avec une intensité variable, toute ou presque toute la société. Or de telles comparaisons viennent généralement, dans nos textes, sous forme de rappels à l'ordre; il s'agit de maintenir des personnes dont la performance chevaleresque peine à égaler la noblesse au-dessus de moindres nobles dont la chevalerie surabonde. Et si l'articulation entre nos deux valeurs était justement faite pour embrasser et réguler un système menacé d'instabilité?

Aux funérailles du roi Lothaire (986), Richer retrouve l'ordonnancement de celles de Louis le Pieux (840). Ce sont évêques et abbés, face à des comtes et à des *milites* – ce dernier mot, placé là où l'Astronome mettait des *vassi dominici*[86]. *Miles* dans les chartes de l'an mil se substitue directement à *vassus*. Ici, les *milites* sont en contrebas des *primores regni*; le terme a souvent vocation en effet à désigner, parmi les personnages notables de telle circonstance, ceux qui sont le moins huppés. Mais la chevalerie n'est pas pour autant la deuxième roue du chariot; elle constitue plutôt un plus petit dénominateur commun. Quand on est comte ou vicomte, on se fait désigner comme tel; en dessous, *miles* est à peu près ce qu'il y a de mieux. Les ducs et comtes sont comptés par les contemporains dans la *militia*, et des périphrases de chartes le soulignent : entre 1015 et 1032, Alain III est «duc de Bretagne, entré dans la chevalerie du siècle» (*dux Britanniae, seculari militiae mancipatus*) [87].

85. *Ibid.,* tome I, p. 183.
86. *Ibid.,* tome II, p.143 (III, 110) ; Astronomus (cité *supra,* chapitre V), n. 18, p. 64.
87. A. de La Borderie, *Cartulaire de l'abbaye de Landévennec*, Rennes, 1888.

Pour valoriser l'activité guerrière de la noblesse, et la puissance symbolique de son port d'armes, nul besoin de ce courant de pensée méridional et anticarolingien, qui me paraît une vue de l'esprit moderne. Odon de Cluny était d'ailleurs de la France moyenne, il a arpenté des hauts lieux de la pensée «carolingienne». Sa *Vie* de Géraud d'Aurillac (écrite avant 943) n'apporte rien de bien original en matière de justification de la seigneurie. Son héros est d'un profil socio-politique exemplaire : vivant entre 855 et 909 environ, il réussit à s'intituler comte de son château, et tient une bonne place en Aquitaine tout en maintenant le principe d'une allégeance directe au roi. Il est noble et il a absolument tout pour que nous l'appelions un chevalier. Voué dès sa jeunesse, par les exercices, à la «milice en armes», il a bien de la chevalerie tout l'équipement et le costume, même si son biographe lui prête un refus dévot, quasi obsessionnel, de ce qui est trop voyant[88]. Il exerce, d'autre part, la double fonction militaire et judiciaire. Voyez l'admirable chiasme, qui conjoint le «*bellico jure*» et «*vi judiciaria*[89]», la violence légitime et la force judiciaire, en un monde où la guerre et la justice se complètent, toutes deux brutales et toutes deux, cependant, socialement réglées. Membre de la *militia regia,* Géraud d'Aurillac est aussi, à l'échelle locale, un *princeps* qu'escortent des *milites*[90]. Mais ne nous y trompons pas, sa fonction chevaleresque est plus intense que la leur : *princeps* le qualifie comme une sorte de *maître en chevalerie,* dont les *milites* sont les *chevaliers auxiliaires,* comme des coadjuteurs. Ils l'assistent, non seulement dans ses entreprises militaires (fort prudentes), mais aussi dans sa justice et dans ce qu'on peut appeler sa police. Dans cette société, décidément, il n'y a pas de *miles* qui soit un pur guerrier, car la spécialisation des tâches «administratives» ne prévaut pas. Son épée est aussi un glaive de justice.

Georges Duby attribue à la *Vie de Géraud d'Aurillac* d'Odon de Cluny un rôle socio-historique actif. Il y voit «un texte capital»,

---

88. *Patrologie latine,* 133, col. 645, 653, 672.
89. *Ibid.,* col. 647.
90. *Ibid.,* col. 65.

faisant rupture avec l'époque carolingienne en conférant «à l'activité militaire, fonction spécifique de la noblesse» (ici reconnue sensiblement avant l'an mil!), «une valeur spirituelle[91]». Mais, tout de même, pour la consécration sociale d'une classe, est-il si indispensable que certains de ses membres accèdent à la sainteté, c'est-à-dire à une dignité très particulière et parfois compensatoire?

A la lecture d'Odon de Cluny me viennent plutôt ces trois remarques :

1) Géraud, ou plutôt le personnage de la *Vita,* est surtout saint par ses réticences à l'égard d'une chevalerie qu'il exerce à contre-cœur. Et ce texte témoigne plutôt passivement, pour nous, de tout un comportement chevaleresque qu'il condamne plus qu'à moitié : le culte du corps, le goût pour la parure et les armes de luxe, l'habitude de la vengeance, la recherche conjointe de la louange et du gain[92], enfin l'irascibilité, réelle ou feinte, des seigneurs ordinaires, produit probable de leur relative faiblesse face aux pressions de leur entourage[93]. Lisons donc Odon de Cluny comme il faut le faire de Bernard de Clairvaux, qui en son *Eloge de la nouvelle chevalerie* (peu après 1130) prononce un panégyrique des Templiers en vitupérant d'autant plus contre «l'ancienne chevalerie[94]». A deux cents ans de distance, deux grands moines saints regardent le siècle avec la même horreur!

2) Pour ce qu'il admet de bonne chevalerie du siècle, Odon de Cluny relève de l'idéologie carolingienne la plus typique; elle l'imprègne, lorsqu'il reprend l'argument fondamental en faveur du pouvoir de l'épée. Son Géraud d'Aurillac ne porte pas les armes pour sa vengeance et pour son honneur, mais dans l'intérêt commun : «pour l'amour des pauvres qui ne pouvaient pas se défendre eux-mêmes» (*pauperum dilectione qui seipsos tueri nequibant*)[95]. Géraud s'en tient à la fonction chevaleresque des rois et des puissants avec

---

91. G. Duby, «Les origines...» (cité *supra,* note 40), p. 335.
92. PL 133, col. 646, 647, 653.
93. *Ibid.,* col. 654.
94. Il est commodément traduit par J. Richard, *L'esprit de croisade,* Paris, 1969, p. 136-152. Le thème des deux chevaleries abaisse toujours la vraie, par rapport à une autre...
95. PL 133, col. 646.

une ponctualité qui fait de lui, presque, une abstraction désincarnée. Et l'idéologie consiste au fond, ici et ailleurs, à masquer ce qui se trouve *en amont* de la domination chevaleresque : s'il faut défendre le peuple désarmé, c'est qu'on lui dénie le droit aux armes. La «fonction chevaleresque» des puissants les autorise à désarmer les pauvres! Encore ces derniers seraient-ils parfois difficiles à cerner : des misérables, ou les moines détenteurs de terres qui en principe servent à l'assistance, et en pratique à bien des choses?

3) Dans Richer de Reims, historien d'un royaume, d'un peuple, s'engouffraient les valeurs nobles (franques[96]) et chevaleresques. Ici, au contraire, Odon de Cluny marque de la distance spirituelle à l'égard de la chevalerie du siècle. Son livre est d'un moine qui dit la supériorité absolue de la milice spirituelle. Il s'éloigne un peu du christianisme de cour, bon chic bon genre, que Dhuoda résumait en *manuel* à l'usage de son fils Bernard! Il dévalorise moralement la chevalerie carolingienne, comme la théorie des deux milices y pousse aussi parfois, quoique sans porter atteinte à son prestige proprement social.

Pas davantage que la *Vie de Géraud d'Aurillac*, le *Poème au roi Robert* d'Adalbéron de Laon (1027-1030) et le discours de Gérard de Cambrai ne marquent «un moment capital dans le mouvement d'idées où naît la notion de chevalerie[97]». Les idées carolingiennes sont très stables, beaucoup plus que le paysage et même que le système politique! Il n'y a que quelques variations, à peine nouvelles, sur de vieux thèmes. Le *Poème* d'Adalbéron doit-il être interprété comme la réponse de l'épiscopat du Nord aux défis d'un an mil tourmenté, à la «révolution féodale», à la «paix de Dieu» dangereusement novatrice? Georges Duby le tire dans ce sens en 1978[98]. Mais qu'y a-t-il d'autre, en lui, que des *redites*?

---

96. Ces francs-là n'étant évidemment pas ceux étudiés au chapitre III (*supra*, p. 115-117). Ce sont francs-nobles de chroniqueurs d'un côté, et de l'autre, francs-serfs de chartes.
97. *Contra*, G. Duby, «Les origines de la chevalerie...», p. 334.
98. G. Duby, *Les trois ordres ou l'imaginaire du féodalisme*, Paris, 1978.

1) Il y a redite du schéma des trois ordres : ceux qui prient, ceux qui combattent et ceux qui travaillent se soutiennent mutuellement et équitablement! Attention à ne pas sous-estimer les antécédents. Dès la fin du IXe siècle, en effet, les *Miracles de saint Bertin* montrent comment les *oratores* et les *bellatores*, ceux qui prient et ceux qui combattent, rivalisent dans la défense du peuple désarmé[99]. Et Dominique Iogna-Prat a récemment attiré l'attention sur les *Miracles de saint Germain,* livre d'Héric d'Auxerre (vers 875). Là s'exprime une belle (une trop belle) complémentarité : ceux qui vaquent à la prière sont soutenus par les armes des uns (les *belligerantes*), par le travail des autres (les *agricolantes*) [100].

Comme au IXe siècle, le schéma préfère les mots de *pugnator* (combattant) ou *bellator* (guerrier) à celui de *miles*. Est-ce l'effet d'une réticence à l'égard d'un terme trop neuf et subversif? Je ne le pense pas. Dit-on davantage «moines», «clercs», «rustres» en ces passages-là? On cherche plutôt les assonances. Et ce modèle, qui se fait réducteur pour mieux analyser et dégager une logique de fonctionnement, préfigure notre sociologie parfois jargonnante... Il faut bien dépouiller un instant les classes sociales de toute l'écorce que mettent, autour d'elles, certains mots polysémiques et connotés. Ainsi l'enseignant et le soignant en retranchent-ils symboliquement sur «professeur» ou «médecin», comme pour dire avec plus de force leur utilité sociale. *Bellator* et *pugnator* sont pour la chevalerie des termes réducteurs, mais bien propres, en même temps, à renforcer la mythologie de l'exploit ou le symbolisme des armes.

2) Du reste, Adalbéron de Laon ne tarde pas à évoquer toute la fonction chevaleresque des nobles, à la carolingienne. Leur sang royal leur donne vocation à cette mission régalienne. Cet évêque de l'an 1030 a là des termes qu'on croirait repris de Sedulius Scotus. Ceux qu'il appelle les «puissants», les «nobles», les « *bellatores*» conjoignent la sagesse à l'usage légitime des armes. Capables de se

---

99. P. Guilhiermoz, *Essai...* (cité *supra,* note 60), p. 371.
100. D. Iogna-Prat, «Le "baptême" du schéma des trois ordres fonctionnels. L'apport de l'école d'Auxerre dans la seconde moitié du IXe siècle», dans *Annales ESC,* 1986, p. 101-126 (p. 106-107).

défendre eux-mêmes, ils ne relèvent d'aucun pouvoir de contrainte – sauf en cas d'infraction aux droits royaux. Ils exercent une fonction régalienne, conforme à la noblesse de leur extraction : «Ces guerriers sont protecteurs des églises, ils défendent le peuple, grands et petits, ils protègent tout le monde et eux-mêmes» (*Hi bellatores tutores aecclesiarum/Defendunt vulgi maiores atque minores/Cunctos et sese parili sic more tuentur*) [101].

Abbon de Fleury, tout près de 1000, insérait dans sa petite collection de canons les décrets du concile de Paris de 829 sur la «fonction chevaleresque» du roi : défense du pays, justice, protection et sustentation des faibles. A cette fonction, il redit que les évêques et les grands du royaume (la chevalerie de référence) se doivent d'être associés [102]. Ces fidèles royaux sont les relais, les acolytes de la royauté. Par rapport à 829, les conditions de ce soutien gratifiant ont évidemment changé : jadis, beaucoup d'assemblées générales et un palais tenant son rôle politique essentiel; désormais, un système, un agrégat de «principautés» régionales et même châtelaines. On est passé de l'association sous contrôle à une large autonomie des princes, obligés eux-mêmes de composer avec des comtes, vicomtes et seigneurs de châteaux. Toutefois, ne mésestimons ni l'implantation locale des comtes et *vassi* du IXe siècle ni les quelques grandes réunions de l'an mil à l'échelle interrégionale, ou surtout la cohérence de quelques grands ensembles, telle l'Aquitaine sous son prince aux allures de roi. N'exagérons pas le contraste entre l'«Etat» de Charlemagne, et la «féodalité» triomphante de l'an mil. Il y a là tout un héritage pesant du cardinal de Richelieu : le mythe des «souverainetés tyranniques» de châteaux a cheminé à partir de Mézeray (1643) [103], et des lectures naïves de cartulaires ont fait le reste, en prenant au pied de la lettre la polémique des moines contre leurs voisins laïcs. Mais que vaudrait,

---

101. Adalbéron de Laon, *Poème au roi Robert*, éd. C. Carozzi, Paris, 1979 (Les Classiques de l'histoire de France au Moyen Age, 32), p. 20 (v. 282-284).

102. Abbon de Fleury, *Canones*, PL 139, col. 477-478.

103. Voir *supra*, note 5.

après tout, l'argument même de la tyrannie s'il n'y avait aucun souci du droit dans la société concernée? Lorsque en Lorraine (1027) [104], une charte porte : «moi Hugues, chevalier par la grâce de Dieu» (*ego Hugo, gratia Dei miles*), ce n'est ni une grossière imposture ni du reste une proclamation d'indépendance[105], c'est plutôt la marque d'une vraie légitimité sociale de la seigneurie châtelaine. Elle est reconnue par les moines quand elle les traite généreusement. Et, même les jours d'orage, les moines ou les évêques n'appuient aucune contestation globale.

Adalbéron de Laon pensait en termes de société, comme un pasteur du peuple. Il y a dans le moine Abbon une tournure d'esprit plus égocentrique. Il distingue, parmi les laïcs, entre les «agriculteurs» et les «combattants» (*agonistae*). Les premiers, grossis de tous les hommes d'art «rustique», ont pour tâche de «sustenter» l'Eglise; les seconds représentent une classe assez dangereuse, puisque souvent ils ruent dans le giron de cette mère, et Abbon leur demande de se contenter des rétributions de la chevalerie, *stipendia militie*, et de se vouer à la défense de l'Eglise contre ses adversaires[106]. Ce genre de préoccupation rapproche les ecclésiastiques de l'an mil de ceux des années 860[107], et nous ne devons pas y voir la réponse à une crise sociale ou politique soudaine; les montées de revendications ecclésiastiques font évidemment partie de la conjoncture, à chaque fois, mais toute l'histoire ne peut être pensée en fonction d'elles seules!

Les cartulaires ne reflètent pas directement l'histoire générale, mais les relations de certaines églises avec certains chevaliers du siècle (ou, on l'a vu, avec certains de leurs propres serfs). Relations parfaitement ambivalentes, comme au IXᵉ siècle. Les moines vivent des dons des familles nobles et prient pour leurs âmes; comme tout

104. Acte cité par R. Le Jan, *Famille et pouvoir...* (cité *supra,* note 2), p. 152.

105. D. Barthélemy, «Note sur le titre seigneurial en France au XIᵉ siècle», dans *Archivum Latinitatis Medii Aevi* (Bulletin Du Cange), 54, 1996, p. 131-158.

106. Abbon de Fleury, *Apologeticus*, PL 139, col. 464. Même souci chez Fulbert de Chartres : il est anormal que les autels, *stips pauperum*, soient cédés à la *militia* séculière (lettre 80).

107. Voir R. Le Jan, *Famille et pouvoir...*, p. 144-145.

clergé à ses ouailles, ils ont quelques reproches à leur faire, à la mesure même d'exigences matérielles et morales très fortes. *Militia malitia*, milice égale malice : ce rude calembour ne décrit pas tout le «point de vue» de Cluny ou de quiconque sur les chevaliers du siècle. On nous dit tout autant que la «noblesse» a ses défauts, qu'elle «dégénère» (selon l'expression de Boèce, *Consolation*, III,11) quand elle est trop rétive aux injonctions venues du cloître. Tout cela ne discrédite dans le principe ni la chevalerie ni la noblesse, comme marques d'appartenance à une classe dominante légitime.

Ce qu'on a appelé le «mouvement de la paix de Dieu» prend place exactement dans cette perspective et dans ce moment, et n'a rien pu changer aux valeurs sociales. Nous verrons plus loin[108] que les historiens du XIXe siècle ont érigé en «mouvement» spécifique, originaire du Midi, une série de conciles dont on possède les actes et que des récits de miracles permettent de mettre en relation avec des translations de reliques. Ils ont formé un concept historique permettant effectivement d'approcher quelque chose; mais comme il arrive souvent avec nos concepts ou nos idéaltypes (le «domaine carolingien[109]», la «société féodale»), leur relief est parfois excessif et ils nous induisent à imaginer des ruptures chronologiques ou des limites géographiques très arbitraires. Ainsi de cette «paix de Dieu» des années 989... Que ne rattache-t-on davantage Charroux et Le Puy aux synodes de la Francie, tenus dans les mêmes années et, à travers eux, à des traditions carolingiennes, à des élaborations néocarolingiennes? Ce sont partout des législations qui se veulent «réformatrices», c'est-à-dire refondatrices, et l'on s'exagère probablement le «concours de peuple» qu'attirent les reliques. On perd aussi de vue que la paix de Dieu signifiait d'abord et avant tout... la paix des serviteurs de Dieu, en période de succès et d'enrichissement des monastères réformés!

Il ne faut jamais tronquer, en les citant, un canon d'un de ces conciles. En effet, la plupart ne font qu'énoncer d'abord un principe

108. *Infra,* chapitre VIII.
109. Discuté *supra,* chapitre III.

général ambitieux, pour le nuancer ensuite. Cela commence dès 989, à Charroux, avec l'anathème contre qui prend le bétail des pauvres, sauf si ceux-ci ont commis une faute, et contre qui s'attaque aux clercs, à moins qu'ils ne soient en armes[110]. En prêtant le serment de paix rédigé par l'évêque Guérin de Beauvais (1023), on s'engage à ne pas enfreindre d'église, pour cause de sauveté (*causa salvamenti*), sauf pour y saisir un ennemi de la paix ou un homicide, ou à la suite d'une razzia d'hommes et de chevaux[111]... bref, sauf après des faits de guerre! On pourrait multiplier les exemples[112]. Les textes opèrent, ainsi, une délimitation entre des violences rendues «quasi légitimes», selon Marc Bloch[113], et un «pur brigandage». Or la «violence ordinaire» de la classe noble et chevaleresque ne semble pas avoir été aveugle : tel chevalier désigne d'avance la terre visée, parce qu'il revendique un droit sur elle; il commet avec les siens des raids d'intimidation en essayant de bien toucher certaines cibles. Ce n'est pas rien et, pour nous, il y a de quoi frémir à certains récits. Mais la paix de Dieu, après tout, ne cherche qu'à mieux cantonner la violence. Crée-t-elle un véritable effet de rupture avec les «mœurs féodales»?

Implicitement, les serments reconnaissent à la noblesse le droit aux armes, tant qu'elle en fait bon usage, et tout particulièrement dans des actions judiciaires ou «quasi judiciaires». C'est même multiplier les occasions de ce bon usage, puisque pour faire justice des ennemis de la paix, l'Eglise en appelle au bras vengeur de ceux mêmes qui souvent la mettent en péril : à des *nobiles* ou *milites* ; ces deux termes s'équivalent, ils voisinent avec *principes* et *judices*[114], au

---

110. L. Huberti, *Studien zur Rechtsgeschichte der Gottesfrieden und Landfrieden*, Ansbach, 1892, p. 35 : «[...] *ullum quemlibet ex clero, arma non ferentem, quod est scutum, gladium, loricam, galeam* [...]». Voir aussi H. Hoffmann, *Gottesfriede und Treuga Dei*, Stuttgart, 1964 (Studien der Monumenta Germaniae historica, 20) et T. Head et R. Landes éd., *The Peace of God. Social Violence and Religious Responses in France around the Year 1000*, Ithaca, 1992.

111. *Ibid.*, p. 165.

112. *Ibid.*, p. 317 : le célèbre canon du concile de Narbonne (1054) interdit d'abord de tuer un chrétien, mais ensuite il demande qu'on règle les choses par voie de justice compositoire, si, malgré tout, il y a eu meurtre!

113. M. Bloch, *La société féodale...* (cf. *supra*, note 1), p. 414-415.

114. L. Huberti, *Studien...*, p. 42 et 136 : les *judices*, évoqués successivement comme péril et comme recours, à l'instar des *milites*.

temps de la paix de Dieu ou de ses préludes. En 1031, l'évêque Jordan de Limoges prononce, tout à la fois, une impressionnante malédiction contre les mauvais *milites*, avec leurs armes et leurs chevaux, et un vibrant appel aux «*principes militiae Lemovicensis…*», princes de la chevalerie du Limousin[115]. La relation ambivalente ne fait donc que s'intensifier dans chacun de ses aspects.

On examinera plus loin[116] les récits du Berry et du Maine, que les historiens récents ont considérés, un peu vite, comme des dérapages antiseigneuriaux. Ils ne nous révèlent guère autre chose que la manipulation factionnelle des législations, et la présence de ces fantassins non nobles que la plupart des textes méconnaissent totalement et que ceux-ci ridiculisent. En effet, le prestige et la prédominance du guerrier à cheval n'ont pas besoin de correspondre à un monopole effectif de toute activité militaire. Souvent, comme le relève Paul Guilhiermoz, «les fantassins sont traités d'*inermes* (désarmés) dans le récit même des batailles auxquelles ils prennent part[117]»… D'autre part, la suprématie chevaleresque, une fois établie, n'est pas étroitement dépendante des évolutions techniques – que d'ailleurs elle peut orienter ou freiner, au besoin. Etant inscrite dans les faits et dans les symboles, elle traverse des époques dont la violence effective n'est pas toujours la même.

Les efforts des évêques en faveur de la paix publique sont conformes à ce que voulait le roi Carloman, dans le capitulaire promulgué à Ver-sur-Launette en 884, au cœur de la «révolution féodale» de la vieille école, quand l'autorité royale s'effondrait. L'empire de Charlemagne n'avait connu qu'une paix intérieure relative, mais les années 860-880 ont pu voir s'instaurer un climat

---

115. L. Huberti, *Studien…*, p. 214. Sur cet épisode, cf. R. Bonnaud-Delamare, «Les institutions de paix en Aquitaine au XIᵉ siècle», dans *Recueils de la Société Jean Bodin*, XIV, 1961 (*La paix*, 1ᵉ partie), p. 415-487 et p. 463-466).

116. *Infra*, chapitre VIII, p. 337-338.

117. P. Guilhiermoz, *Essai…* (cité *supra*, note 60), p. 391. Traduire «chevalier» ou «vassal» par le latin *miles*, comme le font les chartes et les chroniques de part et d'autre de l'an mil, présuppose que ce sont là les seuls soldats véritables, légitimes.

social plus brutal, qui régnerait encore vers l'an mil et au XIe siècle. Comment mesurer exactement tout cela?

La question à propos des paix et trêves de Dieu du XIe siècle n'est pas : sont-elles carolingiennes ou anticarolingiennes? mais plutôt : quelles parts de l'héritage carolingien retiennent-elles, réaniment-elles? Et comment quelques éléments nouveaux sont-ils instillés? Sur le premier point, on devrait marquer l'insistance à désarmer les évêques, ces chevaliers illicites, comme il avait jadis tenu à cœur de Louis le Pieux que ce fût fait. On veut en somme conformer davantage le monde à la théorie des deux milices. Quant aux nouveautés, la principale semble la trêve de Dieu des années 1040; l'idée n'en avait été que très embryonnaire, au IXe siècle. Mais cette trêve est-elle bien respectée?

Il y a bien une corrélation entre la défense de tuer des chrétiens (Narbonne, 1054) et l'injonction à tuer les ennemis de la foi (Clermont, 1095). Mais comme l'a bien vu Jean Flori, l'expédition de Jérusalem n'amène pas directement l'Eglise à valoriser la chevalerie comme classe[118]. Elle l'envoie en Palestine au titre de la pénitence.

Du moins est-ce pour nous une occasion de revoir, par les chroniqueurs, un peuple chrétien en armes, «suivant le Christ» de façon assez vétéro-testamentaire. Des actes chevaleresques, accomplis parfois par des clercs (qui ont repris les armes!), jalonnent l'histoire de cette guerre juste. Un esprit franc et une «mentalité de croisade» paraissent ensemble, inextricablement liés, dans la *Chanson de Roland*, proche de 1097. Après elle, la matière de France et celle de Terre sainte alimentent ensemble bien des épopées. Et plus tard encore, surtout vers le XVe siècle, des familles nobles plus ou moins nouvelles se reportent pour leurs origines à l'exploit d'un premier ancêtre, «aux croisades»…

A partir du XIIe siècle, dans un monde beaucoup plus en ébullition et en renouvellement que n'était encore celui de l'an mil, les idées et les thèmes chevaleresques foisonnent et divergent en tous sens. Deux remarques seulement :

1) Les Templiers lancés par saint Bernard sont des chevaliers très

---

118. J. Flori, *L'essor de la chevalerie, XIe-XIIe siècles*, Genève, 1986, p. 196.

spéciaux; leur sainteté fait du tort à tous les autres, comme avant eux celle de Géraud d'Aurillac!

2) Les efforts pour une liturgie de l'adoubement s'insèrent dans un propos large d'intervention ecclésiastique sur les rites de passage, au XIIIe siècle. Et ils rencontrent vite leurs limites.

La «valorisation de la chevalerie par l'Eglise[119]» est un thème doublement discutable, car il faut nuancer, et sa méfiance initiale, et sa confiance finale envers la chevalerie! Nous n'avons jamais vu le clergé mettre en question le pouvoir régulateur que symbolise l'épée; son schématisme des trois ordres appuie même la focalisation symbolique sur les armes, par rapport aux autres instruments du pouvoir noble. Mais ce clergé a des composantes et des exigences diverses : les Xe et XIe siècles sont marqués par des moines enclins à s'horrifier davantage que les évêques carolingiens et grégoriens.

Cela ne retentit cependant pas sur la puissance sociale des nobles porteurs d'armes. Essayons ici d'en restituer la noblesse et la dimension symbolique.

III. – La chevalerie comme parure de la noblesse

Karl Ferdinand Werner plaide les *origines romaines* de la «chevalerie[120]», en s'appuyant sur la persistance d'expressions antiques. Mais faut-il envisager les choses abruptement? La chevalerie n'est pas un élément isolable ou technique, tel l'étrier, dont on pourrait se demander de qui le Moyen Age le tient. Elle appartient à toute une société dont Fustel de Coulanges a dit, en des termes insurpassés, que sa germanité était évanescente, sa romanité plus réelle en effet, mais *transformée* par l'évolution graduelle de plusieurs siècles. La chevalerie de l'an mil n'est pas plus romaine que la servitude. Les mots restent, les choses changent!

119. J. Flori, *L'essor...*, p. 3.
120. «Du nouveau...» (cité *supra*, note 50), p. 198.

Karl Ferdinand Werner fournit toutefois de précieuses références, telle la formule permettant d'ajuster la noblesse native sur la chevalerie en action. Angilram, vers 800, prêtait à saint Ermeland une naissance de parents nobles, à la fin du VIIe siècle, puis une carrière dans la *militia*, par laquelle «il parvint à un degré d'honneur digne de ses aïeux» (*ad debitum progenitorum pervenit honorem*) [121]. C'est l'idée même que Léopold Génicot trouve à la mi-XIe siècle, dans une charte namuroise[122], et qui reparaît en pays de Loire à la fin de ce siècle, en un moment d'épanchement des rédacteurs de notices. Ils abreuvent de louanges les bienfaiteurs de leur église. Voici, en 1081, «Lancelin, seigneur du château de Beaugency : «quant à l'éclat de sa naissance, il resplendit extrêmement de la noblesse de ses parents; quant à sa valeur propre, il s'est rendu très fameux par ses actes de chevalerie et par son très honorable soin des affaires domestiques» (*Lancelinus, castri Balgiacensis dominus, homo, quantum ad natalium spectat generositatem, parentum nobilitate clarissimus, quantum vero ad proprie virtutis laudem, tam militaris strenuitatis potentia, quam rei familiaris honesta sollicitudine procurande industrie famosissimus*) [123]. Excusez du peu!

Qu'il s'agisse ici d'une variation brillante sur un thème antique n'implique pas la similitude des institutions et n'exclut pas toute évolution sociale entre Rome et le XIe siècle. Simplement, le thème n'est pas entièrement anachronique parce que le monde «féodal» (postcarolingien), contrairement à ce que posait la vieille école du XIXe siècle, n'est pas l'antithèse absolue de l'Antiquité. Et en choisissant, comme le fait la charte namuroise, la métaphore d'une chevalerie qui «orne» la noblesse, on peut développer un commentaire sur les adoubements d'avant le XIIe siècle. Si l'usage des armes est en partie ostentatoire, alors la «simple» remise d'armes est un geste de grande conséquence! Et l'adoubement introduit à la vie chevaleresque qu'il faut mener pour maintenir les relations

---

121. *Vita sancti Ermenlandi*, éd. W. Levison (MGH *Scriptores Rerum Merovingicarum*, 5), Hanovre et Leipzig, 1910, p. 684-686.

122. Cf. *supra*, p. 220.

123. C. Métais, *Cartulaire de l'abbaye cardinale de la Trinité de Vendôme*, tome II, Paris 1894, n° 301.

de parenté et de sociabilité privilégiées, auxquelles on était destiné par sa naissance[124].

Ornare in militem

A l'appui de sa conception de l'adoubement comme «ordination» prenant alors un accent neuf, Marc Bloch produit la lettre de 1098 dans laquelle le comte de Ponthieu se dit prêt, à la prochaine Pentecôte, à armer chevalier le futur Louis VI. Mais la phrase exacte n'échappe pas à la redondance, à une certaine enflure : «parer et honorer le fils du roi des armes chevaleresques, le promouvoir et l'ordonner à la chevalerie» (*regis filium armis militaribus adornare et honorare et ad militiam promovere et ordinare*) [125]. Elle indique un peu plus qu'un rite de «passage», mais beaucoup moins qu'une «initiation» : le terme d'«accomplissement» n'est-il pas le plus juste? On dit autant «parer chevalier», que «faire» ou «armer chevalier». Quelques années plus tôt (1087), une charte de Baudouin de Valenciennes évoquait son père, le comte «qui décora Philippe, roi des Francs, des armes de la chevalerie royale» (*qui Philippum, Francorum regem, regalis insignivit militie armis*) [126]. De cette «chevalerie séculière», un diplôme de Philippe Ier se réclame, en 1085[127]. Lui-même l'a reçue bien après son sacre, tandis que Louis VI est armé bien avant – mais tous deux au même âge (seize à dix-huit ans). N'en déduisons pas le concept d'une distinction si tranchée entre le charisme royal et l'énergie chevaleresque : ils se conjoignent plutôt, et il faut presque parler ici d'une séquence ou d'un dédoublement rituels, la remise des armes étant nécessaire dans ces deux cas pour

124. Cf. l'acte de 1095, A. Bertrand de Broussillon éd., *La maison de Laval...*, tome I, Paris, 1903, n° 54 : il y a un fils du seigneur de Laval, âgé de trente ans *et militari sub habitu, vir quippe ex illustri prosapia ortus, degeret.*

125. PL 162, col. 664.

126. Acte cité par M. Prou, *Recueil des actes de Philippe Ier, roi de France*, Paris, 1908 (*Chartes et diplômes...*), p. XXXII, note 5.

127. *Ibid.*, n° 87. Sur le fond de préambule traditionnel se détache l'idée que faire des dons aux églises est un trait de « *regie celsitudinis ac dignitatis secularis milicie*».

marquer la fin de l'adolescence, parce que l'entrée en royauté est trop précoce ou trop tardive. Dans un sacre à quinze ou vingt ans, on l'incorporerait sûrement [128]. Les rois des Xe et XIe siècles ne sont que les détenteurs d'une chevalerie maximale, rehaussée seulement par le sacre et par quelques rites proprement royaux.

Les mentions d'adoubement foisonnent, dans la seconde moitié du XIe siècle. Les plus explicites concernent des comtes ou des sires, et emploient ces mêmes termes de «décoration» et d'«emblèmes». Comte d'Anjou, Foulques le Réchin fut honoré de ce que son oncle Geoffroi Martel, à la Pentecôte 1060, l'adouba : «moi son neveu, il m'arma chevalier» (*me nepotem suum armavit in militem*) [129]. Il avait alors dix-sept ans, et il se réclame plus tard de ce geste comme d'une institution d'héritier. Se référant à la même époque, une notice de Marmoutier dit le seigneur de l'Ile-Bouchard «adulte désormais, lui que le comte Thibaud avait orné des armes chevaleresques» (*jam adultus quem comes Tetbaldus militaribus armis ornaverat*) [130]. Devenu ainsi un homme accompli [131], le jeune Bouchard peut revendiquer l'héritage paternel. Dans les belles notices «narratives» de cette région, la mention d'un tel, «une fois fait chevalier» (*miles factus*), scande souvent le récit : elle prélude à une remise en cause d'un don parental, consenti pourtant dans l'enfance… La chevalerie rend agressif! Mais à ceci près que ces revendications, étayées sur quelques voies de fait, s'apaisent aisément par des cadeaux. On se demande si tout cela n'est pas un peu joué, par des nouveaux chevaliers qui ont besoin de se montrer à la hauteur de leur personnage social : se faire entendre, recevoir à la fin de quoi compléter leur vêture ou leur monture.

---

128. Les *ordines* du sacre comportent un «adoubement royal» : J. Le Goff, «Aspects religieux et sacrés de la monarchie française du Xe au XIIIe siècle», dans E. Magnou-Nortier dir., *Pouvoirs et libertés au temps des premiers Capétiens*, s. l., 1992, p. 311.

129. L. Halphen et R. Poupardin éd., *Chroniques…* (cité *supra*, note 12), p. 236.

130. C. Métais, *Cartulaire* (cité *supra*, note 123), n° 399. Cf. D. Barthélemy, «Les comtes, les sires et les nobles de châteaux dans la Touraine du XIe siècle», dans *Campagnes médiévales : l'homme et son espace. Etudes offertes à Robert Fossier*, Paris, 1995, p. 439-453.

131. Sur l'adoubement comme «l'étape normale de l'entrée dans l'âge adulte», voir les références charentaises de la période 1095-1160 : A. Debord, *La société laïque…* (cité *supra*, note 54), p. 201, note 85.

Le futur saint Arnoul reçoit les « enseignes de la chevalerie » (*signa militie*) « selon le vœu de sa parenté et la coutume des nobles » (*iuxta votum amicorum ritumque nobilium*)[132]. A la pression de sa parenté noble, il ne peut pour l'instant se dérober : l'honneur lignager veut que tous soient chevaleresquement armés et parés. Tout plaide donc contre l'origine subalterne d'un rite d'adoubement pratiqué à défaut de noblesse. En un sens, cet adoubement décoratif peut passer pour l'effet d'une « courtoisie » naissante. Mais nous avons plutôt la révélation, par des documents dont la densité et la structure narrative sont inédites, de ce qui se pratique depuis longtemps.

Richement documentée, la Catalogne fournit en 998 un beau témoignage d'adoubement de nobles par le comte[133]. Pierre Bonnassie ne le reconnaît malheureusement pas comme tel, parce qu'à l'instar de trop d'historiens, il cherche quelque chose de très cérémoniel, ou de formellement « initiatique ». Entre 1050 et 1150 encore, la sous-estimation des allusions textuelles à l'entrée en chevalerie nuit à l'histoire de la noblesse[134]. Mais que dire de l'avant 1050, quand les sources sont rares et quand le vide documentaire sert d'argument *a silentio* ? Rien ne doit pourtant interdire le rapprochement entre les adoubements de rois carolingiens, évoqués plus haut[135], et ceux des nobles de l'an 1100.

Les textes ne soulignent régulièrement ni les uns ni les autres. Sans l'Astronome, on ne connaîtrait pas les remises d'armes de 791 et de 838. Et elles ne figurent ni dans toutes les *Vies* de saints convertis ou donateurs ni dans toutes les notices relatant comment l'accès à la « jeunesse[136] » chevaleresque en met plus d'un en veine

---

132. MGH SS XV, p. 879.

133. *La Catalogne...* (cité *supra*, note 41), I, p. 291-292.

134. Cf., par exemple, les traductions du passage fameux de Pierre Abélard : « *patrem autem habebam litteris aliquantulum imbutum antequam militari cingulo insigniretur* » (*Historia calamitatum*, éd. J. Monfrin, Paris, 1978, p. 63), ou du « *Si l'adoba a lei de chevaler* » dans les chansons de geste.

135. *Supra*, chapitre VI, p. 201. Un passage de Richer de Reims, *Histoire de France...* (cité supra, note 17), tome I, p. 72 (I.34) demeure d'interprétation douteuse : Gilbert de Hainaut, *jam facto juveni*, se voit accordé par le roi l'*honor* paternel.

136. *Juvenis* peut être synonyme de *miles* : cf. *infra*, note 304.

de revendication. Mais cette rareté même s'accorde parfaitement avec deux grands traits de la «chevalerie primitive» de la vieille école ici : son enchâssement dans la vie sociale aristocratique, et son caractère largement profane. Elle n'est ni un corps dans lequel on s'intègre ni une institution de chrétienté à laquelle on ait à se vouer. *Adober* signifie «seulement» *équiper*[137]. Mais, de toute manière, il n'y a pas de latinisation en *adobamentum* (comparable à *homagium* ou *feodum*), c'est toujours le terme de *militia* qui connote, activement, l'entrée en chevalerie – jusque dans l'aide à la *chevalerie* du fils aîné (XIIᵉ siècle).

Il ne faut donc pas se représenter une liturgie bien réglée, centrée sur le geste de la «colée» ou «paumée», qui est introuvable avant le XIIᵉ siècle[138], ou sur une quelconque promesse. Mais d'un autre côté, répétons-le, il n'y a pas de remise d'armes qui demeure sans portée symbolique, et l'identité de l'adoubeur n'est jamais indifférente[139]. Tout comme dans le haut Moyen Age, l'adoubement permet de modifier ou de symboliser les relations entre deux hommes, ou plus largement entre l'adoubé et tout le groupe des présents. Un cas limite, mais bien propre à faire le lien avec le vieux *feoh-gyfte* et avec les fêtes d'Aix en 826[140], est justement celui d'Harold, armé solennellement par Guillaume en 1064. Représenté sur la broderie de Bayeux, cet authentique adoubement ne marque pas l'accès initial à la chevalerie, mais il comporte certaines des implications du rite (la dette de reconnaissance envers l'adoubeur).

Plus couramment, semble-t-il, l'adoubement d'avant la seconde moitié du XIIᵉ siècle appelle les remarques suivantes :

1) Il ne confère pas une chevalerie abstraite, une sorte de grade. Simplement, il inaugure la *vie* chevaleresque. Ainsi Geoffroi Martel

---

137. J. Flori, «Sémantique et société médiévale. Le verbe "adouber" et son évolution au XIIᵉ siècle», dans *Annales ESC,* 31, 1976, p. 915-940.

138. J. Flori, *L'essor...* (cité *supra,* note 118), p. 115.

139. Précisément, il est intéressant que des sources normandes omettent le rôle du roi Henri Iᵉʳ comme adoubeur de Guillaume, le futur conquérant (*ibid.,* p. 65) ou que celui d'Henri Beau Clerc soit, ou Lanfranc, ou ce Guillaume lui-même, selon les sources (*ibid.,* p. 59).

140. Cf. J.-P. Poly et E. Bournazel, *La mutation féodale...* (cité *supra,* note 44), p. 122.

le Jeune, fils de Foulques le Réchin, «du vivant de son père, il se dressa en chevalier et il mit en œuvre sa chevalerie nouvelle contre ceux des régions voisines, en deux rencontres» (*in vita patris sui miles exstitit et novitatem militie sue contra finitimos exercuit, fecitque duo prelia*)[141]. Dans *Raoul de Cambrai*, la parade équestre est partie intégrante du rite, elle en constitue la dernière séquence[142]. Plusieurs notices évoquent l'entrée en jeunesse (*juvenis factus*, «fait jeune»), alors même que la chevalerie ne cesse que par la mort ou par un adieu aux armes explicite. Mais c'est que, pour bien l'établir et la démontrer, il faut une ou deux campagnes initiales. La remise des armes clôt un apprentissage : ce n'est pas la première fois que l'adoubé les utilise «techniquement»; elle le convie donc à des performances démonstratives, à l'aventure de la guerre ou du tournoi[143]. Mais passé l'heure des combats de jeunesse, la guerre ne constitue plus l'occupation permanente des chevaliers. Ils vivent sur la renommée acquise.

2) L'adoubement ne confère pas à tous autant de chevalerie. Chacun a la sienne propre. L'équipement et la parure varient. Quant à cette vie juvénile qui est à la fois un stade de marge et un moment de paroxysme chevaleresque, tous n'en sortent pas avec la même réputation de prouesse. Du moins les plus nobles bénéficient-ils d'un préjugé favorable de l'«opinion», ce qui leur vaut ensuite la reconnaissance sociale d'une chevalerie de premier ordre, à épithète (*miles strenuus, fortissimus*, etc.).

3) L'adoubeur est souvent l'éducateur et son geste reconnaît la compétence et la maturité de l'adoubé. Mais, dans le rite, son rôle exact n'est-il pas de le cautionner devant la société? Il légitime la vie et la vêture chevaleresques. En même temps, on tire bénéfice de la

---

141. L. Halphen et R. Poupardin, *Chronique…* (cité *supra*, note 12), p. 235.

142. P. Meyer et A. Longnon éd., *Raoul de Cambrai. Chanson de geste*, Paris, 1882 (Société des anciens textes français), v. 460-593.

143. Difficile de dire dans quelle mesure la guerre des Xe et XIe siècles peut être déjà réglée et codée, et donc préfigurer le tournoi, dont on a souvent placé l'invention en Touraine vers 1060 : cf. M. Parisse, «Le tournoi en France, des origines à la fin du XIIIe siècle», dans J. Fleckenstein éd., *Das Ritterliche Turnier im Mittelalter*, Göttingen, 1985 (Veröffentlichungen des Max-Planck Instituts für Geschichte, 80), p. 175-211. En fait, n'y eut-il pas plusieurs «inventions» parallèles, vers la fin du XIe siècle en effet?

présence de toute une série d'autres hommes, qui peuvent participer avec le «président de séance» à l'habillement et à l'armement publics du ou des adoubés[144]. Les décisions «juridiques», en ces temps, ne valent que par le soutien de petits groupes de notables, ceux mêmes dont les chartes et notices portent en souscription les noms, et parfois les qualités de «nobles» ou «chevaliers». Le lieu naturel de l'adoubement est donc la cour, au double sens judiciaire (cour féodale) et proprement courtois, et il intègre l'adoubé à des groupes vindicatoires.

4) Très naturellement, l'adoubement ainsi défini voisine avec d'autres rites, ou gestes significatifs, allant du sacre des rois à l'hommage des vassaux. Il s'insère dans diverses séquences. Et surtout, il est l'occasion de «travailler» des relations sociales diverses : un roi fait honneur à un comte en l'ayant comme adoubeur, tandis que ce rôle, assumé par le seigneur d'un petit vassal, fait de ce dernier son auxiliaire dévoué.

Enfin, la présence discrète ou l'absence d'une dimension religieuse font un autre facteur de variabilité de l'adoubement, c'est-à-dire de la chevalerie.

L'Eglise et les rites chevaleresques

Les travaux de Jean Flori permettent de bien jalonner l'engagement des prêtres dans les adoubements. On n'a aucun exemple, écrit-il, «jusque vers la fin du XIIᵉ siècle au moins, de l'adoubement par un ecclésiastique d'un chevalier "ordinaire", quel que soit son rang[145]». Observons simplement que cela ne suppose aucune absence d'honorabilité «selon le siècle» pour ledit chevalier «ordinaire». C'est que l'Eglise, non sans raison, se garde de trop valoriser les puissances laïques avec lesquelles elle entretient une relation ambivalente, et de couvrir par avance d'inévitables

---

144. F. Castets éd., *La Chanson des quatre fils Aymon*, Montpellier, 1909 (Publications de la société pour l'étude des langues romanes, 23), v. 1796-1831 (p. 328-329); ici paraît la colée.
145. J. Flori, *L'essor...* (cité *supra*, note 118), p. 110-111.

«bavures» imputables aux porteurs d'épée. Il lui suffit d'avoir consacré idéologiquement l'ordre des combattants et de bénir l'épée du roi[146], c'est-à-dire du chevalier de *référence*... Car la *militia* des rois n'est pas tout autre chose que celle des nobles leurs parents, évoqués par Adalbéron de Laon. En outre, l'Eglise caractérise religieusement, et donc rend plus performantes, des chevaleries *particulières* – en un temps où, à vrai dire, elles le sont toutes! On doit à Jean Flori la date et la localisation de l'*ordo ad armandum ecclesie defensorem vel alium militem* (liturgie pour l'armement d'un défenseur d'église ou d'un autre chevalier) élaboré à Cambrai, peu avant 1093[147] : à la bénédiction de l'épée s'ajoute ici celle de la lance, et surtout la remise même des armes par l'évêque officiant. Mais il faut voir là, sans autant de réserves que cet auteur, un projet d'engagement, en contexte grégorien, vers la christianisation accrue d'un rite de passage : à comparer à l'avancée contemporaine en matière de mariage. Cependant, un siècle plus tard, on se gardera bien d'aller jusqu'au «sacrement» chevaleresque. Savons-nous, même, si les *ordines* liturgiques du XIIIe siècle furent plus utilisés que celui-là? Philippe Contamine ne le suggère pas[148].

En son «climat de croisade», la *Chanson de Roland* ne fait pas adouber ses héros par des ecclésiastiques, mais par des rois ou par de grands barons[149]. Pour elle, la chevalerie est, au demeurant, la chose au monde la mieux partagée entre les chrétiens et les Sarrasins. Parmi ces derniers, Margariz de Séville brille par sa courtoisie; il épate les dames[150]! Valdabrun, d'autre part, « *levat li rei*

---

146. J. Flori, «Chevalerie et liturgie. Remise des armes et vocabulaire "chevaleresque" dans les sources liturgiques du IXe au XIVe siècle», dans *Le Moyen Age* (4e série, 33), 1978, p. 247-278 et 409-442.

147. J. Flori, *L'essor...*, p. 97-108. Dans ce passage comme dans d'autres, la remise d'armes se trouve trop rabattue sur la notion d'«investiture».

148. P. Contamine, «Points de vue sur la chevalerie en France à la fin du Moyen Age», dans *Francia*, 4, 1976, p. 255-285 (p. 277).

149. *Chanson de Roland*, P. Jonin éd., Paris, 1979 (coll. Folio) : Roland a été adoubé par Charlemagne, puisqu'il évoque «*Ma bone espée, que li reis me dunat*» (v. 1121); P. Jonin a tort de n'y voir qu'un «simple cadeau» (cf. v. 2321 : «*Dunc la me ceinst...*»).

150. *Ibid.*, v. 955-960, et 1311. Cf. aussi Baligant (v. 3164).

Marsilium» [151] : en d'autres termes, il «*l'adoba a lei de chevaler*». Les Sarrasins ne constituent, bien entendu, qu'une projection en miroir de leurs adversaires chrétiens; ils font même plus féodaux qu'eux, dans la mesure où l'idéalisation ne maquille pas les ruses vassaliques ou la pratique douteuse de l'humiliation des saints [152]... Mais le principe même d'une chevalerie supra-confessionnelle en souligne le côté «profane». Que l'archevêque Turpin bénisse, encourage et finalement rejoigne lui-même ceux qui se battent pour la bonne cause, cela ne surprend pas. En cela, diffère-t-il beaucoup de certains évêques «réels [153]» et «carolingiens»?

La réserve de l'Eglise à l'égard du rite d'entrée en chevalerie demeure toujours son attitude dominante, malgré quelques failles. Elle n'implique cependant qu'une distance très relative à l'égard du pouvoir et du symbolisme des armes [154]. D'autre part, l'histoire de la chevalerie s'éclaire d'un jour nouveau si l'on comprend qu'elle eut, en son premier âge, des rites authentiques, quoique moins formels et moins cérémonieux que vers 1200, et non pas un seul, mais bien deux : à l'entrée des jeunes répond systématiquement la sortie, le désadoubement pour cause de conversion [155], de pénitence,

---

151. *Chanson de Roland*, v. 1563 : «*Celoi levat le rei Marsilium*». Ce mot de *lei* (comme *lex* en latin de l'époque) a un champ sémantique large : «loi» *stricto sensu* (cf. la religion chrétienne, *lei de chrestiens*), mais aussi «manière», «comportement» (v. 752 : «*Dunc ad parled a lei de chevaler*»), et finalement «parure», «équipement». Mais ce n'est pas rien que d'être chevaleresquement équipé! Littéralement «*adober a lei de chevaler*» serait «accommoder en chevalier».

152. *Ibid.*, v. 2580-2591.

153. En un combat douteux, l'archevêque Guifred de Narbonne, selon la plainte fameuse du vicomte Bérenger contre lui (1059), successivement «*reliquit cunctas arma militaria et seculi militiam*» (1054), et «*non multo post accepit arma ut miles*» (C. Devic et J. Vaissette, *Histoire générale de Languedoc*, tome V, Toulouse, 1875, col. 499). Abandon et reprise de la parure chevaleresque, en autant de gestes «déclaratifs» (comme dirait ailleurs J. Flori), donc ritualisés peu ou prou.

154. Nul besoin, d'autre part, de faire allusion à une origine «magique» ou «païenne» de l'adoubement, qui aurait inspiré les réticences de l'Eglise. Ce thème est lié au mythe de la «colée», que n'évite pas M. Bloch, *La société féodale...*, p. 436. Cf. aussi, récemment : R. Fossier, *La société médiévale*, Paris, 1991, p. 277.

155. La *Vie de saint Arnoul de Soissons*, par Hariulf d'Aldenburg (début du XIIᵉ siècle), très évocatrice de l'apparat noble et chevaleresque, ainsi que de la double fonction guerroyante et pacificatrice de la *militia*, évoque cela : «*militiae cingulum respuentem armaque cum vestibus cultissimis*» (PL 174, col. 1381).

d'approche de la mort. Tout un dossier, entre 785 et 1115, mentionne le dépôt du *cingulum militie* – un «baudrier de chevalerie» pas plus métaphorique, me semble-t-il, que ne l'est sa réception. Il apparaît de deux manières :

1) A titre de sanction, des conciles privent Louis le Pieux en 833, Thomas de Marle en 1115, du *cingulum militie*, donc de l'aptitude aux *honores*. Dans le premier cas, cela introduit à une pénitence fameuse, faite à Soissons, pendant laquelle l'empereur n'exerce plus la royauté; en 834, il est restauré par la reprise de ses armes[156]. Dans le second cas, le délinquant est dévêtu, «bien qu'absent[157]», mais probablement par un rite car les liturgies d'humiliation et de malédiction à distance ne manquent pas, vers l'an 1100. Il ne s'agit pas d'une juridiction automatique des assemblées de l'empire ou de la paix, mais plutôt d'actions ponctuelles, au coup par coup : elles sont le négatif des bénédictions d'armes des «défenseurs de l'Eglise». Dans un sens ou dans l'autre, l'Eglise prétend agir sur la chevalerie de certains personnages. Elle galvanise les uns, et paralyse les autres... quitte à pousser ces derniers au compromis, voire à les retourner en sa faveur!

2) D'autres fois, les actes recueillis dans les cartulaires mentionnent le dépôt des armes, lors de l'entrée d'un noble en religion, précoce ou tardive. Voici, dès 785, cité par Régine Le Jan[158], le «testament» de Gulfard, chanoine de Saint-Martin de Tours : il évoque son entrée dans la communauté, accomplie jadis d'une manière alors nouvelle, en se coupant les cheveux et en déposant les armes, car il était de nais-

---

156. Cf. J. Flori, «Les origines de l'adoubement chevaleresque : étude des remises d'armes et du vocabulaire qui les exprime dans les sources historiques latines jusqu'au début du XIIIᵉ siècle», dans *Traditio,* 35, 1979, p. 209-272. L'entrave à sa chevalerie le prive donc de royauté. Symétriquement, Philippe Iᵉʳ excommunié ne peut plus s'habiller en roi : Orderic Vital, M. Chibnall éd., *The Ecclesiastical History of Ordericus Vitalis,* 6 vol., Oxford, 1969 à 1978, IV, p. 262; ce fait autant que l'âge explique son incapacité : « *militia justiciaque diu frigidus fuerat*» (*ibid.,* V, p. 154).

157. Suger, *Vie de Louis VI le Gros,* H. Waquet éd., Paris, 1964 (Les Classiques de l'histoire de France au Moyen Age, 11), p. 176.

158. R. Le Jan, «Apprentissages militaires, rites de passge et remises d'armes au haut Moyen Age», dans P. A. Sigal dir., *Initiation, apprentissage, éducation au Moyen Age,* Montpellier, 1993, p. 213-222.

sance noble[159]. En 951, Leubaud entre à Cluny; «il retire son baudrier de chevalerie et, pour l'amour de Dieu, il se coupe la chevelure et la barbe» (*cingulum militiae solvens et comam capitis barbamque pro divino amore detundans*) [160]. Dans les deux cas, on remarque l'association de la chevelure et des armes, deux signes flagrants de noblesse adulte, et l'absence d'une autorisation «officielle» ou seigneuriale, qui ne manquerait pas d'être requise pour quitter la *militia,* si elle était encore un «grand corps de l'Etat»... La mode des années 1060 étant, comme on le sait par ailleurs[161], aux cheveux courts et à la barbe rasée, on ne peut plus, à Afflighem[162] ou à Redon, que dire un simple adieu aux armes. Une phrase décrit bien la dévêture du chevalier breton Morvan, en 1066, comme un rite hautement symbolique, et concret : «il va en armes jusqu'à l'autel et il y dépose ses armes chevaleresques, c'est-à-dire qu'il laisse là le vieil homme pour se revêtir de l'homme nouveau» (*armatus accessit ad altare sanctum ibique arma milicie reliquid, deponens veterem hominem novumque induens*) [163]. En une telle formule, la métaphore classique de la conversion constitue également le meilleur commentaire du rite de passage. Le changement d'habit entraîne le renouvellement du *personnage* au sens fort[164]. La description faite à Redon atteste bien d'une continuité concrète entre le haut Moyen Age et le XIe siècle, en un monastère

159. Noble manière de se défaire de l'habit de noblesse! Acte analysé par E. Mabille, «La pancarte noire de Saint-Martin de Tours», dans *Mémoires de la Société archéologique de Touraine,* XVII, 1865, n° 37.

160. A. Bernard et A. Bruel, *Recueil des chartes de l'abbaye de Cluny,* 6 vol., Paris, 1876-1903, n° 802. Selon G. Duby, *La société...* (cité *supra,* note 34), p. 191, ce serait une expression métaphorique; cependant, le rapprochement est fait avec une tonsure qui ne saurait l'être.

161. H. Platelle, «Le problème du scandale : les nouvelles modes vestimentaires aux XIe et XIIe siècles», dans *RBPH,* 53, 1975, p. 1071-1096.

162. Texte cité par C.M. Van Winter, « *Cingulum...*» (cité *supra,* note 43), n° 53.

163. A. de Courson, *Cartulaire de l'abbaye de Redon en Bretagne,* Paris, 1863 (*Documents inédits sur l'histoire de France*), n° 361. Suit le don du cheval de Morvan.

164. En principe, du moins; en pratique, il y a des chevaliers convertis lors de maladie grave qui, s'ils en réchappent, reprennent les armes; ou encore, le moine Gimon de Conques avait-il, à la fin du Xe siècle, gardé ses armes à portée de main, et son cheval tout prêt, pour courir sus aux ennemis du monastère avec d'autres arguments que l'ostension des reliques : A. Bouillet éd., *Liber miraculorum sancte Fidis,* Paris, 1897, p. 66 (I, 26).

tout imprégné de culture ligérienne et qui n'a donc rien de périphérique. Nous avons là un des aperçus rares et précieux que procure le grand développement documentaire – comme il y en a soudain sur des pratiques féodales... Habituellement, nous sommes surtout renseignés sur le don du cheval; le monastère l'accepte (ou la parenté noble le laisse donner) plus aisément que les armes elles-mêmes[165], quitte à l'échanger ensuite.

Bien entendu, dans la pratique, les «conversions» sous la menace d'une maladie mortelle sont provisoires : ou l'on meurt bientôt ou, si l'on réchappe, on est tenté de reprendre la chevalerie[166]. Mais l'important, pour notre propos, était de repérer la trace d'un second rituel qu'on peut dire chevaleresque, fait pour le passage d'une *militia* effective, à armes concrètes, à la *militia* métaphorique : le monachat ou la cléricature, dont les liturgies, en dépit d'expressions comme *miles Christi* ou *servus Dei,* ne reprennent ni les rites de la «vraie» chevalerie ni ceux du «vrai» servage...

La «plainte de l'épée», dans les chansons de geste, ressemble aussi à un rituel de sortie de la chevalerie. Mieux que Veillentif le cheval, Durendal symbolise celle de Roland. Épée-reliquaire, sainte et quasi miraculeuse, elle est réservée «*a un conte cataignie*[167]»; il faut que l'on puisse dire «... *que ele fut a noble vassal*[168]». Elle ne saurait tomber entre des mains païennes, ou «couardes[169]». La chevalerie de référence se confond avec la noblesse[170], et l'épée en constitue le

---

165. Les armes sont cependant données, avec le cheval, à Noyers, vers 1069, par Joscelin Aldebert : C. Chevalier, *Cartulaire de l'abbaye de Noyers,* Tours, 1872 (Mémoires de la Société archéologique de Touraine, XXII), n° 59.

166. Exemples dans : L. Musset, «L'aristocratie normande au XIe siècle», dans P. Contamine dir., *La noblesse au Moyen Age,* Paris, 1976, p. 92, et J.F. Lemarignier, *Le gouvernement royal aux premiers temps capétiens (987-1108),* Paris, Picard, 1965, p. 134, note 283.

167. *Chanson de Roland...* (cité *supra,* note 149), v. 2320.

168. *Ibid.,* v. 1123; P. Jonin traduit ici «guerrier», mais «*vassal*» est pleinement synonyme de «*chevaler*» et de «*ber*».

169. *Ibid.,* v. 2350. La couardise, le servage, demeurent l'horizon négatif de la noblesse, donc aussi de la chevalerie; le «noble vassal» vit dans la hantise d'une imputation de lâcheté, donc de servage, s'il manque à l'honneur.

170. Il leur arrive même, dans la *Chanson de Roland,* d'échanger leurs valeurs propres, la chevalerie devenant affaire de «lignage», et la noblesse se confondant avec la vaillance.

fétiche. «*De vos pris l'ordene de chevalerie*», dira un Sarrasin à la sienne, dans *Aspremont*[171]. En elle la chevalerie demeure, infrangible, par-delà les vies individuelles de ceux à qui on la ceint, et qui plus tard s'en départissent. Deux gestes rituels se répondent; le second, plus chrétien que le premier, appartient déjà à la séquence mortuaire.

Qui fournit les armes?

Mieux que d'autres, les textes littéraires appellent la glose «anthropologisante». A condition de demeurer prudente, elle permet pourtant aussi d'éclairer les pratiques effectives. Le haut Moyen Age a connu ces épées de noblesse dont parlent les épopées, mais il en a fait un usage plutôt cérémonieux : elles servaient à parader plus qu'à conquérir. On les voit encore dans la broderie de Bayeux, entre les mains du comte de Ponthieu, du duc de Normandie : elles rendent leur pouvoir ostensible. C'étaient jadis, note excellemment Régine Le Jan, des «épées ancestrales, héritées» et «porteuses des valeurs de noblesse accumulées par tous ceux qui les avaient tenues jusqu'alors[172]» – un peu comme les noms et comme certaines terres, biens lignagers fondamentaux. Aux Xe et XIe siècles, il y a là de quoi dépasser l'opposition assez fallacieuse, mais commune à la vieille école et au mutationnisme, entre une «noblesse transmissible» et une «chevalerie qui ne l'est pas[173]» – l'une «de naissance» et l'autre, «de carrière».

La circulation des armes et de la parure chevaleresques ne semble pas gouvernée par des contraintes «purement économiques»; du moins l'économique s'enchâsse-t-il dans le social. Le «cadeau» essentiel de l'adoubeur à l'adoubé, c'est sans doute le cautionnement de son port d'armes, plutôt que ces armes elles-mêmes, en

---

171. Texte cité par J. Flori, «La notion de chevalerie dans les chansons de geste du XIIe siècle. Etude historique du vocabulaire» dans *Le Moyen Age*, 4e série, 30, 1975, p. 201-244 et 407-445 (p. 216).

172. Cf. R. Le Jan, «Apprentissages militaires…» (cité *supra*, note 158).

173. A. Luchaire, *Les premiers Capétiens, 987-1137*, dans E. Lavisse, *Histoire de France*, tome II, 2, Paris, 1911, p. 139.

tant qu'objets. L'un n'exclut pas l'autre, mais le cautionnement semble commun à tous les adoubements, alors qu'on demande seulement à certains adoubeurs de remettre au jeune homme des armes de famille : ne serait-ce pas le cas si Guibert de Nogent, prenant sa mère au mot, voulait être chevalier ? Elle lui promet en effet «qu'elle me donnerait l'équipement et les armes chevaleresques, lorsque j'atteindrais l'âge» (*cum ad id tempora emersissem, apparatum se mihi militiae et arma daturam*[174]).

Les grands personnages emportent avec eux des trésors de monnaies et d'orfèvrerie, et aussi d'équipement chevaleresque. Au vrai, on a moins l'impression d'une thésaurisation que d'une circulation constante. En 840, le «testament» fameux du comte Eccard prévoit l'attribution de ses épées, de sa broigne et de ses chevaux à plusieurs hommes, son fils et ses vassaux ; au monastère de Fleury ne vont, outre la terre de Perrecy et des livres, que deux baudriers[175]. Sa fondation pieuse n'éteint pas toute chevalerie après lui, parmi «les siens». Géraud d'Aurillac, quant à lui, donne en cadeau de paix à l'un de ses ennemis deux « *arma militaribus apta*[176] », de quoi armer des chevaliers. Ce petit fait sonne vrai, dans la mesure où il tempère le dégoût pour les armes que lui prête son biographe clunisien, et où il concorde avec les indications des riches sources catalanes. Les magnats du Xe siècle y sont dits, à la fois, nobles et chevaliers dans un texte de 984 [177] ; leur fortune mobilière consiste en bêtes de combat avec les harnachements, et en armes. Ils peuvent prêter tout cela à leurs proches, ils en disposent par testament[178]. A la fois gouvernants et combattants, leur «seul luxe» est cet équipement militaire ; ils meurent couverts de dettes, ayant tout «sacrifié au paraître, au désir de figurer "honorablement" à la cour comme à la guerre[179]».

---

174. Guibert de Nogent, *Autobiographie…* (cité *supra,* note 22), p. 40.

175. M. Prou et A. Vidier éd., *Recueil des chartes de l'abbaye de Saint-Benoît-sur-Loire,* tome I, Paris, 1907, n° 25. Parmi les livres, un *De arte militari.*

176. PL 133, col. 666.

177. P. Bonnassie, *La Catalogne…* (cité *supra,* note 41), I, p. 295.

178. *Ibid.,* p. 296-297. A la différence du Roland de l'épopée, ils semblent privilégier leur cheval favori, plutôt que leur épée.

179. *Ibid.,* I, p. 297.

Voilà bien la chevalerie telle qu'en elle-même; elle réside autant dans une apparence que dans une action, le pur modèle ne s'en trouve pas chez des «hommes de métier». Les serfs enrichis dont parlent des morceaux de chroniques, Stabilis en pays de Loire[180], ou en Bourgogne les descendants d'un prévôt[181], n'ont pas fait fortune par les armes, celles-ci sont venues après la richesse et la notabilité pour les manifester.

En Catalogne, au XIᵉ siècle, Pierre Bonnassie peut saisir, sur le vif, des combattants d'apparence plus humble que les magnats. Ceux-ci s'assurent de leur service vassalique par le système de la «commande» : en leur fournissant les chevaux et les armes, ils en font leurs dépendants (*milites, commendati*). Les prêts de principe s'avèrent des dons de fait[182]. Pour le coup, en zone frontalière, voilà peut-être des spécialistes de la guerre. Encore ne faudrait-il «pas surestimer l'importance de ces troupes domestiques[183]». Ajoutons «ni leur nouveauté» puisque la *Vie de Géraud d'Aurillac* en évoquait déjà. Simplement, le XIᵉ siècle voit s'accroître leur nombre, comme celui des châteaux, et il fait du mot *miles* un usage peu sélectif, le «galvaudant» vers le bas sans pour autant en rabaisser le modèle de référence.

Sans rigidité, on peut distinguer entre :

– une noblesse chevaleresque «*sui generis*», en quelque sorte, fondée matériellement et symboliquement sur ses propres traditions familiales, mais intégrées dans un système de relations et de préséances;

– et des hommes de moindre chevalerie, plus redevables à tous égards envers un seigneur, patron et adoubeur, qui leur a cependant fait don, avec les armes, de parcelles de noblesse. Voyez la «noble

---

180. E. de Certain éd., *Miracles...* (cité *supra,* note 24), p. 218. Relaté au XIᵉ siècle par André de Fleury, l'épisode se place dans les années 960. Ce «*spurius miles*» se voit réclamer sa dette de servage...

181. *Vita domini Gernerii, praepositi Sancti Stephani Divionensis* (XIᵉ siècle), E. Pérard éd., *Recueil de plusieurs pièces curieuses servant à l'histoire de Bourgogne*, Marseille, 1910, p. 130 : «*militari honore praefulgent*».

182. P. Bonnassie, *La Catalogne...* (cité *supra*, note 41), II, p. 570.

183. *Ibid.*, p. 571.

escorte de chevaliers fieffés» (*nobili beneficiatorum militum* [...] *caterva*), autour d'un abbé de Conques[184].

La chanson de *Raoul de Cambrai,* en son «noyau» peu postérieur à 1100, met bien en valeur ce qui différencie la chevalerie de Raoul de celle de Bernier. Le roi Louis ne pouvait faire moins qu'adouber le premier, lequel a encore toute raison de se plaindre de lui, puisque le reste de son héritage ne lui a pas été remis. Bernier, au contraire, se sent tenu à beaucoup de reconnaissance à l'égard de Raoul, son adoubeur : la geste la rappelle plus souvent[185] que son obligation vassalique stricte.

Comme le note P. Van Luyn, «il n'y a que très peu de textes qui parlent directement de la façon dont les *milites* se procurent leurs chevaux et leurs armes», et ceux qu'il cite pour suggérer «plutôt que chaque *miles* se les procure lui-même» ne me paraissent pas tous concluants[186]. Les *Miracles de sainte Foy* évoquent, de leur côté, ce chevalier dont un seigneur assure à ses frais la promotion au baudrier de chevalerie[187]. Finalement, comment démêler les parts respectives du don matériel et du cautionnement symbolique, dans la relation entre les grands et leurs vassaux?

Mais à coup sûr, la noblesse des premiers se pare, outre de leur chevalerie propre, de celle des seconds... qui est aussi une noblesse! La suite armée classe au premier rang un puissant, et même le «parvenu» Stabilis traîne avec lui une «jeune escorte qui en jette» (*florida juventus famulorum*)[188]. Elle procède de ce capital chevaleresque qui sert à perpétuer la puissance d'une famille et à étoffer sa clientèle. Comme de tels équipages suscitent le respect et les cadeaux, et permettent quelques prises, l'investissement se révèle rentable.

---

184. A. Bouillet éd., *Liber miraculorum Sancte Fidis* (cité *supra,* note 164), p. 42-43. La *Vie de saint Arnoul* évoque, de son côté, un abbé qui abuse des ornements de son église «*in usus militum se stipantium*» : PL 174, col. 1383.

185. *Raoul de Cambrai...* (cité *supra,* note 142), v. 1078, 1123, 1372, 3056-3057, 3136-3137, 3416, 3562-3563; allusion au lien créé par l'hommage : v. 4002.

186. P. Van Luyn, «Les *milites...*» (cité *supra,* note 47), p. 30.

187. *Liber miraculorum...* (cité *supra,* note 164), p. 194-195.

188. E. de Certain éd., *Miracles...* (cité *supra,* note 24), p. 218.

Flagrante, rutilante, la chevalerie des Xe et XIe siècles vous saute aux yeux! Foin des finesses lexicales et «idéologiques»! Elle a, à en juger par la *Chanson de Roland* qui les pousse aux limites, ses idéaux de luxe (la rutilance des casques et des épées[189]) et son honneur (autant et plus lignager que «vassalique» au sens des historiens[190]). «Splendeur barbare[191]» ou raffinement protocourtois, la fête continue de part et d'autre de l'an mil, en dépit de l'invective lancée du fond des cloîtres.

Et pourquoi éluder le lien organique entre la chevalerie et la noblesse? André Chédeville, au Chartrain, serait fort près de le reconnaître, puisqu'un comte en 1107, un sire en 1108 se révèlent être adoubés. Mais cette cérémonie, selon lui, «n'apportait à ces grands personnages qu'une décoration supplémentaire : leur autorité et leur prestige résidaient dans leurs pouvoirs de commandement matérialisés par leurs châteaux, dans leurs alliances[192]...» La chevalerie, en somme, ne serait pour la noblesse que *superfétatoire*. Léopold Génicot affaiblit la résonance de la belle formule namuroise citée tout à l'heure, «*decoravit nobilitatem suam militari studio*». «Selon l'expression d'un de nos documents», commente-t-il, «la première "s'orne" de la seconde, elle ne procède pas d'elle et ne se confond pas avec elle[193].» Dans la société médiévale, le signe,

189. *Chanson de Roland*, (cité *supra*, note 149), p. 320 (v. 3303-3307).

190. Si Roland se charge de l'arrière-garde (*ibid.*, p. 114 et 116, v. 768 et 788) et refuse de sonner du cor (p. 140 et 192, v. 1075-1076 et 1705-1706), c'est pour l'honneur de sa parenté avant tout. Il compte au moins autant que le dévouement au seigneur (évoqué p. 144, v. 1117), qui retenait pourtant seul l'attention de la vieille école (J. Flach).

191. L'expression est appliquée à la *Vie de Géraud d'Aurillac* par J. Martindale, «The French aristocracy in the early Middle Ages : a reappraisal», dans *Past and Present*, 75, mai 1977, p. 5-45 (p. 26). A cette époque, la sociabilité chevaleresque semble plus festoyante (banquets) que tournoyante.

192. A. Chédeville, *Chartres et ses campagnes...* (cité *supra*, note 49), p. 317. Pour les *milites* de base, l'adoubement aurait été, en revanche, «le signe qui les différenciait radicalement et définitivement de la masse des *inermes*» (*ibid.*). Orderic Vital note pourtant que les «*militares viri*» donnent le ton au reste de la société : on les envie, on imite leur habillement (*The Ecclesiastical History...* [cité *supra*, note 156], IV, p. 268); d'où peut-être la nécessité d'un changement cyclique de la mode (évoqué par H. Platelle, «Le problème du scandale...», cité *supra*, note 161).

193. L. Génicot, *L'économie namuroise...* (cité *supra*, note 4), I, p. 7 et note 5.

l'emblème ne comptent-ils pas plus que tout? Qu'est-ce qu'un personnage social, sans sa parure? Le superflu, ici, semble bien nécessaire.

Assurément, tout n'est pas d'apparence. Les chevaliers exhibent leur puissance en faisant réellement la guerre; leurs armes ne valent que s'ils s'en servent. Mais imaginer que cette pratique très codée, très institutionnalisée, constitue leur préoccupation unique ou qu'ils en sont des techniciens implacables, c'est forcer tous les textes... Ils n'ont pas davantage d'esprit de corps que d'uniforme.

La «première chevalerie» brille très concrètement. Et c'est bien ce qui permet aux contemporains d'en décrire l'intensité inégale, comme un fait d'expérience; elle varie selon les hommes et les circonstances.

IV. – L'ECLAT CHANGEANT DE LA CHEVALERIE

On doit pourtant aux mutationnistes d'avoir problématisé la notion de noblesse; Georges Duby la perçoit bien comme une «qualité d'intensité variable[194]»; après lui, Jean-Pierre Poly et Eric Bournazel en disent «l'éclat changeant[195]». Que n'appliquent-ils les mêmes formules à la chevalerie elle-même, dont ils font sentir par ailleurs qu'elle descend socialement plus bas au XIe qu'au XIIIe siècle? Une conception trop rigide du rite, du «titre» ou du «métier» les en dissuade seule. Robert Fossier, rencontrant en Picardie, en 1089, le *miles optimus* Nicolas de Waben, aperçoit bien des «degrés dans le service armé[196]», mais que ne l'appelle-t-il chevalerie, que n'en voit-il la noblesse? Ce n'est pas ici une hiérarchie de grades, mais une modulation empirique. Un peu à l'image de celles que l'anthropologie rencontrait en Afrique, il y a peu, la société médiévale n'était-elle pas structurée en partie par une

194. G. Duby, *La société...* (cité *supra*, note 34), p. 196.
195. J.-P. Poly et E. Bournazel, *La mutation féodale...* (cité *supra*, note 44), p. 157.
196. R. Fossier, *La terre et les hommes en Picardie jusqu'à la fin du XIIIe siècle*, (1968), 2e éd., Paris, 1987, p. 246.

violence auto-limitée et pensée «comme une longue gradation de différences, une immense échelle sur laquelle les individus s'étagent et s'ordonnent les uns par rapport aux autres[197]»? La vassalité dénote ainsi des différences d'un cran; l'alliance matrimoniale ou le cousinage mettent au contraire sur le même plan. Mais on serait sûrement très loin d'obtenir un classement strict par ces critères à la fois ambigus et pas toujours concordants... La hiérarchie est approximative, sujette à débat. Simplement, tout le monde s'y réfère!

La modulation dans les mots

Comme l'a fait remarquer Georges Duby, *nobilis* est un adjectif qui peut se porter à trois degrés (positif, comparatif et superlatif), tandis que *miles*, en tant que substantif, n'a pas les mêmes propriétés grammaticales[198]. Soit, mais des épithètes viennent s'y accoler, qui permettent de moduler la chevalerie : à commencer précisément par *nobilis* et *nobilissimus*[199]... Les cartulaires du XIe siècle, tout comme les sources narratives[200], en fournissent maint exemple. Un vicomte de Meulan est, en 1096, «*vir egregius, miles strenuus*[201]». D'autres

197. E. Terray, dans J. Bazin et E. Terray dir., *Guerres de lignages et guerre d'État en Afrique*, Paris, 1992, p. 396.

198. C'est ce qui lui fait opposer la «qualité» noble au «titre» chevaleresque : G. Duby, *La société*..., p. 195-196. Réfuter cette vue est important car, dès lors, on ne voit pas que *miles* parvienne mieux que *nobilis* à «cristalliser» une classe.

199. *Miles nobilis* (à un niveau «médian», ce n'est pas un sire de château) : C. Chevalier (cité *supra*, note 165), n° 384 (avant 1112, Noyers). *Miles nobilissimus* (sire de château) : L.J. Denis, *Chartes de Saint-Julien de Tours (1002-1227)*, Le Mans, 1912 (Archives historiques du Maine, XII, 1), n° 8 (1014). Le cartulaire de Redon (A. de Courson, cité *supra*, note 163) met souvent la noblesse au superlatif.

200. P. Van Luyn, «Les *milites*...» (cité *supra*, note 47), p. 216.

201. J. Depoin éd., *Recueil de chartes et documents de Saint-Martin-des-Champs*, tome I, Ligugé-Paris, 1912 (Archives de la France monastique, XIII), n° 72. Cf. aussi, en 1061, Richard de Béthisy, cité par J.F. Lemarignier, *Le gouvernement royal*... (cité *supra*, note 166), p. 134. «*Miles strenuus*» vient fréquemment sous la plume d'Orderic Vital (cité *supra*, note 156) : par exemple, II, p. 84 et 198. Cf. aussi comte Bertrand de Broussillon, *Cartulaire de l'abbaye de Saint-Aubin d'Angers*, 2 vol., Angers, 1903 (Documents historiques sur l'Anjou, I), n° 328 (entre 1060 et 1067) : un chevalier «*qui de servitio seculari strenue serviebat*».

chevaliers sont déclarés *optimi* [202], *honorabiles* [203], *fortissimi* et *prudentissimi* [204]. Vu la densité et le caractère des sources, ceci apparaît surtout dans la seconde moitié du XIe siècle. En général, l'épithète n'ajoute rien de spécifique à la notion de chevalerie; elle précise seulement un peu plus la force mêlée de sagesse, l'éclat, la noblesse, l'honorabilité : toutes notions que la chevalerie évoque toujours, et dont aucune n'épuise la description de la puissance sociale. C'est la présence même d'une épithète, quelconque, ou le passage au comparatif et au superlatif, qui donne un peu plus de poids à la chevalerie. Prestige de la redondance...

Parler de *miles nobilis* relève du pléonasme, bien plutôt que cela ne suggère, par exclusion, qu'il y a des chevaliers non nobles. Ces derniers ne sont pas tout à fait inconnus : Alcuin évoquait déjà des *milites ignobiles* [205] et l'expression revient ensuite, ici et là [206], à propos de ceux que l'on dit aussi *milites gregarii*. Mais c'est que les limites inférieures de la noblesse sont floues, comme l'a noté Jane Martindale [207]. Selon le Normand Guillaume de Poitiers, juste au-dessus des *gregarii*, «en groupe», prennent place les «chevaliers de moyenne noblesse», *milites mediae nobilitatis* [208] : les premiers constituent dès lors, implicitement, une «basse» noblesse autant qu'une chevalerie roturière. Et quand paraissent des «chevaliers serfs», leur condition paradoxale marque la revanche du concret sur la théorie [209]; en elle la chevalerie représente la noblesse... En d'autres termes, les limites inférieures de la chevalerie n'ont pas plus de netteté que celles de la noblesse : un équipement res-

---

202. J. Depoin n° 34 (entre 1079 et 1089, Saint-Martin-des-Champs).

203. C. Métais, (cité *supra,* note 123), II, n° 301 (1082, la Trinité de Vendôme).

204. P. Ourliac et A.M. Magnou, *Cartulaire de l'abbaye de Lézat* (cité *supra,* note 56), n° 01155 (entre 1075 et 1081, un *prudentissimus* et deux *fortissimi*).

205. Cité par P. Guilhiermoz, *Essai...* (cité *supra,* note 60), p. 340.

206. Cf. M. Garaud, *Les châtelains...* (cité *supra,* note 51), p. 222.

207. J. Martindale, «The French aristocracy...» (cité *supra,* note 191), p. 32.

208. Guillaume de Poitiers, *Histoire de Guillaume le Conquérant,* éd. et trad. R. Foreville, Paris, 1952 (Les Classiques de l'histoire de France au Moyen Age, 23), p. 232.

209. Dans ce sens, A. Barbero, *L'aristocrazia nelle società francese del Medio Evo. Analisi delle fonte letterarie (secoli X-XIII),* Bologne, 1987, p. 73, note 206; je lui donne ici raison contre J. Flori.

treint[210] et sans éclat, une légitimité sociale douteuse, un adoubement mal cautionné font une demi-chevalerie, une noblesse interlope. Quant au sommet de l'échelle, il se rencontre partout en France des chevaliers de premier ordre, dès que les sources foisonnent (fin X^e, ou courant XIe siècle).

Les textes législatifs et les chroniques du XIe siècle ne présentent pas de liste précise des «grades» de la *militia* (sauf à considérer «comte» et «vicomte», qui sont seulement des titres). Ils se contentent d'établir, pour le principe, des binômes (*principes/milites)* ou des ternarités; le concile de Saint-Gilles connaît des *milites majores* et *minores*[211], et Orderic Vital oppose les *gregarii* aux *precipui*[212], tandis que Guillaume de Poitiers préfère décrire trois niveaux : pour lui, les *gregarii* forment le «commun des chevaliers» (*vulgus militum*[213]).

Dans les Xe et XIe siècles en France, il «manque» la distinction entre le «chevalier» et le «cavalier». Des hommes que l'on déclarerait, au XIIIe siècle, sergents à cheval ou écuyers sont ainsi compris dans la «chevalerie». Quand plus tard ils apparaissent en tant que tels, leur condition n'a d'ailleurs rien de si péjoratif; simplement, un réglage linguistique et juridique intervient, qui les laisse aux portes de la noblesse reconnue, un peu en contrebas. Cette opération n'était pas si nécessaire au XIe siècle, et il ne sert à rien de la faire nous-mêmes à la place des hommes du temps. Nous devons être au contraire avertis de ce que les séparations entre les divers chevaliers, ou entre eux et la «roture», n'ont rien de radical. En descendant du haut vers le bas, toujours conjointement, la noblesse et la chevalerie

---

210. P. Guilhiermoz envisageait bien cela, mais par le biais des fiefs, dans le cadre d'une chevalerie toute vassalique : *Essai...* (cité *supra,* note 60), p. 183-194 (ce qui mène au thème des vavasseurs, et procède de sources des XIIe et XIIIe siècles). Plus intéressant pour nous est un acte de 971 (M. Deloche éd., *Cartulaire de l'abbaye de Beaulieu-en-Limousin*, Paris, 1859, n° 50); l'abbaye constitue certains de ses serfs *judices,* par délégation, mais prévoit de limiter leur droit à l'équipement noble : «*ut nullus ex illis*» (les serfs qu'il s'agit de brider) «*neque de posteris eorum efficiatur miles, nec ullus portet scutum, neque spadam, neque ulla arma, nisi tantum lanceam et unum speronum*».

211. L. Huberti, *Studien...* (cité *supra,* note 114), p. 305.

212. Orderic Vital (cité *supra,* note 156), II, p. 90 et 306.

213. Guillaume de Poitiers (cité *supra,* note 208), p. 232.

perdent ensemble leur intensité, jusqu'au point où on ne les discerne plus, ou jusqu'à ce clair-obscur où le servage peut les rejoindre... L'idéologie des ordres ou les rituels peuvent définir des pôles sociaux positifs et négatifs – donc *agir* sur la société. Mais ni l'une ni les autres ne créent de véritable équateur. La zone intertropicale reste soumise au balancement des alizés.

Ce qui peut ternir la chevalerie et la noblesse

Finalement, trouvons-nous vraiment quelque part des indices de chevalerie sans aucune noblesse?

1) Le travail des mains? Voici d'abord le chevalier à la charrue, ce *caballarius ad carrucam* que le serment de paix de Verdun-sur-le-Doubs (entre 1019 et 1021) défend à l'égal du travailleur désarmé[214]. Un soldat laboureur? Les fouilles de Colletière, en Charavines, donnent consistance à ce «chevalier paysan[215]». Soit, mais de tels hommes sont-ils absolument «ignobles»? Les pièces de la panoplie chevaleresque s'acquièrent avec l'aisance; la guerre ne constitue pas le «métier», au sens moderne, du *miles*. En l'an mil, a-t-on le concept de dérogeance, par le travail de sa terre propre? Ces textes et cette fouille ne nous montrent pas un travail «aliéné», seul vraiment servile. L'idéologie durcit l'opposition entre les *bellatores* et les *laboratores*; comme toujours, la réalité s'avère plus complexe.

Attention à *pagensis eques,* «chevalier du pays», chez Orderic Vital : nul besoin d'en faire un de ces «responsables fiscaux[216]» chers à

---

214. H. Hoffmann, *Gottesfriede...* (cité *supra,* note 110) p. 52; dans le serment de Vienne, conservé avec celui-là, il y a un *villanus caballarius.* Ce mot de *caballarius* est bien un double de *miles,* mais plus proche de la langue vernaculaire : G. Duby, «La diffusion du titre chevaleresque sur le versant méridional de la Chrétienté latine», dans P. Contamine dir., *La noblesse au Moyen Age*, Paris, 1976, p. 39-70.

215. Cf. *supra,* note 69.

216. Comme le voudrait P. Baudouin, «Une famille châtelaine sur les confins normano-manceaux : les Géré (Xᵉ-XIIIᵉ siècle)», dans *Archéologie médiévale*, 22, 1992, p. 339.

Elisabeth Magnou-Nortier et à l'hyperromanisme. Définissons-le comme un chevalier dont l'entregent et la réputation n'excèdent pas le cadre local (*pagus*); il contraste avec les «barons» de premier rang, et de dimension régionale, que le duc traite en amis. L'Angleterre a plus tard ses *county knights*.

2) La servitude? Dans le Midi parfois[217], et plus souvent dans l'Ouest, on donne des chevaliers avec la terre, à l'instar des cultivateurs de diverses conditions. Ce sont vassaux dont le fief apparaît encore lié au «petit domaine», à la seigneurie rurale. Un chevalier breton fonde, en 1037, le prieuré de Saint-Cyr-lès-Rennes par le don d'une terre «avec les chevaliers, les villains, les métayers» (*cum equitibus, villanis et meditariis*)[218]. Des chevaliers chartrains cèdent aux moines de Saint-Père, qui le fonds d'un alleu, «avec trois chevaliers dont les fiefs étaient prélevés sur ce fonds» (*cum tribus militibus qui ex parte fundi ipsius fevati erant*) (1070)[219], qui les *milites* fieffés sur la dotation d'une église qu'ils «restituent», dans le moment grégorien (1080-1102)[220]. On en disposerait donc comme de serfs, de roturiers! Attention pourtant : même à propos de ceux-ci, le don d'hommes ne doit pas être dramatisé[221]. Le seigneur cède son droit au service, éventuellement au tribut, et invite l'église à négocier avec les intéressés.

Entre 844 et 859, le polyptyque de Saint-Bertin montrait la place éminente des moines et des *caballarii* dans certaines seigneuries rurales[222]. C'est sans invraisemblance que le chroniqueur Hariulf,

217. Un exemple vers 972 : C. Devic et J. Vaissette (cité *supra*, note 153), V, col. 123. Un caractère original de la documentation méridionale, beaucoup plus fréquent, est l'allusion aux albergues dues à un seigneur avec «tant» de *milites* ou de *caballarii*.

218. L. J. Denis (cité *supra*, note 199), n° 13.

219. B. Guérard éd., *Cartulaire de l'abbaye de Saint-Père de Chartres,* 2 vol., Paris, 1840 (Coll. de documents inédits), I, p. 219.

220. *Ibid.*, p. 214, 233, 235. Avant 1028, le terme employé était *casatus*: *ibid.*, p. 105 et 130.

221. Voir *supra*, chapitre IV.

222. F. L. Ganshof éd., *Le polyptyque de l'abbaye de Saint-Bertin (844-859). Édition critique et commentaire,* Paris, 1975 (Académie des inscriptions et belles-lettres), p. 14, 16, 19, 20 à 23. Ils ont eux-mêmes des *mancipia*. Leur service consiste à *caballicare* (ou, à défaut, à assurer des travaux de clôture). F. L. Ganshof les appelle des «cavaliers», de préférence à «sergents à cheval» (C.E. Perrin).

vers 1088, interprète en *milites* leurs homologues qui servent l'abbaye voisine de Saint-Riquier, même s'il les décrit à la manière de son temps. Aux quatre grandes fêtes annuelles, ils se présentent en appareil chevaleresque (*ornati*) et font à l'abbé une superbe cour : «leur affluence transformait presque notre église en une cour royale» (*ex sua frequentia regalem pene curiam nostram ecclesiam facientes*)[223]. Voilà ce qui s'appelle servir noblement!

Néanmoins, les termes de «service» et d'«homme» appartiennent bien, à la fois, au vocabulaire du servage et à celui de la vassalité; il y a un *servitium militare*. Comment s'en étonner, dans une société tissée de liens de dépendance, entre lesquels tout est affaire de nuances? L'on peut guerroyer ou «travailler», soit à son propre compte, soit au service d'autrui. Et d'ailleurs, comment classer les agents seigneuriaux dans le schéma des trois ordres? Nous avons trouvé leur servage très instrumental[224], leur statut très composite. Leur chevalerie est là pour les déguiser, ou plutôt pour que l'habit fasse le noble. Et d'ailleurs, qui sait si la petite noblesse n'est pas entièrement composée de cette sorte de vrais faux imposteurs? Lorsque la vavassoresse de Guines est humiliée, à la fin du XIᵉ siècle, par une sorte de formariage (la *colvekerlia*), elle s'en va dire à la comtesse qu'à ce régime, tous les nobles pourraient perdre leur noblesse[225].

Le syllogisme se présente en effet ainsi : la chevalerie est le signe de la noblesse, or cette dernière exclut fondamentalement le servage, donc il faut plaider contre lui.

3) Les mauvais traitements? Il y a des chevaliers maltraités, humiliés : comment concilier cela avec l'idée de privilège, généralement attachée à la noblesse?

223. Hariulf, *Chronique de l'abbaye de Saint-Riquier (Vᵉ siècle-1104)*, F. Lot éd., Paris, 1894 (Coll. de textes pour servir à l'étude et à l'enseignement de l'histoire), p. 97. J'y mets plus de continuité que : T. Evergates, «Historiography and sociology in the early feudal society : the case of Hariulf and the *milites* of Saint-Riquier», dans *Viator*, 6, 1975, p. 35-49.

224. *Supra*, chapitres III et IV.

225. Naturellement, le chroniqueur reconstitue cela un siècle plus tard : Lambert d'Ardres, *Historia comitum Ghisnensium*, dans MGH, SS XXIV, p. 580. Texte déjà évoqué *supra*, chapitre IV, p. 164, n. 254.

Comme en matière de servage, il faut évoquer l'accident : la vie chevaleresque, l'usage des armes exposent aux blessures, à la mort, au déshonneur[226]; une certaine régulation peut limiter de tels risques[227], elle ne les élimine pas. Surtout, en l'absence d'Etat moderne, nulle autorité judiciaire n'interdit sur tout le territoire français de pendre les chevaliers. Ceux-ci n'ont, si l'on ose dire, qu'un privilège de fait : on craint les représailles de leur parenté ou de leur seigneur, défendant sa noblesse et la leur. Dès lors ce «privilège», tout comme la capacité même de faire des guerres «privées», doit être d'autant plus fort que le lignage est plus «haut» ou le protecteur, plus efficace : il varie selon les chevaliers…

Il existe, néanmoins, au XIe siècle une justice, ni plus ni moins «publique» que celle d'avant l'an mil. Devant elle, ou plutôt dans le débat, on peut se prévaloir du statut de chevalier : Alessandro Barbero le souligne bien[228]. En son âge adulte, selon les *consuetudines et justicie* de Normandie (1091)[229], le chevalier ne saurait servir d'otage. En Flandre, il n'a pas à soutenir le duel contre un non chevalier : ainsi sont démasqués les Erembaud de Bruges, peu avant 1127[230]. Ici l'on entend une sorte de rappel aux principes, quoique à des fins très intéressées. Le précédent syllogisme prend une tournure nouvelle : la chevalerie vaut noblesse et liberté, donc il faut la dénier aux serfs. Ces dramatisations ne sont pourtant qu'épisodiques. Les «jugements» des Xe et XIe siècles terminent-ils souvent les affaires?

4) Le mercenariat? Il y a là de quoi indéniablement ternir une chevalerie. Etre payé, même noblement, cela fait moins «classe»

---

226. L'archevêque Guifred a pendu deux *milites* du vicomte Bérenger, qui se plaint en 1059 (C. Devic et J. Vaissette [cité *supra*, note 153], V; col. 500), sans évoquer l'atteinte à leur privilège noble, mais en mentionnant que l'un d'eux était son parent.

227. PL 133, col. 664 : Géraud d'Aurillac se refuse à déshonorer des vaincus, pourtant perfides, en les dépouillant de leurs armes; son biographe, partisan de la rigueur, le porte cependant à son crédit.

228. A. Barbero, *L'aristocrazia…* (cité *supra*, note 209), p. 70-74.

229. Texte édité dans C.H. Haskins, *Norman Institutions,* Cambridge, Mass., 1918 (Harvard historical studies, 24), p. 282.

230. Galbert de Bruges, *Histoire du meurtre de Charles le Bon,* H. Pirenne éd., Paris, 1891 (*Coll. de textes pour servir à l'ét. et à l'ens. de l'histoire*), p. 12-13.

que de vivre du sien ! Mais il faut en rabattre beaucoup sur l'article de 1968, dans lequel Jacques Boussard oppose les *stipendia* aux «services féodaux». Dès l'époque d'Hugues Capet, le mercenariat serait un «usage bien établi», et critiqué par Fulbert de Chartres ; trop de ses collègues évêques vivent entourés de chevaliers : «ils paient des soudoyers», *solidarios pretio conducunt*[231]. Mais ce reproche porte-t-il sur le principe même du soudoiement ? Des prélats ne devraient en aucune manière se commettre avec la «chevalerie du siècle», soldée ou non, et le faisant, ils appauvrissent leur église. En 1059, le vicomte de Narbonne le reprend contre Guifred son archevêque[232].

Guillaume le Conquérant et ses fils emploient beaucoup de ces «stipendiés», au témoignage des chroniqueurs normands. Guillaume de Poitiers évoque les nombreux chevaliers rameutés en 1066 par la libéralité de ce duc, mais aussi par la justice de sa cause ; il en traite certains en «hôtes», même s'il lui faut aussi refréner leur goût du pillage[233]. On peut les imaginer à l'écoute de la *Chanson de Roland*, en attendant que le vent se lève. Or elle évoque, dans sa version ultérieurement transcrite, des *soudoiers* parmi les rangs chrétiens et sarrasins, sans aucune nuance péjorative[234] : la couardise désho-nore, mais pas la soudée. A la génération suivante, Orderic Vital les dit soucieux de gagner «à la fois les rétributions et l'éloge», *stipen-*

231. J. Boussard, «Services féodaux, milices et mercenaires dans les armées en France, aux Xe et XIe siècles», dans *Settimane* (…) XV, 1 (1967), Spolète, 1968, p. 131-168 (citation p. 163). Cet auteur rappelle utilement (p. 140) que les rois du Xe siècle convoquent en prin-cipe l'armée «publique», mais que seuls viennent «les vassaux les plus proches».

232. C. Devic et J. Vaissette (cité *supra*, note 153), V, col. 499 : «*militibus per solidatas tri-buit potius quam 10 millia solidos*». A cette époque, le fief de soudée a bien sa place dans la riche et voisine Catalogne : P. Bonnassie, *La Catalogne…* (cité *supra*, note 41), II, p. 755-759. Cf. aussi : A. Richard, *Chartes de l'abbaye de Saint-Maixent,* tome I, Poitiers, 1886 (*Archives historiques du Poitou,* XVI), n° 86 (entre 1023 et 1026) ; et G. Devailly, *Le cartulaire de Vierzon,* Paris, 1963 (Publications de la Faculté des lettres et sciences humaines de Rennes) n° 63 (1062) : à la fin d'une guerre contre le sire de Graçay, celui de Vierzon veut «*stipendiaria militibus qui sibi adjurerant […] reddere*», et demande l'aide de l'abbaye de Vierzon.

233. Guillaume de Poitiers (cité *supra*, note 208), p. 150 et 152.

234. J. Flori, «La notion de chevalerie…» (cité *supra,* note 171), p. 227, note que *cheva-ler* est interchangeable avec *soldoier,* mais c'est lui qui rapporte la notion de «guerrier profes-sionnel».

dia cum laude[235] – les buts mêmes de la «vraie» chevalerie, au temps de Géraud d'Aurillac[236]. Ces «*pagenses et gregarios*», vivant du pain d'Henri Beau Clerc (1124), sont méprisés à tort par la «fleur de chevalerie» (*flor militiae*) : malgré l'absence d'un chef de haut rang, source principale d'une telle morgue, ils lui infligent la défaite de Rougemontier.

Ils participent pourtant des mêmes valeurs qu'elle. Car ces épithètes accolées à *miles* (*solidarius* ou *stipendiarius*) ne s'opposent pas à *honorabilis*. Le contraste est seulement avec ceux qui doivent le service au titre d'une terre, appartenant à un groupe d'*oppidani*[237] (de chevaliers de châteaux), qui a ses guerres vicinales propres, son enracinement. Les *stipendiarii*, eux, doivent à un seigneur leur entretien quotidien et hantent des contrées quasi «étrangères». Mais leur condition n'a souvent rien de définitif : qui ne l'a connue un jour, dans sa jeunesse? En 1079, Robert Courteheuse piaffait d'impatience, pas encore établi par son Conquérant de père[238]... Une *familia* comprend des conditions assez diverses. Et les cartulaires, à leur tour, livrent des aperçus sur ces hommes, plutôt *familiares* que *famuli*. S'ils meurent, leur seigneur leur fait faire de nobles funérailles[239], à moins qu'ils ne se les assurent eux-mêmes. Joscelin Aldebert, « *miles ex familia*» du noble Archembaud, donne à Noyers vers 1069 son cheval, ses armes et cent sous que lui doit son seigneur[240]. En 1053, Ebroïn fils Evrard, *miles stipendiarius* venu de Bretagne, se fait moine à Saint-Florent de Saumur[241] : marque indubitable de sa noblesse.

Rien n'oppose vraiment celle-ci à la «condition» de soudoyer. Rien ne montre l'existence d'un barrage entre une noblesse teintée d'esthétisme et d'amateurisme et de «purs professionnels» qui, un jour,

235. Orderic Vital (cité *supra*, note 156), VI, p. 350 et, pour la suite, p. 352.
236. PL 133, col. 647. «Vraie» parce que non idéalisée comme l'est celle de Géraud, et non déclarée «mercenaire».
237. Orderic Vital (cité *supra*, note 156), VI, p. 190.
238. *Ibid.*, III, p. 98.
239. D. Barthélemy, *La société dans le comté de Vendôme, de l'an mil au XIVe siècle*, Paris, 1993, p. 620-621.
240. C. Chevalier (cité *supra*, note 165), n° 59.
241. Bibl. nat. N.A.L. 1930, fol. 64 v° (cité par J. Boussard).

commenceraient de lui donner des leçons de vaillance et de solidarité « corporative ». Tout au contraire, n'est-ce pas au sein des maisonnées princières, parmi la crème de ces « hôtes » rémunérés, souvent jeunes, que s'épanouit la culture la plus « chevaleresque »? A l'aube du XIIᵉ siècle, leur nombre va croissant, ils courent les grands tournois; ils y cherchent, comme Guillaume le Maréchal, à la fois la louange et le gain. Les « romans » seuls dissimulent le second! Georges Duby aime à évoquer tous ces « jeunes[242] », ces « chevaliers errants », *milites gyrovagantes*. La nouveauté du XIIᵉ siècle réside tout de même dans le creusement du fossé entre les errants honorables et les soudards façon Mercadier. Surestimé par Jacques Boussard à la période précédente, le mercenariat prend alors de l'ampleur, et son concept se précise dans une société dont l'argent infiltre davantage les mécanismes : son odeur commence d'incommoder une chevalerie plus triée.

Un certain travail, une manière de servage, un privilège mal assuré et des soudées peuvent donc ternir, au XIᵉ siècle, la noblesse. Ils ne la contredisent pas pour autant, comme si elle était, avec la chevalerie, plus étendue « vers le bas » et moins normalisée juridiquement qu'aux époques suivantes.

Les chevaliers de châteaux

Le même Jacques Boussard prenait pour des « milices » proto-communales les *oppidani* engagés dans les luttes du temps d'Hugues Capet[243]. Plus couramment, on voit dans tout « *miles castri* », « chevalier de château », un simple garnisaire. Cet opprobre est un héritage de la vieille école, très portée à ne voir régner au château qu'une seule « famille » (au sens moderne) : le seigneur, ses fils, ses bâtards, ses petits vassaux.

242. G. Duby, « Les "jeunes" dans la société aristocratique dans la France du Nord-Ouest au XIIᵉ siècle » (1964), repris dans *Hommes et structures du Moyen Age*, Paris, 1973, p. 213-225.
243. J. Boussard, « Services féodaux... » (cité *supra*, note 231), p. 159. Il y a cependant une part de vérité : cf. *infra*, note 313.

Comme pour les «stipendiés», toute une gamme de «chevaliers de châteaux»; mais en outre, il y a plus : le rattachement à une forteresse n'a pour certains aucun effet amoindrissant. Car enfin les châteaux sont dès le Xᵉ siècle les hauts lieux de la chevalerie, de la sociabilité comme du pouvoir nobles! Les moines de Noyers ne s'y trompent pas : en rédigeant leurs notices pendant la seconde moitié du XIᵉ siècle, ils évoquent tel «*vir nobilis de castro N*», «noble homme de tel château», de préférence à *miles*[244]. Cela suggère bien qu'ailleurs, «chevalier de château» connote une chevalerie régnante, sans fard et collectivement; la notion de service est ici, tout particulièrement, transmuée en dominance. Or cette situation ne résulte probablement pas d'une brusque mutation, d'une «révolution châtelaine» de l'an mil : dès la seconde moitié du IXᵉ siècle, la fortification des villes et des chefs-lieux de *pagi* ne fut-elle pas une étape plus décisive? Encore faut-il sûrement relativiser la parenthèse carolingienne de «paix intérieure»... La nouveauté du XIᵉ siècle ne réside que dans le nombre accru des châteaux dignes de ce nom, c'est-à-dire couronnés par un baronnage.

Dans le Bas-Languedoc, le *castrum* n'est en général qu'un village castral, la forme nouvelle prise par la *villa,* progressivement, entre 970 et 1200, et un seul seigneur s'en porte titulaire[245]. Mais les cités, ces «gros châteaux[246]» densément implantés, jouent le rôle dévolu ailleurs au chef-lieu de châtellenie. Ainsi découvre-t-on partout en France, à la fin du Xᵉ siècle et au XIᵉ siècle, à mesure que foisonnent les sources, les maîtres de *ville* (ou, si l'on préfère, possesseurs de «petits domaines»), détenteurs de droits de justice ponctuels ainsi que d'armes et de chevaux, et regroupés en des chevaleries châtelaines, dont plusieurs traits retiennent l'attention :

244. Cf. D. Barthélemy, «Les comtes, les sires...» (cité *supra,* n. 130). Egalement, les nobles du château de Laval : comte Bertrand de Broussillon (cité *supra,* note 201), n° 368 (vers 1110, Saint-Aubin d'Angers).

245. M. Bourin-Derruau, *Villages médiévaux en Bas-languedoc : genèse d'une sociabilité (Xᵉ-XIVᵉ siècle)*, tome I, Paris, 1987, p. 125. Certains *castra,* comme Montpeyroux, sont cependant appelés à rassembler toute une petite société chevaleresque vers 1200.

246. G. Duby, «Les villes du sud-est de la Gaule du VIIIᵉ au XIᵉ siècle» (1959), repris dans *Hommes et structures du Moyen Age,* Paris, 1973, p. 111-131. Le Nord connaît aussi des *milites civitatis* au XIᵉ siècle (Paris, Tours, Chartres...).

1) Ils sont les vassaux du seigneur de la place, mais celui-ci leur doit beaucoup d'égards, et il ne peut compter entièrement sur eux. Les *castrenses*, «châtelains» de Melun ou de Dreux, par leurs revirements successifs, pèsent très lourd dans le jeu politique des années 987-996[247]. Ceux de L'Ile-Bouchard, peu avant 1044, refusent un moment l'entrée du château au suzerain, Thibaud III de Blois, pour négocier avec lui sur la succession de leur sire défunt[248]. Ceux du Gâtinais ne se soumettent à Philippe Ier, en 1068, qu'au prix d'une garantie de leurs «coutumes[249]». Des princes, des seigneurs châtelains, des chevaleries châtelaines : on oublie trop souvent les troisièmes dans l'histoire politique de ce temps, malgré les importantes remarques de Jean-Pierre Poly et Eric Bournazel sur elles[250], après Georges Duby[251]. Il y a une domination quasi «collective» de la chevalerie sur le pays, et d'importants liens horizontaux, entre *commilitones*. Ce terme déjà connu des chroniques et traités du IXe siècle reparaît dans des notices du XIe siècle et dans des cadres châtelains : G. *commilitonem* se présente en un plaid chartrain «avec tous mes pairs, châtelains avec moi, très dévôts» (*cum devotissimis nostris coequalibus oppidanis*) et, en 1069, un donateur à Saint-Florent de Saumur prend à témoins ses *nobiles cooppidani*, «nobles consorts au château[252]». L'idée de collégialité châtelaine s'impose donc, et ce malgré les conflits internes qui ne manquent pas dans ces «collèges». Les seigneurs châtelains ne règnent décidément pas seuls; leur tête ne dépasse même pas toujours beaucoup, au-dessus de celles de ces grands vassaux de châtellenies.

2) La force de ces chevaliers châtelains réside dans leur enracine-

---

247. Richer, *Histoire de France...* (cité *supra*, note 17), p. 204 et 268-274.

248. D. Barthélemy, «Les comtes, les sires...» (cité *supra*, note 130).

249. *Continuation d'Aimoin*, éd. du Breul, *Gesta Francorum* d'Aimoin, tome V, Paris, 1603, p. 361.

250. J.-P. Poly et E. Bournazel, *La mutation féodale...* (cité *supra*, note 44), p. 142-143.

251. G. Duby, *La société...* (cité *supra*, note 34), p. 317-336 (tableau pour le début du XIIe siècle).

252. Plaid chartrain : B. Guérard, *Cartulaire de Saint-Père...* (cité *supra*, note 219), I, p.148. Saumur, Archives départementales du Maine-et-Loire, H 3682, n°1.

ment local. Ils ont des terres patrimoniales (des alleux, c'est-à-dire des héritages, des biens lignagers plutôt qu'indépendants), de la parenté, de la clientèle. Leur capital symbolique se trouve sur place. Tout cela les désigne naturellement comme des *honorati castri*. Dans le Vendômois, la famille la plus riche après le comte n'est pas une de celles qui ont érigé ou acquis un château périphérique mais celle qui, sous lui, à côté de lui, très autonome, demeure prépotente à Vendôme[253].

3) Une erreur traditionnelle consiste à prendre les châteaux pour les bastions ou les repaires de potentats autarciques. Or en plein cœur du Moyen Age, l'aristocratie demeure toujours un réseau, un «système ramifié» (Michel Bur[254]), et la puissance s'apprécie en termes de surface sociale. Précisément, les grandes familles chevaleresques ont des intérêts dans plusieurs places : elles sont plurichâtelaines. Le cartulaire de Noyers, en Touraine, montre avec une exceptionnelle précision la vie sociale entre Marmande, Nouâtre, Faye-la-Vineuse et L'Ile-Bouchard, aux années 1060-1110; on y mesure bien ce phénomène[255]. Il engendre une polémologie complexe, marquée par l'interférence entre les guerres lignagères et vicinales, et surtout par l'existence de nombreux médiateurs potentiels, liés aux deux camps : c'est ainsi que la «violence féodale» peut s'autolimiter.

4) Les exemples ne manquent pas, enfin, au bas des actes du XIe siècle, d'une certaine continuité sociale entre les chevaliers et les autres habitants des châteaux[256]. Seules une certaine dramatisation des «mauvaises coutumes», ou la confusion entre l'idéologie des trois ordres et la complexité concrète, font envisager un «abîme» entre les

---

253. D. Barthélemy, *La société...* (cité *supra*, note 239), p. 582 (*honorati castri*). *Ibid.*, p. 309-311, 587, 714-716 (famille des descendants de Foucher de Vendôme).
254. M. Bur, *La formation du comté de Champagne*, Nancy, 1977, p. 278.
255. C. Chevalier (cité *supra*, note 165). Ce phénomène se traduit par une complexité anthroponymique : un même homme désigné de plusieurs façons, avec des «attaches» diverses.
256. Cf. D. Barthélemy, «Le comte, les sires...» (cité *supra*, note 130).

chevaliers et les autres; il y a certes un clivage, mais pas si radical. Lorsque Foulques Nerra marche sur Châteaudun, il se heurte à la fois aux chevaliers de la place et aux autres habitants[257] : les expéditions choquantes, car trop peu chevaleresques, où paraît-il la paix de Dieu dérape[258], n'ont probablement rien de si exceptionnel. En 1076, le seigneur et les chevaliers du château de Maule contribuent à la fondation d'un prieuré de Saint-Evroult d'Ouche. Mais les chevaliers ne sont pas égaux entre eux : l'un des barons (*proceres*) de Maule, Hugues fils d'Eudes, l'emporte sur les autres en richesse et en prouesse (*probitas*). Et ils ne sont pas séparés par une muraille de Chine de la «plus grande partie de la paroisse de Maule» (*magna pars Manliensis parrochiae*)[259]. Toute observation attentive du concret dément la rigueur des modèles. Les baronnages, les «pairies[260]» sont hétérogènes, et il ne manque pas de passerelles, entre eux et le commun. La bourgade châtelaine du nord de la France n'est pas en cela sans évoquer la «société castrale» languedocienne[261].

Toutefois, quand le «château» se mue en une petite ville, c'est-à-dire vers 1100 ou dans le cours du XIIe siècle, l'opposition du chevalier, ou franc homme, au bourgeois devient plus tranchante[262]; elle constitue peut-être un effort de résistance à des ascensions sociales d'un caractère inédit. La société se fait plus complexe, son histoire presse un peu le pas.

La chevalerie du XIe siècle n'est pas également partagée entre tous les chevaliers. Symbolique ou «déclaratif», l'adoubement n'a pas

257. *Gesta Consulum Andegavorum*, L. Halphen et R. Poupardin éd., *Chroniques...* (cité *supra*, note 12), p. 47.

258. Voir *infra*, chapitre VIII, p. 337-338.

259. Orderic Vital (cité *supra*, note 156), III, p. 174-176.

260. D. Barthélemy, *Les deux âges de la seigneurie banale. Coucy (XIe-XIIIe siècle)*, Paris, 1984, p. 154 : une pairie hétérogène, en 1138.

261. M. Bourin-Derruau, *Villages médiévaux...* (cité *supra*, note 245), I, p. 265-266; un acte de 1118 mentionne, au *castrum* du Pouget, des chevaliers «et d'autres habitants agressifs».

262. M. Bur, *La formation...* (cité *supra*, note 254), p. 418 (vers 1100, et «conformément aux tendances de l'économie»); A. Debord, *La société laïque...* (cité *supra*, note 54), p. 201 (fin XIe); D. Barthélemy, *La société...* (cité *supra*, note 239), p. 500 (1097).

le caractère de cérémonie uniforme, définitivement «classante», qu'on lui connaît plus tard; il est, au contraire, modulé selon les personnes. Attention aussi à l'anachronisme des notions de dérogeance stricte ou de mercenariat, et à ne pas assimiler toute résidence au château à une simple sergenterie, comme au XIIIᵉ siècle. En revanche, la noblesse et la chevalerie se conjoignent depuis toujours. Plutôt que d'opposer ces notions l'une à l'autre, il n'y a qu'à en dire les glissements progressifs et parallèles.

*

* *

Nous y revoilà : l'an mil est peut-être un temps de troubles, mais sont-ils sans précédents et, dans l'histoire des classes et des valeurs sociales, cela fait-il une rupture? Ici, comme en matière de servitude, ce sont plutôt les XIIᵉ et XIIIᵉ siècles qui apporteront des nouveautés patentes : telles la distinction véritable entre les professionnels sans noblesse et les chevaliers proprement dits, et les cérémonies courtoises à l'usage des seconds. La vieille école avait bien senti, dans sa chevalerie-vassalité des Xᵉ et XIᵉ siècles, la rémanence de valeurs et de rites du haut Moyen Age. Il lui manquait surtout de reconnaître à la classe dominante un peu plus de stabilité et de complexité à la fois. Les thèses «mutationnistes» aident à explorer la seconde, à condition toutefois que l'on évite de croire à l'ascension des subalternes, et qu'on n'oppose jamais la chevalerie à la noblesse. Car si on les prend telles quelles, ne produisent-elles pas quelques erreurs et un peu trop de complication historiographique?

ANNEXE – LE MOT *MILES* DANS LES RÉGIONS

Je n'ai pas accompli de dépouillements exhaustifs, ni tout vérifié dans les travaux soumis ici à l'examen. Il s'agit surtout de les confronter, et parfois de les compléter par de nouveaux sondages, sur un point fondamental : la diffusion du mot *miles* à partir d'un groupe social subnobiliaire est-elle avérée ?

Dans le Midi

Les régions méridionales sont pauvres en sources narratives, mais parfois très riches en actes de la pratique (la Catalogne, notamment). Dans ceux-ci, le mot *miles* est une nouveauté en 972 (au Toulousain, à la même date qu'au Mâconnais[263]), mais il demeure d'un emploi rare, tant sur la façade méditerranéenne[264], que dans le Poitou et les pays de la Charente[265]. Les actes n'étant pas toujours très précisément datables, il suffit de dire qu'on rencontre partout quelques *milites* entre 1000 et 1050[266].

Mais deux observations s'imposent :

1) La date d'apparition des premiers *milites* correspond à la fois à un gonflement notable des sources conservées, et à un progrès, dans celles-ci, des éléments de désignation de toutes sortes. En Gascogne, l'« avènement des *milites* » décrit par Benoît Cursente est contemporain de « l'importance prise par la mise en récit[267] ». Dans les actes poitevins de Saint-Maixent, à part *fidelis,* le Xᵉ siècle ne fournit aucun vocabulaire social, et la première moitié du XIᵉ voit

263. C. Devic et J. Vaissette, *Histoire de Languedoc,* tome V (cité *supra,* note 153), nº 123 (col. 270).

264. La remarque en est faite par G. Duby, « La diffusion… » (cité *supra,* note 214), p. 42.

265. Cf. A. Debord, *La société laïque…* (cité *supra,* note 54), p. 198-204 (apparition en 990-1020). De même, parmi les actes de Saint-Maixent, où il apparaît pour la première fois en 1023-1026 (nº 86), mais neuf fois seulement avant 1110 (nº 225) : sondage dans A. Richard éd., *Chartes et documents…* (cité *supra,* note 232).

266. Cf. la note précédente, pour la Charente et le Poitou. En Auvergne, on peut hésiter entre la fin du Xᵉ et le début du XIᵉ siècle, la première date absolument certaine étant 1037 : C. Lauranson-Rosaz, *L'Auvergne et ses marges…* (cité *supra,* note 52) p. 375. En Gascogne, les sources posent quelques problèmes de critique, mais il ne fait pas de doute que les « années qui chevauchent l'an mil » voient se multiplier les *milites* : B. Cursente, p. 265, 275, 288, 290 et R. Mussot-Goulard, p. 324, dans M. Zimmermann coord., *Les sociétés méridionales autour de l'an mil. Répertoire des sources et documents commentés,* Paris, 1992.

267. *Les sociétés méridionales autour de l'an mil,* p. 259.

268. A. Richard (cité *supra,* note 232), nº 86 à 88 (*miles* entre 1023 et 1030), et nᵒˢ 86, 91 et 95 (*nobilis,* en 1032 et 1041). Les usages « individuels » et « collectifs » de ces termes n'appellent pas de traitement trop distinct, à notre avis.

émerger à la fois *miles* et *nobilis*[268].

2) Dès ses premières occurrences, ce vocable s'applique ici à des hommes de haut rang, et non pas seulement à ces «personnages de peu d'envergure» en lesquels le mutationnisme voit les *milites* typiques. On a évoqué plus haut[269] le seigneur languedocien d'Anduze (1020), auquel il faut ajouter génériquement les *milites maiores* (chevaliers majeurs, de premier ordre) évoqués par le concile de Saint-Gilles (1042 ou 1056), en même temps que les *minores*[270], et même l'archevêque de Narbonne, auquel le vicomte reproche en une plainte fameuse, d'avoir pris, déposé et repris les armes de la «*seculi militiam*» (chevalerie du siècle)[271]. Faut-il mettre ce fragment de législation et cette «tranche de vie» à part du reste du corpus, qui comporte par ailleurs des occurrences moins «honorables» de la chevalerie (albergue de tel puissant «avec tant de *milites*»)? En Auvergne aussi, un seigneur châtelain de l'an mil, Amblard de Nonette, est appelé *miles* dans les *Miracles de Sainte-Foy,* mais Christian Lauranson-Rosaz tend à rejeter l'auteur angevin du récit et son «optique littéraire[272]». Or juste auparavant, il a fait de Gautier d'Aubiat, possesseur d'un cheval et d'un haubert, le «chevalier» type, alors que le texte de ses legs à Sauxillanges (seconde moitié du Xe siècle) ne le déclare pas *miles*! C'est reconnaître, au moins, qu'on peut mener une vie chevaleresque sans paraître avec le «titre» dans les actes : de quoi relativiser, derechef, l'émergence du «groupe social nouveau[273]».

Cette suggestion concerne d'abord la Catalogne, où Pierre Bonnassie décrit l'équipement et le luxe, à mon avis tout à fait chevaleresques, de la noblesse du Xe siècle, gouvernante et combattante[274]. Un texte de 984 appelle ainsi un groupe de magnats

---

269. *Supra,* p. 233.
270. Il est évoqué par M. Bourin-Derruau, *Villages médiévaux…* (cité *supra,* note 245), p. 124; elle fait néanmoins, juste après (p. 127) du *miles* type «un guerrier professionnel, créé par un maître, châtelain».
271. C. Devic et J. Vaissette (cité *supra,* note 153), V, col. 499.
272. *L'Auvergne…* (cité *supra,* note 52), p. 378-380.
273. M. Zimmermann, *Les sociétés méridionales…* (cité *supra,* note 256), p. 7.
274. P. Bonnassie, *La Catalogne…* (cité *supra,* note 41), I, p. 290-298.

« *milites* [...] *et aliorum nobilissimorum hominum*» («chevaliers [...] et d'autres hommes nobles»). Cette «simple confusion de vocabulaire, au demeurant très rare[275]», mérite-t-elle d'être écartée si vite ? Il est un peu facile de la mettre à part des *milites* des années 1050-1070. Pierre Bonnassie lui-même signale des chevaliers nobles, *milites nobiles,* dès l'an mil, en Toulousain. Il les distingue nettement des «bandes de guerriers montés» qui sont à leur service et «n'appartiennent en rien à la noblesse[276]». Et pourtant, les *Miracles de Sainte-Foy* évoquent l'abbé de Conques, et son escorte : « *nobili beneficiatorum militum stipante caterva*» («entouré de la noble escorte de ses vassaux bénéficiés») [277]. Ils ont donc quelque honorabilité. Au cartulaire de Lézat, entre 1075 et 1081, les mêmes hommes sont *nobiles* et *milites,* et il n'y a pas de *milites* antérieurs[278].

En Gascogne au premier tiers du XIe siècle, le *miles* Raimon Paba appartient, lui aussi, à la première génération des chevaliers avérés. Meurtrier d'un comte et possesseur d'une motte, il a un profil clairement seigneurial[279]. En pays charentais, *nobilis miles* se rencontre en 1083-1086[280], donc dès que le mot *miles* «commence à se répandre»[281]. Dans les actes de Saint-Maixent, enfin, où il perce en 1023-1026, il s'applique dès 1045 environ à Elie « *qui tunc temporis in castello, qui dicitur Vulvent, dominatum tenebat*» («qui détenait alors la seigneurie du château appelé Vouvant») [282].

Ainsi n'y a-t-il, dans le Midi méditerranéen ou aquitain, jamais d'écart significatif entre l'apparition du mot et le premier *miles* à profil noble et «seigneurial» assuré. La situation décrite vers 1100 par le mutationnisme comme un aboutissement, et dans laquelle le

---

275. *La Catalogne...*, p. 295 et note 157.

276. Dans M. Zimmermann, *Les sociétés méridionales...*, p. 114.

277. *Ibid.*, p. 97.

278. P. Ourliac et A.M. Magnou éd., *Cartulaire de l'abbaye de Lézat* (cité *supra,* note 56) nᵒˢ 1155 et 51. Cf. aussi le cartulaire du Mas d'Azil, cité par E. Magnou-Nortier, *La société laïque et l'Église...* (cité *supra,* note 3), p. 254.

279. Texte cité par B. Cursente, dans M. Zimmermann, *Les sociétés méridionales...* (cité *supra,* note 256), p. 290-297.

280. A. Debord, *La société laïque...* (cité *supra,* note 54), p. 195.

281. *Ibid.*, p. 197.

282. A. Richard (cité *supra,* note 232), nᵒ 108.

titre chevaleresque est partagé dans l'ambiguïté entre des puissants et des subalternes, n'était-elle pas, ici aussi, celle de l'an mil? N'at-on pas affaire tout simplement, dans le cours du XIᵉ siècle, à une révélation graduelle de la chevalerie, par les mentions aléatoirement réparties au fil d'une documentation qui gagne à chaque décennie en densité et en précision?

Encore n'ai-je pas mentionné le témoignage, rare et fameux, de la *Vie de Géraud d'Aurillac,* due à Odon de Cluny avant 943. Elle dit l'appartenance de ce comte et *senior* à l'*armata militia*[283], et le montre entouré de *milites*[284]. Source narrative certes, et œuvre d'un homme de la Loire, mais faut-il vraiment la mettre à part de tout le reste? Elle fait pourtant très bien apercevoir comment on peut être *princeps* et *miles* à la fois, c'est-à-dire, selon les termes du concile de Saint-Gilles[285], *miles major* suivi par des *minores*... Et elle confère ancienneté et noblesse à la chevalerie méridionale.

Dans la «*Francia*» traditionnelle

En pays de Loire et plus au nord, les marques carolingiennes ne peuvent être ignorées: Tours et Orléans furent des hauts lieux de la «renaissance» du IXᵉ siècle, et celle-ci a eu son «idéologie du glaive[286]», qui ne ressemble à rien davantage... qu'à un idéal chevaleresque! Il n'y manque guère qu'un emploi régulier, exclusif, du mot *miles*, quand on dit les devoirs et les prestiges des porteurs d'armes (*bellatores*), et leur espèce d'association à la mission royale de justice. *Miles* est là pourtant, dans des sources normatives du IXᵉ siècle, puis il s'immisce dans les narrations. A partir de 865, des *milites* emboîtent le

---

283. PL 133, col. 645 et 646; cf. son équipement: col. 653 et 672. Il est aussi *princeps* (col. 657), tout en appartenant à la *regia militia*: col. 661.

284. *Ibid.,* col. 647, 657, 663-664, 666.

285. *Supra,* p. 274. Au concile de Limoges en 1031, on évoque les «*principes militiae*»: G. Duby, «La diffusion...» (cité *supra,* note 214) p. 62.

286. J. Flori, *L'idéologie du glaive. Préhistoire de la chevalerie,* Genève, 1983 (Travaux d'histoire éthico-politique, 43), p. 47 et 50.

287. Flodoard, *Annales,* éd. Lauer, Paris, 1906, p. 112 (948); Richer, *Histoire de France,* (cité *supra,* note 17), II, p. 142 (986).

pas aux comtes dans les grandes exhibitions de la *militia regia*[287] (le compte rendu du sacre de Philippe Ier, en 1059, nous les donne à voir, dans la plus pure tradition[288]). A partir de 954-955, *miles* figure dans le texte des diplômes royaux[289]; et, dans les chroniques du Xe siècle, il désigne des guerriers à cheval, «techniquement», mais aussi les membres prestigieux d'un «ordre équestre» (Richer de Reims) au-dessous des rois[290].

Dans ces régions centrales du monde carolingien, les chartes foisonnaient en *vassi*; et en *fideles,* que les *milites* relaient dans la seconde moitié du Xe siècle. Là où se trouvent des séries substantielles d'actes du Xe siècle, c'est clairement une simple substitution de mots, que Paul Guilhiermoz avait fort bien aperçue[291] et reconnue comme telle. Ainsi au Vermandois, dans les listes de témoins, juste derrière les évêques et les ducs à partir de 947[292] : Robert Fossier ne les sous-estime-t-il pas socialement? En pays de Loire (978 et 984[293]) et au Chartrain (965 et 978[294]), les premiers *milites* sont des personnages de haut rang, juste en dessous des comtes : ici un *nobilis vassallus,* là un *vassus dominicus,* honorablement connus de Karl Ferdinand Werner et d'André Chédeville, mais curieuse-

288. *Historiens de France,* XI, p. 32-33 : «*milites et populi tam majores quam minores*».

289. L. Halphen et F. Lot éd., *Recueil des actes de Lothaire et Louis V, rois de France,* Paris, 1908 (Chartes et diplômes…), n° 2 : le comte de Bourgogne, venant après le duc des Francs, Hugues le Grand, est dit «*praenotati miles Hugonis fortissimus*» (954-955). J. Tardif, *Monuments historiques,* Paris, 1866, n° 243 (1005-1006). Cf. aussi *Historiens de France,* X, p. 577 («*militaris homo*»).

290. Cf. *supra,* p. 241.

291. *Essai…* (cité *supra,* note 60), p. 337-339.

292. R. Fossier, «Le Vermandois au Xe siècle», dans «*Media in Francia… Recueil de mélanges offert à K.F. Werner,* Paris, 1989, p. 182-183. «Ainsi l'identification des deux termes [*miles* et *vassus,* qui alternent] paraîtrait assurée». Ensuite R. Fossier argumente ainsi : «l'absence de concession foncière au "vassal" ou "chevalier" les maintient bien toujours au niveau de garnisaire domestique»; mais l'absence de cette indication dans une liste de témoins prouve-t-elle quelque chose?

293. Cf. P. Guilhiermoz, *Essai…,* p. 338 note 20; et K.F. Werner, «Du nouveau…» (cité *supra,* note 50), p. 198.

294. B. Guérard, *Cartulaire de Saint-Père de Chartres,* (cité *supra,* note 219), tome I, p. 55-56 (965) et 74 (978). Arduin (978) est noble, fidèle et bénéficié du comte, enfin il souscrit comme *miles*; il reparaît p. 90 (entre 978 et 995), «*seculari militiae deditus, et Odoni comiti fidelitati devotus*»; cf. son identification par A. Chédeville, *Chartres et ses campagnes…* (cité *supra,* note 49), p. 258-259.

ment séparés par eux de la chevalerie ultérieure.

Mais reprenons la tournée des régions. En Bretagne, pratiquement, il n'y a pas de source du Xe siècle ; tout recommence au XIe siècle après un terrible passage à vide. Fort riche au IXe, le cartulaire de Redon ne comporte aucun acte entre 931 et 990 ; la série ne reprend que timidement avant 1050 (vingt actes), et elle est beaucoup plus dense après (cinquante actes de plus, avant 1100). Or tout de suite, les *milites* y pullulent. Ni l'introduction d'un «*quidam miles*» ni l'annonce de *nobiles* comme témoins ne sont des marqueurs sociaux très précis, mais les deux mots ne s'opposent pas. Ils semblent proches l'un de l'autre. Vers 1050, le vicomte Droaloius est, alternativement, *nobilissimus* et «*ipse miles*[295]» ; voici ensuite, en 1060, Rouaud du Pellerin, seigneur et châtelain, *nobilissimus miles*[296] ; bien d'autres suivent, qui retirent de leur relation avec Redon les marques d'une noblesse volontiers superlative[297]. Ce cartulaire, à lui seul, pèse lourd parmi les sources bretonnes du temps, et sa chronologie en est significative. Seigneur du Pallet, au pays nantais, le père de Pierre Abélard fut, en la seconde moitié du XIe siècle, féru de lettres, «*antequam militari cingulo insigneretur*» («avant d'être honoré par la remise du baudrier chevaleresque») [298]. Noël Yves Tonnerre assure que les *milites* ne forment pas encore en 1035 «une véritable élite sociale», mais qu'à partir de 1040-1045, «une évolution très nette se dessine[299]». Or, dans une documentation encore clairsemée, et où l'usage des titres n'a rien de bien constant, le délai très court est-il significatif?

Les actes du IXe siècle ne comportaient ici aucun *vassus*, et le mot *milites*, présent une seule fois dans un diplôme de Salomon (869)

---

295. A. de Courson, *Cartulaire...* (cité *supra*, note 163) n°s 318 et 317.

296. *Ibid.*, n° 364.

297. *Ibid.*, n°s 302 (Garnier, *nobilis miles* avant 1051), 340, 358 (entre 1086 et 1091, «*quidam miles Helocus nomine, filius Seran, ortus nobilis parentibus*», il avait sur place, à Caden, un homonyme avant 1037, déclaré plus laconiquement «*quidam miles*»), n°s 359, 361, 363, 364.

298. Abélard, *Historia calamitatum...* (cité *supra*, note 134), p. 14. Aucune raison de voir là une simple façon de parler...

299. Dans A. Chédeville et N.Y. Tonnerre, *La Bretagne féodale, XIe-XIIIe siècles*, Rennes, 1987, p. 116.

300. A. de Courson, *Cartulaire...* (cité *supra*, note 163), n° 241 : dans l'adresse initiale du diplôme, après les ducs.

n'était clairement qu'une façon d'écrire à la carolingienne[300]… Mais comme le suggère Noël Yves Tonnerre, sur la foi d'un indice de 1066[301], le *miles* du XIe siècle pourrait bien prolonger directement le *machtiern.*

Dans l'Anjou voisin, où *vassallus* demeure présent jusqu'à la fin du XIe siècle [302], *miles* confirme constamment sa synonymie avec lui et avec *nobilis* [303] ; même, les vivantes notices de la seconde moitié du siècle permettent un beau recoupement avec *juvenis.* Eudes, sire de Blaison, *vassus dominicus* et *miles,* fut d'abord, entre 1056 et 1060, « *juvenis factus* » (« fait jeune ») [304].

En Touraine, les seigneurs de Rochecorbon, jadis *vassi dominici,* sont désormais régulièrement « *nobilissimus miles* » (« très noble chevalier ») (1014), « *vir nobilissimus* » (« très noble homme ») (1058) [305]. Toute éclipse de la chevalerie des seigneurs châtelains ne serait qu'apparente, contingente. Une belle notice de Marmoutier, rédigée vers 1070, nous apprend l'adoubement du jeune sire de L'Ile-Bouchard, lui dont les « chevaliers de château » paraissent plus souvent comme *nobiles* que comme *milites* [306].

Les actes de la Trinité de Vendôme, denses à partir de 1060, mettent en scène une grande variété de chevaliers : du seigneur châtelain ruisselant de noblesse (Lancelin de Beaugency), jusqu'à ceux auxquels on impute le servage[307].

301. *Ibid.,* no 360 : « *miles quidam nomine Daniel, filius Eudoni matthiern*».

302. Sur *Vassus dominicus* et *vassallus* en Anjou : cf. *supra,* chapitre V, note 24.

303. Un acte de 985, cité par B. Bachrach, «Enforcement of the *Forma Fidelitatis* : the Techniques used by Fulk Nerra, Count of the Angevins (987-1040)», dans *Speculum,* 59, 1984, p. 801, note 21, évoque ce que le comte doit à la *generositas* (noblesse) des *milites* angevins. En 1045, souscription d'un *miles* parmi les «*fideles nobiles*» : P. Marchegay éd., *Archives d'Anjou,* tome III, Angers, 1854, no 5 (Le Ronceray d'Angers).

304. Cité comme *vassus dominicus* par O. Guillot, *Le comte d'Anjou et son entourage au XIe siècle,* tome I, Paris, 1972, p. 350. « *Quidam miles de Blazone, nomine Heudo*» : Comte Bertrand de Broussillon (cité *supra,* note 201), no 125 ; «*dominus de Blazone*» : *ibid.,* no 126 : «*Juvenis factus*», dans un scénario de revendication ordinairement scandé par « *miles factus*» : *ibid.,* no 178 (entre 1056 et 1060).

305. L. J. Denis (cité *supra,* note 199) nos 8 et 25.

306. D. Barthélemy, «Les comtes, les sires…» (cité *supra,* note 130).

307. D. Barthélemy, *La société…* (cité *supra,* note 130) p. 299 et 511. Qu'il y ait *en pratique* des chevaliers et serfs à la fois n'empêche pas que la corrélation soit *de principe,* entre la noblesse et la chevalerie.

Toutes ces régions brillent par la densité et la richesse de leurs sources de la seconde moitié du XIᵉ siècle. Or dans aucune d'entre elles la documentation ne permet d'affirmer que *miles* apparaît vers le bas, plutôt qu'au sommet de la société féodale. Et partout il concurrence et supplante d'autres mots, chargés des mêmes significations que lui.

Ailleurs en *Francia,* les lacunes et les aléas de la documentation ont permis à des historiens récents d'introduire plus aisément, entre les lignes, l'ascension des *milites.*

Au Berry de Guy Devailly[308], leur titre serait apparu en 1030-1040 et se diffuserait d'abord par le bas; mais il se relève dès 1050. Et, en fait, «dès cette époque [1030-1040] le titre de chevalier est attribué à des hommes placés à des niveaux très différents de la société[309]». Brièveté du délai de «relèvement», hasard des premières attestations et incertitude, comme partout, des identifications : de quoi renoncer, peut-être, à l'ascension annoncée en exergue.

Dans les diplômes royaux couvrant le domaine capétien, Jean-François Lemarignier voit le mot *miles* en pleine expansion, à partir des moments (1025/1031, puis 1077) où le cercle des souscriptions s'élargit. Ceux de la première génération lui semblent «d'un niveau assez peu élevé», mais ceci «à une ou deux exceptions près», et d'ailleurs ils «se dérobent pour la plupart à l'identification[310]». Et Jean-François Lemarignier aperçoit, parmi ceux de 1044, d'«authentiques» et «importants châtelains[311]».

Fraîchement acculturé, le duc de Normandie se dit flanqué, en 1031-1034, de «*militia nostra*» («notre chevalerie»)[312]; dès 1015-1026, son père paraissait «*cum suis episcopis atque militibus* [suivent un vicomte et le sénéchal] *atque aliis nobilibus*» («avec ses évêques

---

308. G. Devailly, *Le Berry...* (cité *supra*, note 51), p. 187-192.
309. *Ibid., Le Berry...*, p. 188.
310. J.-F. Lemarignier, *Le gouvernement royal...* (cité *supra*, note 166) p. 133 et note 282.
311. *Ibid.,* p. 134.
312. M. Fauroux, *Recueil des actes des ducs de Normandie (911-1066),* Caen, 1961 (Mémoires de la Société des Antiquaires de Normandie, 36), n° 70.
313. *Ibid.,* n° 43.
314. L. Musset, «L'aristocratie normande...» (cité *supra*, note 166), p. 89, note 5.

et ses chevaliers, ainsi que d'autres nobles») [313]. «Le cas est isolé[314]», déclare Lucien Musset, pour qui «les *milites,* s'ils sont bien l'assise de base de l'aristocratie normande, n'ont pas encore accès à son sommet avant la fin du XIe siècle [315]». Simplement, l'isolement des chevaliers nobles de 1015-1026 n'est pas si grand : Guillaume le Conquérant lui-même n'entre-t-il pas rituellement en chevalerie, à un âge précoce[316]?

Dans la Picardie voisine, l'isolement du comte de Vermandois n'a rien non plus de pathétique : *miles* en 1035[317] en même temps que son châtelain de Nesle, il a des prédécesseurs du Xe siècle, pas nécessairement humbles[318]. Le propos de Robert Fossier sur la chevalerie picarde oscille un peu selon ses publications : ici au Vermandois, «le titre» se relèverait donc déjà, tandis qu'à l'échelle de la province les *milites* aisés ne feraient une masse significative qu'à la fin du XIe siècle [319]. La noblesse se conjoindrait fort tard à la chevalerie (fin du XIIe), bien que l'on trouve dès 1089 ce «*miles optimus*» qu'on citait tout à l'heure [320] et bien que le comte de Ponthieu, adoubeur du futur Louis VI en 1098, soit «donc chevalier, ce que taisaient tous les textes» [321].

Dans la Champagne, la documentation du XIe siècle demeure très clairsemée, et Michel Bur, à son tour, introduit un peu vite, semble-t-il, les «guerriers professionnels[322]», car il n'a d'indices groupés qu'à partir de 1080, date à laquelle il trouve à la fois des *milites* «domestiques» (dans des *familie*) et une corrélation entre la noblesse et la chevalerie dans l'entourage du comte. La seconde est

---

315. L. Musset, «L'aristocratie normande…», nº 92.
316. Guillaume de Poitiers (cité *supra,* note 208), p. 12.
317. R. Fossier, «Le Vermandois…» (cité *supra,* note 292), p. 183; «son châtelain de Nesle» porte aussi le titre, signe pour ce dernier d'une «évidente promotion».
318. Voir *supra,* note 292.
319. R. Fossier, *La terre et les hommes…* (cité *supra,* note 196) p. 246.
320. *Supra,* p. 271. Ce genre d'épithète caractérise, ailleurs, des chevaliers nobles de premier ordre.
321. R. Fossier, «Chevalerie et noblesse au Ponthieu aux XIe et XIIe siècles», dans *Études de civilisation médiévale (XIe-XIIe siècles). Mélanges offerts à E.R. Labande,* Poitiers, 1974, p. 299.
322. M. Bur, *La formation…* (cité *supra,* note 254), p. 416-421.
323. *Ibid.,* p. 417.

alors «devenue le dénominateur commun de l'aristocratie[323]». En fait, Michel Bur a sûrement raison de distinguer, pour le Xe siècle, entre les notions de *militia* et de *nobilitas*[324]. Mais où prend-il qu'elles s'appliquent à des classes ou sous-classes différentes? En Flandre, Ernest Warlop n'affirme-t-il pas que la noblesse du Xe siècle formait une *militia*[325]?

324. M. Bur, *La formation...*, p. 419.
325. E. Warlop, *The Flemish Nobility before 1300* (1968), trad. angl., tome I, Kortrijk, 1975, p. 42-43.

CHAPITRE VIII

La paix de Dieu au temps du millénaire *

Les évêques méridionaux des années 990 et, après 1016, ceux de Bourgogne et de Francie réunissent autour d'eux des fidèles, pour leur faire sceller un pacte de paix. Ce pacte est juré par tous, en présence de reliques miraculeuses, et les cojureurs forment, pour un temps du moins, de véritables associations. Cela s'appelle «la paix de Dieu» dans les livres d'histoire, où le «mouvement», les «institutions» ainsi formées prennent d'autant plus de relief que le contraste est fort avec la «société féodale» caricaturée qu'on a évoquée dans l'avant-propos. Ces liens horizontaux, chrétiens et pour la paix, cet esprit collectif ne forment-ils pas l'exacte antithèse des liens verticaux d'homme à homme, tissés pour la guerre seule, profanes et individualistes auxquels on a trop souvent réduit le «premier âge féodal»? Comme, en outre, on croyait au siècle dernier qu'une révolution féodale de la fin du IXe siècle avait fait table rase des idées carolingiennes, tout cela semblait surgi spontanément et miraculeusement du sol de l'Occitanie…

Aujourd'hui, quelque chose demeure de cette thématique, chez plusieurs historiens. La paix de Dieu leur semble subversive; elle se développe en un temps de crise sociale et de crise eschatologique aiguës, liées entre elles. Elle est un effort de réponse à la première,

* Monique Bourin-Derruau et Dominique Iognat-Prat ont relu ce texte et m'ont fait des suggestions dont je les remercie très vivement.

porté et parfois débordé par l'ambiance de la seconde[1]. Dans un livre récent, Richard Landes prend à parti le vieux «positivisme[2]», coupable d'avoir trop péremptoirement enterré «le mythe des terreurs de l'an mille», de François Plaine (1873) à Ferdinand Lot[3] (1947); il veut lâcher la bride à une certaine forme d'imagination. Récemment aussi, Jean-Pierre Poly, parti du «terrorisme seigneurial», nous a livré un récit dans lequel se mêlent la violence sociale et les réponses religieuses, entre 1000 et 1033. Et il ironise : en 1008 par exemple, «ignorant que les terreurs de l'an mil n'étaient qu'une invention de l'historiographie romantique, les gens de Sens se mirent à millénariser [4]...». Ce sont là deux positions extrêmes, mais elles s'appuient sur l'évolution historiographique du dernier demi-siècle. Il y a là, nous le verrons, une inquiétante dérive; mais des thèmes nouveaux apparaissent en même temps, qui méritent considération.

En premier lieu, «l'an mil» ne se réduit plus à une seule date couperet (1000); il devient un moment historique, correspondant à la vie entière de la «génération du millénaire». Tout un «grand remuement[5]» religieux se repérerait autour de plusieurs autres dates (1010, 1033) et son paroxysme se situerait dans les années 1020, avec les grandes paix de Dieu, les hérésies, les pèlerinages à Jérusalem.

En second lieu, l'histoire des mentalités restitue ou croit restituer les logiques propres, les flottements mêmes, de l'ancienne religion. Le débat ne se focalise plus sur la terreur *paralysante* d'un jugement imminent; il inclut aussi une attente plus diffuse et *mobilisatrice*, teintée de millénarisme. On pense ainsi affaiblir l'un des arguments

1. Cf. une majorité des contributions à *The Peace of God** (voir bibliographie en fin de chapitre).
2. Richard Landes, *Relics, Apocalypse and the Deceits of History. Ademar of Chabannes, 989-1034,* Cambridge, Mass., 1995, p. 16-20, 287-294 et *passim.*
3. L'école anti-terreurs se compose notamment de : François Plaine, «Les prétendues terreurs de l'an mille», *Revue des questions historiques,* 13, 1873, p. 145-164; Pietro Orsi, *L'Anno Mille, saggio di critica storica,* Turin, 1887; Ferdinand Lot, «Le mythe des terreurs de l'an mille» (1947), repris dans *Recueil des travaux historiques de Ferdinand Lot,* I, Genève/Paris, 1968, p. 398-414.
4. Jean-Pierre Poly, «Le commencement et la fin. La crise de l'an mil chez ses contemporains» dans *Georges Duby** (voir bibliographie en fin d'article), p. 191-216 (p. 203).
5. Georges Duby, *Les trois ordres ou l'imaginaire du féodalisme,* Paris, 1978, p. 180.

de Ferdinand Lot à propos de l'action des conciles de paix : «S'ils pensaient à la fin des temps, ils laisseraient aller les choses[6]». Dès 1951, comme en passant, Roger Bonnaud-Delamare suggérait un lien entre l'émoi du millénaire et le désir qu'eut alors l'Eglise de hâter la réalisation sur terre de l'idéal chrétien de la paix[7]. Depuis lors, le propos des historiens s'est amplifié, et Guy Lobrichon peut affirmer (1994) que la paix vint aussi des laïcs et qu'elle «fut en réalité un rêve partagé de tous les Aquitains», un «rêve qui fleure le bonheur du paradis perdu et revenu tout proche[8]».

Enfin et surtout, cet «an mil» d'un demi-siècle (entre 990 et 1040) passe pour le moment d'une grande crise sociale. Evoquant un discours de l'évêque Gérard de Cambrai, Georges Duby écrit en 1978 : «Nous sommes en 1024, dans l'attente exaltée du millénaire de la Passion – et c'est le prix d'un témoignage comme celui de Raoul le Glabre que de relier avec justesse au millénaire les mouvements convulsifs qui sont en vérité ceux de l'accouchement de la société féodale[9].» Se faisant plus précis, Pierre Bonnassie ou Robert Moore voient, dans le succès populaire de la paix de Dieu, la résistance d'une paysannerie alleutière laminée par la «révolution féodale[10]». Selon un modèle désormais classique, que Richard Landes a repris à son compte[11], l'hérésie et la paix de Dieu sont compagnes

---

6. Ferdinand Lot, «Le mythe...» (voir *supra*, n. 3), p. 405.

7. Roger Bonnaud-Delamare, «Le fondement des institutions de paix au XIe siècle», dans *Mélanges Louis Halphen*, Paris, 1951, p. 19-26, notamment p. 21 : «il n'y eut pas de terreur ni d'affolement», mais «l'an mille emplissait de mystère les esprits et les cœurs».

8. Guy Lobrichon, *La religion des laïcs en Occident, X[e]-XVe siècle,* Paris, 1994, p. 75.

9. Georges Duby, *Les trois ordres...* (voir *supra*, n. 5), p. 54. Dans ce chapitre, la paix de Dieu est vraiment décrite comme un mouvement égalitariste et subversif, alors que les *Gesta Episcoporum Cameracensium* ne disent rien de tel; on a l'impression que Georges Duby a eu en tête le «mouvement de 68»!

10. Pierre Bonnassie, «Les paysans du royaume franc au temps d'Hugues Capet et de Robert le Pieux (987-1031)», dans Michel Parisse et Xavier Barral i Altet éd., *Le roi de France et son royaume autour de l'an mil,* Paris, 1992, p. 117-129 (spécialement p. 127-128); R.I. Moore, «Postscript : The Peace of God and the Social Revolution», dans *The Peace of God**, p. 308-326.

11. Richard Landes, «La vie apostolique en Aquitaine en l'an mil. Paix de Dieu, culte des reliques et communautés hérétiques», *Annales ESC,* 46, 1991, p. 573-593 (notamment p. 578).

de route un moment (1018), avant de se séparer. L'une est subversive à l'égard de l'Eglise ; l'autre, simplement réformiste. Mais les assemblées de paix connaissent aussi d'autres débordements : il arrive que le «culte des saints» soit contesté, et surtout, il y a la milice berrichonne de 1038. L'Eglise freine alors le «mouvement», et laisse s'établir l'«ordre seigneurial». Le scénario rapprocherait ce «mouvement révolutionnaire» de bien d'autres. Encore ses auteurs imposent-ils des efforts à leurs lecteurs, car ils appellent aussi «révolution féodale» ce contre quoi ce mouvement est censé s'insurger...

Attention pourtant à cette «révolution» ou «mutation» : il ne s'agit que d'un récit et d'un modèle précis d'historiens, et non pas de n'importe quelle forme de changement aux alentours de l'an mil. En s'appuyant sur lui, les tenants d'une «crise apocalyptique» croient se donner plus de force – et à leur tour, ils viennent l'appuyer. Entre un contexte social dramatique et de grands mouvements religieux, le lien ne paraît-il pas naturel ?

Reprenons une réflexion historiographique, qui relativise le modèle aujourd'hui «dominant» et s'avère heuristique. Ensuite se présenteront sous un jour nouveau les grandes hypothèses de la paix de Dieu «subversive» et de l'an mil «apocalyptique».

I. – LA PROBLÉMATIQUE DU XIXᵉ SIÈCLE :
CLERGÉ ET PEUPLE DANS LA «SOCIÉTÉ FÉODALE»

Il ne faut pas mettre en cause rétrospectivement l'«école anti-terreurs» sans dire à quoi elle s'opposait. Replaçons-la dans un «XIXᵉ siècle» qui va de 1830 à 1950, de Michelet et Sismondi jusqu'à Lot et Pognon. C'était le romantisme échevelé contre la méthode historique ; la question de la paix de Dieu se dissociait nettement de celle de l'an mil.

La paix de Dieu au temps du millénaire

De Michelet au mythe naïf des « terreurs de l'an mil »

Le cheminement du mythe est connu[12] : il apparaît, une des premières fois, en 1598 dans les *Annales Ecclesiastici* du cardinal César Baronius; mais il reste discret jusqu'à Robertson (1769) et ne perce vraiment en France qu'en 1830. C'est dans ce pays et jusqu'au-delà de 1870 qu'il connaît son âge d'or. Michelet consacre à l'an mil une page impressionnante, nourrie de la lecture de Raoul le Glabre et d'Adémar de Chabannes, puis d'Helgaud de Fleury. Le premier des trois est le seul à faire référence explicitement aux deux millénaires, du début et de la fin de la vie du Christ, 1000 et 1033; Daniel Milo a bien montré le rôle organisateur de ces deux dates dans sa chronique[13]. Ce sont aussi les chartes de donation aux églises, qui l'autorisent à évoquer la «croyance universelle, au Moyen Age, que le monde devait finir avec l'an 1000 de l'Incarnation[14]». Certains préambules disent en effet que «les ruines vont s'accroissant et la fin du monde approche» (*ruinis crescentibus, appropinquante mundi termino*) – encore que les dates millénaires ne s'associent pas expressément à cette formule, qu'on croit alors refléter la pensée exacte des donateurs. Pour le reste, Michelet prend curieusement cette attente pour une croyance étrusque christianisée. Et il développe, tout à fait comme Raoul le Glabre et Adémar de Chabannes, les calamités comme la famine, la peste; elles jettent tout le monde

---

12. Sur ce point, voir les remarques très suggestives de Daniel Milo, *Trahir le temps* (*Histoire*), Paris, 1991, p. 63-100.

13. Daniel Milo, *Trahir le temps*, p. 97 : effet de *condensation* et de *sélection* Tout ce que dit cet auteur, à mon avis, montre bien que «l'an mil», avec ses «terreurs» et sa «révolution» n'est qu'une «réalité du discours historique», non une «réalité historique» (p. 66). Cependant, l'histoire n'est pas seulement discours, elle est aussi travail d'approche authentique des objets à travers des démarches difficiles. Daniel Milo ne s'en rend pas assez compte. C'est ce qui lui fait écrire, p. 97, cette phrase étonnante : «Les terreurs de l'an mil, réalité ou fiction? jamais on ne le saura...». Ne plus discerner le fictif du réel, voilà le péril qui guette, en bien des matières, notre génération; maintenir et rétablir cette distinction, en dépit de sa complexité croissante, voilà une mission fondamentale de l'histoire!

14. Jules Michelet, *Le Moyen Age* (*Histoire de France*, livres I à XVII), Paris, 1981 (coll. Bouquins), p. 229-235.

au pied des évêques, réunis en concile; et le moment est propice pour décréter «ce qu'on appela la paix, plus tard la trêve de Dieu». Interpolant Raoul le Glabre par Helgaud (qui ne donne pas de date millénaire, ni 1000, ni 1033), Michelet glisse au roi : «C'est sous ce bon Robert que se passa cette terrible époque de l'an mil; et il sembla que la colère divine fût désarmée par cet homme simple, en qui s'était comme incarnée la paix de Dieu[15]». Puis retour à Raoul le Glabre, pour un effet artistiquement puissant : on retient son souffle dans la décennie 990, et un peu au-delà, puis voici le nouveau printemps du monde (le printemps des notices!). «Les basiliques furent renouvelées […]. On eût dit que le monde se secouait et dépouillait sa vieillesse, pour revêtir la robe blanche des églises.» Retenons de ces belles pages romantiques le mélange d'invention pure (étruscologique) et de sensibilité remarquable aux textes, qui en effet relient les conciles et leurs décrets de paix, explicitement, aux calamités seules et non à une signification religieuse des dates ou à une tyrannie seigneuriale.

Outre les calamités, Michelet évoque la vie quotidienne morne et laborieuse du seigneur en son château, du serf sur son sillon. Il partage l'idée très noire que se font les historiens de la «période féodale» en France (X[e] et XIe siècles), en n'y voyant que de la violence et de la misère. C'est au même moment que naît, sous la plume de Guizot, l'idéaltype de la «société féodale»; une société «toujours sur le point de se dissoudre[16]», tissée seulement de liens vassaliques et serviles, et dans laquelle la guerre jouait un rôle central (déchirant ou structurant, d'une certaine façon peu importe) : elle ressemblait «plus à la guerre qu'à la société[17]», conclut Guizot, qui cependant évite les «terreurs de l'an mil».

---

15. *Le Moyen Age*, p. 234.
16. François Guizot, *Histoire de la civilisation en France depuis la chute de l'empire romain* (nouv. éd. du *Cours d'histoire moderne* de 1828-1830), tome IV, Paris, 1846, p. 82. Comme la violence et la faiblesse des liens sociaux sont censées caractériser cette société, on est tenté de lui prêter une naissance «révolutionnaire», dans le désastre d'une société antique ou carolingienne plus calme et plus organique. Voilà encore de pures «réalités du discours historique»!
17. François Guizot, *Essais sur l'histoire de France,* Paris, 1823, p. 362.

Il ne faut pas s'exagérer l'importance de celles-ci dans le débat, au XIXe siècle. La réfutation méthodique a presque le tort de leur donner trop de place! Mais comment ne la point présenter, quand on veut faire participer tout le monde aux acquis de l'histoire? Popularisées par Michelet, elles prennent souvent après 1860 (quoique pas toujours) l'allure d'un thème grossièrement anticlérical. Le flot des chartes de donation impressionne plus d'un érudit – d'autant plus que, parfois, les éditeurs de sources datent de «990» tout acte faisant allusion à «la fin du monde», s'il ne comporte pas, d'autre part, de datation formelle! C'était donc là un «coup» monté par l'Eglise pour se faire donner des terres. Eugène Sue dénonce sa «fourbe cupidité»; tandis que la peur du diable abrutissait les seigneurs comme les serfs, «les hommes de Dieu, de leur côté, trinquaient, ripaillaient, faisaient l'amour, se disant : "Rions des sots, nargue des crédules!"...». Et comme le dit plus sobrement Charles Delon (1882), «la fin du monde ne vint pas, les terres restèrent aux moines[18]...»

Voilà pourquoi la première grande réfutation vient d'un bénédictin de Ligugé : dom François Plaine. Il signale la «nouveauté» de «l'opinion des terreurs de l'an 1000[19]», note le peu d'«annalistes contemporains» qui en parlent[20]. Quant aux chartes à préambule eschatologisant, il en trouve dès le VIIe siècle – et encore tout à la fin du XIe siècle[21]. Enfin et surtout, dom Plaine multiplie les références à l'activité des hommes de l'an mil; rien ne les montre sous l'emprise d'une terreur paralysante[22]. Avec lui, le «positivisme» catholique a

---

18. Tous deux cités par Christian Amalvi, *De l'art et la manière d'accommoder les héros de l'histoire de France. De Vercingétorix à la Révolution,* Paris, 1988, p. 120-123. Un personnage des *Hommes de bonne volonté* entend bien ainsi «l'an mil». Le mythe fut répandu dans la France profonde pendant toute la IIIe République.

19. François Plaine, «Les prétendues terreurs...» (cité *supra,* n. 3), p. 145.

20. Ceux dont pourtant la parole est «l'écho le plus fidèle» *(ibid.,* p. 148).

21. *Ibid.,* p. 158-159. On peut en ajouter d'ultérieures – tant qu'il y a des marques de piété (réelle ou conventionnelle) dans les documents. Par exemple, entre 1108 et 1115, dans A. Richard éd., *Chartes de l'abbaye de Saint-Maixent,* tome I, Poitiers, 1886 (Archives historiques du Poitou, 16), n° 261 : «*ego Guido, videns mundum adnichilare, dedi beato Maxentio et omnibus monachis...*» A ma connaissance, le thème de la fin des temps n'apparaît cependant pas lors d'autodéditions en servitude.

22. Dom Plaine cite les découvertes de corps saints (p. 156) et la vaillance de l'Espagne chrétienne (p. 161) – qui cependant n'avait pas la même «ère» que la France.

trouvé d'emblée tout un argumentaire fort, que n'attaque aucun «laïc» de haut vol[23], et que complète la découverte de la rédaction des chartes à préambules *par les destinataires*[24]. «L'erreur» dont Ferdinand Lot craint en 1947 qu'elle ne périsse jamais puisqu'«elle excite l'imagination[25]», n'a été répandue que de façon limitée chez les historiens de métier; elle touchait seulement des médiatiques (Michelet et Flammarion), ou un dilettante (Gebhart)... Sa réfutation s'impose dès lors qu'on a du discernement, de la méthode et de l'esprit philologique. Attention donc à ne pas réclamer trop vite aujourd'hui, à l'instar de Robert Fossier, qu'on redonne «vie aux terreurs de l'an mil que nos prédécesseurs du XIXe et du début du XXe siècle ont tant raillées[26]». Il faut au contraire se demander s'ils ont poussé l'attaque assez loin!

Une réfutation ferme, mais insuffisante

L'«école anti-terreurs», comme l'appelle Richard Landes, a su parfaitement relativiser l'eschatologie, contredire à la paralysie des fidèles, dresser la généalogie du «mythe». Mais elle n'a pas suffisamment analysé les lacunes conceptuelles des tenants de ce mythe ni, au rebours, la mentalité religieuse et les donations des chrétiens de 1000-1033. Arrêtons-nous un moment sur ce qu'il faudrait dire de ces trois points.

1) Les terreurs de l'an mil reposent sur une certaine méconnaissance du christianisme, qu'un homme comme dom Plaine aurait pu relever davantage! D'abord, on prend «terreur» dans un sens

---

23. Au contraire : cf. Arthur Giry, *Manuel de diplomatique,* Paris, 1894, p. 543-544 : il donne des exemples de préambules eschatologisants de la *fin* du XIe siècle. Il me semble qu'ils eurent cours aussi longtemps que les préambules pieux eux-mêmes, lesquels se raréfièrent à partir de 1100. Ils n'en avaient jamais été que l'une des variantes possibles.

24. Cf. *infra,* n. 34.

25. Mais une imagination étriquée, non historienne! Ferdinand Lot, «Le mythe...» (cité *supra,* n. 3), p. 413.

26. Robert Fossier, «Seigneurs et seigneuries au Moyen Age», dans *Seigneurs et seigneuries au Moyen Age. Actes du 117e congrès national des sociétés savantes,* Paris, 1993, p. 12.

plus psychologique que biblique [27]. Au début de l'Ancien Testament, une terreur était un fléau, interprété comme un avertissement de Dieu à Pharaon (les plaies d'Égypte, Deutéronome IV, 34) ou à son peuple : ce furent les lèpres, les famines, les abandons à l'oppression des Philistins. Il ne s'agissait donc pas d'avoir peur de quelque chose *par avance,* mais d'interpréter un malheur déjà advenu, et de refaire alliance avec Dieu, afin de le faire cesser. Ces terreurs-là, ces exemples terribles, n'étaient pas nécessairement eschatologiques.

Les grands textes sur la fin des temps se trouvent beaucoup plus loin dans la Bible : ce sont Daniel VII-XIV, Matthieu XXIV, 1-44 (la «Petite Apocalypse»), qui lui fait écho, enfin l'Apocalypse johannique, spécialement à la fin (Apocalypse XX-XXII). Tous trois disent la fin proche, mais aucun ne lui fixe de terme clair. Daniel XII, 8-9 et Matthieu XXIV, 36-44 pensent même qu'on ne peut la connaître. Ils invitent donc des hommes d'élite, les plus sages, les nouveaux Daniel, à une vigilance de tous les instants, à un déchiffrement de leur présent, à une attention toute particulière à l'égard des faux prophètes, tout cela en ayant conscience des limites de leur science. Plusieurs nombres peuvent nourrir la spéculation : les 2 300 jours ou 70 septénaires de Daniel, par exemple, l'eschatologie biblique se déployant surtout en systèmes de «semaines». Il n'est question de «mille ans» qu'une seule fois, dans Apocalypse XX, 2-6 : c'est un millenium, le temps d'un «règne des saints» pendant lequel Satan est enchaîné, et après lequel commencent les dernières tribulations. Toutefois saint Augustin (*De civitate Dei* XX, 7 et 9) a imposé d'interpréter les mille ans au sens symbolique et de considérer le millenium comme déjà en cours : le règne des saints, c'est les temps chrétiens. En d'autres termes, sans Augustin, l'an mil ne compte pas plus qu'une autre date; mais avec lui, avec l'Eglise, l'eschatologie est moins pressante que dans l'Evangile...

---

27. C'est une définition psychologique de la terreur et de l'angoisse qui les veut paralysantes. Selon la définition stricte, il vaudrait mieux parler d'*angoisse* des années 990. Cf. Sigmund Freud, *Introduction à la psychanalyse,* trad. fr., Paris, 1984, p. 372 : «Le mot *terreur* me semble, en revanche, avoir une signification toute spéciale, en désignant notamment l'action d'un danger auquel on n'était pas préparé par un état d'angoisse préalable.»

L'attente du Jugement pour l'an mil plus trois ans et demi, selon une lecture littérale de l'Apocalypse, peut difficilement avoir été la thèse officielle de l'Eglise, à moins d'un gros mensonge ou d'une certaine ignorance. La seconde est moins improbable que le premier, et nous la retrouverons plus loin[28]. Il faut tout de même identifier comme telle une *erreur littéraliste,* encore à demi augustinienne dans la mesure où elle croirait le millenium déjà tout près de s'achever. Un millénarisme *stricto sensu* serait autre chose : lié à la formation d'un groupe nouveau de «saints», rival ou réformateur du clergé, il annoncerait pour une date précise le début du millenium, tel le joachimisme du XIIIe siècle. Seulement, en bonne logique, il n'a aucune raison de se polariser sur l'an mil! Il peut prédire une autre date, ou se fonder sur le déchiffrement de son présent comme le moment critique de la *première* crise eschatologique. C'est ce genre de *contestation millénariste* que Richard Landes et plusieurs historiens actuels croient présente au temps de la paix de Dieu. Attaquant l'école méthodique, ils reprennent la lecture des préambules de chartes, ou des entrefilets de Raoul le Glabre, en les prenant comme les indices d'une tout autre poussée d'eschatologie collective, contestatrice et non plus orthodoxe.

Ils ont raison, dans le principe, de lier celle-ci à de la dissidence, d'en dire la portée subversive, contre l'ordre «christiano-féodal», et l'on peut même accepter un moment l'hypothèse d'une eschatologie un peu hybride et confuse, à l'encontre des définitions tranchées qui viennent d'être rappelées. Toutefois, elle devrait s'appuyer sur d'autres événements. Car, on semble l'oublier, le vieux mythe avait pour lui d'incorporer un fait très palpable : l'afflux des donations de terres par la noblesse aux monastères, c'est-à-dire une pratique conformiste. A présent, au contraire, il faut trouver ou, à défaut, inventer des mouvements de type sectaire, de la dissidence dans le monde chrétien de l'an mil – d'un an mil qui ne devait pas être perçu comme tel par la majorité de la population, ignorante de l'ère de l'Incarnation.

28. Cf. *infra,* p. 347.

2) Certaines réfutations «positivistes» peuvent ôter au passé un peu de son relief. Serait-ce le cas ici avec une banalisation excessive des préambules eschatologiques de chartes? Ce ne furent que clauses de style et caprices individuels de scribes, à en croire Ferdinand Lot[29], qui n'a sans doute ici ni tout à fait tort ni entièrement raison. Sa génération se représentait le clergé et le peuple du haut Moyen Age un peu trop semblables à ceux du XIXe siècle. Christian Pfister, en commentant une saisissante «prose» d'Aniane, toute pleine de l'imminence du *dies irae,* note que le christianisme, sans leur fixer de date, «a cru à la fin du monde et au jugement dernier, comme il y croit encore[30]» (1885). Et Ferdinand Lot s'amuse à glisser une encyclique de Pie X au milieu des citations médiévales[31]. S'inquiète-t-il assez, tout de même, de ce que «la majorité des esprits croyant à la fin du monde n'a pas fixé cette date de l'an mille pour la raison même qu'ils la croyaient imminente[32]»? N'était-ce rien que cette durable croyance? Cette légèreté prête le flanc à la contre-attaque. Si, en effet, on prend vraiment en compte l'anxiété chronique des moines et du haut clergé, alors des événements graves peuvent très bien avoir déclenché des «crises» ou des «flambées» eschatologiques. Par exemple, la dislocation des institutions publiques entre 980 et 1030, si elle a eu lieu... ou les intempéries de 1030-1033, absolument certaines!

Oui, les «sages» de ce temps vivaient dans des précarités inconnues du XIXe siècle : les famines et les épidémies, même sur fond de développement rural tendantiel, les menaçaient avec leur peuple très souvent; l'ordre socio-politique lui-même avait une apparence de fragilité beaucoup plus nette qu'en des temps d'Etat administratif et «bureaucratique». Enfin l'inquiétude était avivée par les phénomènes de contestation et de dissidence internes à la communauté chrétienne. Lorsque saint Pie X voit dans la «perversion des esprits» un signe des temps, c'est tout de même une interprétation

---

29. Ferdinand Lot, «Le mythe des terreurs...», p. 407-408.
30. Christian Pfister, *Études sur le règne de Robert le Pieux,* Paris, 1885, p. 325.
31. Ferdinand Lot, «Le mythe des terreurs...», p. 403.
32. *Ibid.,* p. 402.

limite pour 1903 ; même les adversaires les plus résolus du modernisme traitent-ils alors Renan et Loisy d'« antéchrists » ? Le clergé du haut Moyen Age put être plus virulent, ses réactions face aux catastrophes et aux contestations, la pastorale qu'il avait en ces occasions méritent d'être étudiées avec attention et discernement. Mais les « antipositivistes » actuels omettent souvent de distinguer entre le clergé et le peuple ou glissent subrepticement, à l'instar de Georges Duby[33]. Il y a cent ans, en découvrant que bien des chartes à préambules étaient en fait rédigées par les églises destinataires[34], et non par les donateurs eux-mêmes, la diplomatique a déniaisé l'historien. Elle pourrait inverser le thème anticlérical, quasi sadien, de la bacchanale claustrale à huis clos, au milieu d'un monde effrayé... Et si, au contraire, les moines seuls avaient cru à la fin des temps ? C'est ce que suggérerait presque Michel Rouche, en sa description d'une « crise eschatologique » de 640-750 : au clergé cultivé, l'inquiétude apocalyptique et le Nouveau Testament, aux laïcs, la simple croyance au « Jugement » et la crainte devant le Dieu vengeur « vétéro-testamentaire[35] ». On retrouve un peu de cela vers l'an mil, une « apocalyptique des experts », mais pas nécessairement orientée vers le millénarisme !

3) Quant à la vague de donations, elle ne tourne au raz-de-marée que si l'on attribue naïvement aux années 990 toutes les chartes à préambule conventionnel sur la fin des temps, étalées en fait sur des siècles... Autrement, il n'y a qu'une intensification graduelle, à mesure que progresse la réforme monastique, de la générosité envers les moines noirs. Les dons « pour le remède de son âme » sont une pratique toute carolingienne, répondant au souci de soi sans marque d'eschatologie collective, et leurs préambules, en général, développent sur de la précarité des biens terrestres et de la bonne

---

33. Georges Duby, *L'an mil*, Paris, 1967. Également Michel Rouche, *L'Aquitaine, des Wisigoths aux Arabes (418-781)*, Paris, 1979, p. 415 (une « frénésie millénariste » s'empare du Midi aquitain, à l'arrivée de quelques textes abscons comme le pseudo-Méthode !).

34. Sur l'étude de l'élaboration des actes, à partir de Theodor von Sickel, cf. Olivier Guyotjeannin, Jacques Pycke et Benoît Michel Tock, *Diplomatique médiévale*, Turnhout/Paris, 1993 (L'atelier du médiéviste, 2), p. 21-22.

35. Michel Rouche, *L'Aquitaine...*, p. 421. Voir cependant *infra*, n. 214.

affaire que c'est de les échanger contre du solide, du spirituel. Voilà ce que disent les moines aux laïcs, et que ceux-ci doivent assez bien comprendre, sans qu'il y ait ce qu'on appelle un malentendu socio-culturel! De plus, à lire attentivement les dossiers, on découvre ou devine que ce ne sont pas les seuls motifs. Dans le don noble à des églises entrent aussi des considérations de prestige social et d'avantage politique non négligeables. Même sur le «plan purement religieux», il faut savoir reconnaître, comme Voltaire le faisait dès 1756 en une page vraiment pionnière[36], la place essentielle du culte pour les morts. Dans un article récent, Dominique Iogna-Prat nous assure que «les moines réformateurs des Xe et XIe siècles sont, en matière funéraire, les héritiers d'une tradition relativement récente[37]»; ils sont postcarolingiens. Le culte des reliques s'intensifie à Cluny vers 980. Alors «l'Église est belle de la crainte de l'au-delà» – de la sainteté des moines – et «la société chrétienne se constitue dans ces échanges stimulés par les morts[38]». Voilà peut-être le tableau des craintes, qu'il faut opposer au récit des terreurs; il évite de voir dans les chevaliers de ce temps des adeptes de la «pauvreté volontaire». Encore un lecteur attentif des notices du XIe siècle est-il tenté d'en rabattre un peu de la crainte, tant les saisissantes menaces à l'encontre des spoliateurs font parfois long feu. Plus exactement, il aperçoit beaucoup de tractations et de compromis à propos de biens un jour donnés aux églises, et revendiqués peu après par des héritiers lésés, voire des donateurs qui se ravisent. Pour lui, le grand fait historique n'est plus une vague unilatérale de donations, mais une série complexe de relations d'adversité entre des moines et des nobles, se muant en partenariats, ayant les terres pour supports.

Et la paix de Dieu est un aspect de ces relations qu'à partir des années 970 l'essor du monachisme réformateur intensifie.

---

36. *Essai sur les mœurs,* chapitre LXV : Voltaire présente le XIe siècle comme un tournant dans l'histoire des conceptions de l'au-delà et décrit avec vigueur la pratique du don à Cluny.

37. Dominique Iogna-Prat, «Les morts dans la comptabilité céleste des clunisiens de l'an mil», dans *Religion et culture autour de l'an mil,* Paris, 1992, p. 55-69 (p. 57).

38. *Ibid.,* p. 67.

Un « mouvement » de paix laissé hors de l'an mil

Mais le XIXe siècle n'a pas fait ce lien, parce que la discussion sur les dons demeurait trop liée au mythe anticlérical des terreurs de l'an mil. Au contraire, l'étude de la paix de Dieu est d'abord l'une des répliques catholiques. Car de terreur, il n'y eut point, alors que l'action sociale de l'Eglise fut patente, à travers la paix de Dieu. Et on fait de celle-ci un mouvement populaire. Elle offre une bonne occasion de donner à l'Eglise l'antériorité et la priorité de mérite sur les laïcs des communes ; elle réveille la première le tiers état et suscite en lui l'esprit d'association. Ernest Sémichon, en 1857, réplique ainsi moins à Michelet et aux terreurs, qu'à Augustin Thierry et à son XIIe siècle communal[39]. Et pour tout le monde, à la fin du XIXe siècle, la paix de Dieu apparaît comme une institution du clergé, vite populaire. Elle ne fait pas l'objet d'âpres débats entre les laïcs et les cléricaux. Le sujet n'est pourtant traité à fond que par l'érudition allemande, intéressée par la généalogie des *Landfrieden* (paix territoriales) du XIIe siècle, et dédaigneuse des considérations trop larges...

Ainsi Achille Luchaire en 1911, dans « le Lavisse », se réfère-t-il au livre de Ludwig Huberti (1892)[40], tout en gommant sa réflexion sur les prolongements carolingiens au profit du thème du « prélude aux communes ». Depuis lors, on a retrouvé des textes, précisé des

---

39. Ernest Sémichon, *La paix et la trêve de Dieu. Histoire des développements du tiers état par l'Église et les associations de la fin du Xe,* Paris, 1857. Claire réplique à Augustin Thierry, *Essai sur l'histoire de la formation et des progrès du tiers état,* Paris, 1853, qui évoquait avec élan la « révolution municipale » du XIIe siècle. Pour Ernest Sémichon, « les associations, créées par l'Eglise, furent donc, aux XIe et XIIe siècles, les leviers les plus puissants de la véritable renaissance » (2e éd., Paris, 1869, tome I, p. VI). On voit bien ici des adversaires débattre dans le même paradigme qui oppose la société féodale faite de liens verticaux unilatéraux, à l'esprit d'association et à l'Eglise qui cherche la « renaissance » de ce dernier ! La relation entre Sémichon et Thierry échappe à Frederick Paxton, « History, Historians and the Peace of God », dans *The Peace of God,* p. 21-40. Ce travail fournit des jalons, mais ne commente pas assez la place de la paix de Dieu dans les constructions d'ensemble des médiévistes.

40. Ludwig Huberti, *Studien zur Rechtsgeschichte der Gottesfrieden und Landfrieden.* I : *Die Friedensordnung in Frankreich,* Ansbach, 1892.

étapes[41], mais les récits modérément populistes de la paix de Dieu demeurent proches de ces pages. La paix est instituée par le clergé : en 989, le concile de Charroux «lance les trois décrets». Ceux-ci servent l'intérêt général mais, avant tout, la paix de Dieu «est faite pour les serviteurs de Dieu[42]». Cependant, «tout ne se bornait pas à des conciliabules d'évêques et d'abbés»; on exhibait des reliques et «une foule immense accourait», cherchant la guérison de ses maladies et la fin de ses calamités. Pour donner force aux décrets, on les fait ratifier par des serments; celui de Verdun-sur-le-Doubs inaugure la série, c'est une «édifiante énumération de choses défendues[43]», un témoignage de premier ordre sur la dureté du régime féodal. Cependant, un évêque comme Gérard de Cambrai s'inquiète de ces «ligues assermentées», car «l'institution grandissait, prenait des proportions imprévues»; il y a la milice de Bourges (1038). Pour calmer les esprits, les évêques en rajoutent sur la sacralisation, en parlant de lettre venue du ciel, de paix «transmise d'en haut» (1041); «paix de Dieu, parce que Dieu l'a révélée directement à ses prêtres, chargés, à leur tour, de l'enseigner et de l'imposer au‑ monde chrétien[44]». Ils reçoivent un écho favorable des «classes populaires», mais heurtent la noblesse, surtout quand la «trêve de Dieu» s'ajoute à cette paix. Aussi les résultats furent-ils «médiocres» : «la terreur religieuse ne suffisait pas à réprimer l'abus de la force brutale» –, c'est-à-dire, selon Luchaire, le principe même de la «féodalité», selon moi, le contrecoup des donations, dramatisé par la polémique des moines. Cependant, à partir de 1054, tous les conciles furent, entre autres, «de paix» et, bon an mal an, «la police de l'Eglise permit d'attendre la police du roi[45]».

Achille Luchaire a donc «vu» beaucoup de choses dans les canons

41. Hartmut Hoffmann, *Gottesfriede und Treuga Dei*, Stuttgart, 1964 (Schriften der Monumenta Germaniae historica, 20), p. 144-146, conduit, par exemple, à refuser une «paix de Douai» évoquée par Georges Duby, *Les trois ordres…*, p. 41-42.

42. Achille Luchaire, *Les premiers Capétiens (987-1137)*, dans Ernest Lavisse (dir.), *Histoire de France*, t. II, 2ᵉ partie, Paris, 1911, p. 133.

43. *Ibid.*, p. 134 et 135.

44. *Ibid.*, p. 136.

45. *Ibid.*, p. 138.

de conciles et dans la Chronique (les *Histoires*) de Raoul le Glabre, auquel il fait toute confiance (trop, peut-être) pour dire que «la paix de Dieu fut accueillie avec enthousiasme par tous les opprimés [46]...». On observera cependant que, chez Luchaire comme dans le mythe anticlérical de «l'an mil», le principe de l'action sociale du clergé demeure la crainte inspirée au peuple. «Petits et grands, coulés dans le même moule, ont foi entière dans les miracles, croient aux revenants, aux apparitions, aux prophéties, redoutent les sortilèges, le diable, et ont une peur effroyable de la damnation [47].» Des primitifs terrorisés par le surnaturel, selon les vues de l'ethnologie d'époque coloniale... Et dans tout cela, on oublie un peu les divisions de l'Eglise elle-même, et les mesures de réforme du clergé contenues dans les canons. On postule l'absence de tout esprit public et la faiblesse du lien social, hors de ces assemblées. Le contexte «féodal» de la paix de Dieu est le même que celui des terreurs, évoqué plus haut. En dépit des nuances entre historiens, il a bel et bien existé un paradigme de la «vieille école» qui fut moderne en 1830, et dont relève Achille Luchaire, comme d'autres historiens méthodiques.

Dans ce paradigme, la seigneurialisation a été lente et graduelle. La féodalité de 989 n'est pas en train de naître «dans le cliquetis des armes», comme celle des mutationnistes actuels. Non, elle remonte au moins aux années 860, si on l'entend au sens d'un régime de pouvoir noble émancipé et châtelain, un siècle plus haut si on se réfère à ses rites caractéristiques, et encore en amont, dans le VIIe siècle, si on considère son fondement «seigneurial». La paix de Dieu ne commençait pas, selon la vieille école, en un moment spécialement critique. On peine pourtant, en France, à discerner les aspects postcarolingiens des conciles, signalés par Ludwig Huberti, car la «révolution féodale» de 877 ou environ semble avoir éloigné radicalement le monde de Gerbert de celui de Charlemagne. La paix de Dieu semble un prélude au XIIe siècle, avec ses communes, ses croisades, son idéal chevaleresque : elle commence de refréner les instincts guerriers.

46. A. Luchaire, *Les premiers Capétiens...*, p. 135.
47. *Ibid.,* p. 19.

Mais faut-il prendre les actes interdits par les conciles de paix comme représentatifs d'un état normal de la société? Ferait-on le tableau de la pratique religieuse uniquement sur la base de ce que sanctionne le pénitentiel de Burchard de Worms? Non, mais l'école de la méthode (aujourd'hui injustement qualifiée de «positiviste») oublie un instant ses principes sous l'emprise d'un mythe seigneurial déjà ancien[48]. Et l'année 1033 ne retient pas assez son attention. Elle assimile trop vite aussi le «peuple» à la roture, au «tiers état», excluant la noblesse alors qu'il ne s'agissait souvent, pour les chroniqueurs et les rédacteurs de décrets, que du laïcat, conjoint au clergé. Et elle oublie de relativiser «l'enthousiasme populaire» que les saints auraient suscité, *au dire des moines...*

L'école méthodique n'allait pas assez au bout de ses principes; certains présupposés endormaient sa méfiance. Elle n'a pas été trop critique à l'égard des «terreurs de l'an mil»; elle l'a été trop peu à l'encontre de la paix de Dieu populiste et antiféodale. Ne ramenons pas les terreurs, relativisons plutôt le «mouvement» de la paix de Dieu!

II. – Une nouvelle dramatisation

Les dramatisations actuelles de la paix de Dieu n'ont pas que des défauts. Elles permettent en effet une réflexion nouvelle sur la religion de l'an mil, alors que la problématique du XIXe siècle n'en faisait jamais qu'une action à des fins temporelles par des moyens religieux. Dès les années 1930, Loren Mac Kinney et Carl Erdmann privilégient la relation avec la première croisade, «populaire» notamment[49]. La paix de Dieu en serait l'indispensable prélude. Paul Alphandéry, lui, se contente, en amont de 1095, de l'interprétation eschatologique du pèlerinage de 1033[50].

---

48. Cf. Dominique Barthélemy, «Il mito signorile dei storici francesi», dans Gerhard Dilcher et Cinzio Violante éd., *Strutture e trasformazioni della signoria rurale nei secoli X-XII*, Bologne, 1996, p. 59-81.

49. Evoqués par Frederick Paxton, «History, Historians...» (cité *supra*, n. 39), p. 26-27.

50. Paul Alphandéry et Alphonse Dupront, *La chrétienté et l'idée de croisade* (1954), 2e éd., Paris, 1995, p. 24-25 et 43.

La mutation de l'an mil a-t-elle eu lieu ?

En 1956, Bernhard Töpfer, écrivant en Allemagne de l'Est, se doit de proposer une interprétation marxiste : l'initiative serait venue du peuple, dont l'attente religieuse résultait d'un rapport de classes très tendu et des difficultés de la vie. Le culte des reliques faisait le lien entre ce «peuple innombrable» et le clergé[51]. Mais il n'y a là ni eschatologie ni millénarisme. La jonction avec les Français ne se fait donc pas, Georges Duby ayant commencé par atténuer l'interprétation antiseigneuriale de la paix de Dieu et par introduire l'attente eschatologique.

Vers une paix de Dieu millénariste

Dans *La Société aux XIᵉ et XIIᵉ siècles dans la région mâconnaise,* paru en 1953, Georges Duby introduit un thème nouveau, destiné à révolutionner les études sur la paix de Dieu : la crise des institutions et de la société entre 980 et 1030. La paix de Dieu va devenir en effet la réponse à cette crise – ou même la preuve de son existence puisque, pour le reste, cette crise n'est jamais déduite que du contraste entre deux tableaux d'historiens : celui d'un Xᵉ siècle encore bien ordonné, et celui d'un XIᵉ siècle plus trouble. Mais ces historiens, on le sait[52], créent le contraste artificiellement en ne décodant pas les sources du Xᵉ siècle et en dramatisant les éléments de violence et de désordre du XIᵉ siècle.

La Société... demeure pourtant un grand livre, même après qu'on lui a retiré la crise de 980-1030. Georges Duby, le premier, rapproche positivement la paix de Dieu de son contexte «féodal». Il voit dans le serment prêté en 1016 par des chevaliers à Verdun-sur-le-Doubs un pacte de caractère quasi féodal. «Les promoteurs de la paix de Dieu» se fondèrent «habilement sur les sentiments les plus puissants qui animaient les classes supérieures : le respect de

---

51. Bernhard Töpfer, repris en anglais dans «The Cult of Relics and Pilgrimage in Burgundy and Aquitaine at the Time of the Monastic Reform», dans *The Peace of God**, p. 41-57.
52. Voir *supra*, chapitre I.

la foi jurée, le contrôle mutuel de tous les participants d'un pacte collectif[53]». Mais qu'est-ce à dire, «féodal»? Le modèle mâconnais, même si le vieux paradigme «ordre carolingien puis société féodale» y demeure enkysté[54], accomplit surtout, en maint endroit, un vrai dépassement du mythe féodal. Il décrit une société moins élémentaire et moins troublée qu'on ne l'avait dit, et dont l'étiquette féodale ne résume plus du tout l'authentique complexité.

D'ailleurs, en surmontant la rupture de 877, le mutationnisme aide à penser la survie d'idées carolingiennes jusqu'à la veille de l'an mil; elles figurent dans ses récits, à titre au moins de conceptions que la crise met en cause et oblige à défendre ou à remplacer. En un article de 1966, «Les laïcs et la paix de Dieu», Georges Duby se laisse d'abord guider par Roger Bonnaud-Delamare, qui traitait des «institutions de paix comme de prolongements d'un idéal et de mesures carolingiens, et comme d'une affaire essentiellement religieuse» et tendait donc à les émanciper un peu de la pression «féodale[55]». Grâce à la crise de 980-1030 reparaît le lien avec un contexte troublé.

Toutefois, Georges Duby, en 1966, n'insiste pas trop sur la paix de Dieu comme «réponse au désordre». Ce thème est sinon absent, du moins discret – voire imprécis, puisque, après tout, dans l'Aquitaine de 1011-1014, le problème était-il «la défaillance d'une autorité royale[56]», absente depuis plus d'un siècle? On attendrait davantage un diagnostic sur le pouvoir *princier* du duc d'Aquitaine, sur un défi châtelain à son autorité, tel que le conçoit aujourd'hui André Debord[57]. Cette année-là (1966), Georges Duby insiste

---

53. Georges Duby, *La société aux XIᵉ et XIIᵉ siècles dans la région mâconnaise* (1953), 2ᵉ éd., Paris, 1971, p. 167. Rien d'antiseigneurial donc.

54. *Ibid.*, p. 133.

55. Roger Bonnaud-Delamare, «Le fondement...» et, entre autres articles, «Les institutions de paix en Aquitaine au XIᵉ siècle», dans *Recueils de la Société Jean Bodin*, 14 : *La paix*, I, Bruxelles, 1961, p. 415-487 (la paix, enjeu de luttes politiques, et, en 1031, son lien avec la réforme religieuse).

56. Georges Duby, «Les laïcs et la paix de Dieu» (1966), repris dans *Hommes et structures du Moyen Âge*, Paris, 1973, p. 227-240 (p. 231).

57. André Debord, «The Castellan Revolution and the Peace of God in Aquitaine», dans *The Peace of God**, p. 135-164.

plutôt sur la dimension religieuse de la paix de Dieu. A partir des années 1020, en effet, le caractère pénitentiel s'y marquerait beaucoup, «au sein d'une propagande de purification universelle, suscitée par l'approche du millénaire de la Passion et par l'attente, à certains niveaux du moins de la conscience collective, de la fin des temps [58]». A quels niveaux, exactement? Il ne précise pas plus. Du moins est-ce la perspective de Raoul le Glabre. Adémar de Chabannes, lui, met en relation en 1028 une épidémie, des reliques et la prédication pour la paix. Les stipulations pénitentielles, parmi lesquelles la trêve, concernent tous les groupes sociaux; elles prolongent et parfois amplifient des règles édictées sous les Carolingiens[59]. Suivent Narbonne (1054) et Clermont (1095), dans la série des ajustements postcarolingiens et paraféodaux...

Georges Duby revient souvent sur les conciles de la paix de Dieu, de 1966 à 1976, pour y trouver à la fois la réaffirmation des distinctions sociales, dans leur principe, et leur remaniement – c'est-à-dire leur creusement, leur clarification. Entre le clergé et les laïcs, ces conciles mettent «une ségrégation plus tranchée [60]»; c'est là aussi que *l'ordo militum* s'affirme, que s'est enregistrée une fracture entre les chevaliers et les paysans désarmés[61], dont la législation de paix légitimerait la soumission. Tout cela est riche de nuances et de termes prudents. Mais dans *Les trois ordres ou l'imaginaire du féodalisme,* en 1978, Georges Duby est influencé par Pierre Bonnassie et les tenants d'une «révolution féodale» qui durcit les arêtes de son modèle mâconnais, et dont la terrible violence réintroduit et amplifie tout le préjugé ancien, antiféodal, contre une société sans l'Etat moderne... Du coup, la seconde phase de la paix de Dieu (années 1020) devient subversive, par la pression du peuple, et en se rap-

---

58. Georges Duby, «Les laïcs...», p. 235.

59. *Ibid.,* p. 236. Cf. Ludwig Huberti, *Studien...* (cité *supra* n. 40), p. 246.

60. *Ibid.,* p. 231.

61. Georges Duby, «Les origines de la chevalerie» (1968), repris dans *Hommes et structures...* (voir n. 55), p. 325-340 (p. 338) (voir n. 13), p. 43-47. Sur les mots de *caballarius* et *miles,* dans les conciles de paix : Georges Duby, «La diffusion du titre chevaleresque sur le versant méridional de la chrétienté latine», dans Philippe Contamine éd., *La noblesse au Moyen Age,* Paris, 1976, p. 39-70 (p. 49-62); voir cependant *supra,* chap. V et VII.

prochant de l'hérésie égalitariste[62]. Formidable conjonction entre les luttes de classes et la fin des temps! Et glissements progressifs, de la pénitence générale au millénarisme utopique.

«Dans les tourments de la révolution féodale»?

L'expression est de Pierre Bonnassie[63]; les années 990-1040 auraient marqué un temps de violences inédites, de la part des «bandes» de «cavaliers» (*milites*) à l'encontre des paysans désarmés. La paix de Dieu devient donc la réponse immédiate à une féodalisation rapide. Elle se révèle à terme assez inefficace, puisque ne sont épargnés que les abords des églises, les sauvetés ou *sagreres*[64]. La nouveauté est moins une question de concepts, par rapport à la problématique du XIXe siècle, qu'une question de rythme : cinq décennies (990-1040) font l'œuvre de décomposition et de reconstruction prêtée naguère à cinq siècles (400-900) par la vieille école, et les évêques légifèrent dans l'urgence. D'emblée, en 1976, le modèle catalan diffère du modèle mâconnais. Selon Pierre Bonnassie, «en Catalogne, comme partout ailleurs, le mouvement de la trêve de Dieu [1027 ou 1041?] s'appuie sur un profond courant pacifiste, né spontanément dans les masses exploitées et porteur de potentialités révolutionnaires». Mais la preuve de cette spontanéité n'est-elle pas discutable? Pierre Bonnassie la trouve *uniquement* dans le fait que l'évêque et le haut clergé ont quitté la ville d'Elne. «Ce sont eux qui rejoignent les paysans, non l'inverse», et ils viennent «au moins en partie» pour canaliser le

---

62. Georges Duby, *Les trois ordres...* (cité *supra* n. 5), p. 173-174.

63. Pierre Bonnassie, «L'espace toulousain...», dans *Les sociétés méridionales**(voir bibliographie en fin de chapitre), p. 107-145 (p. 119).

64. C'est un aspect important et positif des études récentes sur la paix de Dieu, que de bien marquer ses liens avec l'histoire de la concentration ou de la polarisation de l'habitat; cf. le concept de *village ecclésial* dans Pierre Bonnassie, «Les *sagreres* catalanes : la concentration de l'habitat dans le "cercle de paix" des églises (XIe s.)», dans Michel Fixot et Elisabeth Zadora-Rio éd., *L'environnement des églises et la topographie religieuse des campagnes médiévales,* Paris, 1994, p. 67-79.

mouvement, pour l'empêcher de «s'engager dans une voie trop nettement subversive[65]». Il y a peut-être là quelque surcharge du commentaire.

Des historiens convaincus de la gravité de la crise sociale de 990-1040 se doivent d'en rechercher l'écho religieux. Pour Pierre Bonnassie et Richard Landes, «il serait bien invraisemblable que les commotions du corps social n'aient pas connu de traduction spirituelle[66]...». Il faut donc concevoir la paix de Dieu comme une immense protestation populaire contre la violence chevaleresque, un «mouvement unanimiste et messianique[67]». Que paraissent, dans l'Aquitaine de 1016, des «manichéens» séducteurs du «peuple» et «messagers de l'Antéchrist[68]», et ils envisagent une interaction entre les deux «mouvements». A quoi Jean-Pierre Poly vient d'ajouter, récemment, l'hypothèse d'une influence du «messianisme juif[69]» – en dépit même de l'antijudaïsme que Richard Landes prête à ce mouvement religieux de masse[70].

Mais ce récit de la «révolution féodale» est-il valide? Observons d'abord qu'il provient de la théorie des périodes critiques. Or cette théorie n'est-elle pas, elle-même, comme un avatar de l'apocalyptique chrétienne? N'a-t-elle pas quelque racine en la pensée de Joachim de Flore? Dans ce cas, sa conjonction avec les thèses de Richard Landes[71] ne serait que l'achèvement d'un parcours totalement circulaire...

La question à poser n'est pas : y eut-il ou non des mutations vers l'an mil? En une période donnée, il y a toujours des continuités et des ruptures... Non, tout comme le mythe des terreurs, la «révolution féodale» est un *scénario spécifique*.

---

65. Pierre Bonnassie, *La Catalogne du milieu du Xe à la fin du XIe siècle*, 2 vol., Toulouse, 1975/1976 (Publications de l'université de Toulouse-Le Mirail, 23 et 29), p. 658.

66. Pierre Bonnassie et Richard Landes, «Une nouvelle hérésie est née dans le monde», dans *Les sociétés méridionales**, p. 435-459 (p. 436).

67. *Ibid.*, p. 436.

68. Adémar de Chabannes (cité *ibid.*, p. 452-453).

69. Jean-Pierre Poly, «Le commencement et la fin...» (cité *supra*, n. 4), p. 207.

70. Richard Landes, *Relics, Apocalypse...* (cité *supra*, n. 2), p. 44-45 et *passim*.

71. Il cite aussi les développements de Michel Rouche sur les crises eschatologiques du haut Moyen Age : *L'Aquitaine...* (cité *supra*, n. 33), p. 405-422.

Le point central de cette « révolution féodale » est la seigneurie châtelaine, mais celle-ci ne se développa-t-elle pas dès qu'il y eut des châteaux, dès que les villes se fortifièrent de nouveau (années 860) ? Redisons-le, il faut mettre en perspective la documentation des années 990-1040, soudain plus dense et plus vivante. Elle correspond à l'essor même des patrimoines monastiques : d'où des témoignages qui, d'un coup, révèlent la seigneurie châtelaine et la soumettent à des agressions verbales (tyrannie, mauvaises coutumes…). On affirme trop vite qu'elle incarne un principe de pouvoir nouveau, radicalement différent de celui des comtes du Xe siècle, eux-mêmes basés pourtant dans des cités-châteaux. Il est certain aussi que, vers l'an mil, le « titre » de *dominus castri* apparut mais discrètement[72]. Le nombre des fortifications s'accroissait graduellement, et le vrai moment de seuil fut peut-être l'aube du XIIe siècle dans un processus long de multiplication et de miniaturisation des « châteaux ». D'autres que des « comtes » ou « vicomtes » en titre purent en commander et en regrouper. Cela ne se fit pas, sans doute, sans quelque trouble : il y eut des crises châtelaines des principautés. Mais ne s'agissait-il pas de crises en quelque sorte cycliques ? L'érection de nouveaux lieux en châteaux déstabilisait régulièrement les principautés françaises des Xe et XIe siècles. On peut faire l'hypothèse que celles-ci étaient en « équilibre » au sens littéral du terme et, avec elles, dans une large mesure, la société tout entière. L'anthropologie et le bon sens suggèrent, dans les mondes anciens et rustiques comme celui-ci, un tout autre modèle de changement[73] social que celui de la « transition critique ».

Le récit modèle de la « révolution féodale » utilise deux fois la paix de Dieu : comme témoin des violences, et comme réaction contre elles. N'est-ce pas une fois de trop ? Mais, à y regarder de près, *il n'a*

---

72. Dominique Barthélemy, « Note sur le titre seigneurial en France au XIe siècle », *Archivum Latinitatis Medii Aevi* (Bulletin Du Cange) 54, 1996, pp. 131-158.

73. Cf. Max Gluckman, *Politics, Law and Ritual in Tribal Society*, Oxford, 1965, p. 269-312 ; l'équilibre est le retour périodique au même point, dans une « révolution » de type astronomique, et le concept de leur équilibre qu'ont les sociétés primitives recouvre (p. 282) des processus complexes de perturbation et de réajustement. Une histoire sociale hélicoïdale, en somme…

qu'elle, en fait de support événementiel. Voilà, en effet, une «crise» bien étrangement conçue! Habituellement, les historiens partent d'une révolution politique ou religieuse effective (la Réforme, les Têtes rondes, le renversement des monarchies française ou russe), d'un événement incontournable, pour chercher des causes sociales sous-jacentes. Dès lors, dans un domaine où beaucoup de choses relèvent de l'interprétation, ils construisent des modèles d'analyse de cet objet très difficile et complexe qu'est «la société». Ici, au contraire, il n'y a pas d'événement traumatique[74] : étrange révolution qui ne renverse ni royauté, ni principauté, ni prélature d'aucune sorte, ni la classe dominante!

Nouvelles approches du contexte «féodal»

Au long de ce livre, on a aperçu la pression du mythe féodal sur bien des raisonnements, et tenté de s'émanciper. Il faut s'affranchir un peu de la théorie plus ou moins explicite qui, depuis plus de deux siècles, enrobe les tableaux et sous-tend les récits : la théorie qui veut une société sans Etat, sans esprit public, livrée à la violence et à la guerre.

Tout élément «féodal» ne relève pourtant pas du «mythe». Des fiefs et des vassaux peuvent et doivent rester présents dans nos essais d'évocation – mais sans monopoliser toute notre attention. Les relations féodo-vassaliques ont servi à faire, par des pactes, *la paix autant que la guerre,* et elles ont pu aider aussi au fonctionnement de la justice – tout en «encaissant» celle-ci, à nos yeux.

En reconnaissant le rôle régulateur des «princes» du Xe siècle, les historiens récents ont fait un pas en avant. Mais il faut surtout faire confiance au travail social d'une société ancienne. Ravivant l'esprit philologique, l'anthropologie remet l'historien à l'écoute de ses sources. Utilisée avec prudence et sans arrogance ni jargon, elle enrichit le questionnement. La guerre vicinale, dans les sociétés tra-

---

74. La crise, en effet, n'est déduite que du contraste entre deux tableaux : cf. *supra,* p. 11.

ditionnelles, ne tend-elle pas à s'autolimiter? Les valeurs guerrières peuvent tenir le haut du pavé, là même où la guerre n'est pas aussi constante et virulente que le croit un observateur superficiel ou prévenu. La «vie en conflit», en France au XIe siècle, telle que la décrit Patrick Geary[75], n'était pas forcément une vie militaire au sens moderne. La chevalerie s'honorait par le port de ses armes, sans constituer pour autant une armée de métier. Elle savait même faire la paix sans l'aide de l'Église – bien que le rôle de celle-ci ait dû toujours être important[76]. L'alternative, en somme, n'était pas entre la paix de Dieu et le chaos, ni même entre elle et l'oppression[77]. Les seigneurs du XIe siècle furent-ils vraiment plus redoutables que «l'État moderne»? Et si celui-ci ne les avait noircis que pour mieux se mettre en valeur, par l'intermédiaire de ses historiographes?

Si les admirables historiens de la génération de Ferdinand Lot, appuyés sur une méthode rigoureuse et sur une vaste culture, n'ont pas ou peu douté de la violence endémique des Xe et XIe siècles, c'est qu'ils manquaient de bonnes sciences humaines auxiliaires[78]. Celles d'aujourd'hui nous aident au contraire à soupçonner la part de l'idéel dans la domination sociale, et même dans toute institution. Dans la société médiévale, la guerre et la vengeance ne furent-elles pas plus souvent évoquées que pratiquées? Du moins savait-on les mener avec prudence. Le propos sur la violence déchaînée se concilie mal avec tout ce qu'on a découvert, dans le dernier demi-siècle, de la croissance rurale et proto-urbaine des Xe et XIe siècles[79]. Où sont les ruines causées par la prétendue crise de 980-1030? Les textes, soudain plus nombreux, attestent plutôt d'un bourgeonnement subcastral ou suburbain! Il a dû y avoir une dynamique

---

75. Patrick Geary, «Vivre en conflit dans une France sans Etat : typologie des mécanismes de règlement des conflits (1050-1200)», *Annales ESC,* 41, 1968, p. 1107-1133.

76. Stephen White, «Feuding and Making Peace in the Touraine around the Year 1100», *Traditio,* 41, 1986, p. 195-263.

77. Relativisation des «mauvaises coutumes» de l'an mil, dans Dominique Barthélemy, *La société dans le comté de Vendôme, de l'an mil au XIVe siècle,* Paris, 1993, p. 349-351.

78. Charles Seignobos le reconnaît implicitement, dans Charles-Victor Langlois et Charles Seignobos, *Introduction aux études historiques* (1898), 2e éd., Paris, 1992, p. 255.

79. Cf. par exemple André Chédeville, «De la cité à la ville», dans Georges Duby, dir., *Histoire de la France urbaine,* tome II, Paris, 1980.

postcarolingienne, que les incursions normandes n'ont pas durablement contrariée. Les châteaux et fortifications de toutes sortes délimitaient ou jalonnaient des cadres de vie et de contrôle social, autant et plus que des terrains d'opérations.

Les institutions «féodales» (fief et seigneurie) reposaient en partie sur la croyance que les feudataires, en tant que chevaliers, avaient conquis ou défendu leur fief. Or l'école méthodique eut du mal à démystifier cela. Elle sous-estimait la part de l'imaginaire dans les sociétés humaines, ou s'intéressait trop peu aux vérités sociales partielles et sous-jacentes. Elle ne discernait pas assez le rôle régulateur de la chevalerie, ou le caractère polymorphe de sa domination.

Mais les tenants de la révolution féodale font-ils mieux? Ils demeurent des héritiers directs de saint Augustin, dont les sources médiévales utilisaient souvent un récit modèle préétabli : celui de la bande de brigands qui firent entre eux un pacte de paix pour attaquer la société mais dont le chef, en accroissant son pouvoir, put passer pour un gouvernant[80]. Ce grand texte permettait à l'Eglise de considérer à l'occasion les rois comme des brigands[81], sans oublier toutefois de s'en remettre souvent à eux pour le maintien de la paix. Le tout était affaire de dosage! Quant aux simples seigneurs châtelains, elle les appelait en alternance des «tyrans» et des «princes» – et trop d'historiens modernes n'ont pris garde qu'au premier aspect! Le même livre (XIX) de *La Cité de Dieu* a fourni à la fois un idéal de paix aux évêques de 989-1054, comme à tous ceux du Moyen Age, et les bases d'une diabolisation des pactes entre laïcs (liens féodaux et lignagers), c'est-à-dire le mythe du brigandage féodal... Le préjugé repris véhémentement par le récit modèle de la «mutation de l'an mil» sort donc de saint Augustin!

Or ce récit modèle a bloqué, ces dernières années, l'évolution de la réflexion sur la paix de Dieu. Il en perpétue l'interprétation populiste et antiféodale large, associée traditionnellement aux pro-

---

80. *De civitate Dei,* XIX, 12. Ce texte a pu inspirer aussi, à leur insu, les historiens de la «bande germanique» originelle.

81. Cf., par exemple, les mots de Grégoire VII, dans la lettre à Hermann de Metz (1081), citée par Thomas Bisson, «The Feudal Revolution», *Past and Present,* 142, 1984, p. 6-42 (p. 42).

pos sur la dureté du régime né sur les ruines de «l'ordre carolin-gien». Il dissuade de reprendre la remarque incidente d'Achille Luchaire («avant tout, la paix des serviteurs de Dieu»), et de mieux intégrer le dessein de réforme de l'Eglise. Dans cette perspective au contraire, je vais maintenant reconsidérer la place du peuple et celle de l'eschatologie.

III. – Y A-T-IL UN MOUVEMENT POPULAIRE, SUBVERSIF, ANTISEIGNEURIAL?

En matière de «peuple» et de «subversion», plusieurs questions méritent d'être clarifiées. La première concerne le caractère «anti-seigneurial» des institutions de paix : demande-t-on si elles mettent en cause le principe même de l'inégalité sociale, ou si l'Eglise mène le combat pour ses seigneuries propres, contre celles des princes et des chevaliers du siècle? La deuxième question concerne le terme de «populaire» : demande-t-on si le mouvement vient du peuple, ou seulement s'il trouve un large écho auprès de lui? Les historiens font des remarques un peu contradictoires sur le culte des saints : tantôt ils le donnent comme une forme spécifique au peuple, que celui-ci imposerait à un clergé réticent ou, du moins, opportuniste; tantôt ils montrent l'hérésie «populaire» (lancée par un *rusticus* périgourdin) s'attaquant aux «honneurs rendus aux saints[82]». Tout ceci méritera examen, une fois révisée la définition… de la paix de Dieu elle-même!

Nouvelle approche de la paix de Dieu

La paix de Dieu, dans son principe, n'est pas une improvisation ou un sursaut vernaculaire; elle plonge des racines profondes dans une tradition carolingienne, donc médiocrement subversive. D'un

---

82. Selon une expression d'Adémar de Chabannes, citée dans *Les sociétés méridionales**, p. 452.

autre côté, elle paraît bien plus imprégnée de pratiques «féodales» que les historiens du XIXe siècle ne le croyaient. Bonne occasion, en développant cela, de surmonter un peu l'opposition paradigmatique entre «l'ordre carolingien» et «la société féodale»!

1) Selon Karl Ferdinand Werner, un esprit purement carolingien souffle à Charroux, en 989[83]. Les évêques continuent d'occuper la place éminente qui était la leur dans «l'Etat», avec les comtes et au-dessus d'eux. Ils reprennent les exigences et le système de pénalisation du IXe siècle. Mais faut-il prendre la «législation carolingienne» comme un ensemble cohérent? Des pressions contradictoires s'étaient exercées sur Charlemagne et sur Louis le Pieux ou leurs successeurs. Les capitulaires ne forment pas un bloc. Il y a d'autre part diverses formules de la «paix de Dieu» : mettra-t-on le concile de Poitiers, d'entre 1011 et 1014, présidé par le duc d'Aquitaine, exactement sur le même plan que celui de Charroux? Vers l'an mil, les institutions de paix sont inégalement théocratiques, comme elles l'ont été dans le courant du IXe siècle. L'action princière conserve une place importante, et l'ambiance est plus ou moins sacralisée. De quoi relativiser les vieux thèmes de «l'Eglise seul rempart de l'ordre».

A l'aube du XIe siècle s'observe donc seulement la réactivation de *l'une* des tendances «carolingiennes», celle qui valorisait le plus les évêques! On ne reprend pas tous les capitulaires. Il y a sélection et réassemblage. Contrairement à ce qu'affirmait Ernest Sémichon, la faide n'est pas interdite en 989[84] – le concile de Charroux allait moins loin que le capitulaire de Herstal (779); seule la trêve, à par-

---

83. Karl Ferdinand Werner, «Observations sur le rôle des évêques dans le mouvement de paix aux Xe et XIe siècles», dans *Medievalia christiana X^e-XIe siècles. Hommage à Raymonde Foreville,* Bruxelles, 1989, p. 155-195.

84. Ernest Sémichon, *La paix...* (cité *supra,* n. 39), p. 1. Le concile de Saint-Paulien (993 ou 994, canon 6, cité dans *Les sociétés méridionales*...,* p. 49) n'interdit pas de «prendre» le villain *«qui alterius terram araverit vel laboraverit, que est in contentione»*; les «violences» chevaleresques ne s'exerçaient pas aveuglément, mais sur des objectifs définis et limités... à moins de bavures, qui sont seules interdites ici, ou d'un processus d'escalade.

tir de 1041, la limite dans un contexte pénitentiel[85]. Cette limitation perd un peu de son relief, quand on a renoncé au mythe de la violence permanente, ou soudain déchaînée, mais la faide néanmoins existe et, de 989 à 1041, la pression seigneuriale est plus forte qu'au temps de Charlemagne; elle empêche les évêques, si c'était leur pensée, d'en inscrire la prohibition dans leurs sacrés canons.

D'ailleurs, si les paix de Dieu n'étaient en rien novatrices, pourquoi des évêques en combattraient-ils certaines, que signifierait la charge satirique d'Adalbéron de Laon sur «l'évêque suivant nu la charrue[86]»? Le serment répugne[87] à certains. En valorisant leurs promoteurs par rapport à d'autres autorités, religieuses ou laïques, les paix de Dieu relancent des compétitions, des conflits! Elles forment encore moins un bloc, un «mouvement», que les capitulaires une «législation» unique... Il y a en elles moins de choses, d'autres choses, encore plus de variations.

La place croissante du «surnaturel» dans les mesures comme dans les contextes ne peut nous échapper. Voyez la place donnée à l'ordalie de l'eau froide : n'est-ce pas une marque d'influence synodale[88]? En revanche, c'est à cause des raids normands, que fut prise l'habitude des grandes translations de reliques, tandis que les limites de la paix royale obligeaient les moines à affûter, dès le IXe siècle, leurs formules de malédiction[89]. En tout cela, la «paix de Dieu» n'est pas fille de l'ordre carolingien, mais plutôt de son déclin! Sa source carolingienne la plus nette est le capitulaire de Ver, promulgué en 884 dans un moment de troubles.

---

85. Georges Duby, «Les laïcs...» (voir p. 315), p. 236 (après Ludwig Huberti, *Studien...* [cité *supra*, n. 40], p. 246).

86. Cité par Pierre Bonnassie, «Les paysans du royaume...» (cité *supra*, n. 10), p. 127.

87. Roger Bonnaud-Delamare, «Les institutions de paix dans la province ecclésiastique de Reims au XIe siècle», *Bulletin philologique et historique du CTHS,* 1955/1956, p. 143-200 (p. 169-175).

88. Cf. Dominique Barthélemy, «Diversité des ordalies médiévales», *Revue historique,* 280, 1988, p. 3-25 (p. 19-21).

89. Sur celles-ci, Lester Little, *Benedictine Malediction. Liturgical Cursing in Romanesque France,* Ithaca/Londres, 1993. Vers 1000 se produisit tout de même une fusion d'usages jusque-là disjoints.

2) Georges Duby a souligné, dès 1953[90], que ces «assemblées» ont quelque chose de paraféodal. Evitons en effet de mettre un contraste trop vif entre les paix de Dieu et le reste des pratiques sociojuridiques. Les serments de paix sont jalonnés de clauses restrictives (des «sauf si», des «à moins que»), qui limitent la portée de bien des mesures et, formellement, s'apparentent aux serments plus «féodaux». Car les chevaliers sont des techniciens de la paix, du pacte, tout autant que de la guerre! Avec la duplicité et les arrière-pensées que révèle l'étonnant *Conventum Hugonis,* et que la présence des reliques et la profération des anathèmes ne doivent pas tellement changer... Les notices du temps obligent l'historien à s'en rendre compte. Le XIXᵉ siècle érigeait à tort une véritable muraille de Chine entre les «institutions saintes» et les «pratiques féodales». Les «institutions saintes» se sont du reste muées de paix de Dieu en guerres de Dieu avec une plasticité toute «féodale»...

Il y a d'autres paix concurrentes, d'autres pactes, d'autres luttes. A tout cela, on l'a dit, l'Eglise a sa part. En toutes régions les translations de reliques sont des occasions de paix, et l'aumône aux églises, elle-même, est une procédure de paix. Ou, plus exactement, les unes et l'autre *peuvent* l'être... quand elles ne relancent pas des conflits!

L'objectif des paix de Dieu est bien, d'abord, la défense des biens d'Eglise, comme le rappelle Hans Werner Goetz[91] : notamment des terres soudain plus nombreuses, menacées par les réclamations d'ayants droit quelque peu lésés, susceptibles enfin de servir de pôle d'habitat (sauvetés, *sagreres*) [92]. On protège ainsi la dynamique post-carolingienne, même si la part des bourgs ecclésiaux et des sauvetés ne doit pas être exagérée par rapport à celle des bourgs ou villages

---

90. Cf. *supra*, n. 56.

91. Hans Werner Goetz, «La paix de Dieu en France autour de l'an mil : fondements et objectifs, diffusion et participants», dans *Le roi de France et son royaume autour de l'an mil,* Paris, 1992, p. 131-145. Cf. l'objectif d'une des premières assemblées : «[...] *ut pacent firmarent, res pauperum et ecclesiarum non opprimerent, ablata redderent* » (cité dans *Les sociétés méridionales*...,* p. 49).

92. Cf. *supra*, n. 64.

castraux et des castelnaux[93], protégés et exploités par la seigneurie laïque elle-même.

Les paix de Dieu étayent des principes juridiques traditionnels, et des valeurs sociales qui ne le sont pas moins. Toutefois, leur originalité réside dans des assemblages spécifiques de *mesures* et de *pratiques* qui diffèrent sensiblement selon les provinces. Ainsi se mêlent le plaid et la guerre. «Plaid de Dieu[94]», selon les canons de Saint-Paulien (993 ou 994[3]; guerre biblique de 1038, mise en scène et rhétorisée par les *Miracula sancti Benedicti,* dans le Berry de 1038[95]. Plaid et guerre en fait quelque peu factionnels. Sans qu'on doive appeler cela un débordement structurel, telle paix de Dieu apparaît aussi comme le combat spécifique et presque «privé» d'un saint particulier!

Contre une école d'érudition trop légaliste et irénique, il n'est donc pas mauvais que Pierre Bonnassie ou Richard Landes attirent le regard sur les tensions qui accompagnent les conciles de paix, malgré leur idéal d'union, ou du moins sur les tensions dont ils sont autant de résolutions provisoires. Elles apparaissent bien dans les sources narratives, telles les chroniques d'Adémar de Chabannes et de Raoul le Glabre, tels les *Miracles de saint Vivien* (Auvergne) ou les *Miracles de saint Benoît* (Berry). Mais s'agit-il toujours de luttes de classes[96], lorsqu'elles rencontrent l'hostilité de certains chevaliers et de leurs sbires?

Dans les années 990, ceux qui transportent la «majesté» (statue-reliquaire) de saint Vivien se heurtent un jour aux serviteurs d'un

---

93. En Gascogne, il y eut beaucoup plus de castelnaux que de sauvetés : Benoît Cursente, *Les castelnaux de la Gascogne médiévale. Gascogne gersoise,* Bordeaux, 1990.

94. Cité dans *The Peace of God**, p. 51.

95. Guy Devailly, *Le Berry du Xᵉ siècle au milieu du XIIIᵉ,* Paris/La Haye, 1973, p. 145-148, voit là une simple «guerre féodale». Réponse un peu trop rapide, selon Thomas Head, «The Judgment of God : Andrew of Fleury's Account of the Peace Ligue of Bourges», dans *The Peace of God**, p. 219-238. Mais rien ne montre ici une «initiative populaire», ou même une lutte de classes à l'état pur, le narrateur hostile à l'archevêque de Bourges essaie plutôt de le dévaloriser, en raillant le caractère «rustre» de son armée – caractère que sans doute il exagère.

96. L'histoire lamentable de l'enfant aveugle, relatée dans les *Miracula sancte Fidis (ibid.,* p. 47-48) ne commence après tout que par une haine d'homme à homme. Faut-il appeler cela «une rébellion paysanne»?

chevalier nommé Géraud – mais c'est qu'ils ont coupé du bois sur sa terre[97]. Un peu plus tard, un chevalier s'essaie à la dérision à l'égard de la statue, donc de l'abbé dont elle soutient le statut! Se protégerait-elle de la pluie? Oui, bien sûr – un «miracle» l'atteste bien vite, à la confusion du rieur[98]. Mais celui-ci a-t-il commis un si grand sacrilège? En ce temps d'humiliation des saints, les moines eux-mêmes invectivent leurs statues[99]... D'autre part, les chroniqueurs dramatisent nécessairement leurs historiettes; ils peuvent mettre quelque enflure dans les notations sur «l'afflux des gens» (jusque dans les préambules de décrets). Quel hagiographe ne s'emporte-t-il pas, en combattant de la plume pour son saint? Les paix de Dieu ont-elles des ennemis de principe, ou chacune d'entre elles, les ennemis spécifiques de ses promoteurs?

Les conciles entendent rassembler des classes sociales distinctes : l'évêque du Puy «ordonna que se réunissent ensemble les chevaliers et les paysans de son évêché» (*jussit ut milites ac rustici de episcopatu suo convenirent in unum*)[100]. Quand les préambules de décrets évoquent la présence laïque autrement que sous le nom vague de «peuple», c'est pour signaler, tout naturellement, les élites : *principes et nobiles*[101]. Défendre les pauvres contre leurs oppresseurs, c'est, en 989 comme aux autres époques, rappeler la noblesse chevaleresque à ses premiers devoirs : la Bible impose la double association de l'épée avec l'oppression et avec la défense des faibles! Quelle action politique consensuelle ne revient, d'ailleurs, à maintenir et fortifier l'ordre social existant? Les évêques et les moines de l'an mil sont tout imprégnés d'idéal chevaleresque à la carolingienne (avec les orientations parfois divergentes de la théorie des deux milices[102]). Ils consacrent la division imaginaire, donc utile et efficace, de la société en trois ordres, nous dit

---

97. Texte cité par Pierre Bonnassie, «L'espace toulousain», dans *Les sociétés méridionales**, p. 143.

98. *Ibid.*, p. 144.

99. *Ibid.*, p. 133.

100. Texte cité dans *Les sociétés méridionales**, p. 49.

101. 993 ou 994 : *ibid.*, p. 51.

102. Cf. *supra*, chapitre VI, p. 214.

Georges Duby – mais ne s'imposait-elle pas très clairement depuis les années 870 [103] ?

Certes, à travers les récits de *Miracles*, on perçoit dans ces assemblées, ou au cours des translations de reliques, une présence, une activité, une virulence des «rustres» un peu inattendues au milieu du règne des comtes et des seigneurs châtelains. Mais inattendues, pour qui ? Pour ceux qu'habite le vieux paradigme d'une féodalité (ou «seigneurie») écrasante ! Pas pour qui discerne une domination chevaleresque plus laborieuse et mitigée. A mon avis, les paix de Dieu révèlent un certain poids structurel des *rustici*, plus qu'elles ne les font entrer dans l'histoire. Les récits de «débordements populaires» ne cadrent qu'avec l'idée, au fond inadéquate, d'un «mouvement de paix» assez comparable aux luttes sociales modernes, à ces marches pacifiques des minorités d'outre-Atlantique, un jour dépassées par l'émeute. Or la France de «l'an mil» ne connaissait rien de tel ! Il faut user à la fois du singulier et du pluriel ; le concept historique de *la* paix de Dieu ne rassemble qu'un type d'actions politico-religieuses intermittentes, *les* paix de Dieu, parfois coordonnées, souvent elles-mêmes partiales et agressives.

Et comment voir en elles la réponse à une crise de violence sociale ? Les «ravisseurs» de biens d'Eglise ont quelque droit pour eux [104] et, généralement, ils savent cibler ce qu'on appelle leurs «violences». Attention, comme pour «terreurs», au sens exact de ce dernier mot, dans les sources médiévales, un acte de force ne doit sa «violence» qu'à son illégitimité, au fait qu'on le dit commis *à tort*. Voltaire avait raison, en 1756, de souligner que tout pouvoir, en un sens, recourt à la force ; le «régime féodal» ne doit sa réputation de violence qu'à la fréquence, à la virulence de la polémique. Ne négligeons pas la violence, toute morale, de l'exhortation religieuse à venir aux «plaids de Dieu» ou à ses guerres, pour

---

103. Cf. Dominique Iogna-Prat, «Le baptême du schéma des trois ordres fonctionnels», *Annales ESC,* XXIII, 1986, p. 101-126.

104. Selon Monique Bourin-Derruau, dans *Les sociétés méridionales**, p. 63 : «Ces invasions du patrimoine ecclésiastique [...] n'apparaissaient d'ailleurs à la plupart des envahisseurs que comme la défense de leur juste droit.»

la rémission des péchés, et celle des malédictions contre ceux qui enfreindraient les décrets, ou refuseraient de jurer.

Cette fureur sacrée, issue des deux Testaments, n'est-ce pas elle qui constitue surtout le «climat de violences» de 990-1040 ? Dans les années d'essor et de luttes monastiques retentit un appel à la réforme morale de la noblesse et du clergé : la première, rappelée aux principes carolingiens de sa chevalerie, le second à ceux de sa non-chevalerie, c'est-à-dire à l'interdiction pour un prêtre de porter les armes. Celle-ci figura très tôt dans les canons, à côté des mises en garde contre la simonie. Ce sont là les deux grands problèmes posés par la vie du haut clergé depuis longtemps et pendant tout le XIᵉ siècle prégrégorien et grégorien[105]. Il faut évidemment prendre très au sérieux les objectifs d'«institution de la foi[106]». Les évêques rappellent «le clergé et le peuple» aux bonnes mœurs, c'est-à-dire au respect des rites et des interdits. De là viennent les formulations exaltées, peut-être excessives. L'évocation des «maux qui croissent dans le peuple, de jour en jour» (*maleficia que in populo cotidie accrescunt*) (Saint-Paulien, 993/994), reprise de la «Petite Apocalypse» (Matthieu XXIV, 12) ne doit être comprise ni comme l'expression d'une angoisse eschatologique, car c'était devenu un lieu commun, ni comme l'écho d'un «problème de société», car elle émanait d'un clergé de plus en plus attentif aux mœurs. Décryptée, l'expression ne signifie-t-elle pas : «les méfaits qui nous préoccupent de plus en plus»?

Or les appels à la purification générale ne viennent jamais d'hommes au cœur pacifié; ils génèrent des chasses aux sorcières et des persécutions – toute la face noire de «l'an mil». Mais attention, nous avons là des textes dont la portée et la répercussion exactes sont difficiles à évaluer. D'où les pages qui vont suivre ici! Sur ce plan religieux du moins, le raisonnement sur les sources peut se nourrir d'un certain nombre d'indices sûrs. La résonance sociale des «paix de Dieu» demeure au contraire ambiguë, très difficile à dégager.

---

105. Le nicolaïsme apparaît plus tard que la simonie et que cette chevalerie des évêques, un peu oubliée des manuels; son extirpation semble un mot d'ordre adapté plutôt au bas clergé.
106. *Raoul Glaber** (voir bibliographie en fin de chapitre), IV, 5 (p. 248).

N'est-il pas plus délicat encore d'attribuer une pratique cultuelle à une classe particulière, ou de dramatiser socialement toute contestation contre un saint?

Les saints « rustiques »

Les débats d'historiens récents sur le culte des saints illustrent bien l'ambiguïté et la difficulté du thème de la «religion populaire».

Certains cherchent en lui, ou en certaines de ses formes, l'expression d'une «culture paysanne de l'an mil». Les récits de *Miracles* méridionaux témoigneraient «d'un folklore bien vivant», et en opposition complète avec la culture des clercs[107]. Les saints locaux et leurs «majestés» qu'on promène solennellement vers les assemblées de paix seraient des «réminiscences du paganisme populaire», selon Christian Lauranson-Rosaz, des dieux païens maquillés. N'est-ce pas surtout la réminiscence d'une thèse de Pierre Saintyves[108], aujourd'hui bien vieillie? Soit, par exemple, le commentaire de Bernard d'Angers sur «l'hagiophilie auvergnate». Les statues-reliquaires étaient, en Auvergne méridionale, une habitude ancienne; aux «sages», dit-il, cela paraissait à juste titre une superstition : «il semblait que se conservait là un ancien culte des dieux, ou plutôt des démons» (*videtur enim quasi priscae culturae deorum vel potius demonum servari ritus*)[109]. Mais dans ce genre de «superstition», il y a souvent un usage chrétien qui fut légitime, mais a cessé de l'être, ou qui fait l'objet de débat – ici Bernard d'Angers, d'abord réticent, change d'avis. Est-ce un clerc forcé par l'irrésistible pression de la masse? Non. Amy Remensnyder a critiqué cette vue simpliste, de façon exemplaire[110].

---

107. Pierre Bonnassie, «Les paysans du royaume…» (cité *supra*, n. 10), p. 123.

108. Pierre Saintyves, *Les saints successeurs des dieux*, Paris, 1907.

109. Texte cité dans *Les sociétés méridionales**, p. 37.

110. Amy Remensnyder, «Un problème de cultures ou de culture? La statue-reliquaire et les *joca* de sainte Foy de Conques dans le *Liber miraculorum* de Bernard d'Angers», *Cahiers de civilisation médiévale*, XXXIII, 1990, p. 351-379; Christian Lauranson-Rosaz, *L'Auvergne et ses marges (Velay, Gévaudan) du VIIe au XIe siècle*, Le Puy-en-Velay, 1987, p. 262. Cf. aussi, sur ce thème, les incantations de Jean-Pierre Poly, «Le commencement et la fin…» (cité *supra*, n. 4), p. 196.

Les statues-reliquaires sont apparues dans l'aristocratie carolingienne, et l'interprétation par les survivances païennes est une théorie de clercs mediévaux. L'histoire des ordalies, favorisées par Charlemagne avant d'être déclarées «vulgaires» par le XIIe siècle, et «païennes germaniques» par le XIXe siècle, en fournirait un autre exemple[111]. De même, celle de l'humiliation des saints[112] – que pratique le moine Gimon, *vulgari more,* «selon l'usage vulgaire[113]». C'est du temps de ce dernier, raconte-t-on à Bernard d'Angers, que les moines de Conques s'émurent tant de «cantilènes rustiques» chantées, ou plutôt vociférées, par les pèlerins qu'ils voulurent interrompre leurs incubations nocturnes auprès de sainte Foy... Mais les pèlerins forcèrent les portes et le décret des moines, ce qui fit passer en coutume ces vociférations[114].

Pierre Bonnassie parle ici d'une «incompréhension totale» entre deux cultures, populaire et savante[115]. Mais, en réalité, la frontière entre la sagesse et la rusticité n'est-elle pas sinueuse et instable? Il y a bien des lettrés pour faire des «rites rustiques»! Dans le principe, le haut clergé se croyait plus malin que le peuple; dans la pratique, leurs «mentalités» divergent-elles tant que cela, malgré l'évidente différence des «niveaux de culture»?

Peter Brown nous invite au dépassement d'un «modèle à deux niveaux», qui remonte selon lui à David Hume et au XVIIIe siècle[116], mais qui procède indirectement de l'arrogance intellectuelle des «sages» médiévaux eux-mêmes. Ce modèle consiste à attribuer aux élites lettrées tous les comportements religieux qui

---

111. Cf. Robert Bartlett, *Trial by Fire and Water. The Medieval Judicial Ordeal,* Oxford, 1986, et Dominique Barthélemy, «Diversité...» (cité *supra,* n. 88).

112. Patrick Geary, «L'humiliation des saints», *Annales ESC,* 34, 1979, p. 27-42.

113. A. Bouilliet éd., *Liber Miraculorum sancte Fidis,* Paris, 1897 (Coll. de textes pour servir à l'étude et à l'enseignement de l'histoire, 21), I, 26 (p. 67).

114. *Ibid.,* II, 12 (p. 120).

115. Pierre Bonnassie, «Les paysans du royaume...» (cité *supra,* n. 10), p. 123.

116. Peter Brown, «Science et imagination» (1977), trad. fr., dans *La société et le sacré dans l'Antiquité tardive,* Paris, 1985, p. 13-29 (p. 17-21). Autant que Hume, Voltaire a diffusé ce modèle (voyez l'*Essai sur les mœurs*)...

nous paraissent (selon nos critères propres) élevés et rationnels, et à appeler «populaires» tous ceux dont l'étrangeté nous fascine ou nous choque[117]. Ainsi le culte des saints, et surtout des plus régionaux, passe-t-il trop systématiquement pour un fait de «religion populaire».

Rusticus connotait donc une incorrection, sans dénoter toujours un profil sociologique paysan. Au temps de Grégoire de Tours, où l'on prisait fort l'urbanité, la rusticité était le manque d'éducation : était rustique toute infraction à cette sorte «d'étiquette à l'égard du surnaturel qui donnait structure à la vie[118]» et qu'on appelait *reverentia*. Bien entendu, un évêque de cité trouvait dans les campagnes un paroxysme de rusticité! Mais ce défaut pouvait s'immiscer jusqu'au cœur de la ville et des sanctuaires. Et ce d'autant plus aisément qu'entre adversaires, au sein même de l'élite, on s'accusait mutuellement, à l'occasion, de «rusticité». Adalbéron de Laon qualifie de «rite rustique» la paix de Dieu soutenue par Cluny[119]. C'est surtout un rite incorrect à son goût et, de fait, assez souvent (mais pas toujours) pratiqué loin des villes. Ensuite, il pousse un peu la charge, avec l'évêque tout nu derrière les bœufs, comme en se prenant au mot...

Brian Stock nous met en garde aussi : ce sont les lettrés eux-mêmes qui, se démarquant du «rustique», exagérèrent le fossé culturel[120]. Toutefois, la différence existe. La critique du modèle à deux niveaux se doit de demeurer bien tempérée. Elle nous évite seulement toute opposition déplacée entre la modernité des uns et la primitivité des autres, et toute référence romantique aux cultures paysannes «hélas, irrémédiablement perdues[121]». Car justement,

---

117. Cf. aussi, en histoire de l'art, l'idée des églises romanes «vernaculaires», et la critique qu'en fait Pierre Francastel, *L'humanisme roman. Critique des théories sur l'art du Xᵉ siècle en France,* Rodez, 1942 (2ᵉ éd., Paris, 1970).

118. Peter Brown, «Reliques et statut social au temps de Grégoire de Tours» (1976), trad. fr. dans *La société et le sacré...*, p. 171-198 (p. 176).

119. Abaldéron de Laon, *Poème au roi Robert,* éd. trad. Claude Carozzi, Paris, 1979 (Classiques de l'histoire au Moyen Age, 32), v. 159 (p. 12).

120. Brian Stock, *The Implications of Literary,* Princeton, 1984.

121. Pierre Bonnassie, «Les paysans du royaume...» (cité *supra*, n. 10), p. 123.

on connaît en occitan une *Chanson de sainte Foy* (d'Agen)[122], du second tiers du XIe siècle, prenant une certaine liberté avec la liturgie, mais n'ayant rien de plus subversif que les chansons de saints de la France d'oïl. La critique menée par Peter Brown dissuade aussi d'écrire des scénarios de pression ou d'invasion brutale par la «culture populaire», en 990-1040 ou à d'autres époques : le culte des saints est un moyen d'action classique du clergé sur le «peuple» et donc aussi, nécessairement, une occasion d'interaction. En revanche, on y reviendra, elle ne nous oblige pas d'identifier le sentiment de Raoul le Glabre sur les «assemblées» de 1033 avec celui de tous les participants laïcs!

Les saints contestés

Mais les tenants de la «révolution féodale», avides d'actions populaires spécifiques, en veulent aussi d'hostiles au culte des saints, après 1010. Est-ce impensable? Non, le «peuple» peut avoir été divisé. Mais ce serait vraiment du noyautage de grande qualité si, comme le veut Richard Landes, les conciles aquitains étaient devenus alors des forums pour la propagande hérétique[123].

Pierre Bonnassie et Richard Landes ont constitué en 1992 un dossier de «la contestation du culte des saints». Il illustre, selon eux, un débordement soudain de «la paix de Dieu» par des éléments socialement et religieusement subversifs, consécutif peut-être à un accident de 1018. Il réunit cinq textes, tirés des *Miracles de sainte Foy* et dont il faut discuter. Observons d'abord que les «contestataires» n'apparaissent pas comme des représentants du «mouvement de paix» : ce peuvent être des ennemis spécifiques de ses promoteurs, ou du «mouvement» lui-même. Le paysan (*rusticus*) qui compare une église en bois à une «niche de chiens», en des propos semblables à ceux des hérétiques, atteste bien qu'il faut

---

122. Antoine Thomas éd. et trad., *La «Chanson de sainte Foi d'Agen», poème provençal du XIe siècle*, Paris, 1929.
123. Richard Landes, «La vie apostolique…» (cité *supra*, n. 11), p. 587.

prendre au sérieux l'hostilité à l'Eglise, au début du XIᵉ siècle[124]. Les quatre autres contestataires, en revanche, n'interviennent pas par principe : le premier veut ravaler le pouvoir de sainte Foy au niveau de celui des autres saints, les trois derniers la prennent directement à partie. On ne connaît pas la teneur exacte des «discours ineptes» que les chroniqueurs évoquent sans les développer. Raoul le Glabre lui-même assure contre d'éventuels rejets (*ne frivolum videretur*) [125] ses récits de miracles survenus lors de la paix de 1033. Car le culte des saints donne lieu à des débats, voire à des interrogations : quelle est la bonne manière de s'y prendre? Surtout, les attaques contre telle sainte visent les promoteurs de son culte. Les contestataires ne sont pas des rationalistes en vacances dans le Midi, mais des membres de la société locale (un clerc, des «scélérats» au profil social très flou) : quels conflits le passage ou le récit d'un miracle de la sainte vient-il aviver ou relancer? Il faudrait le savoir...

On exagère la terreur des «primitifs» devant le surnaturel et, certainement, la facilité avec laquelle le clergé *mobilisait* les fidèles. Autour d'un évêque du VIᵉ siècle, le consensus avait été «fragile et fissile», note Peter Brown [126]; l'est-il moins aux Xᵉ et XIᵉ siècle? Les conciles de paix s'appuient sur une certaine popularité du culte des saints[127] et, dans le principe même, ils réunissent le clergé à un «peuple» dont nos informateurs ne nous disent rien de très précis et dont ils exagèrent peut-être l'ampleur. Les *Miracles de saint Vivien* évoquent les rassemblements, autour de 994, de saints, d'évêques et d' une «foule immense et bariolée» (*infini populi multiplex coetus,* à Coler), ou de «populations innombrables» (*innumerabilium populorum,* à Lalbenque) [128], évaluation du succès d'une manifestation, par ses propres organisateurs! Attention à cette

---

124. Pierre Bonnassie et Richard Landes, «Une nouvelle hérésie...» (cité *supra*, n. 66), p. 449 (1. V : *Miracula sancte Fidis*, IV.21).

125. *Raoul Glaber**, IV, 5 (p. 250).

126. Peter Brown, «Reliques et statut social...» (cité *supra*, n. 118), p. 187.

127. L'accident de 1018 n'a rien d'exceptionnel, dans l'histoire des dynamiques miraculeuses. Jamais les bousculades mortelles n'ont provoqué, ailleurs, de remise en cause.

128. Textes cités par Pierre Bonnassie, dans *Les sociétés méridionales**, p. 144.

réserve, car qui dit moins de mobilisation affaiblit aussi les scénarios de débordement... Le clergé de l'an mil n'a pas toute l'assurance de celui d'après la réforme grégorienne. Les laïcs peuvent-ils se liguer religieusement, avec puis contre lui? Une affaire comme celle des encapuchonnés du Puy (1182) appartient déjà à une autre période [129].

Aux années 989-1054, lancer ce que Pierre Sigal appelle une «dynamique miraculeuse [130]» n'est ni facile ni sans risque. Les paix de Dieu *exposent* les saints, au double sens du terme. En les mettant au service d'une cause générale, fort noble, mais aussi d'une série de causes particulières, on leur attire des rebuffades. Sainte Foy, ce n'est tout de même pas Dieu! D'aucuns ne peuvent-ils lui tenir tête, ruser avec elle, préférer saint Vivien? Lorsque Bernard d'Angers appelle l'adversaire de son récit un hérétique, puis un juif, puis un antéchrist [131], nous ne devons voir là qu'une énumération commode des trois modèles d'ennemi, largement préfabriqués, dont disposait un clerc lettré.

«L'an mil» se situe, à bien des égards, dans le prolongement de cette Antiquité tardive, chère à Peter Brown, dans laquelle se repère «un système bien défini de croyances religieuses, exprimées souvent avec beaucoup de force et de beauté, assemblé de façon à laisser un jeu considérable pour des formes précises de manœuvre sociale [132]». Richard Landes a bien établi l'échec d'Adémar de Chabannes, le 3 août 1029, à imposer l'apostolicité de saint Martial. Mais pourquoi l'interpréter comme le fruit d'un mouvement de rejet populaire [133], teinté d'hérésie, se retournant contre la paix de Dieu? Ce n'est sans doute qu'un échec personnel d'Adémar et de son abbaye, face à un moine lombard et à deux

---

129. G.G. Meersseman, «*Ordo Fraternitatis*». *Confraternite e pietà dei laïci nel Medioevo*, t. I, Rome, 1977 (Italia Sacra, 24), p. 196-201.

130. Pierre-André Sigal, *L'homme et le miracle dans la France médiévale (XIe-XIIIe siècle)*, Paris, 1985, chapitre IV.

131. Pierre Bonnassie et Richard Landes, «Une nouvelle hérésie...» (cité *supra*, n. 66), p. 445 (1. I : *Miracula sancte Fidis*, I.7).

132. Peter Brown, «Reliques et statut social...», p. 184.

133. Richard Landes, «La vie apostolique...» (voir n. 11), p. 577.

chanoines de la cathédrale, tel qu'il y en eut beaucoup dans l'Antiquité tardive et dans le haut Moyen Age. L'introduction de nouveaux cultes ou l'amplification d'un culte ou d'une légende suscitent de l'hostilité car elles signifient des reclassements dans la société locale.

En elle-même, la thèse du débordement, de la scission est un peu trop commode. A l'image de beaucoup de dialectiques, ne permet-elle pas de faire entrer, dans un moment historique, tout et son contraire? Voyez ici cohabiter l'institution cléricale et l'initiative populaire, l'hérésie et sa répression...

Les rustres ameutés contre les châteaux?

Quelques chroniqueurs relatent des dérapages «antiseigneu-riaux» : celui de 1038 au Berry est célèbre par la plume d'André de Fleury[134] et celui de de 1070 au Maine, par celle d'un chanoine anonyme[135]. Il y en eut peut-être d'autres, restés inconnus de nous. Mais, dans les deux cas, nos informateurs critiquent les évêques de Bourges et du Mans, pour avoir lancé contre des châ-teaux de leur diocèse une «armée de la paix», dont ils suggèrent l'illégitimité ou moquent la rusticité. Souligner le rôle des clercs ou des piétons revient à dénoncer une infraction aux normes, et le côté clérical et populaire de ces troupes est ainsi, peut-être, sures-timé.

De toute manière, deux remarques s'imposent :

1) Ces récits nous ramènent à une réalité que, le plus souvent, les textes normatifs nous masquent. Le monopole des armes par la chevalerie n'est pas effectif. Le rapport des forces entre elle et les *rustici* est structurellement déséquilibré, mais elle n'a pas une supériorité militaire radicale. Elle ne terrorise pas le peuple, elle le

---

134. E. de Certain éd., *Les miracles de saint Benoît...*, Paris, 1858, p. 192. R. Bonnaud-Delamare voit «dans le pacte d'Aimon de Bourges un acte d'insurrection contre le droit féo-dal» («Les institutions de paix en Aquitaine...», cité *supra*, note 55, p. 479).

135. G. Busson et A. Ledru, *Actus pontificum Cenomannis in urbe degentium*, Le Mans, 1901 (Archives historiques du Maine, II), p. 376-379.

harcèle seulement, en une brutalité que l'on ne peut nier mais qui traduit aussi une relative impuissance. Les «seigneurs» du XIᵉ siècle ont-il tant d'emprise sur leurs «sujets»? Ces derniers acquittent des tributs, dont ceux du servage ne représentent qu'un cas particulier; ils subissent des contraintes disciplinaires, mais leur soumission n'a rien de complet.

2) Eudes de Déols en 1038 et Hugues de Sillé en 1070 ne sont pas attaqués pour des crimes de guerre ou contre la paix[136], mais seulement pour leur refus d'entrer dans l'association patronnée par leur évêque. Ils contestent la redéfinition à son avantage de leur relation avec lui. Aimon de Bourges et Arnaud du Mans choquent alors les deux chroniqueurs en gérant le conflit[137] par une escalade militaire et par une mobilisation au-delà du groupe chevaleresque. C'est bien l'un des périls que redoutent les adversaires ecclésiastiques de la «formule bourguignonne», attachés à une autre forme d'équilibre «carolingien» dans laquelle l'Eglise prend moins de risques. L'histoire du XIᵉ siècle confirme leur analyse. Gérard de Cambrai[138] avait prévu, en somme, des complications comme celles de 1038 et de 1070.

Quant à l'étude de l'hérésie, elle appelle, du reste, une prudence dont les tenants de la «mutation féodale» et des «mouvements populaires» semblent s'être parfois départis! Arrêtons-nous un instant sur elle.

La relation entre l'hérésie et la paix de Dieu

Des «découvertes» ponctuelles d'hérésies, entre 990 et 1050 environ, coïncident dans le temps (mais non dans l'espace) avec les paix

---

136. Ailleurs, les brigands supposés (*raptores* de terres d'Eglise) ne sont que des héritiers lésés par leurs ancêtres, donateurs effrayés par l'approche de la mort : cf. M. Bourin-Derruau, dans M. Zimmermann coord., *Les sociétés méridionales* *..., p. 63. Utiles aussi, malgré un hyper-romanisme gênant, les remarques d'E. Magnou-Nortier, « *The Enemies of the Peace : Reflections on a Vocabulary, 500-1100*», dans T. Head et R. Landes, *The Peace of God**, p. 58-79.

137. Sur cette «gestion» : P. Geary, «Vivre en conflit...» (cité *supra*, n. 75).

138. Cité par L. Huberti, *Studien*..., p. 162.

de Dieu. Tel historien récent les laisse à l'état de faits pulvérulents, tel autre les surinterprète. Selon Jacques Paul, «les hétérodoxes du XIe siècle paraissent peu nombreux et leurs groupes sont le plus souvent sans lien entre eux»; d'ailleurs «les textes qui en font état sont rares et elliptiques [139]». Est-ce assez dire? A l'inverse, Jean-Pierre Poly et Eric Bournazel donnent consistance à un mouvement dualiste puissant [140]. Richard Landes préfère un «christianisme radical et charismatique» fondé sur de petites communautés textuelles [141], mais il en tient, lui aussi, pour un élan très fort, il rapproche l'hérésie du «mouvement» de paix en tant que forme de dissidence plus radicale, dans le même contexte social agité. Là, n'est-ce pas trop dire [142]?

Ces hérésies de l'an mil font couler beaucoup d'encre, et l'on hésite à en répandre encore sur elles [143]. Mais rappelons certaines exigences de la critique des sources :

1) Lorsqu'un chroniqueur dit l'hérésie «répandue dans le monde entier [144]», c'est que pour lui le monde est petit – ou superficiellement connu. Raoul le Glabre affirme, à tort, Dieu merci, que les Juifs en ont presque disparu après la persécution de 1010 [145].

---

139. Jacques Paul, *L'Eglise et la culture en Occident, IXe-XIIe siècle*, t. II, Paris, 1986, p. 772.

140. Jean-Pierre Poly et Éric Bournazel, *La mutation féodale Xe-XIIe siècle*, 2e éd., Paris, 1991, notamment p. 436-449. Cf. également Jean-Pierre Poly, «Le commencement et la fin…» (cité *supra*, n. 4), p. 208-212.

141. Richard Landes, «La vie apostolique…» (cité *supra*, n. 11), p. 581.

142. Voir les remarques de Giorgio Cracco, «Le eresie del Mille : un fenomeno di rigetto delle strutture feudali?», dans *Structures féodales et féodalisme dans l'Occident méditerranéen (Xe-XIIe s.)*, Rome, 1980 (Ecole française de Rome, 44), p. 345-361.

143. Voir cependant André Vauchez, «Diables et hérétiques : les réactions de l'Eglise et de la société en Occident face aux mouvements religieux dissidents, de la fin du Xe au début du XIIe siècle», dans *Santi e demoni nell'alto Medioevo occidentale*, Spolète, 1989, p. 573-607.

144. *«Per diversas Occidentis partes»* : Adémar de Chabannes, *Chronique*, III, 59, Jules Chavanon éd., Paris, 1897, p. 185. La lettre d'Héribert, que Guy Lobrichon date du début du XIe s. («The Chiaroscuro of Heresy : Early Eleventh Century Aquitaine as seen from Auxerre», dans *The Peace of God**, p. 80-103), invite à la vigilance tout le monde chrétien, et les hérétiques «*has namque ceterasve regiones occulte modo aggrediuntur*».

145. *Raoul Glaber**, III, 7 (p. 184).

2) Lorsque Adémar de Chabannes relate la diffusion de l'hérésie par un *rusticus* qui feignait la sagesse[146], il faut décrypter cette rusticité à la manière de Peter Brown... Elle ne plaide pas pour le système de Friedrich Engels, dans lequel les hérésies médiévales furent des protestations rurales contre les emprises urbaines et seigneuriales. Seul Leutard de Vertus pourrait corroborer, à la rigueur, ce schéma.

3) Lorsque, enfin, les hérétiques passent pour manichéens, il faut reconnaître là une étiquette susceptible de recouvrir des idées diverses. Dans l'Aquitaine du haut Moyen Age, les textes répressifs romains et le mythe des orgies secrètes s'étaient conservés. Michel Rouche les signale, tout en suggérant qu'il y avait en ces contrées un état d'esprit manichéen persistant, une sorte d'atavisme précathare[147]. Mais le manichéisme a pu ne survivre que dans des esprits prévenus contre lui! Des «manichéens» d'Orléans (1022), Voltaire écrivait, avec perspicacité, que «c'étaient probablement des enthousiastes qui tendaient à une perfection outrée pour dominer sur les esprits[148]». Dans l'histoire occidentale, combien d'expériences religieuses radicales n'ont-elles pas en effet été taxées de manichéisme, puis déformées par des racontars? Il faudrait peut-être s'inspirer des remarques d'Hugh Trevor-Roper[149] sur la «sorcellerie» des XVᵉ, XVIᵉ et XVIIᵉ siècles, cette «nouvelle hérésie» apparaissant en maint endroit, pour traiter du manichéisme médiéval. Comme plus tard le serait celle de «sorciers», la qualification de «manichéens» fut d'abord arbitraire; le mot somnolait dans de vieux textes. Mais il est possible qu'ensuite les dissidents assumèrent cette étiquette en se considérant *eux-mêmes* comme des manichéens.

---

146. *PL,* 141, col. 91 : « *Coram rusticos fingentem se sapientem*»; cf aussi son récit de l'hérésie d'Orléans, *Chronique,* III, 59 : « *nam ipsi decepti a quodam rustico*». Et également Raoul le Glabre (II, 11, p. 90) sur Leutard, «*homo plebeius [...] doctorque cupiens apparere*».

147. Michel Rouche, *L'Aquitaine...* (cité *supra*, n. 33), p. 401-402.

148. *Essai sur les mœurs* (1756), chapitre XLV.

149. Hugh R. Trevor-Roper, «L'épidémie de sorcellerie en Europe aux XVIᵉ et XVIIᵉ siècles», dans *De la Réforme aux Lumières,* trad. fr., Paris, 1972, spécialement p. 148-149 et 171. La grille de la répression aida les non-conformistes eux-mêmes à se donner «une charpente idéologique».

Les hérétiques d'Orléans [150] contestent finalement toute la discipline pénitentielle de l'Eglise, les sacrements des prêtres. On peut pourtant émettre l'hypothèse qu'ils n'ont été d'abord que des dénonciateurs de la simonie, à la manière de Raoul le Glabre et d'Adémar de Chabannes. La simonie, cette autre «hérésie» obsédant les moines réformateurs de l'an mil et comme l'autre, comme le manichéisme, longtemps occulte et soudain ponctuellement révélée... Les conciles de paix l'ont tout spécialement pour cible. Leur lutte contre l'«hérésie simoniaque [151]» se conjoignait si bien avec la restauration et l'extension du patrimoine des saints, qu'on a peine à croire un concile comme celui de 1028 à Poitiers dirigé contre autre chose [152].

Même en 1016, après tout, les préambules contre l'«hérésie arienne», en tête d'actes sur la terre de saint Hilaire [153], peuvent s'expliquer par ce repoussoir théorique et traditionnel que l'«hérésie» constitue commodément, présente ou non et quelle que soit sa tendance...

On le sent bien : si l'hérésie et la paix de Dieu ont une chronologie comparable, c'est qu'il existe une ambiance réformatrice, une recherche de purification. Et certains maîtres de pureté deviennent, pour d'autres, des êtres dont il faut purifier le monde... Ce sont ces faux prophètes, dont tous les textes apocalyptiques associent la prolifération aux approches de la fin des temps, et que multiplie nécessairement la vigilance même des fidèles, lorsqu'ils s'affirment comme des «saints» militants!

La paix de Dieu n'est donc pas antiseigneuriale : elle défend la seigneurie d'Eglise et concourt au maintien de l'ordre social. Elle jouit d'une certaine popularité, mais elle ne vient pas d'initiatives populaires. Elle n'est pas débordée par une dérive hérétique; il est, au contraire, bien dans son esprit de réforme religieuse de stimuler le

150. Qualifiés aussi d'épicuriens, à cause sans doute de leurs orgies prétendues ou d'une négation rationaliste de la Création.

151. *Chronique,* III, 57 (p. 182).

152. Roger Bonnaud-Delamare, «Les institutions de paix en Aquitaine...» (cité *supra,* n. 55), p. 151.

153. Ed. Rédet, *Bulletin de la Société des antiquaires de l'Ouest,* 1847, p. 80.

dépistage d'hérésies diverses (sectes charismatiques ou réseaux d'influences réputés corrompus). Du coup, il est naturel que l'apocalyptique tienne une certaine place chez les grands chroniqueurs de la paix de Dieu. Essayons de bien entendre la manière dont ils en parlent.

IV. – L'ESCHATOLOGIE AU TEMPS DE LA PAIX DE DIEU

Quand il ne sert pas à penser une rupture, l'an mil du discours historique récapitule le haut Moyen Age, avec sa rusticité, sa brutalité, ses superstitions. Or le XIXe siècle insistait beaucoup sur le pouvoir qu'avait l'Eglise de tenir les gens sous sa coupe par la terreur[154]. Cette image est remaniée par Peter Brown. Mais, outre qu'elle demeure chez beaucoup d'historiens à l'état d'idée préconçue, elle coexiste désormais avec leur fascination pour les contestations religieuses de type millénariste.

L'attente eschatologique de l'an mil est-elle une crainte catholique du Jugement proche, propre à faire davantage révérer les prêtres, ou l'espoir hétérodoxe d'un millenium qui commencerait par l'abolition du sacerdoce? A ces deux possibilités correspondent deux types de «crises eschatologiques», telles que Michel Rouche les a imaginées dans l'Aquitaine du haut Moyen Age: d'une part, la propagande de sectes dissidentes; d'autre part, l'inquiétude et les débats, qui peuvent rester confidentiels, de l'élite d'experts à laquelle le prophète Daniel comme l'Apocalypse johannique tendent à réserver leurs révélations incomplètes et sibyllines.

Le millénarisme introuvable

Michel Rouche brode autour des «messies populaires» de la fin du VIe siècle dont parle Grégoire de Tours. Il y en eut trois, aux pré-

---

154. Voyez par exemple Numa-Denis Fustel de Coulanges, *La monarchie franque*, Paris, 1888, p. 567-570, et son disciple Marc Bloch, évoquant un instant «l'an mil» dans *La société féodale*, 3e éd., Paris, 1968, p. 132-133.

tentions inégales : un pseudo-évêque, un pseudo-apôtre, un pseudo-Christ. Mais annonçaient-ils tous le Grand Jour, et voulaient-ils une «société égalitaire», quoique prosternée devant eux[155]? Ce n'est pas évident. On ne les connaît que par Grégoire de Tours; en les désignant comme «antéchrists», il peut n'avoir lancé qu'un trait de polémique, une interprétation savante. Il faut donc être prudent quant au contenu de leur prédication – notamment celle de l'homme qui ne se voulait qu'évêque, respectant par là le principe même de l'épiscopat! Selon Michel Rouche, toutes les crises eschatologiques sont «des révolutions mentales», qui «suivent immédiatement de terribles événements[156]» (ici, les guerres civiles de 573-587). Alors naissent des «mouvements eschatologiques ne supportant plus l'histoire et proclamant la fin des temps[157]». A la fin du VIᵉ siècle, il n'y eut d'ailleurs pas que les guerres mérovingiennes pour déstabiliser les gens. Le messianisme, pense Michel Rouche, touchait des régions reculées, récemment évangélisées, vivant mal le passage d'un système païen-tribal à un système chrétien-hiérarchique, marqué par le pouvoir épiscopal et le culte des saints. Le propos se fait marxiste : «Aux structures de relations communautaires succèdent des structures de subordination. Ces mutations ne peuvent que provoquer un messianisme qui réagit contre des nouveautés plaquées[158].»

Mais ne s'éloigne-t-on pas un peu des textes? A une différence près sur l'interprétation du culte des saints, Michel Rouche introduit les mêmes thèmes et la même articulation que les tenants de la révolution féodale de l'an mil. Sociales ou eschatologiques, les crises de l'an mil ne sont décidément que des scénarios paradigmatiques, utilisables à volonté à diverses périodes. On pourrait appeler, techniquement, *haut Moyen Age,* l'ensemble des siècles documentés et pensés de telle sorte que les historiens construisent ce type de crise!

---

155. C'est l'interprétation de Michel Rouche, *L'Aquitaine...* (cité *supra*, n. 33), p. 411-412.

156. *Ibid.*, p. 405. Ces crises ne s'organisent donc pas autour de prédictions de dates, tel l'an mil.

157. *Ibid.*, p. 413.

158. *Ibid.*, p. 412-413.

De 200 à 1050, les classes rurales n'ont cessé d'être bousculées par les progrès du féodalisme et de réagir sporadiquement, notamment par le millénarisme…

Il y eut bien des pseudo-prophètes «rustiques» à diverses époques, sans doute en plus grand nombre que nous n'en avons de dossiers et d'attestations. Mais faut-il en déduire la survie endémique, surtout au-delà du VIᵉ siècle, d'un prophétisme latent, hydre tapie dans les profondeurs et toujours prête à resurgir? Non, Paul Alphandéry ne se posait la question d'une «secte de type montaniste», vers «l'an mil», qu'à propos que Leutard de Vertus; et il y mettait une grande prudence[159].

Bien des clercs et moines du haut Moyen Age sont comme saint Bonnet de Clermont qui, au VIᵉ siècle, «interprétait la moindre erreur religieuse [ou dissidence, ou position rejetée] comme une annonce de la fin du monde[160]». On peut tout de même s'interroger sur l'intensité de leur conviction : simple perplexité? Il faut le prendre comme lorsque Adson de Montiérender évoque, en 953/954, la multiplicité des antéchrists avec un petit *a;* autant de préfigures, de «précurseurs» (*nuntii*) à plus ou moins long terme, du grand. «A présent, en notre temps, nous savons qu'il y a beaucoup d'antichrists. Quiconque en effet, laïc, chanoine ou moine, ne vit pas conformément à la justice et s'en prend à la règle attachée à son statut, eh bien, il est un antichrist, un ministre de Satan» (*Nunc quoque, nostro tempore, antichristos multos novimus esse. Quicumque enim, sive laicus, sive canonicus, sive etiam monachus, contra iusticiam vivit et ordinis sui regulam impugnat et quod bonum est blasphemat, antichristus est, minister satane est*[161]). Le processus d'identification des «antichrists» ou «antéchrists» se confond donc avec celui de l'«hérésie» elle-même. On peut certes imaginer que l'imputation d'être antéchrist, comme celle d'être manichéen, soit prise au

---

159. Paul Alphandéry, «De quelques faits de prophétisme dans des sectes latines antérieures au joachimisme», *Revue de l'histoire des religions,* 52, 1905, p. 177-218 (p. 184). Raoul le Glabre ne traite d'ailleurs pas d'antéchrist ce Leutard.

160. Michel Rouche, *L'Aquitaine…* (cité *supra,* n. 33), p. 415-416.

161. D. Verhelst éd., *Adso Dervensis. De ortu et tempore Antichristi,* Turnhout, 1976 (Corpu Continuatio Mediaevalis, 45), p. 22.

sérieux, assumée par les intéressés eux-mêmes[162]. Toutefois, cela resterait une hypothèse, et un événement chaque fois ponctuel.

Les chrétiens lettrés sont appelés à la vigilance, ne sachant ni le jour ni l'heure de leur fin et de celle du monde. Mais l'existence même de l'Eglise, son assise la poussent toujours à désamorcer l'Evangile, à en rabattre peu ou prou sur l'urgence. L'histoire est pleine de signes annonciateurs et de préfigures (ou de répliques). Les petits antéchrists annoncent le grand – mais à quelle échéance? Adémar de Chabannes – mais non Raoul le Glabre – voit dans les hérétiques des *nuntii Antechristi*[163]. Il souligne ainsi leur caractère diabolique, par une étiquette apocalyptique souvent utilisée dans la culture chrétienne. Cela ne signifie ni qu'il croit en une fin des temps imminente, ni que les hérétiques l'annoncent.

Au XIIᵉ siècle encore, le cas de Tanchelm me semble beaucoup plus douteux qu'à Claude Carozzi et Huguette Taviani : est-il plus qu'un auto-sanctificateur, concurrençant les saints morts et légitimes[164]? Il demeure vrai, comme l'affirmèrent les historiens d'antan[165], qu'entre l'époque d'Augustin et celle de Joachim de Flore, nulle trace directe n'est demeurée d'un millénarisme explicite. Ne soyons pas trop péremptoires dans la critique des sources, mais, reconnaissons-le, les millénarismes du haut Moyen Age ne sont jamais qu'hypothétiques, pressentis, supputés par les historiens. Trop d'entre eux ont des argumentations circulaires : *crise sociale, donc millénarisme,* ou *millénarisme, donc crise sociale,* l'invention de l'une ou de l'autre entraîne aussitôt celle de son conjoint!

Les dossiers de l'an mil appellent d'autres réserves :

1) Par ce que nous savons d'eux, les hérétiques d'Orléans ne peuvent pas avoir été millénaristes. En effet, on leur impute plutôt de

162. Cf. *supra,* n. 149.
163. Cf. *supra,* n. 68.
164. *La fin des temps...,* p. 78-79 (c'est l'Eglise d'Utrecht, dans sa polémique, qui introduit le thème de l'Antéchrist).
165. Toute la bibliographie en est fournie par Richard Landes, « *Millenarismus absconditus.* L'historiographie augustinienne et le millénarisme du haut Moyen Age jusqu'à l'an Mil», *Le Moyen Age,* 98, 1992, p. 355-377, p. 355, n. 2.

ne croire ni à la Création, ni au Jugement dernier[166], et de qualifier d'extravagances les signes et prodiges bibliques. Tout cela ressemble à une *contestation anti-eschatologique*. Elle reste cependant dans le clair-obscur…

2) Jean-Pierre Poly imagine que «les gens de Sens se mirent à millénariser», à la découverte de la verge de Moïse en 1008. Les Capétiens le ressentent, selon lui, comme une provocation[167]. Si l'on comprend bien, l'idée est que les gens de Sens prennent les évocations de l'Exode en un sens eschatologique : la traversée du désert figure pour eux des tribulations que suivrait un millenium, symbolisé par la vie en Terre promise. Certes, le christianisme médiéval traite couramment Moïse comme une préfigure de Jésus, lequel arracha ses fidèles à la «servitude d'Egypte» du péché. Moïse doit être ici un de ces saints vétéro-testamentaires dont la chrétienté carolingienne aime à vénérer des reliques tant elle se prend elle-même pour l'ancien Israël. Mais n'est-il pas considéré, ici comme ailleurs, comme le fondateur du sacerdoce? André de Fleury ne cesse de présenter l'abbé Gauzlin comme un nouveau Moïse, ornant son abbaye comme le Temple[168]. Moïse n'a absolument rien de subversif. Ce sont les «saints» vivants et virulents qui déclenchent des flambées de millénarisme, non les symboles du pouvoir sacerdotal le plus ancien!

3) Richard Landes use avec plus de rigueur du mot de millénarisme mais, en argumentant sur le «sous-texte millénariste», ne passe-t-il pas à la gnose? L'histoire serait illusion, tant qu'elle ne se référerait pas à des réalités fondamentales cachées… Et, qu'Adémar

---

166. *Raoul Glaber**, III, 8 (p. 190).

167. Jean-Pierre Poly, «Le commencement et la fin…» (cité *supra*, n. 4), p. 204. Le lien entre cette invention, faite à Saint-Pierre-le-Vif, et les tendances judaïsantes du comte Renaud *(Raoul Glaber**, III, 6, p. 178) est-il si évident? Les chrétiens s'intéressent souvent à l'ancien Israël sans s'apercevoir qu'ils sympathisent, ainsi, avec des juifs…

168. André de Fleury, *Vie de Gauzlin, abbé de Fleury,* éd. trad. Robert-Henri Bautier et Gillette Labory, Paris, 1969 (Sources d'histoire médiévale, 2), p. 42, 62, et aussi p. 64 (l'abbatiat a la verge comme symbole, elle peut être miraculeusement retrouvée).

de Chabannes taise les dates millénaires dans sa *Chronique,* ou que Raoul le Glabre en fasse état avec émotion, l'un comme l'autre en démontrent par là l'importance fondamentale! Adémar participe à une conspiration du silence : Raoul exorcise habilement la panique, en lui substituant la poésie édulcorée des printemps du monde et des jubilés mosaïques!

Or l'hypothèse du millénarisme occulté n'éclaire aucun texte. Soit, par exemple, l'allusion fameuse d'Abbon de Fleury aux prédictions entendues vers 965, qui ne concernent d'ailleurs *pas toutes les deux* l'an mil. L'une d'elles annonce la fin des temps lorsque coïncideront le Vendredi saint et l'Annonciation[169], ce qui, aussi près de 1000, montre tout de même combien peu ces gens de 960 sont imprégnés de temps millésimé! L'autre prédiction, entendue dans un sermon parisien, prévoit pour l'an 1000 l'Antéchrist et, peu après, le Jugement dernier : Abbon lui oppose très logiquement sa meilleure connaissance de Daniel et de la Petite Apocalypse. Mais le prédicateur rabroué n'est pas millénariste *stricto sensu* : comme saint Augustin, il identifie le «règne des Justes» aux temps de l'Eglise chrétienne. Richard Landes le sait bien, mais, selon lui, ce prédicateur allume un contre-feu au «vrai» millénarisme[170], que les textes attesteraient ainsi (ou autrement) de manière négative; par une stratégie classique, il préfère une fin des temps à moyen terme, «en zone tempérée», à un millenium plus imminent, doté d'un fort «potentiel révolutionnaire». Or il y a une hypothèse plus simple : c'est que le prédicateur veut appuyer un appel à la pénitence par cette évocation; il apporte lui-même l'eschatologie à son auditoire, au risque d'être un peu incendiaire.

Un Jugement dernier dans une ou deux générations, n'est-ce pas une bonne perspective pédagogique, plutôt qu'une diversion face au millénarisme? Pourquoi l'Eglise, dont les prêtres se proposent pour trouver des intercesseurs en ce Jugement et s'imposent comme des

169. Rumeur répandue «presque dans le monde entier», c'est-à-dire présente en plusieurs endroits (*PL,* 139, col. 461). Notons qu'elle coexiste avec une autre.

170. Richard Landes, «Sur les traces du Millenium : la *Via Negativa*» (2ᵉ partie), *Le Moyen Age,* 99, 1992, p. 5-26 (p. 20).

maîtres de pénitence chercherait-elle systématiquement la «déses-chatologisation[171]», mené durablement une «stratégie anti-apoca-lyptique[172]»? Il peut paraître au contraire utile à certains prêtres de rendre le Jugement assez proche et palpable. On le représentera bientôt au tympan de toutes les «blanches églises». On n'attendrait pas indéfiniment la rétribution des mérites, de ceux des moines notamment (voyez les préoccupations de Raoul le Glabre), ni la punition des méchants. L'«effroyable espoir du Jugement dernier», selon l'admirable formule de Michelet, est un excellent exutoire à des frustrations personnelles et sociales, voire la raison même de croire en Dieu et en l'Eglise. Il faut bien que des équilibres soient rétablis, à moyen terme.

La passion de Richard Landes pour son sujet a donc l'avantage de nous faire définir, avec et contre lui, la *tiédeur eschatologique* que l'Eglise se devait de conserver, en évitant la chaleur comme le froid. Il n'est pas moins vrai que, chez tous, l'attente eschatologique mobilisait des sentiments ambivalents[173]. Mais rien de tout cela n'oblige à supposer un virulent millénarisme caché!

Par matière de faits, dom Plaine avait raison; la lutte contre l'inceste et les superstitions préoccupe davantage les auteurs de pénitentiels : lequel fixe des tarifs pour l'«erreur millénariste»? D'autre part quel usage a le culte des saints morts, promu dans la paix de Dieu[174]? Des reliques, les gens attendent en effet la guérison de maux physiques, et une contribution au pacte social. L'une comme l'autre compteraient-ils autant, si la fin était là? Et la «puissance» des saints, c'est-à-dire la seigneurie des moines, ne marche pas à sa perte! Il n'est question de rien de moins que de son abolition… Un millénarisme s'associerait mieux à la présence de «prophètes charismatiques», mettant en cause le clergé dans son principe même. Au contraire, le culte des reliques affermit le statut des ecclésiastiques qui l'orchestrent. Et point n'est besoin d'une «crise apocalyptique intense, qui se manifeste, entre

---

171. Richard Landes, «*Millenarismus…*» (cité *supra*, n. 165), p. 372.
172. *Id.*, «Sur les traces…» (cité *supra*, n. 170), p. 12.
173. «Les espoirs et les peurs apocalyptiques», selon lui, «ont leur propre logique, irra-tionnelle» (Richard Landes, *Relics, Apocalypse…* [cité *supra*, n. 2], p. 324).
174. François Plaine, «Les prétendues terreurs…» (cité *supra*, n. 3), p. 161.

autres, par des mouvements populaires[175]» pour qu'on évite de prêcher l'imminence eschatologique[176].

L'Apocalypse des experts

Ferdinand Lot écrivait que «l'an mille, pour Raoul [le Glabre] n'offre rien de particulier en lui-même[177]»; il soulignait ainsi qu'aucun événement traumatique ne s'était produit. Mais il faut aussi prendre en compte la coloration que Raoul peut mettre de lui-même à cet an 1000, et surtout envisager son intérêt pour 1033 et pour tous les faits saillants observés ou appris par ceux qui vécurent mille ans après le Christ. Le livre de Georges Duby sur *L'an mil* (1967) s'intéresse à juste titre à la «mentalité du chroniqueur». Mais, en quelques points, n'est-il pas un peu ambigu? Il annonce d'abord qu'on ne dispose que de la «vision monastique», scrutatrice et interprétative, mais ensuite il rouvre un peu vite la porte, à plusieurs reprises, à l'«angoisse du peuple[178]» avant 1000, à la «pulsion mystérieuse» qui porte vers Jérusalem, aux environs de 1030, une multitude de pèlerins...

A ce moment Raoul le Glabre évoque effectivement la fin des temps, mais voyons sous quelle forme. Il souligne la qualité et le nombre de ceux qui se rendirent à Jérusalem : une «multitude innombrable», en commençant par *l'ordo inferioris plebis*[179], qui a précédé les «moyens», et les rois, comtes et prélats – enfin les femmes. Mais qu'est-ce qu'un chroniqueur appelle «le bas de

175. Richard Landes, « *Millenarismus...* », p. 375.

176. On peut en outre inverser totalement le point de vue de Richard Landes et faire l'hypothèse suivante : prêcher d'eschatologie aux «classes rustiques», ce n'eût pas été souffler sur des braises toujours incandescentes, mais c'eût été risquer de n'émouvoir personne, tant l'auditoire était peu réceptif à cette thématique! Cf. *infra*, mes remarques sur Raoul le Glabre.

177. Ferdinand Lot, «Le mythe des terreurs...» (cité *supra*, n. 3), p. 405.

178. Georges Duby, *L'an mil*, Paris, 1967, p. 35 (ne surinterprète-t-il pas ici la visite d'Otton III au tombeau de Charlemagne?). Cf. aussi, p. 34, le rejet de l'argument «positiviste» sur le silence des chroniqueurs.

179. *Raoul Glaber**, IV, 6 (p. 254) ; pour cet auteur, rappelons-le, le comte de Blois est issu de cet «ordre inférieur» (III, 2).

l'échelle»? S'agit-il de vilains, de serfs, ou seulement du «commun de la chevalerie[180]»? Quant à la «multitude», elle appelle les mêmes réserves que dans les récits de dynamiques miraculeuses... Il y a assurément une dévotion promue avec succès par les moines de Cluny. Il s'agit d'aller mourir, selon une habitude ancienne, dans le lieu le plus sacré, afin de reposer auprès de Jésus corps et âme, au lieu même qui serait celui du Jugement. Ce «grand élan[181]» atteste de l'ascendant de l'Eglise sur la génération du double millénaire, qu'elle contraint à des pèlerinages pénitentiels[182] – mais sur cette génération parmi bien d'autres.

Attention : d'abord, c'est le fait même, et non sa date, qui retient l'attention de Raoul le Glabre; ensuite, il ne dit pas que ces hommes et ces femmes partent dans l'attente du Jugement imminent, ou des tribulations qui doivent le précéder, donc par un sentiment «millénariste[183]», au sens large. Ceux qui veulent mourir à Jérusalem se préoccupent-ils d'autre chose que de la «mort de soi»? Simplement, les hommes les plus avertis (*quidam de sollitioribus*), sûrement des clercs, sont consultés sur le sens de cet élan; et ils disent que cela «présage» (*portendere*) la venue de l'Antéchrist, toutes les nations se dirigeant vers l'Orient, et même les élus risquant alors la tentation (Matthieu XXIV, 24). «Tenons-nous-en là», dit Raoul le Glabre (*huius hic meta verbi*), qui «ne nie pas» que le Juste Juge récompensera les fidèles de leur peine[184].

Il s'agit donc, littéralement, d'un débat d'experts, sans doute un peu délicat. Comment savoir si le débat s'était développé en dehors des milieux avertis, c'est-à-dire, redisons-le, de son lieu naturel? Hors

---

180. Notion évoquée *supra*, chapitre VII.

181. Georges Duby, *L'an mil*, p. 177.

182. Il n'y a donc pas là de «pulsion mystérieuse» (*contra* Georges Duby, *ibid.*, p. 179).

183. Georges Duby (*L'an mil*, p. 38) appelle «millénarisme» l'attente des tribulations finales; bien que les choses aient dû être toujours un peu confuses, on peut utiliser ce terme dans un sens plus spécifique (attente du millenium *à venir* ne prenant pas en compte l'interprétation augustinienne d'Apocalypse XX, 1-6, dans *La Cité de Dieu* 20, 7). Le millénarisme *stricto sensu* n'aurait logiquement pas à se préoccuper de l'an mil de l'Incarnation ou de la Passion...

184. *Raoul Glaber**, IV, 6 (p. 260).

des cloîtres, que sait-on de l'Apocalypse[185], et même de l'Evangile selon saint Matthieu? Et dans les cloîtres, toute allusion à l'Apocalypse est-elle eschatologique[186]?

Il faut évoquer ici le second type de «crise eschatologique» du haut Moyen Age, selon Michel Rouche. Entre 640 et 750, des textes chrétiens d'Orient parvinrent en Aquitaine, tel le Pseudo-Méthode, et avec eux, des nouvelles de l'avance musulmane, plutôt préoccupante en effet pour qui voyait loin! L'eschatologie imprégna donc les milieux cultivés; mais un contre-courant, illustré par Julien de Tolède, fit réponse aux textes trop alarmistes ou trop véhéments. Michel Rouche parle de «frénésie millénariste» et introduit le concept de «crise», alors même qu'il pense que le clergé ne parlait au peuple que du Dieu de l'Ancien Testament[187]. Ne suffirait-il pas d'évoquer un certain *réchauffement eschatologique,* avec débats, dans les milieux savants d'entre 640 et 750 et ensuite d'entre 950 et 1040?

Au temps de Raoul le Glabre, en effet, outre les grandes dates commémoratives de l'ère chrétienne, plusieurs événements sollicitent l'attention : en Palestine la destruction du Saint-Sépulcre (1009), en Aquitaine une pluie de sang (1028), en Bourgogne une famine (1031/1033). La première n'est pas une catastrophe ressentie sur place, dans les Gaules. La pluie de sang fait l'objet d'une consultation du duc d'Aquitaine auprès de Gauzlin de Fleury et de Fulbert de Chartres, qui ne l'interprètent pas, malgré sa teinte apocalyptique, comme un signe des temps[188]. La famine est décrite par

185. Cf. la perplexité de Daniel Callahan, *The Peace of God**, p. 170-171. Mais il invoque des préambules des chartes du temps, à l'appui d'un «apocalyptisme intensifié» (p. 171, n. 33) avec une certaine imprudence; en effet, les chartes elles-mêmes sont alors, en Poitou, plus nombreuses : il faudrait faire des proportions, et même une analyse typologique des matières à préambule apocalyptique...

186. Johannes Fried ne se méfie pas assez, dans «Endzeiterwartung um die Jahrtausendwende», *Deutsches Archiv fur Erforschung des Mittelalters*, 45, 1989, p. 385-473. Sylvain Gouguenheim prépare une discussion de cet article (*Archivum Latinitatis Medii Aevi*).

187. Michel Rouche, *L'Aquitaine...* (cité *supra*, n. 33), p. 415-421.

188. Les deux réponses développent des interprétations allégoriques. L'abbé Gauzlin plaide en faveur du système pénitentiel de l'Eglise (André de Fleury, *Vie de Gauzlin...*, p. 140) en évoquant la miséricorde de Dieu. L'évêque Fulbert (réponse citée, *ibid.*, p. 166) développe, lui aussi, une conception «deutéronomiste» des malheurs.

Raoul le Glabre d'une façon saisissante; et pourtant, il note, à ce propos, non sans quelque dépit, que l'interprétation chrétienne du malheur n'a pas prise sur tous[189].

Bien sûr, il ne manque pas d'hommes ingénieux d'esprit (*sagaci mente viros*) pour prévoir que 1033 aura son cortège de signes[190]. Pour les prévoir, c'est-à-dire pour les chercher… Et ledit cortège est évidemment produit par une scrutation plus intense. Mais y voit-on la fin des temps, ou l'une de ses nombreuses préfigures? Tout âge chrétien est apocalyptique, car les «signes», avant la grande récapitulation finale, sont épars dans l'histoire; ils entretiennent la vigilance, sans prétention à connaître le terme. Lire les temps du millénaire avec (entre autres) une grille apocalyptique ne signifie pas nécessairement croire la fin arrivée; l'inquiétude scrutatrice a plus ou moins de véhémence, et elle relève de ce que Georges Duby appelle une «mentalité close[191]». N'est-ce pas là spéculation confidentielle, aussi impénétrable au commun des mortels que la symbolique romane?

Et les moines ne lisent pas toujours l'Apocalypse johannique dans l'attente de la fin des fins, qui n'en occupe après tout que les trois derniers chapitres (XX-XXII). A Cluny même, l'Apocalypse assure les moines de leur statut, par un commentaire approprié plutôt qu'elle ne les inquiète sur le monde[192]. A Fleury, l'abbé Gauzlin fait représenter des scènes de l'Apocalypse accompagnées de légendes en vers latins : non pas scènes de tribulations, comme dans le livre de Saint-Sever, mais Jugement et vision symbolique[193]. Les moines se voient eux-mêmes en chœur des vierges de l'Apocalypse, en *etherei ministri*, «agents célestes».

Raoul le Glabre n'en est pas moins un chroniqueur inquiet. Le

---

189. Avertissement de Dieu, «terreurs» au sens biblique, la famine et les intempéries faisaient craindre l'instauration du chaos et la fin du genre humain; cependant «*rarissime repperiebantur qui pro talibus contrito corde et humiliato corpore, ut expediebat, levarent corda cum manibus ad Dominum*» (Raoul Glaber*, IV, 4, p. 192). Cependant, peu après, la paix de Dieu est censée mobiliser davantage (IV, 5, p. 194).

190. *Raoul Glaber,* IV, 1 (p. 223).

191. Georges Duby, *L'an mil,* p. 29.

192. Cf. Dominique Iogna-Prat et Edmond Ortigues, «Raoul Glaber et l'historiographie clunisienne», *Studi Medievali,* 3ᵉ s., 26, 1995, p. 537-572 (p. 542).

193. André de Fleury, *Vie de Gauzlin…* (voir *supra,* n° 168), p. 121-133.

monde lui semble empli de signes dispensés par le Créateur à la descendance d'Adam, en vue de la ramener à lui. Ces signes se multiplient d'autant plus que «le moment approche, de la fin de ce monde» (*presentis seculi terminus imminet proprius*)[194]; encore lui arrive-t-il aussi de trouver son temps pauvre en miracles, comme bien des auteurs chrétiens! Et il ne sait pas fixer de terme précis à la fin du sixième âge, dans lequel il pense se trouver. L'organisation de son livre autour des millénaires de l'Incarnation et de la Passion résulte d'une élaboration originale. 1000 et 1033 sont des repères qu'il a construits lui-même, un peu comme Georges Duby a fait son plan de thèse autour de 980 et de 1160, en trois parties[195]. Apocalypse XX, 2-3, sur la libération de Satan, après mille ans, donne force au récit des hérésies de Leutard de Vertus et de Vilgard de Ravemie (fin du deuxième livre). Le célébrissime nouveau printemps du monde, orné de blanches églises (*Histoires,* III-6), est une trouvaille du même type. Le millénaire de la Passion introduit avec art, lui aussi, le passage sur la paix de Dieu. Mais l'évidence demeure, telle que la voyait le «positivisme étriqué» : Raoul le Glabre ne se fait jamais l'écho d'une crainte ou d'une espérance massives, dans la population, de la fin du monde à date millésimée.

Ces dates, même connues, importaient-elles autant qu'à nous? Nous avons la vision synthétique, obsédante, d'une histoire par siècles de cent ans, et par millénaires de dix siècles[196]. Nous vivons dans un temps mesuré, et sous un contrôle administratif extrêmement fort des âges, des délais et des carrières, tels que même les «hommes avisés» ou «ingénieux» de l'an mil ne pouvaient en avoir l'idée. Inutile donc de creuser rétrospectivement un fossé infranchissable entre leur pensée et celle du «peuple». Pour tous, le

---

194. *Raoul Glaber**, I.5 (p. 82).

195. Georges Duby, *La société* (cité *supra*, n. 53). Sur la relation entre cet historien et Raoul le Glabre, cf. Jacques Dalarun, «L'abîme et l'architecte», dans Claudie Duhamel-Amado et Guy Lobrichon dir., *Georges Duby*...*, p. 11-36 (p. 17-19).

196. Ce point est bien souligné par Daniel Milo, *Trahir le temps* (cité *supra*, n. 12), p. 29-62; il ne faudrait cependant pas oublier les conditions de vie, et pas conclure que la réflexion des historiens est *entièrement* conditionnée par les siècles conventionnels. Une histoire en ère chrétienne de la Passion, commençant en 33, serait-elle si inédite?

monde n'a-t-il pas une sorte de précarité, ne revient-il pas périodiquement en des points critiques? C'est le cas, notamment pour Raoul le Glabre, lorsque meurent plusieurs princes et prélats, ces «héros» sans lesquels, comme dit tel préambule anglais[197], le monde risquerait des secousses. Sans compter l'incertitude des récoltes du lendemain. Oui, l'Europe «de l'an mil» vit diverses sortes de précarités, dont celle des pouvoirs politico-religieux eux-mêmes. Raoul le Glabre comme Adémar de Chabannes, ces deux grands témoins auxquels les historiens recourent toujours pour colorer «l'an mil», vivent eux-mêmes peu dans l'ère, et largement dans un temps cyclique. Le monde, pour eux comme pour leurs contemporains, passe régulièrement par une sorte de solstice d'hiver − avant ses nouveaux printemps. Ici, nous les sentons tout imprégnés de ruralité.

Il ne faut pas concevoir tout et le contraire de tout, dans la vie religieuse d'entre 1000 et 1033, en fonction d'une pression eschatologique ou millénariste particulière. Tout rite royal ne vise pas à conjurer de cette pression − puisque «tant qu'il y aura des rois francs[198]» le monde subsistera. Quand Georges Duby décrit «l'empereur de l'an mil», Otton III, «poussé par l'angoisse du peuple, par sa propre angoisse, à raffermir par des gestes symboliques les assises du monde[199]», ne passe-t-il pas trop vite de la mentalité à la conjoncture? L'enjeu cosmique ne se présente pas à cause d'une date particulière. Jean-Pierre Poly va beaucoup plus loin, dans son envol récent sur les dissidences de l'an mil; mais la «fin de la lignée de Charles» inquiète-t-elle vraiment, puisque depuis 898 les Carolingiens ne faisaient guère mieux que se survivre à eux-mêmes? Et les Capétiens sont reconnus comme des «rois francs», aidant aux côtés des empereurs à la conservation du monde. Les dévotions

---

197. J. Stevenson éd., *Chronica monasterii de Abingdon*, I, Londres, 1858, p. 388 (acte royal de 995) : « *Vacillantis stratus cosmi undecumque vergitur ac rigidis turbinibus quatitur, sed succurrente Divinitatis omnipotentia, ita tamen heroum fulcimento roboratur...* » Suit l'idée que «tant que les royaumes seront gouvernés selon le droit», le monde échappera à toute secousse inattendue. Cf. aussi le *Tractatus de Antechristo* d'Adson de Montiérender, souvent commenté.

198. Texte cité *ibid.*, p. 42.

199. Georges Duby, *L'an mil*, p. 35.

d'un Robert le Pieux vieillissant sont-elles, à leur tour, les marques d'une royauté «des derniers jours [200]», aux approches du millénaire de la Passion (1033)? En fait, le tableau est composé par Helgaud de Fleury, qui sélectionne des actes édifiants, peu surprenants à l'approche de la «mort de soi».

N'appelons pas inconsidérément «apocalyptique» toute allusion à une religion sévère[201], à un sacré terrifiant, ou tout acte de religion excitée. La persécution des juifs en 1010 est rapportée par Raoul le Glabre en des termes impressionnants, mais non apocalyptiques; bien plutôt, le Saint-Sépulcre est assimilé au Temple de l'Ancien Testament[202], qu'on rebâtit comme le fit Esdras... Une tonalité eschatologique est bien difficile à trouver ici. Il y a seulement une rumeur xénophobe. Et attention à ne pas sociologiser, sans mesure et sans document, avec des postulats tels que : si la société chrétienne soudain persécute, c'est qu'elle est en crise, en proie à de la terreur. Sachant que les communautés juives, aux yeux de la recherche récente, durent connaître un essor assez inédit, à la fin du Xe siècle, dans les villes renaissantes de Germanie et de France du Nord, on pourrait aussi introduire le «seuil de tolérance»... pour allonger la liste des théories simplistes!

Jean-Pierre Poly, Richard Landes, Johannes Fried ont une lecture trop littéraliste des textes, alors qu'il n'y a pas lieu d'attribuer à toutes les expressions apocalyptiques[203] une portée maximale, pas plus qu'aux formules de droit romain. Constituée en tant que telle, l'Eglise chrétienne ne peut qu'attiédir les messages brûlants du Nouveau Testament, et même ceux d'Isaïe ou d'Osée.

Il y a bien des clercs pour appliquer aux événements des années 990-1040 des interprétations «apocalyptiques», quoique modérément

200. Jean-Pierre Poly, «Le commencement et la fin...» (cité *supra*, n. 4), p. 213.
201. *Ibid.*, p. 203 : «les apocalyptiques plaies d'Egypte».
202. *Raoul Glaber**, III, 6 (p. 186).
203. Voir Guy Lobrichon, «Jugement dernier et Apocalypse», dans *De l'art comme mystagogie. Iconographie du Jugement dernier et des fins dernières à l'époque gothique* (Actes du colloque de la Fondation Hardt tenu à Genève du 13 au 16 février 1994), Poitiers, 1996 (Cahiers de civilisation médiévale, 3), p. 9-18, et (inédit) Dominique Iogna-Prat, «Peut-on parler d'apocalyptique clunisienne (v. 930-v. 1150)?» (communication au colloque de Boston sur l'Apocalypse, octobre 1996).

véhémentes et souvent allégoriques. Et ils ont d'autres sources d'inspiration, auxquelles on n'accorde pas toujours assez d'attention. Détaillons-les chez Raoul le Glabre.

Les terreurs non apocalyptiques

Cet auteur relie la paix des années 1030 au millénaire de la Passion, mais non pas de manière apocalyptique. C'est la «conception deutéronomiste de l'histoire», familière aux clunisiens et répandue dans leur hagiographie[204], qui prédomine ici. Après la famine et les intempéries, dues aux péchés des hommes, le Créateur apaise sa colère et montre sa magnanimité. C'est l'embellie de 1033. Il chasse la disette, et les évêques avec les princes laïcs peuvent réunir des conciles de paix, unanimistes. On y accourt. «Tous en effet étaient terrifiés par la récente calamité et craignaient de ne pouvoir jouir de l'opulence de la récolte prochaine» (*Terrebat enim universos clades preteriti temporis, instabatque metus ne adispiscerentur opulentiam future ubertatis*) [205] Raoul le Glabre nous montre les gens soudain plus réceptifs aux avertissements de Dieu, soucieux de préserver leur avenir matériel. Ils entendent donc les prescriptions de leurs pasteurs comme ils feraient d'une voix venue du ciel. Suit une série d'interdits, dont le respect sanctifie des lieux et des jours. Aussitôt commence une dynamique miraculeuse autour des corps saints : les membres des malades se redressent pour qu'il n'y ait aucun doute – et sans doute aussi pour figurer le redressement de l'ordre et de l'Eglise. Dieu a donc agréé une nouvelle alliance. C'est à lui qu'on crie d'une seule voix : «Paix! Paix! Paix!», «comme pour apposer leur seing à l'accord conclu à ce sujet entre Dieu et eux» (*ut esset videlicet signum perpetui pacti de hoc quod spoponderant inter se et Deum*) [206]. Cette paix avec Dieu, renouve-

---

204. Dominique Iogna-Prat et Edmond Ortigues, «Raoul Glaber…» (cité *supra*, n. 192), p. 541 et 547. Des prophètes comme Isaïe, Jérémie ou Osée évoquent les exemples terrifiants de la colère de Dieu au bénéfice d'une religion plus exigeante; peut-être sont-ils comme des intermédiaires entre le Deutéronome et l'Apocalypse; mais nos chroniqueurs les utilisent de manière deutéronomiste.

205. *Raoul Glaber**, IV, 5 (p. 248).

206. *Ibid.*, (p. 250).

lable au bout d'un lustre, porte des fruits au sens le plus matériel. Elle rappelle le jubilé mosaïque (Lévitique XXV, 8-22), auquel des chartes du temps font parfois allusion, et dont l'idée même s'accorde à des catégories fondamentales de la culture médiévale[207].

Dans son montage de citations, Raoul le Glabre utilise ici, presque exclusivement, l'Ancien Testament. Ce clergé et ce peuple, éprouvés puis réconciliés, sont un peu ceux du Pentateuque. Quand Israël cheminait entre l'Egypte et la Terre promise, il lui arriva plusieurs fois de faillir, d'être frappé, puis de recevoir chacune de ses institutions saintes, à l'occasion d'une restauration de l'autorité sacerdotale, contre les fauteurs de troubles. La paix de Dieu est un *nouveau* Décalogue; elle évoque même ces règles rituelles dont les Nombres et le Deutéronome ont mythifié l'origine. Bien entendu, il y a des interprétations messianiques de l'Exode dans le christianisme, qui est par définition une combinatoire. Mais Richard Landes insiste trop sur elles[208]. Ce n'est pas dans ce sens que Raoul le Glabre tire les conciles de 1033 et des années suivantes. Il utilise plutôt le livre d'Osée, dans lequel se trouvent l'idée de Jugement, l'importance du «jour de fête» et la responsabilité du clergé : *et erit sicut populus, sic sacerdos* (Osée IV, 9), «et il en sera du peuple comme du prêtre». Tout en idéalisant, Raoul le Glabre ne décrit pas les «assemblées» de paix comme des utopies sociales. Chacune d'entre elles inaugure un quinquennat, pas un millenium.

Dans l'hypothèse, faite par Georges Duby[209], où il ne faudrait en

---

207. Cf. le préambule d'une charte poitevine de *manufirma*, entre 1014 et 1036 : «*Mos Mosaica a priscis temponbus est promulgata, ut quicumque potens vel aporos possessionem suam venundari vellet, transacto anno iubeleo, id est quinquagesimo, restitueretur illi possessio. Ad instar vero huiuscemodi moris constitutum est per spatium huius vasti orbis ut manufirma, finitis successoribus, absque ulla calumnia redeat unde fuerat*» : éd. dom P. de Monsabert, *Chartes de l'abbaye de Nouaillé de 678 à 1200,* Poitiers, 1936 (Archives historiques du Poitou, 49), n. 101. Bel exemple de syncrétisme altimédiéval! Car cette sorte d'*interpretatio mosaica* d'une pratique issue du droit romain correspond, en outre, à l'idée «archaïque» d'une propriété foncière quasi ineffaçable; toute aliénation serait réversible. Cf. Aaron Gurevic, «Représentations et attitudes à l'égard de la propriété pendant le haut Moyen Age», *Annales ESC,* 1972, p. 523-549 (p. 528-530).

208. Richard Landes, «La vie apostolique...» (cité *supra,* n. 11), p. 575, et *Relics, Apocalypse...* (cité *supra,* n. 2), p. 48.

209. Cf. *supra,* n. 183.

rien dissocier sa vision du «sentiment des gens» qui vinrent à ces conciles, nous aurions donc bien un clergé faisant à son peuple «le coup des terreurs»! Mais au lieu de terreurs psychologiques, millésimées et subversives, ce sont des terreurs pédagogiques, conduisant au renouvellement périodique d'une allégeance à Dieu, à ses saints, à ses prêtres, à une *reverentia*[210], à une discipline assez ritualiste. N'en déplaise à Jean-Pierre Poly, les «plaies d'Egypte» n'eurent initialement rien d'«apocalyptique[211]». La fin du monde et même le jugement d'après la mort n'ont même guère de place dans l'interprétation deutéronomiste pure des malheurs. Il s'agit de «rétribution temporelle collective[212]», et Raoul le Glabre *dans ce passage* n'en dit guère plus; ailleurs, on voit bien qu'il agrège à cette «religion de la terre», comme tous les moines du temps, une référence constante au Jugement après la mort; mais il insiste davantage sur la miséricorde du Dieu des Psaumes, obtenue par la prière, la pénitence et les intercessions, que sur la rédemption par la souffrance du Christ. Le lien qu'il établit entre la paix de Dieu et le millénaire de la Passion ne doit donc pas nous tromper; il n'a ni le christocentrisme ni le dolorisme du temps des *pietà*[213]. Non que sa religion soit purement «vétéro-testamentaire»; elle est plutôt cléricale et sacerdotaliste[214]. Comme tous ses contemporains, il privilégie les textes et les interprétations bibliques favorables au clergé. Il prépare la réforme grégorienne en tant que *restauration du Temple et exaltation du sacerdoce*. En ce sens, la paix de Dieu ne paraît pas un vrai prélude au XIIᵉ siècle, à ses réveils évangéliques.

---

210. *Raoul Glaber**, IV, 5 (p. 250).

211. Jean-Pierre Poly, «Le commencement et la fin...» (cité *supra*, n. 4), p. 203.

212. Dominique Iogna-Prat et Edmond Ortigues, *Raoul Glaber...**(cité *supra*, n. 192), p. 541.

213. Richard Landes évoque les Christs pleurants de la «génération du millénaire», dans *Relics, Apocalypse...* (cité *supra*, n. 2), p. 302-310, en des termes fort justes : ils étaient plus cosmiques que souffrants.

214. L'expression de christianisme «vétéro-testamentaire» est assez discutable, dans la mesure où l'Ancien Testament ne forme pas un tout (de Moïse à Jésus, il y a une série de mutations) et où le christianisme unifie l'ensemble de la Bible dans ses systèmes interprétatifs. Saint Paul oppose évidemment l'ancienne loi au temps de la charité, mais cela permet aux historiens chrétiens d'aujourd'hui de se débarrasser un peu vite des aspects «terre à terre» de la pratique religieuse médiévale, et surtout du poids du clergé et de ses lois, en déclarant tout cela «vétéro-testamentaire». En réalité, saint Paul parle beaucoup du sacerdoce de Jésus, et le

Le tableau donné par les cinq livres des *Histoires*[215] est riche et chatoyant. Les allusions bibliques y sont polysémiques, le livre d'Osée, fécond en suggestions – et ces polysémies peuvent nous jouer les mêmes tours que la pensée dialectique, c'est-à-dire nous permettre, en fait de commentaire, tout et le contraire de tout! Mais, décidément, l'Apocalypse semble surtout à l'usage interne des cloîtres. Elle rassure les moines sur la rétribution de leurs sacrifices, notamment de leur continence et de leur virginité[216], et sur leur importance sociale, par rapport au «guerriers» notamment. Est-ce là ce qu'on prêche aux laïcs, dans les conciles de paix? Aucun texte n'évoque autre chose que le bienfait des reliques, ou la crainte des malédictions. Lorsque Raoul le Glabre évoque le Jubilé mosaïque, ou lorsque André de Fleury scande des psaumes «davidiques» son récit de la milice berrichonne de 1038[217], sont-ils proches des «sentiments du peuple»? Peut-être pas de l'expression que ce dernier pourrait en donner. Mais l'interprétation «deutéronomiste» de l'histoire, à laquelle s'intègre le culte des saints, n'est-elle pas largement en prise sur la fonction effective du sacré dans le monde rustique de l'an mil? Raoul le Glabre, dont les interprétations «apocalyptiques» ne consistent qu'en petites touches, peut ainsi mettre véritablement en *scène* le Jubilé de 1033 (*Histoires,* IV, 5); c'est un embellissement, bien sûr, mais à partir de matériaux propices.

Ne travestissons pas la paix de Dieu en une des prédications de

Nouveau Testament, pris dans son ensemble, le rétablit dans ce rôle de *juge,* que ses disciples attendaient de lui et que son martyre compromettait. Ne confondons donc pas l'«évangélisme» avec le «vrai christianisme», «néo-testamentaire». Historiquement, le christianisme n'a pas reposé sur le «message de l'Evangile», tel que la philologie peut le reconstituer, il a été une religion très sacerdotale, grâce aux deux Testaments réunis, et le Christ passait pour le juge d'une société plutôt que pour le rédempteur d'une secte. Il me semble simplement qu'on le voyait sous les traits d'un juge beaucoup plus accommodant que le XIXᵉ siècle ne l'a dit! L'Eglise médiévale semait moins de terreur que l'Évangile pris au pied de la lettre…

215. Selon Dominique Iogna-Prat et Edmond Ortigues, *Raoul Glaber…**, p. 567, le cinquième livre a été rajouté pour faire comme un nouveau Pentateuque.

216. Dominique Iogna-Prat, «Continence et virginité dans la conception clunisienne de l'ordre du monde autour de l'an mil», *Comptes rendus de l'Académie des inscriptions et belles-lettres,* 1985, p. 127-146.

217. Voir *supra,* p. 337-338.

pénitence, mieux documentées, de la «religion des temps nouveaux[218].» Dans l'Italie de 1233, l'Alleluia est une «grande dévotion». Ses objectifs comme son encadrement clérical rappellent un peu les «assemblées» françaises de 1033. Mais déjà la ferveur s'exprime tout autrement : par des cantiques, par l'évocation passionnée du martyre des saints[219]. Plus inédites encore, les flagellations de 1260[220], nourries par les thèmes joachimites et par la culpabilisation des cœurs. Voilà une vraie «crise apocalyptique» : la première de ces grandes poussées eschatologiques, ou millénaristes, sur le modèle desquelles, anachroniquement, l'on a conçu au XIXe siècle et l'on conçoit encore aujourd'hui la ferveur de 1000 ou 1033. Car les terrorisés de l'an mil, tels que Michelet les voit, ont entendu la prédication des ordres mendiants, nés au XIIIe siècle! De quelqu'un comme ce frère Richard qui, à Paris, en 1429, prononce une interminable harangue, devant la Danse Macabre. Il «tourna le peuple à dévotion» au point de provoquer des autodafés de jeux et d'atours. On l'entend d'ici, grâce au journal du Bourgeois de Paris, annoncer l'Antéchrist en citant Matthieu XI, 21 : « *Veh! Veh! tibi Bethsaida! Veh! Veh! Coronaym!* [221]», «malheur, malheur à toi, Bethsaïda, malheur, malheur à toi, Coronaïm!». Or il y a, cette fois, une véritable masse urbaine et nul Abbon de Fleury ne réfute ce prédicateur au professionnalisme efficace. Et c'est à l'époque des guerres de Religion, dans ce XVIe siècle où le discernement historique d'il y a cent ans a repéré l'invention des «terreurs de l'an mil», que l'on aperçoit, avec Denis Crouzet[222], toute une religion convulsive et criminelle.

---

218. Expression d'André Vauchez, à propos des mutations des XIIe-XIIIe s., dans *La spiritualité du Moyen Age occidental, VIIIe-XIIe siècle,* Paris, 1975, chapitre III. C'est à ce moment qu'une «spiritualité» du «peuple» laïc nous est attestée.

219. La description de Fra Salimbene est commodément accessible, dans Olivier Guyotjeannin, *Salimbene de Adam : un chroniqueur franciscain,* Turnhout, 1995, p. 195-210. La tonalité jubilatoire domine.

220. Également décrites par Fra Salimbene (*Cronica,* éd. Holder-Egger, Hanovre, 1906/13 [*MGH Scriptores,* 32], p. 465-466). Cf. La place que leur donne Norman Cohn, *Les fanatiques de l'Apocalypse...,* chapitre VII.

221. *Journal d'un bourgeois de Paris de 1405 à 1449,* éd. Colette Beaune, Paris, 1990, p. 253-255.

222. Denis Crouzet, *Les guerriers de Dieu. La violence au temps des troubles de religion (vers 1525- vers 1610),* t. II, Seyssel, 1990, p. 389 et *passim.*

La paix de Dieu au temps du millénaire

Encore l'eschatologie d'imminence n'a-t-elle jamais vraiment conquis l'ensemble d'une société; les terreurs de l'an mil ne transposent dans le passé rien qui soit jamais vraiment arrivé!

*

*   *

La vision paradigmatique de *la* paix de Dieu comme *mouvement* à la manière moderne, telle que l'a transmise une tradition historiographique française trop peu méfiante, telle que les tenants de la «révolution féodale» la perpétuent, se révèle donc dangereuse. Lire toutes les citations apocalyptiques des Xe et XIe siècles au «premier degré» représente un contresens majeur, puisque l'Eglise médiévale a fait de ce texte une utilisation favorable au sacerdoce. Et que sont ces crises sociales ou eschatologiques, qu'aucun événement traumatique ne déclenche? Pourquoi ne parvient-on pas à sortir du vieux mythe de la violence féodale déchaînée, en dépit des textes comme des suggestions de l'anthropologie? L'an mil de la crise sociale et du réveil religieux porte trop la trace d'angoisses et d'espoirs de l'an 2000. Comment l'esprit critique se perd-il, au royaume des historiens, au point qu'ils projettent dans le passé, sans méfiance, des appréhensions de leur propre temps?

Ouvrages souvent cités :

Raoul Glaber* : *Histoires,* éd. et trad. fr. Mathieu Arnoux, Brepols, 1996 (Miroir du Moyen Age).

The Peace of God* : Thomas Head et Richard Landes eds., *The Peace of God. Social Violence and Religious Response in France around the Year 1000,* Ithaca/Londres, Cornell University Press, 1992.

Les sociétés méridionales* : Michel Zimmermann coord., *Les sociétés méridionales autour de l'an mil. Répertoire des sources et documents commentés,* Paris, CNRS, 1992.

Georges Duby* : Claudie Duhamel-Amado et Guy Lobrichon éd., *Georges Duby. L'écriture de l'histoire,* Bruxelles, 1996 (Bibliothèque du Moyen Age, 6).

Conclusion

Ai-je tendu, à travers tous ces développements, à accroître la perplexité à propos de «l'an mil», ou même de la connaissance historique?

Quant au fond, il faut distinguer entre trois niveaux d'analyse:
1) Dans l'histoire des classes sociales, des statuts et des rapports sociaux, vue de haut, l'an mil n'est pas un point de rupture fondamentale. La servitude avait pris une face nouvelle, disons «médiévale», dès le IXe siècle au plus tard; elle était le «servage», avec un droit et des rites remaniant notablement l'héritage antique, dès lors que les *servi* et *ancille* se mariaient de plein droit. Pour la classe dominante, vers laquelle convergeaient toutes sortes d'attributs, les armes étaient depuis longtemps un symbole de statut, et elle s'adaptait aux circonstances sans changer ses valeurs fondamentales. Elle n'a pas eu à se redéfinir soudain, au XIe siècle, autour du modèle de «chevalier», déjà incarné avec éclat par Charlemagne et ses Francs! Il n'y avait pas d'institutions publiques assez fortes, ou plutôt assez abstraites de l'environnement social, pour bloquer en quelque manière des développements de type «seigneurial».
La vieille école, avec la virginité de son regard et la force de sa pensée, donnait là-dessus des repères essentiels – à ceci près que l'on se doit de redécouvrir une vie sociale plus riche, plus complexe, mais aussi plus régulière, en relisant les textes avec une expérience

et une culture de notre temps. Plusieurs thèmes «mutationnistes», en ce sens, peuvent être repris et réintégrés : il est bon que l'histoire du servage soit un peu émancipée de celle du «domaine rural» idéaltypique, et que celle de la chevalerie prenne une dimension idéologique dès avant le XIIᵉ siècle.

2) Donc, comme le disaient Fustel de Coulanges ou Braudel[1], l'histoire des sociétés marche d'un pas fort lent; il y a des pérennités frappantes. Aujourd'hui, on a sûrement raison de restituer une croissance, un développement rural scandé par les générations successives de châteaux, de bourgs... Toute une dynamique postcarolingienne! Mais le propre d'un ordre social est de pouvoir se perpétuer en dépit de certains changements techniques, démographiques – tant qu'ils ne sont pas trop brusques ou trop fondamentaux. Tel est bien le cas aux Xᵉ et XIᵉ siècles, durant lesquels la force des idées servile et nobiliaire, la répétition des rites, l'énergie brutale des fils de famille, la sacralité des reliques ont été, à l'échelle macrohistorique, des facteurs d'inertie. Au XIIᵉ siècle seulement, on pourrait discerner le véritable effet de seuil après lequel les choses ne sont plus tout à fait comme avant : une nouvelle élite urbaine, par exemple, vient changer certains schémas idéologiques, la religion devient plus novatrice, et l'idée servile se transforme un peu.

3) L'ordre et le désordre s'instaurent en alternance dans les principautés du Xᵉ et du XIᵉ siècles de manière plus rapide, saccadée, mais fondamentalement cyclique. La vieille école plaçait la grande crise dès les années 860-920, avec «révolution féodale» anticarolingienne; et comment, en effet, éluder l'importance d'une régionalisation soudaine et durable des pouvoirs, coïncidant avec le début d'une ère de construction de châteaux? Cependant, elle mésestimait les capacités du «monde féodal» à faire des pactes et à tenir des plaids, à s'autoréguler dans une certaine mesure, à assurer aux élites une bonne «reproduction», au prix d'exercices chevaleresques et de tout un tra-

---

1. F. Braudel, *La Méditerranée et le monde méditerranéen à l'époque de Philippe II*, 9ᵉ éd., Paris, 1990, t. II, p. 435.

vail social. Pour envisager les choses ainsi, il aurait fallu s'affranchir davantage de la mythologie antiseigneuriale d'Ancien Régime.

Dans le cours des Xe et XIe siècles, tout n'était donc pas désolation et instabilité chroniques. Sans doute y avait-il aussi des phases de trouble des principautés, dans chaque région à un moment différent. Les rébellions de nobles entraînaient des débordements, que nous connaissons quand des églises en souffrent et en gardent la trace. Mais aucune de ces phases difficiles n'a pu marquer la destruction des institutions publiques, parce que celles du Xe siècle, quand on les présente comme non féodales ou antiféodales, sont un leurre; n'en parlent que des études trop fascinées par des séries de chartes conventionnelles, et par les idées de Léo Verriest. Durant quelques années, après la mort d'un prince, une région pouvait être en crise à cause des châteaux nouveaux qui surgissaient, mais ensuite on revenait à l'équilibre au sens strict, après une révolution circulaire : des accommodements étaient trouvés et les institutions socio-publiques reprenaient leur fonction.

Au Mâconnais entre 980 et 1030, en Catalogne un peu plus tard, en Anjou après 1060, les sources soudain plus vivantes et plus riches donnent une impression de crise (et de complexité sociale). Mais ces dossiers sont si partiels et partiaux, tout de même, qu'on a bien du mal à apprécier l'urgence des problèmes auxquels faisaient face, par exemple, les «paix de Dieu». Du moins ces pactes et serments n'étaient-ils pas, dans leur principe, si étrangers qu'on l'a dit à l'environnement «féodal».

Je laisse ouverte la discussion sur l'ampleur de ces troubles. Ma «révision» ne doit pas permettre d'évacuer la violence diffuse, souvent symbolique, mais toujours très réelle, de la classe dominante. Toutefois, même avec là-dessus l'appréciation la plus pessimiste, y a-t-il de quoi mettre en balance mon propos sur la stabilité des idées, des pratiques, des classifications sociales, à long terme? Du moins que peut-on apercevoir de vraiment neuf avant le seuil du XIIe siècle? Là est une étape beaucoup plus importante que «l'an mil».

Toutes ces études pourraient aussi jeter le doute sur la validité du travail historique. Si les manuels nous égarent, si même l'œuvre prestigieuse de Georges Duby n'est pas absolument fiable, alors il y a de quoi désespérer nos universités!

Même élaguée, pourtant, cette œuvre demeure infiniment suggestive. L'intuition d'une société d'héritiers, et celle d'une chevalerie dérivée d'un modèle royal sont remarquables et fécondes – surtout si l'on écarte la «mutation de l'an mil»!

Sans nostalgie et sans complaisance excessive, je me suis donc nourri de leurs réflexions, en remontant s'il le fallait jusqu'à l'«histoire nouvelle»... de 1560-1615, tout à fait admirable! Ainsi le modèle de la «mutation de l'an mil» se trouvait-il relativisé, et deux défauts sérieux apparaissaient :

– D'une part, une rupture trop brutale avec la vision classique d'un Xᵉ siècle déjà «féodal»; il suffisait de dire la «révélation» de l'an mil pour introduire à la reconsidération du XIᵉ siècle.

– D'autre part, une fascination trop grande pour les mots bruts et pour la forme des actes, par où se manifeste un certain oubli de la méthode, telle que Langlois et Seignobos[2] l'ont décrite. Ils prônaient même le recours à la sociologie pour raisonner et imaginer juste à partir des sources.

Non que tout ait été définitivement interdit ou prescrit en 1898. Mais c'est là un jalon fondamental. Voyez notamment ce que dit Seignobos de l'effort nécessaire à la pensée critique, contre le naturel qui nous pousse à tout croire. Il faut encore, dans cet esprit, développer aujourd'hui une critique historiographique et une critique sociale. La première a conduit ici à mettre en cause de vieux mythes (le soldat de fortune) et des paradigmes (Etat contre féodalité); la seconde, à douter que la chevalerie ait constamment manié les armes, et à déceler dans le «christianisme des rites» de l'an mil davantage de cléricalisme que de vraie rusticité. Ces attitudes critiques ne sont pas essentiellement négatives; au contraire, elles permettent d'introduire de nouveaux thèmes, d'approfondir l'analyse en même temps qu'elles en assurent la vérité. Une fois qu'on les a prises, il suffit de se laisser guider par les textes.

2. Charles-Victor Langlois et Charles Seignobos, *Introduction aux études historiques* (1898), 2ᵉ éd., Paris, 1992.

Conclusion

Par conséquent, ma démarche ici n'a rien à voir avec les déconstructions qui se sont multipliées depuis quelques années, et qui souvent brouillent tout. Il s'agit au contraire de retrouver de grands repères historiques et méthodologiques et de reprendre un véritable élan, à partir d'eux.

PREMIÈRES VERSIONS DES CHAPITRES DE CE LIVRE

1. «La mutation féodale a-t-elle eu lieu?» dans *Annales ESC,* 1992, p. 767-777.

2. «Une crise de l'écrit? Observations sur des actes de Saint-Aubin d'Angers (XIᵉ siècle)», dans *Bibliothèque de l'Ecole des chartes,*155, 1997, p. 95-118.

3. «Les autodéditions en servage à Marmoutier (Touraine) au XIᵉ siècle», dans Philippe Contamine, Thierry Dutour et Bertrand Schnerb éd., *Commerce, finances et société (XIᵉ-XVIᵉ siècle). Recueil de travaux d'histoire médiévale offerts à M. le Professeur Henri Dubois,* Paris, Publications de l'université de Paris-Sorbonne, 1993, p. 397-415)

4. «Qu'est-ce que le servage, en France au XIᵉ siècle?», dans *Revue historique,* 287, 1992, p. 233-284.

5. «Note sur le "titre chevaleresque", en France au XIᵉ siècle», dans *Journal des Savants,* 1994, p. 101-134, scindée entre ce chapitre et le chapitre VI, annexe.

6. Autre version à paraître, dans Régine Le Jan éd., *L'aristocratie et les élites laïques et ecclésiastiques dans l'Europe carolingienne,* Lille, 1998.

7. «Qu'est-ce que la chevalerie, en France aux Xᵉ et XIᵉ siècles?», dans *Revue historique,* 290, 1994, p. 15-74.

8. «La paix de Dieu dans son contexte», dans *Cahiers de civilisation médiévale,* 40, 1997, p. 3-35.

Table des matières

Table des matières

Table des matières

Cet ouvrage a été composé par In Folio à Paris
et achevé d'imprimer en novembre 1997
sur presse Cameron,
par **Bussière Camedan Imprimeries**
à Saint-Amand-Montrond (Cher)
pour le compte de la librairie Arthème Fayard
75, rue des Saints-Pères – 75006 Paris

35-66-0198-01/8

Dépôt légal : novembre 1997.
N° d'Édition : 5411. N° d'Impression : 4/1109.
Imprimé en France
ISBN 2-213-59998-X